KB098844

SOCIAL INFLUENCE AND SOCIAL CHANGE

SERGE MOSCOVICI

Social Influence and Social Change

다수를 바꾸는 소수의 심리학

세르주 모스코비치 지음 / 문성원 옮김

뿌리와 이파리

일러두기

· 이 책은 Serge Moscovici의 *Social Influence and Social Change*(1976)를 완역한 것이다.
· 본문에 나오는 인용문의 출처는 후주에 저자, 출판연도, 쪽으로 표시했으며, 각 인용 출처의 상세한 내용은 참고문헌에 저자명의 알파벳순으로 정리했다.
· 독자의 이해를 돕고자 옮긴이가 작성한 주는 각주로 처리했다.
· 인명의 표기는 외국어 표기법을 따랐으나 관례로 굳어진 것은 예외로 했다. 카이사르를 가이사로 표기한 것이 한 예다.
· 인명은 처음 나올 때 1회만 외국어를 병기했다.

한국어판 서문

내가 저술한 다른 어떤 책보다도 이 책에는 따로 서문이 필요하다. 물론 그것을 쓰는 일이 그리 쉬운 일은 아니라는 점도 잘 알고 있다. 왜냐하면 많은 이가 자주 거론해온, 세계의 또 다른 한편에 있는 '한국'이라는 나라에 관해 내가 아는 것이 매우 적기 때문이다. 하지만 파리에 유학 온 한국인 학생들과 함께 한국에 관해 이야기할 기회가 있었던 덕분에 나는 한국에 대해 더 구체적이고 세밀한 시각을 가질 수 있었다.

아무튼 그 한국 학생들은, 다양한 사회운동과 학생봉기가 일어나고 정치생태학을 비롯해 아주 새롭고 강력한 사상들(지금은 우리에게 이미 친숙해져 있다)이 등장하던 시대에 내가 가르쳤던 사회심리학의 내용을 듣고 놀라워했다. 그때까지만 해도 위계를 만들고 불확실성과 갈등을 해결하는 것, 다시 말해 복종과 동조의 문제에만 치중하던 주류 사회심리학에서는 '소수'라는 말이 쓰이지 않았다. 내 분석에 동의하든 동의하지 않든, 우리는 소수와 다수의 차이가 없다면 대화도, 변화도 가능하지 않다는 점을 인정해야만 하며, 소수의 반대와 저항이 없이는 집단 간의 관계를 변화시키는 것, 다시 말해 사회를 새로운 이상과 신념을 향해 진전케 하는 것이 불가능하다는 점 또한 인정해야 한다.

하나의 문화 안에서 작동하는 모든 요소와 그 심층적 변화 속에 자리한 심리학적 토대를 이해한 최초의 철학자는 니체라 할 수 있을 것이다. 그러나 그러한 심리학적 토대는 과학이 다루거나 충분히 설명할 수 없는 그 무엇으로 여겨져왔다. 간단히 말해 미국 사회심리학의 역사적 중요성은 바로 동조라는 현상을 파악해낸 그 탁월한 방식에 있다고 단언할 수 있다. 미국 사회심리학이 '감정적이고 비이성적인 대중으로서의 인간'이라는 개념 대신, '공유된 규범에 따라 행동하고 사고하며 숫자와 위계의 권위에 복종하는 사회적 인간'이라는 개념으로 대체해, 이를 하나의 집단에 속한 **정상적 존재**의 상징으로 보았다는 점은 차치하더라도 말이다.

그렇다고 해도 우리처럼 상당한 격동의 역사와 일련의 변화들, 더 명확히 말해 '혁명'을 겪은 이들에게는 그런 식으로 규범과 권위를 사회적 정상성의 기준으로 받아들이는 것은 어찌 보면 오히려 비정상적이었기에, 동조라는 단어는 전위적인 개념들 속에도 등장하지 않았다. 특히, 정치생태학을 비롯한 새로운 사회운동들이 만개하고 학생 · 여성 · 흑인 등이 과거의 수동적 위치에서 벗어나 새로운 적극적 소수로 등장하기 시작하며, 소수가 자율적인 삶을 영위할 권리를 깨닫는 등, 우리가 많은 변화를 겪게 된 20세기 말에는 더더욱 그러했다.

이 모든 사회적 변화는 우리 역사와 문화의 풍경뿐만 아니라 사회과학의 흐름에도 급격한 변화를 가져와, 유례없이 강력히 제기되는 여러 가지 질문과 맞닥뜨리게 했다. 그 정당성이 인정되었든 그렇지 않든, 새로운 사회적 힘을 지닌 적극적 소수들은 집단적 상상력에서 중요한 위치를 차지함으로써 하나의 사회적 상징이나 사회적 유형이 되었다. 이들에게 공통적인 것은 무질서의 개념이 아니라 동조와 혁신 간의 긴장이다. 이는 오히려 창조성, 다양성, 자신만의 삶과 사유에 대한 욕구이며 사회의 생명력 자체를 가능케 한다. 당시 사회심리학에서 완전히 등한시하던 혁신의 개념이나 다수/소수 간 상호작용에 관한 연구로 나를 이끈 것은 심리학의 확장을 향한, 그리고 새로운 현상과 새로운 문화를 향한 도약의 움직임이었다. 레온 페스팅거Leon Festinger가 '국제사회심리학'이라 규정한 것이 바로 그것이다.

여기 기술된 모든 것은 다소 일반적인 것들이다. 만일 내가 한국 독자에게 친숙한 한국의 사례들을 선택할 수 있었더라면 독자들을 더 잘 이해시킬 수 있었을 것이다. 물론 나는 한국의 역사를 예의주시해왔고, 파리에서 만난 한국 유학생들과의 토론, 서적 등을 통해 한국에 관해 어떤 하나의 표상을 그려오긴 했지만, 이러한 인상들을 진리의 논거로 내세우는 것은 무모한 일일 것이다.

이 책은 엄밀한 의미로 볼 때 개론서도 아니며 실험실의 현상들에만 국한된 것도 아니다. 이 책은 미국 다트머스대학에서 2주간에 걸쳐 진행된 세계 각국 연구자들의 토론을 바탕으로 쓰였다. 그러므로 한국의 독자들이 이 토론에 동참해서, 자신의 현실에 근거해 이 논의의 타당성을 검증함으로써 토론의 새로운 의미를 이끌어낼 수 있기를 바란다.

과학의 역사가 보여주듯, 처음에 하나로 존재하던 이론은 다양하게 해석될 수 있다. 이론을 통해 우리는 저마다 자신의 현실을 더 잘 이해하고 그 현실을 다른 방식으로 보게 될 수 있으며, 말하자면 새로운 발견을 할 수 있기 때문이다. 하나의 이론理論이 주목받고 모든 의혹을 불식시키며 이론異論의 여지가 없는 하나의 패러다임으로 자리매김하는 것은 아주 오랜 시간이 지난 후에야 가능하다. 그러나 이는 혁신이론에는 해당하지 않는 말이다. 혁신은 늘 반대에 부딪힐 수밖에 없으며, 새로운 현상들을 다루어야 한다는 사실 그 자체로 말미암아 오히려 대립과 차이를 더 불러온다.

이제 현대의 문화와 사회는, 읽고 또 읽는 빤한 고전처럼 단지 이해하려고 노력할 수 있을 뿐 수정할 수 없는 대상은 아니다. 그렇다, 현대의 사회와 문화는 다양한 현상의 은하계와 같아서, 새로운 정의와 설명을 요구하는 현상들, 언제나 유례없고 예기치 못한 현상들(테러리즘을 예로 들 수 있을까?)이 끊임없이 일어난다. 이런 일들이 여러 사회의 역사 속에서 관찰되는 것은 처음이 아니다. 그리고 관념적으로는 '하나의 집단에 속한 구성원들이 일치에 이르는 과정'으로 여겨지던 영향과정이 현실에서는 다수와 소수 간의 차이 · 대비라는 과정으로 드러난다. 이것은 인류학자 베이트슨Bateson이 말한 **'차이를 만드는 차이'**이며, 이것이 없다면 대화도 갈등도 있을 수 없을 것이다. 마찬가지로 다수에 반대하는 소수의 대담성이 없다면 인간과 그 신념들 사이의 관계에서 변화를 향해 진보해 나아가기란 불가능할 것이다.

혁신에서 중요한 것은 무질서가 아니라 긴장이다. 이 긴장이 창조성과 여러 가지 다양한 변화, 삶의 욕구, 인간의 생명력 자체를 가능케 한다. 그리고 예술과 과학 분야의 가장 전위적인 진리도 다소 심한 갈등을 거치고 나서야 비로소 인정받는다는 단순한 사실을 상기한다면, 사회적 변화와 적극적 소수에 관한 새로운 사회심리학이 필요하다는 데에 충분히 동의할 수 있을 것이다. 나는 이 서문에서 책에 소개된 이론 그 자체보다는 이론의 존재 이유에 더 중점을 두었는데, 이는 한국의 독자들 역시 이 연구에 동참할 수 있기를 기대하기 때문이다. 그들은 세계의 한 부분에서 모습을 드러내기 시작한 새로운 사회심리학에 꼭 필요한 사람들이다.

2010년 벽두에

파리에서 모스코비치

영어판 서문

한 권의 책은 여러 상황이 모여서 이루어낸 결과물이다. 이 책은 미국 다트머스대학의 후원으로 미너리센터Minary Center에서 열린, 소수의 사회적 영향력을 다룬 한 회의의 산물이다. 이 회의를 개최하는 것에 대한 발상은 SSRC*의 '사회심리학에 관한 다국적 위원회Transnational Committee on Social Psychology'에서 나왔으며, 실제 회의는 국립 과학재단National Science Foundation의 지원을 받았다.

참여자들은 다음과 같다. 잭 브레햄Jack Breham(듀크대학), 해럴드 켈리Harold Kelley(미 캘리포니아대학), 찰스 키슬러Charles Kiesler(캔자스주립대학), 헬무트 람Helmuth Lamm(맨하임대학), 존 란체타John Lanzetta(다트머스대학), 로버트 질러Robert Ziller(플로리다대학), 리카르도 주니가Ricardo Zuniga(칠레 산티아고 가톨릭대학), 그리고 저자.

논의의 과학적 수준뿐만 아니라 아름다운 주변환경, 참가자들의 우수성 덕분에 이 회의는 우리 모두에게 가장 감탄스러운 만남이 되었다. 그때 내가 접한 진심 어린 수용과 예리한 비판은, 이미 미리 시작해두었던 이 작업을 해나가는 데에 힘이 되어주었다. 나는 특히 존 란체타가 보여준 친절함

* Social Science Research Council. 1923년에 창설된 독자적이고 비영리적인 연구조직. 뉴욕 시에 본부를 두고 있으며, 연구자, 정책 입안자, 전문가, 활동가, 사적 · 공적 영역에서 일하는 기타 전문가들이 모여서 사회적으로 매우 중요한 문제들을 다루는 혁신적 방법들을 개발하려고 노력하고 있다.

을 무척 고맙게 생각한다. 그는 그때 그 많은 사람 사이에서 주최 측 역할을 완벽하게 해냈다.

클라우드 포쇠Claude Faucheux와 진행한 공동 작업은 이 책에 나온 현상들을 이론적으로, 실험적으로 설명하기 시작하는 데에 중요한 역할을 했다. 그 후 파리에 있는 엘리자베스 라주Elisabeth Lage가 내 작업을 도와주었고, 무척 흥미로운 연구들을 독립적으로 수행해낸 웨스트버지니아대학의 찰란 네메스Charlan Nemeth와 내가 서로 아이디어를 교환하게 되면서, 사회적 영향과정의 심층적인 분석이 우리 사이에서 이루어지게 되었다.

그러나 이 모든 것이 책을 한 권 내기로 마음먹고 한 일은 아니었다. 내 의도는 각 장을 아주 길게 쓰고 그 각각의 장을 따로 나누어서 출판하는 것이었다. 내가 점차 장들을 한 권의 책으로 묶기로 한 것은 내 친구이자 동료인 헨리 타즈펠Henri Tajfel의 권유 때문이었다. 이 책의 내용에 대해서는 내가 책임을 진다면, 타즈펠이 이 책의 형태, 곧 내용을 담는 형태를 맡았다.

또한, 내용을 구체화하기 전에 나는 힐데 힘멜바이트Hilde Himmelweit의 견해와 건설적 비평에 도움을 받았고, 스탠리 밀그램Stanley Milgram이 제시한 예리한 제언의 덕을 입었다. 이들은 아주 친절하게도 그들의 귀중한 시간을 나와 함께 책을 읽고 토론하는 데에 바쳤다. 나는 또한 레온 페스팅거에게 지적知的으로, 그리고 개인적으로 마음의 빚을 느끼고 있음을 밝히고 싶다. 페스팅거가 초반에 보여준 주도적인 모습과 격려는, 유럽에 있는 적은 수의 일부 사회심리학자가 기존의 오래된 문제들을 새로운 시각으로 볼 수 있도록 하는 데에 결정적인 역할을 했다.

그레타 하인즈와 캐롤 쉐러드는 번역을 맡아서, 이 책의 영어판이 제대로 만들어질 수 있도록 해주었다. 이 자리를 빌려 그 두 사람에게 고마움을 표한다.

세르주 모스코비치

차례

서론

세상에는 이성의 영역과는 전혀 무관한 초자연적인 힘을 떠올려야만 이해될 것 같은, 너무나 불가사의한 일들이 있다. 그런 일 중에서도 우리 모두 잘 아는 사실은 개인이나 집단의 관념, 언어, 행동 등이 손쉽게 통제될 수 있다는 것이다. 예컨대, 사람들은 어제만 해도 자신과는 전혀 맞지 않는다던 생각을, 마치 최면에라도 걸린 듯 기꺼이 받아들인다. 이제는 흔한 말이 되어버린 '언론의 권력', '언어의 전제성專制性' 등은 바로 이런 점을 표현하는 말이다. 이 말들은, 영향작용이라는 것이 우리 모두의 손에 닿지 않는 곳에 존재함을 알려주는 징표이자, 조만간 우리가 자기 자신의 의지를 거스르고 그 영향력의 꼭두각시가 되어버릴 위협적 가능성이 늘 존재한다는 사실을 미리 알려주는 불길한 암시이기도 하다.

그러나 이처럼 생각, 취향, 행동의 동조를 이끌어내려는 거대한 압력이 늘 존재하긴 하지만, 그럼에도 개인과 집단은 그것에 저항할 수 있다. 그뿐만 아니라 심지어는 감각, 의상, 생활에서 새로운 방식을 만들어내거나 정치, 철학, 예술에서 새로운 아이디어를 고안해낼 수도 있으며, 다른 사람들로 하여금 그러한 새로운 방법이나 아이디어를 받아들이게 할 수도 있다. 이는 확실히 놀라운 일이다. 이렇듯 동조의 힘과 혁신의 힘 사이에 존재하는 투쟁은 매혹적이며, 여러 측면에서 서로의 존재를 위해 매우 중요하다.

이러한 힘들은 이들을 발생 · 지속시켜온 경제적 · 역사적 · 사회적 환경 등을 열거함으로써 확실하게 설명될 수 있다. 그러나 여전히 매혹과 놀라움이 남는다. 왜 그럴까? 거기에는 뭔가가 더 관련되어 있다는 느낌, 말하자면 보편적인 인간관계의 작용 그 이상의 무엇인가가 관련되어 있다는 느낌이 확실히 들기 때문이다.

이 모든 현상 중에는 인간관계의 유형도 포함된다. 인간관계의 유형에는 일종의 영향작용이 반영되어 있다. 부와 권력을 생산 · 소비 · 분배하는 장치가 사회이듯 흥미집단, 교회, 학교 등에서 영향작용을 만들어내고 모으고 처리하는 장치도 사회다. 영향작용과 관련된 이러한 관계들을 이해하게 되면, 사회적 장치의 매우 중요한 측면을 이해할 수 있게 된다. 그러나 사회적 영향에 관한 심리학은 아직 명료하게 다루어진 적이 없다. 그러므로 나는 이 책을 통해 사회적 영향에 관한 심리학을 더욱 단단한 근거 위에 놓을 생각이다.

이는 두 가지 방법으로 행해질 수 있다. 첫째, 새로운 방법을 채택하는 것이다. 지금까지 사회적 영향의 심리학은 동조의 심리학, 집단과 그 집단의 규범에 대한 복종의 심리학에 기반을 두었다. 이러한 심리학은 다수, 권위, 사회적 통제의 관점에서 연구되고 고려되어왔다. 그러나 이제는 새로운 오리엔테이션이 등장할 시점이 무르익었다. 혁신의 심리학이나 행동화의 심리학으로 볼 수도 있고, 집단과 관련된 심리학으로도 볼 수 있는 '사회적 영향의 심리학'을 향한 오리엔테이션이 등장할 시점이 된 것이다. 이는 특히 소수와 이탈자의 관점, 사회적 변화의 관점에서 생각하고 연구하는 심리학이다.

두 번째로, 이와 같은 새로운 오리엔테이션을 이용해, 기존의 오래된 개념 · 사실 · 방법 등을 신선하고 비판적인 눈으로 재평가해볼 수 있으며, 수십 년간 습관처럼 굳어진 여러 문제와 해결책을 새롭게 조망해볼 수 있다.

이를 이루고자 나는 사회적 행동에 대한 새로운 준거틀, 또는 모형에 대해 밑그림을 그릴 생각이다. 이는 이전의 모형에 비해 더욱더 광범하고 포괄적인 모형이 될 것이다. 이 작업은 독특하지는 않을지라도 야심 차게는 보일 것이다.

일반적으로 사회심리학자들은 이러한 방법으로, 또는 이러한 수준에서 문제에 접근하는 것을 대단히 꺼린다. 이미 널리 알려졌듯이, 사회심리학자들이 이처럼 주저하고 꺼리는 까닭은 이론적 경향이 너무 강해져서 추상적 사고가 그 어떤 구체적 연구도 만들어내지 못하게 되는 것을 두려워하기 때문이다. 그러나 이러한 두려움은 정당화되지 않는다. 실제로, 사회심리학에는 신선한 이론적 자극이 엄청나게 필요하다. 이것이 오늘날의 실제적이고 시급한 요구다. **특별한 경우에만 국한되는** 경험과 개념이 자꾸 늘다 보면, 그 분야의 안정된 발달과 질적 향상에 관해 완전히 잘못된 인식이 만들어지게 된다. 사실대로 말하자면, 현재의 현실은 특정 부분에만 너무 매달리고, 과학적 지식의 견지에서는 더는 수익성이 없는 곳에다가 엄청난 노력을 쏟고 있다. 앞서 말한 내 계획을 변호하는 데에 이 이상의 말은 필요없을 듯하다.

앞으로 나는 이론을 좀 더 쉽게 소개하고 설명하고자 '모형'과 '모형 대체'라는 용어를 쓸 예정이다. 모형의 성질과 역할은 모든 과학에서 늘 계속되는 논쟁의 주제다. 나는 여기서 이 문제에 관해 특별히 주의를 기울이지는 않을 것이다. 내 관점에서 보자면, 모형은 명제와 개념의 체계이자 동시에 연구 프로그램*이며, 현실을 바라보는 방법이다. 한 모형을 다른 모형으로 대체한다는 것은 명제와 개념의 체계, 연구 프로그램, 세상을 보는 방법을 대체하는 것이

---

* 라카토스Lakatos는 이론이라는 말이 너무 정적인 느낌이 든다는 이유로 연구 프로그램이라는 말을 대신 썼다.

다. 그러나 동시에 우리는 실제 현실을 바라보는 관점, 또는 현실이 조망되는 관점을 대체하는 것과 마찬가지로 그 현실도 또한 대체한다.

현재 교과서에서 널리 인정하고 가르치고 보급하는 모형은 '기능주의적 모형'으로 특징지을 수 있다. 사회심리학자 대부분은 자신의 심리학적 오리엔테이션이 무엇이든(그들이 게슈탈트주의자든, 행동주의자든, 레빈주의자든, 정신분석자든), 이 모형을 공유하고 있다. 다들 알다시피 이 모형에는 뚜렷한 특징이 있다. 개인과 집단에 대해, 한쪽에는 공식적/비공식적 사회체계가, 또 다른 한쪽에는 환경이 '미리 주어지고 결정되어 있는 것'으로 간주한다. 어떤 식의 상호작용이 발생했든 각각의 집단 성원은 이미 정해진 사회적 역할, 지위, 심리적 자원을 변함없이 가질 뿐이다. 행동은 단지 이러한 역할, 지위, 심리적 자원을 좀 더 쉽게 표현하고 설명하는 것으로서 이해되고, 여기서 행동의 기능은 개인이나 집단이 체계나 환경에 적응할 수 있도록 보장하는 것이다. 그러므로 개인이나 집단이 반드시 적응해야만 하는 조건은 '주어지는 것'이기 때문에, 현실은 아마도 획일적일 테고, 복종해야 할 규범들도 누구에게나 동등하게 적용되며, 그런 특정 규범들에 복종해야 한다는 것은 분명한 사실로 보인다.

그렇게 해서 우리는 이탈적인 것과 규범적인 것에 관해 거의 절대적인 정의를 가지게 된다. 이탈이란, 체계에 대한 적응의 실패, 질서정연한 과정에 대한 방해, 환경에 관한 정보나 자원의 결핍을 나타내며, 결과적으로 규범성은 체계에 대한 적응과 환경에 대한 중립성이 적절한 조화를 이룬 상태를 나타내게 된다. 이러한 관점에서 보자면, 영향작용의 과정은 이탈한 것을 다시 제자리로 돌려놓는 것, 규범적 상태로 돌아가도록 촉진하는 것을 목적으로 한다. 영향작용은 사회체계를 안정화하게 하는 과정이며 주변세계와 서로 주고받는 과정이다. 여기서 암시하는 바는, 규범을 따르는 사람의 행동은 집단에 대해 기능적이고 적응적이지만, 규범에서 이탈하거나 규범에 대항하는 사람의 행동은 역기능적이고 부적응적이라는 것이다. 이리하여 동조는 사회체계와 환경에 대한 인간 상호작용의 필수조건으로 이해된다. 사회적 행동은 이러한 동조압력에 부응하는 방향으로 보상이 되는데, 이때 동조는 집단적 존재의 초석이자, 현실에 대한 전반적 적응의 기초가 된다.

개인의 생물-심리적 특성과 이 행동 간에는 필연적인 관련성이 있다. 예를 들어, 사회적 승인social approval*에 대해 높은 욕구와 낮은 자존감을 가진 사람은 필연적으로 다수의 영향력에 굴복할 것이다. 반면, 사회적 승인에 대해 낮은 욕구와 높은 자존감을 가진 사람은 다수 대신 자신이 이러한 영향력을 발휘하고 싶어한다. 대개 모든 교류와 관계는 이들이 사회체계 내의 합의와 평형 상태에 도움이 되느냐 마느냐로 평가된다. 그러므로 어느 것도 변해서는 안 되며, 그렇지 않으면 어쨌든 체계를 계속 더 기능적이고 적응적이게 하는 정도의 변화만이 고려될 수 있다. 이러한 환경에서 변화는 자원을 가진 사람이나 권위적 위치에 있는 사람(지도자, 다수, 전문가 등)에 의해 지휘가 이뤄져야 한다. 사회적 통합과 사회적 통제가 높은 수준으로 이루어질 때 그 효과는 최대가 된다.

간단히 말해 이러한 것들이 바로 지금 거론되는 기능주의적 모형의 주요 특성이다. 내가 제안하려는 **'발생학적 모형'** 또한 몇 개의 단어로 기술할 수 있다. 공식적/비공식적 사회체계와 환경은 여기에 참여하는 사람들과 여기에 맞서는 사람들이 정의하고 생성한다. 사회적 역할, 지위, 심리적 자원은 사회적 상호작용 안에서만, 그리고 사회적 상호작용을 통해서만 활성화되고 의미를 부여받는다. 그러므로 개인과 집단의 행동은 행동의 내용이나 의도와는 상관없이 행동 **그 자체**로서 효과를 보인다. 개인과 집단에 **의한**, 체계와 환경에 대한 적응은 체계와 환경에 의한, 집단과 개인에 **대한** 적응의 유일

* social approval : 다른 사람들이 내 말이 맞는다고 찬성해주는 것.

한 대응물이다. 적응이 발생하는 환경은 다양한 사회적 · 구체적 상황과 관련이 있기 때문에, 집단적 관계를 결정하는 규범은 개인과 집단 사이에서 과거와 현재가 교류한 결과물이다. 그 규범들은 동일한 방법으로, 또는 동일한 정도로 모든 개인에게 강제하는 것이 아니다. 결과적으로, 규범적인 사람과 이탈적인 사람은 시간, 공간, 개별적 상황과 관련되어 정의된다. 이탈은 사회적 조직화에 따르는 일종의 사고가 아니다. 이것 역시 조직화의 산물이며, 통제를 어기고 피하게 하는 환경이 있다는 신호다. 예술가, 젊은이, 여자, 흑인이 사회의 외곽에 남아 있다면, 정확히 말해 이는 사회가 그런 방식으로, 다시 말해 그들이 거기에 있도록 사회 자신을 규정하기 때문이다. 이러한 일은 그다음으로 사회의 미래 향방을 결정한다. 집단과 반反문화 간의 경쟁이 발생하면서, 재능이 채 활용되지 못하고 남아돌거나 인구밀도가 과하다고 느껴질 수도 있다. 그렇다면 이는 조직화 자체가, 그것 때문에 발생한 모든 요구에 부응하도록, 또는 그것이 생성해낸 효과를 처리하도록 충분히 고안되지 않았기 때문이다.

이러한 조직화를 수정하기 위해 작용하는 것이 영향작용이다. 이 경우, 이탈자를 포함한 모두가 경험하는 존재조건에 민감해짐으로써, 그리하여 모든 사람의 관점 · 개념 · 규범 등에 대해 반응하게 됨으로써, 앞서 말한 조직화를 수정하려는 영향작용이 발생한다. 행위가 기능적이거나 역기능적이고 적응적이거나 부적응적인 이유는 그것이 규범에 동조하거나 반대하기 때문이 아니다. 그 이유는 바로, 집단으로 하여금 집단의 목표를 계속 추구하도록 하거나, 또는 집단 성원의 자원과 가치에 따라 집단이 변화하도록 하는 것이 행위이기 때문이다. 혁신은 사회체계와 개인이 환경과 맺은 관계에 대해, 동조와 똑같은 정도로 강제적인 힘을 갖는다. 이러한 관점에서는 혁신을 이탈이나 비동조의 모습으로도, 독립의 모습으로도 보지 않는다. 혁신은 그냥 존재하는 그 자체로서의 모습, 말하자면 사회적으로 존재하는 데에서 근본적인 과정의 하나로 보일 뿐이다. 이 모형에서는 사회적 보상과 지위에 대한 배치와 분배가 역동적 현상이다. 이런 식으로, 배치와 분배를 하면서 상호작용은 진화되어가며, 동조와 통제의 힘에 따라 좌우되는 것과 똑같은 정도로 혁신과 변화의 힘에 의해서도 딱 그만큼 좌우된다. 누구나 알다시피, 죄인이나 이탈적 소수가 항상 처벌되는 것은 아니며 덕이 있는 사람이나 법을 준수하는 다수가 항상 보상받는 것도 아니다. (의견 · 규범 · 가치를 변화시키려는) 어떤 확실한 효과를 **만들어내기** 위해 특정한 사회적 행동을 보여주어야만 하는 사람들과, 특정한 의견 · 규범 · 가치를 지켜내야만 하는 사람들 간에 발생하는 긴장은, 집단의 **성장**을 좌우하는 압력들 사이에서 벌어지는 충돌의 결과다.

그러한 사회적 행동들과 생물–심리적 특성 사이의 관계는 **임의적**이며, 고정된 것이 아니다. 이것이 의미하는 바는 다음과 같다. 개인이 영향력을 발휘하는 어떤 상황에서 행동의 방식은 행위자의 관심과 목표, 행위자가 획득해내려는 합의 등에 따라 그 형태가 결정되며, 이러한 행동형태는 집단적으로 표준화된다. 한 단어의 의미가 그 발음과 무관하듯, 행동의 방식은 개인적 특성이나 심리적 구성과 관계없다. 물론 집단에 영향력을 발휘할 수 있는 위치에 있는 사람이 사회적 승인에 대해 낮은 요구를 가지거나, 또는 높은 자존감을 가질 수도 있다. 그러나 집단 내에 있는 이탈적인 사람은, 사회적 승인에 대해 요구가 낮고 자존감이 높은 경우가 아니라면, 자기 관점을 유지할 수 없거나 복종하라는 압력에 저항할 수 없으며 자신을 내세울 수도 없다. 역으로, 힘의 균형이 불안정하며 구성원들의 모순적 요구에 민감해야만 하는 집단에서는, 사회적 승인에 대한 높은 요구나 낮은 자존감이 오히려 지도자의 입지와 영향작용에 도움이 될 수 있다. 그러므로 생물–심리적 특성과 사회적 역할 · 행동 간의 관계는 바로 이 역할과 행동이 실행되는 방식에 달렸다. 따라서 어떤 한 이탈자가 집단과의 관계 속에서 자신을 정의한다고 할 때, 마치 모든 이탈자가 다 집단에 대항하고 집단에 영향력을 미치기라도 하는 양, 이 이탈자 또한 그런 고정된 특성으로 자신을 정의해야 할 이유는 없는 것이다.

개요를 마무리 지으려면 덧붙여 지적해야만 하는 게 있다. 사회체계 안의 상호작용은, 이것이 안정성과 합의를 이끌어내는지 그렇지 않은지로 평가된다는 점이다. 그러나 이러한 안정성과 합의는 그 자체가 과도기적인 상태일 뿐이다. 다시 말해 다양성을 만들어내기도 하고 감소시키기도 하는, 변화의 과정 중간에 위치하고 있다는 것이다. 집단이 추구하거나 표방하는 목표는 교류와 논쟁의 산물이다. 목표가 더욱 광범하게 공유될수록, 이 목표가 집단에 대해 가지는 영향력도 더 커진다. 다시 말해 기존의 차이를 더 많이 인정하는 쪽으로, 그 차이를 고려하는 협동적 방향으로 목표가 조정되면 상호작용은 더욱 효과적이게 된다. 기존의 사회적 조직이 이를 허용하지 않는다면, 그 조직이 완전히 전복될 가능성 · 필요성도 예견해야만 한다. 이때 이러한 전복은 건강한 해법이자 필연적 결과로 볼 수 있다. 적어도 심리학적 이론이 상황의 전체적 현실을 이해하려면 이와 같은 방식으로 상황을 봐야만 한다.

기능주의적 모형과 발생학적 모형 사이에 존재하는 차이를 부각시켜 말하자면, 어떤 사람은 환경과 사회체계를 **주어진 것**으로 보지만 또 어떤 사람은 **결과물**로 본다는 것이다. 어떤 사람은 집단에 대한 개인의 **의존**, 집단에 대한 개인의 사회적 **반응**을 중요시하지만, 다른 사람은 개인과 집단 사이에 있는 **상호의존성**과, 집단 내의 사회적 **상호작용**을 강조한다. 마지막으로, 사람들과 집단은 한편으로는 **적응**하려 애쓰고 실제로도 **적응**하는 경향을 보이지만, 다른 한편으로는 **성장**하고자 노력한다. 말하자면 그들은 선택적으로 동화하는 능력과 함께, 사고 · 행동의 새로운 방식을 만들어내는 능력을 개발하고, 오래된 것/새로운 것, 내적인 것/외적인 것을 결합함으로써 자신들의 한계영역을 재정의 · 재구성하고, 환경을 수정하고 사회적 관계의 네트워크를 확대하며, 새로운 집단과 하위집단의 창조에 참여하고자 노력한다.
실제적 고려와는 별도로, 이 시점에서는 기능주의적 모형을 발생학적 모형으로 바꾸려는 목적에 대해 묻는 게 합당하다. 첫 번째 목적은 영향과정에 관해, 그리고 집단과 사회적 관계에 관해 정말 필요한 논의를 자극하는 것이다. "영향작용은 사회심리학에서 매우 중요한 과정이어서 다른 모든 과정이 여기에 의존하고 있다"는 것이 내가 주장하고 싶은 바다. 영향작용은 그 자체로 사회심리학자들의 모든 이론과 사실을 통합할 수 있는 원칙으로 기능할 수 있다. 이 점을 인정하지 않고는, 이론적 · 경험적 지식에서 그 어떤 진보도 있을 수 없다. 최근 들어 간과되는 경향이 있긴 하지만, 상호작용을 사회심리학의 주요 관심사로 가정하는 한에는 여전히 그러하다.

기능주의적 모형을 발생학적 모형으로 바꾸는 두 번째 목적은, 우리가 어느 단계에 도달해 있는지를 명확히 하자는 것이다. 기능주의적 모형은 사회심리학을 그럴듯한 학문으로 만드는 데에 더할 나위 없이 유용했다. 이 모형은 단순하고 실제 경험이나 상식에도 들어맞기 때문에, 실험적 방법을 완전히 새로운 분야로 확대하거나 새로운 질문을 고안하고 고유의 용어를 만들어낼 기회도 주었다. 우직할 정도의 고지식함, 편견, 불완전함 등과 같은 결점이야 어찌 되었든, 기능주의적 모형은 복합적으로 광범하게 확립된 직관 · 주장 · 관찰 등을 그 출발점으로 선택했고, 그리하여 행동과학의 영역에서 독립적 학문 분야가 만들어지려는 거역하기 어려운 움직임이 시작될 수 있게 했다. 흔히 쓰는 말로 표현하자면 이 모형은 첫 단계의 로켓이었다. 그 이후로 여러 개의 서로 다른 영역들, 이를테면 의사소통, 태도변화, 집단의사결정 등이 각각 독특한 개념과 기법을 만들어내면서, 개별적으로 발전해나가는 경향을 보였다. 그러나 상호교류는 덜 빈번해졌고, 상호 간의 질적 향상도 더욱 어려워졌다. 덧붙여 인지부조화, 귀인歸因현상, 심리적 저항, 모험적인 의사결정 경향성risky shift, 집단의사결정의 극화極化 등과 연관된 이론들은 행동과 사회적 상호작용에 관한 우리의 관점에 약간의 변화를 불러일으키기 시작했으나, 내가 보기에 그 이론들이 충분한 영향력을 발휘하지는 못한 것 같다. 왜냐하면 준거틀, 곧 사회적 행동과 상호작용에 대한 전반적 관점은 비교적 변함없는 상태로 남아 있었기 때문이다. 그리고 아직은 그 이론들이 많은 점에서 준거틀과 충돌하며 부적절함을 드러냈고, 얼마간은 쓸모없어졌다.

두 번째 모형(두 번째 단계의 로켓)에 관해 정확한 정의를 추구하는 작업은 사회심리학의 강화, 사회심리학의 범위 확대를 도와야 하며, 쉽게 접근하기 어려운, 사회적 관계의 덜 명백하고 덜 일상적인 측면들을 이해하는 것을 도와야만 한다. 이는 이 작업이 덜 관습적이고 덜 상식적이어야 함을 의미한다. 앞서 언급한 현상들(인지부조화, 귀인현상 등)에 대한 이론들이 우리의 지적인 파노라마를 다듬은 것처럼, 이 작업은 이러한 혁신적 노력의 한 부분이어야만 한다. 실제로 이들을 떼어놓고서는 혁신적 노력이라는 것을 상상하기 어렵다.

마지막으로 나는 심리사회적 현상의 이해에 제약을 가하는 주요한 이유 몇 가지를 지적하고 싶다. 사회심리학자 대부분은 그들을 지탱해주는 심리학적 이론들이 부적당하기 때문에 그러한 제약이 발생한다고 믿는다. 그러다 보니 어떤 사람은 강화이론에서 나온 설명을 주장하고, 또 다른 어떤 사람들은 게슈탈트이론이나 정신분석이론에 접해 있는 설명을 내놓는다. 유일하게 인정되는 불일치와 논쟁이라는 것도 행동과 사회적 관계가 관련된 **심리적** 기제에 관한 것뿐이며, 마치 이러한 행동과 사회적 관계의 정의 · 내용에는 전혀 문제가 없어서 더 정교한 검토나 비판 자체가 불필요한 것처럼 보인다.

그러나 우리가 무엇을 하고 무엇을 생각하든, 우리는 일반적으로 사회에 속해 있는 것이 현실인 이상, 사회 안의 변화를 도구 삼아 몇 번이고 되풀이해서 사회적 행동과 관계에 대한 정의와 내용을 고찰해야만 한다. 사회란 어떤 존재인가, 그리고 사회가 어떤 방법으로 서로 다른 여러 수준 위에서 작용하는가 하는 것은 중요한 주제다. 그리고 이 질문에 관한 우리의 답변은, 각자가 자신의 마음과 그 기제에 관한 질문에 대해 제시하는 답안과 마찬가지로 중요하다. 다시 말하면 '한 집단의 일상과 발달을 결정하는 **사회적** 기제'라는 주제에 대한 불일치는 있을 수도 있고 실제로도 있다. 그러나 우리는 거의 그 문제들을 다루거나 논의하려 하지 않는다. 그러므로 그러한 연구를 했을 때 우리가 얻게 되는 것들, 우리가 발견하게 될 답안들은 우리가 심리사회적 현상들을 이해하려고 할 때 지녔던 기존의 제약을 없애는 데에 확실히 도움을 줄 것이다. 발생학적 모형은 기존의 관념과 사실에 새로운 의미를 부여하고 비판적 관점을 소개하며, 우리로 하여금 인간에 관한 더 넓은 스펙트럼(특권을 가지지 못한 사람, 드러나지 않는 사람, 우리의 일상적 생활공간에서 한참 멀리 떨어져 있는 사람 등을 포함해서)이 어떤지를 실제로 탐색하러 나서게 할 것이다. 그리고 발생학적 모형은 이 모든 일을 사회적 수준과 관점이라는 토대 위에서 해낸다.

연구자들은 사회적 행동을 이해할 수 있는 새로운 출발점을 제공해주고 우리가 다루어야만 하는 사회적 관계의 범위를 늘리는 방법을 통해, 시계추가 개인으로부터 사회로 진동하도록 해야만 한다. 말할 필요도 없이, 오래되고 유서 깊은 전통을 가지고 있으며 이미 많은 사전준비가 이루어진 기능주의적 모형에 비하면, 새로운 모형은 더 직관적이고 덜 정교하다. 이러한 단점이 오래된 길에 집착을 보이는 것에 대한 편리한 변명이 될 수도 있다. 하지만 이것이, 결국에는 새로운 길이 다다르게 될 곳을 발견하게 될 기회를 외면할 만한 이유로는 충분하지 않다.

제1부
합의, 통제, 동조
기능주의적 관점에서 본 사회적 영향

당신이 너무나 과장해야만 하고
너무나 소홀히 해야만 하는
어떤 원칙을 설명하기 위해서
- 월터 배젓 Walter Bagehot -

제1장 의존과 사회적 통제

내가 아는 바로는 사회적 영향에 대한 연구들 대부분은 사람들이 동조를 하는 이유와, 사람들을 동조시키는 데에 성공적으로 쓰이는 방법들에만 집중했다. 현재의 견해와 연구에 자극을 주는 두 개의 주요한 질문이 있다.

- 어떤 이유로, 어떤 방법으로, 집단은 개인이나 하위집단들에 자신의 관점을 강요하려고 시도하는가?
- 어떤 이유로, 어떤 방법으로, 개인이나 하위집단은 집단의 관점, 또는 집단의 관점을 대표하는 사람(리더, 전문가…… 등등)의 관점을 잘 받아들이게 되는가?

다음은 이 질문에 답하는 데에 전부터 의존해온 근본적 가정들이다.

명제 1. 집단 안의 사회적 영향은 불평등하게 분배되며 일방적 방식으로 발휘된다

이 명제에 표현된 생각은 아주 명확하며 상식에 호소하고 있다. 영향작용은 어느 한쪽이 원천이 되고 다른 한쪽이 목표가 될 때 발생할 수 있다. 의사소통의 과정과 관련해 유추하자면[1], 원천이란 규범정보나 영향의 송신자인 반면, 목표란 규범정보나 영향의 수신자라고 말할 수 있다. 여기에 중요한 자격조건이 하나 더 더해져야 한다. 정보의 전송처럼, 영향을 발휘하는 일은 비대칭적이라는 점이다. 영향작용은 상호작용의 원천에서 나와서 목표로 향해간다. 반대 방향은 가능하지 않다.

원천, 목표, 방향성에 관한 이러한 개념들은 모든 영향모형에서 내내 발견될 것이다. 모형 간의 차이를 만드는 것은, 이 개념들을 정의하고 조합하는 데에서 수반되는 규칙들이다. 그런데 내가 여기서 기술하려는 기능주의적 모형에서는 영향출처(송신자)의 역할과 영향목표(수신자)의 역할이 엄격하게 구분되고 규정되어 있다. 전자에 대한 기술은 언제나 특정 집단, 그 집단의 정당한 대표들(지도자, 대리인 등), 어떻게든 권력과 자원(예를 들어 유능함)을 소유한 그런 사람들과 관련되어 있다. 그리고 후자에 대한 기술은, 권력과 자원을 가지지 않았거나 이런저런 이유로든 이탈 경향이 있는, 그 어떤 특권적 지위를 갖지 않은 개인이나 하위집단에 관한 것으로 한정된다. 출발점으로서의 역할이 가진 이러한 귀인 때문에, **영향의 출처는 결코 잠재적 대상으로서 생각되지 않으며, 영향의 대상은 결코 잠재적 출처로서 생각되지 않는다.**

이러한 기본적 비대칭성의 결과로, 다수의 관점은 정당성과 규범의 위세를 지니며 전체로서의 사회체계를 표현하게 된다. 역으로, 소수의 관점이나 상이한 관점을 반영하는 의견은 모두 오류나 이탈로 낙인찍힌다. 그러므로 "**이탈자**란 자신이 기능하는 **집단**이나 문화에서 규정되는 것과 다른 방식으로 행동하는 개인이다. 토론집단들의 의사소통과 합의에 대한 연구에서 이탈자란, 최빈치最頻値나 다수와는 분명하게 다른 관점을 가진 사람을 일컫는다."[2] 이 정의는 학생이라면 다들 알고 있으리라 예상한다. 프리드먼Freedman과 둡Doob의 연구에 붙은 부제목 '이탈: 다름의 심리학'[3]도 같은 것을 표현하고 있다. 이러한 접근으로 보자면, 소수나 차이라는 개념은 이탈자나 이탈이라는 개념과 동일하다.

어째서 개인과 하위집단을 영향작용의 수신자로만 간주하는가? 본질적으로 사람들은 우리가 닫힌 사회체계 안에서 살고 있다고 생각한다. 애쉬 Asch가 말한 바로는, 각각의 "사회적 질서들은 물리적 · 사회적 자료 중 선택된 일부분만을 그 성원들에게 제시한다. 이런 식의 선택이 지닌 가장 결정적인 특징은, 다른 식으로 지각할 여지를 갖지 못하게 한다는 점이다. 우리가 속한 집단의 언어, 집단이 말하는 가까운 관계, 집단이 먹는 일상적 음식, 집단이 지지하는 예술에는 정답이 하나뿐이다. 개인의 영역은, 특히 상대적으로 폐쇄된 사회에서는 주로 문화적 환경에 포함된 것들에 의해 경계가 만들어진다."[4]

그러므로 모든 것은 이러한 문화적 요소들을 결정하는 사람들이 모이는 사회적 관계의 극단極端 주위에 집중된다. 무엇이 정당하고 좋은 것인지 결정하는 권리는 바로 그 사회적 관계들에 부여된다. 그 어떠한 일탈적 의견, 상이한 판단도 모두, 객관적이고 진실한 것에서 이탈함을 의미한다. 이런 일은 판단이 소수의 개인이나 하위집단에서 나올 때 불가피하게 발생한다.

이러한 환경에서는 확실히 집단이 '어디에서 정보가 나오는지'에 관한 정보도 방출한다. 그러나 집단의 이탈적 소수에게는 방출할 수 있는 게 아무것도 없다는 사실 또한 마찬가지로 명백하다. 왜냐하면 이들에게는 그 어떤 타당한 대안을 고안해낼 수 있게 하는 수단이 없기 때문이다. 그러므로 다수가 가진 더 보편적이고 덜 극단적인 의견이 긍정적 가치를 지니게 된다. 이러한 암묵적 확신에는 심리적 가중치가 더 크다. 역으로, 소수이거나 권위를 부여받지 못한 사람이 가진 더 낯설고 더 극단적인 의견은 부정적 가치를 지니며, 이에 대한 심리적 가중치는 더 작다.

실험설계뿐 아니라 통상적 언어에서도, 이러한 생각은 "하나는 다수나 지도자에게서 나오고 다른 하나는 이탈자나 불특정 개인에게서 나오는 두 가지 의견 중 하나를 선택해야 하는 개인은 자발적으로 전자를 택하기 쉽다"는 가정에도 반영되어 있다. 사실, 진짜로 선택이 이루어졌는지는 의심할 여지가 없다. 앞에서 우리가 관찰했듯이 다수의 관점은, 유일하고 완전하며 규범적인 선택이다. 반면, 소수의 관점은 또 다른 하나의 상이한 관점으로 인정되지 못한다. 곧, 의견이 아닌 것, 진공 상태, 비非다수, 아노미적인 것으로 정의된다(말하자면 실상과는 반대로 취급된다). 다시 말해, 관계는 일방향적인 것으로 생각되고 있다. 그러므로 영향작용의 출처인 집단은 자신이 확립한 자극, 코드, 판단에 기초해 그 자신의 결정을 내린다. 반면, 영향작용의 대상인 소수나 개인들의 판단, 코드, 자극은 당연하게 집단이 결정한다.

여기에도 문제는 없다. 일단 그러한 비대칭성을 가정하다 보면, 사회적 파트너 중의 하나는 능동적이면서 변화에 대해 개방적인 것으로, 다른 것은 주로 수동적이면서 변하기 쉬운 것으로 정의된다. 전자에 대해 정당하고 긍정적인 행위가 무엇이 되었든, 그것은 후자에 대해서는 의무나 박탈이 된다. 그들의 역할에서 이러한 상보성相補性은 진짜 상호작용의 그 어떤 가능성도 배제한다. 이러한 상황이 고착되면서 소수 개인이나 하위집단은 이탈 또는 독립이라는 단 하나의 탈출로를 가진다. 곧, 이 탈출로는 집단 안에서, 집단의 눈앞에서 고립되어버릴 위협이 따르는 '철회'다. 그러한 맥락에서 동조적 수동성은 적응이라는 긍정적 의미를 획득하지만 능동성, 혁신, 개인적 태도 등에는 부적응이라는 경멸적 의미뿐이다.

진정한 반응 · 태도의 복종과 억압에 근거를 둔 이런 식의 빈약한 동조는 받아들이면서, '결속에 근거한 생산적 동조의 존재, 그리고 보편적인 목표 · 체제를 향해 수렴되는 진정한 반응 · 태도의 만족감' 등은 전혀 인정하지 않았다는 점이 유감스럽다. 근본적으로는, 집단규범에 대한 능동적 동조보다 집단규범의 수동적 수용이 강조되었다는 점이 유감스럽다. 분명한 점은 이러한 관점의 바탕이 되는 가정들 때문에 다른 것들이 전혀 강조되지 못했을 수 있다는 것이다.

마찬가지로, 독립은 집단의 태도와 결정에 주도성이나 도전을 발휘하는 것으로 보이기보다는, 무엇보다도 집단적 압력에 대한 저항, 일종의 적극적 수동성이나 완강한 거절로 여겨진다. 보편적으로 받아들여지는 정의를 따르면, "**독립**은 사회적 기대를 향한, 또는 사회적 기대에서 떨어져 나오는 일관적 움직임의 결여를 나타낸다."[5] 이와 비슷하게 비非동조도 주장 · 관계로부터의 철회로 보이지, 그러한 관계의 수정을 유도하는 태도로는 보이지 않으며, "반反동조는 사회적 기대에서 멀리 떨어져 나오는 일관된 움직임을 말한다."[6]

이는 동조를 강요하는 사람과 동조에 굴복하는 사람을 엄격하게 구분하는 것이나 매한가지다. 이를테면, 전자는 후자에 대해 동조의 힘을 휘두를 수 있다. 사실상 그것이 독립의 문제든 반동조의 문제든, 한 개인은 집단이나 사회가 개인에게 거는 기대와 무관하게 자신을 정의하는 것이 아니라, 집단과 사회적 기대와의 관계 속에서 자신을 정의한다. 적어도 인용된 텍스트를 보면 이는 맞는 말이다. 몇몇 일반적 관찰결과를 제외하고 보면, 그 텍스트들은 독립의 의미, 독립이 다루어지는 방식, 한 개인이 독립적이게 되는 방식에는 관심이 거의 없었음을 보여준다. 바꿔 말해, 자기주장과 집단적/개인적 행동의 한 방법으로서 독립은, 비록 많은 소집단 현상(예컨대, 감수성집단과 훈련집단)에서 흔히 나타난다고 하더라도, 이러한 과학적 연구의 분야에서는 완전히 간과되었다.

일부의 사회심리학자들은 이 점을 의식해왔다. 예를 들어, 애쉬는 "우리는 '다른 모든 사람을 위한 표본의 역할을 하는 사회적 영향의 형태는 하나뿐이다'라는 널리 보급된 가정은 조건적으로 다루어야만 한다. …… 특히 사회적 영향의 이론이 사회적 압력에 대한 복종의 이론이어야 한다고 미리 가정하는 것은 알맞지 않다"고 했다.[7] 몇 해 전 켈리Kelley와 샤피로Shapiro도 또한, 변화하는 현실에 집단이 적응해가는 데에서 동조가 심지어 장애가 될 수도 있다고 강조했다.[8] 이를테면, 비동조자들은 중요하지 않은 이탈적인 사람으로 보이기보다는, 또래들이 좋아하는 인기인이 될 수도 있다. 비동조자들은 사회심리학에서 독립을 소홀히 하는 것을 유감스럽게 생각한다. 이들이 느끼기에, 독립의 소홀은 실제 생활에서 독립의 중요성을 무시하는 것이나 다름없기 때문이다.

이러한, 혹은 이와 유사한 관찰은 그 어떤 영향력도 거의 발휘하지 않았다. 그래서 몇몇 의견에 반해, 사람들은 대개 첫 번째 명제가 맞는다고 생각하는 것 같다. 교재에서 발췌한 다음의 내용은 사람들 사이에 존재하는 그러한 합의의 내용을 매우 정확히 요약하고 있다. "비록 모든 상호작용 안에 상호적 유관성이나 독립성이 있을지라도, 대칭적 유관성과 비대칭적 유관성을 구분하는 것이 유용하다. 후자는 일방향적 영향작용의 측면에서 분석될 수 있는데, 모방과 응종compliance이 그 예가 된다. 그래서 호감을 사고 신뢰받는 사람, 사람들이 원하는 '뭔가를 가진 것으로' 생각되는 사람, 우리와 밀접하게 관련되어 있어서 우리와 같은 규범과 가치를 가졌으리라 생각되는 사람들에게서 나온 영향은 가장 손쉽게 받아들여진다."[9]

명제 2. 사회적 영향의 기능은 사회적 통제를 유지 · 강화하는 것이다

"개인은 이런저런 형태의 사회적 통제가 있어야만 하나의 일치된 행동을 성취할 수 있으며 집단을 구성할 수 있다"고 여겨진다.[10] 우리가 이 말이 지닌 타당성에 한계가 있다는 점을 명심하고만 있다면, 이러한 주장은 부인할 수 없는 진실을 표현한다. 말하자면, 집단이 규정하고 인정한 목표나 목적을 향해 집단이 움직여 나가는 것을 말하는 '집단이동group locomotion'[11]의 개념은 사회적 영향 분야에서 통제가 의미하는 바를 명확히 설명한다.

그런 움직임이 발생할 수 있도록 하려면, 반드시 모든 사람이 동일한 가치, 규범, 판단기준을 지녀야 하고(많은 저술가가 그렇게 가정한다) 그것들을 받아들여 준거로 삼는다고 가정해야만 한다. 심지어 환경은 단 하나며 모든 사람이 같은 환경을 가진 것으로 가정된다. 그런 동질적인 맥락에서는, 개인과 하위집단이 자신에게 기대되는 것이 무엇인지를 알고 있고 특정한 하나의 의미를 여러 가지로 해석하지 않으며, 진실/오류의 원인을 자신의 행동, 지각, 판단에서 찾는 정도도 다양하게 생각하지 않는다고 가정하기 쉽다. 더구나 목표를 수행하게 될 때 집단의 성원들은 차이의 존재를 장애물로 본다. 그래서 그들은 차이를 없애려는 경향이 있다. 그리하여 그들은 변화에 굴복하기를 거부하는 개인들을 배제할 수 있도록 집단의 경계를 다시 그으려고 한다. 그러나 통제는 통제자가 있어야만 성립된다. 사람들은 이 통제자들이 사심 없는 고결한 마음과 뛰어난 지혜를 지녔으리라 생각하기 때문에, 통제자들이 자기 이익을 위해 통제를 발휘하는 것은 충분히 있을 법한 이야기다.

'다른 사람들로 하여금 통제자한테 유리한 관점을 받아들이게 하는 것'을 목표로 하는 그런 유의 영향작용은 성공가능성도 가장 크다. 내 말은 세코드Secord와 백맨Backman의 말을 그저 바꿔 말한 것이나 다름없다. 세코드와 백맨은 "규범적 통제는, 집단 성원들이 자기 요구의 충족을 집단에 의존해온 행동영역 안에서 발생한다. 집단 안에서 가장 힘 있는 사람의 만족에 필요한 태도와 행동은 규범의 형성으로 이어지게 될 가능성이 가장 크다"[12] 라고 했다.

그러므로 흔히 말하는 보편적 규범은, 불가피하게 다수 또는 권위자의 규범이다. 그 결과, 이 규범들에서 벗어나는 모든 이탈행동은 개인에 대해 두 가지 의미를 함축한다. 이탈행동은 한편으로는 집단이동에 위협이 되는 비동조, 곧 저항을 의미하고, 다른 한편으로는 결핍deficiency을 의미한다. 다시 말해, 한 개인이 적절한 반응을 모른다는 것은, 그에게는 무엇이 적절한 반응인지를 알 수 있는 능력이 없다는 것을 의미한다. 두 경우 모두에서, 다수(예컨대 전문가, 리더)로부터 벗어나는 행위는 열등함과 주변성marginality을 나타내 보여주는 징후다. 그러한 이탈행동은 집단 안에서 개인들에 대한 차별적 처우를 유발한다. 말하자면, 이탈적 행동은 이탈적 상태를 만들어낸다.

수백 개의 실험을 통해 몇 번이고 되풀이해서 볼 수 있듯이, 실험에서 반응 중인 개인은 자신이 틀렸고 자신의 행동이 정도에서 벗어났다고 믿게 된다. 이로 말미암아 그는 불안 등을 느끼게 된다. 이런 상황에 놓인 사람은 다른 사람들이 보여준 평가와 애정에 대해 아무 주장도 하지 못한다는 것도 이미 입증된 사실이다. 그의 지적 능력과 무관하게, 그 의견의 올바름과 무관하게, 또는 자신의 상황을 이해하고자 스스로 행한 노력과 무관하게, 다수는 이 사람에게 아무 역할도 주지 않을 것이다. 어차피 아무것도 변화될 수 없었을는지도 모른다. 그래서 "헤어Hare가 한 말은, 실험실 소집단 연구에 기초를 둔 일군의 추상적 개념들을 우리에게 제공한다. 그런데 이런 식의 소집단 연구에는 일상생활 속의 실제 대인對人 상호작용이 가질 수밖에 없는, 타협적이고 꾸며진 특성이 모두 배제되어 있다. 실험실 상황에서는 일종의 게임이나 단순한 과제를 수행시키기 때문에, 그 상황에서 행동을 좌우하는 일반적 규칙과 구체적인 규칙을 손쉽게 주장할 수 있다"[13)]는 식으로 말해져왔다.

이러한 규칙이 주는 교훈은 명확하다. 사회적 통제의 요구가 어느 한 극단에 정당한 권위자를 놓고 다른 극에는 이탈하려는 사람, 또는 반대자를 놓는다면, 사회적 통제의 요구는 집단의 이상적 기능(곧, 성원 간의 차이를 최소한으로 축소하는 것)에 관한 조건도 결정한다. 앞에서 언급한 페스팅거Festinger의 이론에서는, 비공식적 집단 내에 발생하는 '획일성으로의 압력'은 그러한 이상적 기능을 실행할 필요에 부응한다. 그 이론은, 소수 개인이나 하위집단에 대해 불가피하게 압력이 발휘될 수밖에 없다고 명시적으로 말하지는 않는다. 그러한 압력은 다수, 또는 권위를 행사하는 개인에게도 같은 정도로 발휘될 수 있다.

그렇지만 페스팅거 자신을 비롯해 그의 동료와 사회심리학자 대부분은, 비록 획일성이 이탈자에 대립하여 확립되어야만 할지라도, 그 이론을 이해하고 연구해왔다. 이러한 관점은, 두 가지 종류의 사회적 영향이 존재한다는 것을 실험적으로 입증하려고 시도해온 연구자들에게 영향을 미쳤다.[14] 구체적으로, '정보적' 혹은 '과업-중심적'이라고 불리는 첫 번째 영향작용은 대상과의 관계에 관심을 둔다. '규범적' 혹은 '집단-중심적' 영향이라고 불리는 두 번째 영향작용은 동일한 의견들을 향한 수렴의 필요성을 언급한다. 이것은 개인들 간의 관계가 결정하지, 대상의 속성들이 결정하지는 않는다. 이는 집단의 응집성에 의해 강화되며, 집단 성원들을 끌어들이는 데에 도움을 주는 응집성에 수반되는 다른 이점들에 의해 강화된다. 그러므로 응집성과 매력은, 대립하는 관점을 보이는 집단 성원들을 분리시킬 수도 있는 그 어떤 간격을 감소시키기 위해 작동한다. 또한 그것들은, 집단 성원들이 개인적 문제의 해결과 개인적 요구의 만족을 다른 곳에서 구할 목적으로 집단에서 떨어져 나가 다른 집단으로 들어가려는 경향성을 막는다. 그리하여 내적 장벽의 역할을 하게 되는 것이다.

전체 개념세트(집단이동, 응집, 규범적인 사회적 영향 등)는 집단 성원에 대한 외적/내적 집단통제라는 관념을 구체적으로 다양하게 표현하는 것임이 틀림없다. 잘 알려진 바와 같이 이 개념들은 다양한 실험적 상황들에서 광범하게, 상세하게 연구되어왔다. 또한 이 개념들은 이러한 관점에서 볼 때, 무엇이 영향과정의 최종 목표(곧, 이탈자에 대한 교화)를 구성하는지를 잘 드러내 보여준다. 그것들의 구체적 기제는 개인이나 하위집단이 지닌 독특성과 개별성을 흐리면서 모든 사람을 유사해지게 하는 것이다. 이렇게 일체화와 몰개성화에 관한 과정이 수행될수록, 개인들이 다른 사람들과 환경에 적응하는 일이 더 나아진다.

예를 들어, 집단응집력은 대개 어떤 방법으로 실험실에서나 실제 생활에서 조작되는가? 진짜 피험자나 일반인에게 "당신들의 지능검사, 성격검사, 투표, 여론조사 등의 결과(조작하기를 원하는 것이 무엇인가에 따라 그에 알맞은 것을 선택하면 된다)에 따르면 당신들은 서로 유사하다"고 말해줌으로써 조작된다. 그러한 조작의 밑바탕에 깔린 가정은 우리가 익히 잘 아는 것이다. 다시 말해, 응집성이나 매력은 사람들이 자신들을 유사하다고 생각할 때 더욱 높으며 그렇지 않을 때 더 낮다는 것이다. 그것이 '우리', 곧 '집단'이 가진 강력한 힘이다. 이어서, 대부분의 실험에서 영향작용의 양은 집단 의견을 향해 이탈자 의견이 이동해가는 정도로써 측정된다. 동시에 의견의 이러한 이동은 다른 사람에 대한 복종, 개별성의 상실을 반영한다.

이와 정반대의 움직임은 거의 고려된 바 없으며 연구된 적도 없다. 이탈자와 집단 간의 차이가 증가하게 되는 것을 의미하는 **부메랑효과**들이 기록되는 경우가 가끔 있다. 이상하게도 사람들은 그런 효과를 영향작용의 결과로는 심각하게 해석하지 않았으며 주의 깊게 조사하지도 않았다. 어쨌든 그런 효과들은 사회성의 본질적 특성과는 관련이 없는 것처럼 보이므로, 우리가 그런 우발적 사건에 시간을 낭비해야만 할 이유가 어디 있겠는가? 이 개념들이 학생들이나 연구자들의 현실에 대한 관점, 그들이 가진 사회심리학의 개념·방법론을 어느 정도까지 바꿔놓는지 여기서는 거의 설명할 필요가 없다. 어떤 경우든, 영향작용을 '부분을 전체로 통합하고 개인을 집단으로 통합하는 수단'으로 해석하는 것이 비非분화, 응집, 규범적 집단압력 등에 대한 강조에 어느 정도 작용한다는 것은 명백하다.

명제 3. 의존관계는 한 집단 안에서 발휘되는 사회적 영향의 방향과 양을 결정한다

사회심리학이 의존성dependence이라는 것에 대해 왜 그리 강박적이었는지는 이해하기가 쉽지 않다. 그 개념은 명확하지도, 자명하지도 않다. 더구나 영향이 일어나는 상황에서는 집단 성원들 사이에서 의견과 행동을 변화시키기 위해 많은 시도가 이루어진다. 그리고 이 의존성 개념은 광고인들과 정치적 선전자들이 지켜야 하는 황금률을 언급하는 게 아니다. 여기서 말하는 황금률이란, 그 사람들이 강력한 관심을 속에 품고 있다는 인상을 주거나 그들이 개인적/집단적 자율성을 간섭하길 원한다는 느낌을 줄 수도 있는 모든 것을 피한다는 것이다.

그럼에도 의존성이 영향과정에 관한 연구에서 주요한 독립변수의 지위를 달성했다는 사실은 여전하다. 또는 그 대신에 '의존성은 영향의 효과를 설명한다'고 말할 수도 있다. 의존성은 의견이나 판단의 변화가 주목받는 순간마다 작용하리라고 가정된다. 홀랜더Hollander의 교재를 사용하는 학생들은 다음과 같이 배운다. "일치성 동조와 이동 동조* 모두 영향을 받아들이는 것과 관련되어 있고, 이처럼 영향을 받아들이는 일은 의존성을 밖으로 드러내 보여준다."[15] 프랑스 사람이 "여자를 찾아라"**라고 말하듯, 사회심리학자들은 "의존성에 관해 탐색하라. 그러면 모든 것이 설명될 것이다"라고 말한다.

세부적인 것들은 늘 겉으로도 드러나 있으므로, 좀 더 가까이에서 보도록 하자. 의존에는 관습적 의존과 도구적 의존 두 가지가 있다. 첫 번째 종류의

---

* 여기서 말하는 '일치'란, 특정 반응과 규범적 이상 간에 일치하는 정도에 의해 측정되고, '이동'은 반응 상의 변화가 더 높은 정도의 일치, 또는 더 낮은 일치를 일으키는 정도에 의해서 측정된다.

** Cherchez la femme. '여자를 찾아라', '사건 뒤에는 여자가 있다'는 뜻으로, 사건을 해결하려고 단서를 찾을 때 쓰는 프랑스 관용구.

변화(관습적 의존)는 권력의 한 국면과 권력을 위한 수단을 향해 있다. 권력은 개인적인 것(리더십, 유능성 등)이거나 집단적인 것(다수, 대표 등)일 수 있다. 권력, 혹은 적어도 권력이 있는 지위는 대개 불평등하게 분포되어 있으며, 집단 내에서 대단한 권력과 지위를 가진 분파는 그렇지 못한 나머지 분파보다 더 많은 일을 할 수 있다.

실제로 관찰해보면, 사람들이 '소수'라는 말을 쓸 때는 그들의 숫자를 언급하는 게 아니라(인구학적 관점에서 보자면, 때때로 소수는 다수만큼이나 중요하다), 권력분배의 불평등성, 지배의 논리를 언급하는 것임을 알 수 있다. 사회적 위계에는 이러한 불평등이 직접적으로 나타나 있다. 한편으로, '지위'(중세시대의 상인, 19세기의 원로원 의원, 공산당의 서기관은 핵심적 지위를 차지한다)를 할당받는 일은 권위를 부여받지 못한 다른 사람들에 대해 확실한 권위를 보장한다. 다른 한편으로, 전문가, 왕자의 상담자, 또는 노동의 영역에서 지식의 부문을 주장하는 누구라 하더라도, 그들에게 부여되는 우월성은 그러한 명성이 결여된 다른 사람들에 대한 우위를 원칙적으로 보장해야만 한다. 모든 경우에서, 위계의 맨 꼭대기에 있는 사람들은 맨 밑바닥에 있는 사람들보다 더 많은 영향력을 갖추게 된다. 동시에, 높은 지위를 가진 개인이나 하위집단은 낮은 지위를 가진 사람보다 덜 영향을 받게 된다.

여러 실험적 관찰에 의하면, 높은 사회적 지위를 가진 피험자는 낮은 사회적 지위를 가진 피험자에게 영향을 미친다.[16] 그러나 존스Jones의 연구[17]는 영향작용과 사회적 지위 간의 관계가 더욱더 복잡하다는 것을 보여준다. 모든 개인은 그의 지위와 무관하게, 다른 사람들의 승인을 얻으려고 영향에 굴복하고 동조하는 경향이 있다. 하지만 그러한 동조적 행동도 지위가 상반된 상황에는 다르게 나타난다.

이 모든 것을 뛰어넘어, 유능성과 같은 다른 요인들은 집단 안에서 개인의 권위를 보장하며, 그 개인을 영향작용의 행위주체로 지명한다.[18] 밀그램

Milgram의 복종에 관한 실험[19]은 현실의 이러한 양상을 가장 극적으로 보여주는 예다. 주지하다시피, 실험자는 지시를 따르는 것에 대해 최소한의 금전적/도덕적 유인가도 제공받지 못한 피험자들로 하여금, 아무 관련도 없고 알지도 못하는 사람에게 고통스러운 전기쇼크를 가하라는 실험자의 명령에 복종하라고 시켰다. 과학의 이름으로 실험자가 피험자들에게 이런 행위를 하도록 요구했다는 사실은 명백히 충분하게 정당화된다. 권위의 그물망 속에 갇혀서, 과학자의 유능성에 의해 이 실험사례 속 역할을 맡아서, 그리고 과학적 연구의 정당성에 위압되어서, 사람들은 다른 사람을 맹목적으로 고문한다.

덜 극적인 다른 실험들은 높은 지위의 개인에게 복종하는 낮은 지위의 개인과, 유능한 개인을 따르는 유능하지 못한 개인을 보여주었다. 이러한 연구결과들을 하나로 수렴했을 때 드러나는 양상은 너무나 놀랍다. 그래서 내가 보기에는 그 연구결과들이, 옳을지도 모를 정치적 · 상식적 금언을 증명하는 대신 오히려 그 금언을 논파했다면 더욱더 의미 있게 되었을 것으로 생각한다. 달리 말해, 그 연구들이 금언의 옳음을 보여주려고 설명하는 대신 그 금언이 맞지 않는 환경(결국, 너무 드물지도 않은 환경)에 초점을 맞추었다면 더욱 유의미했을 것이다. 나는 가치판단을 내릴 수는 없지만, 편파된 부분이 있음을 지적하고자 노력하는 중이다.

도구적 의존 또한 집중적으로 연구되었다. 관습적 의존이 사회체계의 지배 안에 있는 개인을 보여주지만, 도구적 의존은 오히려 '타인을 필요로 하는 욕구'의 충족에 관한 문제다. 여기서 제기된 질문들은 실제적이다. 누가 영향작용에 굴복하는가, 그리고 누가 저항하는가? 다른 누군가의 반응을 채택하려는 요구가 극렬해지고, 그리하여 영향작용이 더욱 쉬워지게 되는 것은 과연 어떤 상황 안에서인가? 간단히 말해, 우리는 동조적인 사람은 누구고 독립적인 사람은 누군지, 어떻게 해서 누군가는 동조적이게 되고 다른 사람은 독립적인 채로 있는지 알 필요가 있다.

언제나 우리는 이탈자들이 한 집단 안에서, 서로에게 동의하고 집단규범에 동의하는 사람들보다 더 변화하고 싶어한다는 것을 당연하게 생각한다.[20] 이렇게 변화하려는 경향성을 보이는 이유는, 존스와 제라드Gerard가 구별할 것을 제안한 의존의 하위범주 두 개와 관련이 있다.

> 결과 의존: 한 개인이 요구의 직접적 만족을 위해 다른 사람에게 의존하는, 사회적 의존성의 하위범주 중 하나. 그렇다면 다른 사람은 요구의 만족을 제공하기 위한 위치에 있게 된다.[21]

> 정보 의존: 한 개인이 환경에 관한 정보, 환경의 의미에 관한 정보, 그리고 환경에 따른 행동가능성에 관한 정보를 위해 다른 사람에게 의존하는, 사회적 의존성의 하위범주 중 하나.[22]

(a) 결과 의존은 이탈자나 집단 내 다른 성원들이 성격문제를 가진 상황에서 관찰된다. 유친affiliation, 사회적 승인, 자존감 등의 요구는 다른 사람들에 대한 욕구가 표현되는 다양한 외양이다. 그것은 영향과 밀접하게 상호 관련된 것처럼 보인다. 유친, 자존감 등의 요구를 강하게 느끼는 개인들은 요구를 덜 가진 다른 이들보다 더욱 동조하기가 쉽다. 어떤 의미에서 그 개인들은 사회적 압력에 덜 저항할 수 있다. 또한 그들은 그렇게 함으로써, 받아들여지거나 심지어 호감을 사기를 바라면서 다수와 리더를 따르기 십상이다.

경험적 연구들은 기대를 확증해주었다. 특히 두 개의 연구는, 승인에 대한 개인의 요구가 강하면 강할수록 동조도 더 커진다는 사실을 발표했다.[23] 이어서 디테스Dittes는, 집단에 수용되었다고 믿도록 격려받은 피험자들이 집단에 매력을 느꼈으며 그들의 자존감이 약할수록 집단압력에는 더더욱 동조하려 들기 쉽다는 것을 입증해냈다.[24] 불안의 역할은 많은 다른 연구에서 밝혀졌다.[25] 유친에 대한 요구의 중요성은 간과된 적이 없다.[26]

간단히 말해, 어떤 사람은 복종으로, 다른 사람은 자율로, 또 다른 사람은 여전히 대립으로 운명지어져 있다.[27] 이러한 관점으로 보자면, 어떤 한 개인이 여러 가지 영향상황에 거치면서도 꾸준히 동조행동을 유지하려 해왔다는 사실은 놀랍지 않다.[28]

어떤 면에서 이 실험들은 중복적이다. 이 실험들 모두, 특정한 성격특성이 다른 사람들을 향한 강렬한 욕구와 일치하는 의존성이나 독립성을 일으킨다는 것을 보여주는 경향이 있다. 이러한 연구들이 엄청나게 많이 이루어졌음에도, 실제로는 그러한 욕구를 조절하는 기제가 명확히 이해되었다고는 할 수 없다. 그 기제가 작동하게 되는 상황이 아주 많다는 것이 지금까지 일궈낸 성과의 전부다.

(b) 정보 의존은, 개인들이 현상에 대한 자신의 판단에서 객관적 정확성을 추구하고 자기 판단에 대한 타당화를 추구하며 그런 방식으로 환경에 대한 적응을 추구하려는 경향성을 말한다. 그들이 이를 스스로 성취할 수 없다고 믿게 되면, 그들은 판단에 대해, 그들 자신이 한 판단의 타당화에 대해 다른 사람들에게 호소하게 된다. 개인적 적응에서 사회적 적응으로, 환경에 대한 직접적 의존에서 다른 것들에 의해 매개되는 의존성으로 불가피하게 이행하게 되면 영향작용이 개입하게 된다. 또한 사회적으로 의지하지 않으면 안 되는 상황들(그런 상황은 수없이 많다)도 실험적으로 연구되었다. 그중에서 특히 우리는 우리 감각의 신뢰성에 대한 불확실성, 우리 능력에 대한 확신의 결여[29], 우리의 지능에 대한 의심, 우리 판단에 대한 믿음의 결여[30]를 언급할 수도 있다. 자율성과 타율성의 정도는 그러한 속성을 실제로 가진 정도, 또는 그런 속성을 가졌으리라 추정하는 정도에 직접적으로 비례한다.

기꺼이 복종하려고 하는 의존적 성격과, 복종을 거부하는 독립적 성격에 대한 로봇 같은 묘사가 이 연구들에서 도출되었다. 슈타이너Steiner는 다음과 같이 적고 있다. "우리는 동조자들의 특징이 전형성, 양심, 협동성, 인내, 성실성, 유순한 사회화 등이라고 말한다. 그러한 개인들의 자기평정self-rating 내용은 양육, 유친, 자신을 낮추는 것, 정신의학적 증상의 부정 등을 강조한다. 이러한 해석들은 '동조하는 개인은 억제되어 있고 신중하고 복종적이며 다른 사람들의 생각을 향하고 있다'고 결론지은 디 베스타Di Vesta와 콕스Cox의 발견과 거의 일치하고 있다. 보건Vaughan은 동조자들이 지능, 주장성, 신경적 자제, 외향성, 현실주의와 이론적 가치에서 낮은 점수를 기록했음을 발견했다."[31]

반대 극단에는 개인을 영향작용에 덜 굴복하게 하는 특성들이 있다. 예를 들자면, "그러한 개인들은 자기 자신의 지각에 높은 정도의 확신을 하고 있다. 그들은 자신이 다른 사람들보다 더 유능하거나 더 강하고 더 높은 지위를 가졌다고 느낀다. 집단 안에는 다수의 판단에 대항해 그들에게 동의하는, 하나 또는 그 이상의 다른 사람이 있다. 그들은 다른 사람들을 매력적이지 않은 원천으로 생각하며, 아마도 자신들과는 다르리라고 생각한다. 마지막으로 그들은 그 어떤 중요한 개인적 목표들에 관해, 동조로 얻어지는 것을 사소하게 생각한다."[32]

분명히 이런 로봇 같은 묘사가 문자 그대로 받아들여지지는 않는다. 덜 의존적인 사람은 더 의존적인 사람보다 '더 멋지게' 묘사된다. 이것은 그 반대의 경우만큼 놀랍지는 않다. 동조적인 사람이 일반적으로 '유약'하다면, 반드시 '강해'야만 하는 독립적이거나 이탈적인 개인들이 다수(대개는 동조자들로 이루어진)를 따르는 일은 어떻게 해서 발생하는가? 성격특성과 동조 사이의 관계는 전혀 확립된 상태가 아니다. 이와 관련된 상황적 요인들은 계속 연구되는 중이다.[33]

아무튼 그러한 관계를 확립해내는 일이 얼마나 대단히 중요할지는 좀 의심스럽다. 한편으로 그것은 아무것도(성격이든 영향작용이든) 설명하지 못할 수도 있다. 그것은 인과관계가 아니라, 단지 요인들 간의 공변共變만을 나타낼 수도 있다. 다른 한편으로 그러한 다양한 '욕구들'이 모든 사회적 현상을 설명할 수 있는 것으로 판명된다면, 심리-사회학적 관점이나 심지어는 사회학적 관점에서 현상을 더 깊이 분석할 필요도 없을 것이다. 사건들을 예측할 수 있으려면, 기본적 성격유형들을 알고, 주어진 집단이나 그 사회 안에서 그 성격유형들이 이바지한 바를 아는 것만으로도 충분할 것이다. 이 말이 맞는다면 개인차의 심리학은 사회심리학을 유익하게 대체할 것이다.

그러나 '욕구들'에 관한 그런 연구는 사회심리학 안에서 아무것도 확립하지 않고 있다. 사회적 영향의 영역에서든 다른 영역에서든 말이다. 그러므로 나는 여기서 그 연구들을 증거로서도, 경험적 연구로서도 다루지는 않을 것이다. 오히려 나는 욕구들을 증상으로서 다룰 것이다. 더 구체적으로 말해 나는 그 욕구들을, 이탈자들에게 가해지는 압력(이는 항상 정당화되기만 한다)에 따라 생기는 신념이 밖으로 표시된 것으로 볼 것이다. 왜냐하면 그 압력은 이탈자들 안에 있는 특정 욕구들에 부응하는 것이며, 어느 정도까지는 이탈자들에 의해 유발되기 때문이다. 타인이라는 존재가 착취를 불러일으키는 것과 똑같은 정도로, 이탈자들 또한 영향작용을 불러일으킨다. 이런 식의 대등한 관계는 어쩌다 발생한 우연한 일이 아니다. 따라서 브라멜Bramel이 피착취자에 관해 쓴 글은 이탈자에 대해서도 똑같이 잘 적용할 수 있다.

> 희생자를 향한 적대적 태도에 착취가 결합하는 정도를 여러 번 관찰해보면, 약하고 경멸받는 집단이 착취를 끌어들인다는 사실이 한눈에 드러날 수 있다. 이 명제는 다음과 같은 사실들에 의해 지지될 수 있었다. 동물들은 자기 집단 중 가장 약한 성원을 공격하고 착취하는 것처럼 보인다. 동물들이 그러는 것만큼, 인간집단들 역시 그들의 이탈적 동료를 거부하고 응징한다. 예를 들어, 나치는

> 유대인들이 열등하고 위험하다고 생각했기 때문에 유대인들을 착취하고 죽였다. 마찬가지로, 백인이 흑인 노예를 착취한 이유는, 그들에게 흑인은 오직 힘들고 고통스러운 일에만 적합한 야만인에다 열등한 인종으로 보였기 때문이었다. 최근 들어 사회심리학의 연구는 착취와 적대감 간의 연결("희생자는 **희생자이기 때문에** 경멸받는다")에 관해, 덜 명백하지만 더 흥미롭고 더욱 중요한 설명을 뒷받침하는 탁월한 증거들을 제공해왔다. 달리 말하면, 희생자에 대한 경멸은 착취의 결과지 원인이 아니다. 비록 그 생각이 새로운 것은 아닐지라도, 사회과학이 그것에 관심을 두기까지 놀랍도록 시간이 걸렸다.[34]

그러나 오늘날까지도 여전히 사회심리학은 '개인이나 하위집단으로 하여금 열등하거나 주변적인 사회적 위치를 점유하도록 강제하는 집단이나 체계의 소산'으로서의 이탈자의 행동에 관심을 두기 시작한 것은 아니다. 이러한 생각은 우리로 하여금 쉽사리 다음에 나오는 응종 유형의 관점에서 사회적 영향의 과정을 기술하게 할 것이다.

- 지위와 권력위계의 맨 밑바닥에 있는 개인들에 의한, 위계의 맨 위에 있는 사람들을 향한 응종
- 환경에 자율적으로 순응할 수 없는 개인들에 의한, 자율적으로 순응시킬 수 있는 개인들을 향한 응종
- 심리적 조직화가 다른 사람과의 관계 속에 방향 조정된 개인들과, 잠재적으로 이탈적인 개인들에 의한, 잠재적으로 이탈적이지 않은 사람들을 향한 응종

하나의 하위집단으로 하여금 다른 하위집단에 굴복하게 하는 연쇄반응은 다음과 같이 설명될 수 있다.

의존성의 증가 → 사회적/대인적 압력의 증가
↓
사회적 통제/획일성의 증가
↓
저항의 감소, 자율성을 향한 경향의 감소
↓
동조의 증가

이 도식은 자기 설명적이라서 그 의미가 즉각 이해된다. 위계, 성격, 심리적 · 지적 능력의 차이가 어떻게 해서 의견과 판단의 수렴으로 변환되는가? 이 질문에 관한 답은 "인간관계의 마술적 양조법 속에 의존성을 주입하게 되면, 의심, 특이성, 불일치라는 기본 금속을 확실성, 유사성, 동의라는 황금으로 기적적으로 변형시키게 된다"는 것이다. 물론 이 연금술의 비밀은, 그 과정이 시작되기 전에 확실성과 동의가 어디에서 발견될 수 있는지를 아는 데에 있다. 모든 사람이 동등하다면 그들 중 일부는 오웰의 『동물농장』에 나오는 동물들처럼 다른 사람들보다 훨씬 더 동등하다. 어떤 점에서는, 더 동등한 사람들에 집중하는 결정이 이루어졌기 때문에, 사회적 영향작용이 요구하는 변형을 도우려고 선택된 촉매가 의존성이어야 했다는 사실은 그다지 놀라운 일이 아니다.

제2장 동조를 향한 압력

명제 4. 불확실성의 상태, 불확실성을 감소시키려는 욕구는 영향과정이 취하는 행동형태를 결정한다.

사회적 영향에 관한 첫 연구에서 쉐리프Sherif는 우리가 대개는 불안정하고 가변적인 환경 안에서 살고 있다고 개념화했다. 그는 이러한 가변성과 불안정성이 사회적 환경 안의 모든 자극이 지니는 기본적 측면이라고 주장했다. 개인들이 다양한 대안, 많은 잠재적 답안, 모호성 등의 상태와 상호작용할 때, 규범들이 발생하고 변화한다. 쉐리프의 진술을 인용하면 "초점이 된 측면이 객관적 구조를 결여하고 있는 상황에서는, 개인은 불확실성을 더 느끼게 되며 피皮암시성 또한 증가한다. 다시 말해, 그는 다른 개인이나 집단, 대중매체 등이 내놓는 말과 행동, 또는 다른 의사소통에 의해 영향받을 가능성이 더 크다."[1] 모호성이 증가하거나 객관적 기준이 없어지면 개인 안에 내적 불확실성의 상태가 생긴다. 그때부터 개인은 다른 사람들의 영향에 복종할 준비가 된다.

다음의 친숙한 명제들은 이러한 해석을 바탕으로 형성되고 반복적으로 확증되었다.

(a) 발휘되는 영향작용과의 관계에서 자극, 대상이나 상황이 덜 구조화될 수록 영향은 더욱 커진다.

(b) 영향은 단순한 물리적 자극이나 사실판단이 관계될 때보다는, 복잡한 사회적 자극이나 가치판단이 이슈화될 때 더 커지게 될 것이다.

그러나 개인의 내적 상태가 불확실성을 유발할 수도 있다. 우리는 이러한 상태를 일으킬 수 있는 원인 중 일부로 취약한 지적 · 감각적 · 성격적 능력을 들 수 있다. 타인의 존재는 환경 부분에 개입함으로써 그러한 취약한 측면을 완화해준다.

켈리와 티보Thibaut는 그 점을 제대로 주장해왔다. "이슈가 되는 문제가 논리나 경험적 검사로 타당화될 수 없는 의견과 판단을 요구할 때, 사람들은 주변 사람들의 동의를 이용해 자신들의 의견에 대한 지지를 구하려는 경향이 있다. 제안의 주창자와 수용자 사이에는, 수용자가 어느 정도나 제안에 동의하고 제안을 받아들이는지를 결정할 수 있는, 적어도 두 개의 일반적 관계유형이 있는 것 같다. 어떤 경우, 수용자는 주창자가 가졌으리라고 생각하는 전문성, 진실성, 신뢰가능성을 근거로 하여, 주창자를 도구적 관점에서 '사실의 매개자'로 볼 수도 있다. 다른 경우, 수용자는 주창자의 '옳음' 여부와 상관없이 주창자와 일치하려고 동기부여가 될 수 있다. 여기서는 동의가 독립적인 동기일 수 있기 때문이다. 그러한 동기의 강도는 주창자에 대한 긍정적 애착과 애정의 강도에 따른 것처럼 보인다. 그리하여 A가 B로부터 호감을 받거나, 중요한 동기를 채워주는 수단을 B에게 제공한다면, A는 B의 의견에 변화를 일으킬 수 있다. 한 집단 성원이 집단과 그 구성원들에 대해 강한 애착을 느낀다면, 그는 집단 안에서 표현되는 평균적 의견을 따르게 되는 경향이 있을 것이다."[2]

나는 나중에 이 진술에 관해 다시 다룰 테지만 우선 당장은 이것보다는, 개인이 실제 현실에 대응할 수 없을 때마다 개인과 그의 환경 사이에 '매개자'의 개입이 불가피하다는 사실에 주목하기를 바란다. 그러나 쉐리프가 기술한 사례에서는 '제삼자'가 규범이지만 켈리와 티보의 사례에서는 그 '제삼자'가 개인이나 집단 등이라는 점은 반드시 기억해두어야 한다. 첫 번째 사례에서 다른 사람에게 영향을 미치려는 행동은, 공동의 결과를 구하려고 하는 행동과도 같다. 두 번째 사례에서 누군가에게 영향을 미치려는 행동은, 다른 사람의 관점이나 의견을 변화시키려고 자신의 역할(예를 들어, 전문가로서의 역할)을 이용하는 것을 의미한다. 그렇지만 이러한 상호작용이 외적인 부분과 관련된 것이든 내적인 부분과 관련된 것이든, 이 상호작용은 스스로의 결정에 의한 것이 아니다. 오히려 이것은 특정 대상에 대한 관계, 환경에 대한 관계에 의해 결정된다.

이제 우리는 이미 살펴본 두 개의 명제에 명제 두 개를 더할 수 있다.

(c) 자신의 의견과 판단에 대해 불확실할수록, 그 사람은 영향을 받게 될 경향이 더욱 커진다.

(d) 자신의 감각적 · 지적 능력에 대해 덜 확신할수록, 그 사람은 더 위대한 감각적 · 지적 능력이 있을 것으로 생각되는 다른 누군가의 영향을 더더욱 기꺼이 받아들인다.

이러한 효과 중 어느 것이 피험자의 불확실성, 대상의 모호성 때문인지를 구체화하려는 시도들이 그간 이루어졌으나, 그 결과는 결정적이지 않다.

이러한 주장의 견실함에 이의를 제기할 이유는 없다. 다만 내 생각에는 그들의 추론 중에 더 많이 주목받았어야만 하는 부분이 있기 때문에 나는 다음에서 그 부분을 강조해보고 싶다.

(a) 두 파트너 모두 자신의 판단과 의견에 대해 확신하는 상황에서는, 감소해야 할 불확실성이 없기 때문에 사회적 영향작용에 대한 요구도 없고 사회적 영향작용을 발생시킬 방법도 전혀 없다.

(b) 집단, 하위집단, 또는 개인이 무엇인가에 대해 확신할 때는 늘, 그들의

의견이나 판단을 변화시키는 데에 영향작용을 활용할 수가 없다.

(c) 자극이 모호하지 않거나 객관적 척도의 도움을 받을 수 있을 때는 어떠한 영향작용도 일어날 수 없다. 왜냐하면 합의의 타당화와 상호작용이 우선권을 점유하기 때문이다. 쉐리프는 "명확하고 경계가 분명한 조건에서는, 상황에 대한 우리의 평가와 모순되는 위치에 있는 다수, 또는 신망 있는 출처의 의견이 우리의 행동에 영향을 미치는 데에 비교적 효과가 떨어질 것이다"[3]라고 인정했다.

자신에게 유리한 주변 환경을 가진 개인이 그러한 환경에 잘 적응하고 올바르게 반응하는 중이라면, 그는 사회적 압력에 저항할 수도 있고 다른 사람과의 상호작용이 가지는 불편함에서 벗어날 수도 있다. 그러나 그 주변 환경이 그의 편이 아니며 그가 그 환경에 적응하지 못하고 있고 올바르지 않게 반응한다면, 그 개인은 사회적 압력에 굴복하게 되며 상호작용의 불편함에서 탈출할 수도 없다. 간략히 말해, 사람들이 자연과 조화를 이룬다면 사람들에게 사회는 필요하지 않다. 반대로 사람들이 자연과 조화를 이루지 않는다면 사람들은 사회를 필요로 한다. 이것이 바로, 물질적 세계인 자연과의 관계에 의해 상호작용이 명시화되는 방식이다. 이런 상호작용은 본질적인 것으로 간주된다.

따라서 인류학자는 '난교promiscuity'를 핵심 개념으로 삼고 경제학자는 '희소성'을 가장 좋아하듯, 이 이론적 모형에서는 불확실성의 개념이 사회의 선결요건이자 원동력이 되면서 같은 유형의 역할을 맡는다. 널리 알려졌듯이 인류학자들은 사회적 조직의 출현에 관해 "자연 상태에 있는 동물 간에 존재하는 싸움과 무질서를 피하고자 규칙(예컨대, 근친상간의 금지)을 형성하려는 요구"로 설명한다. 같은 방식으로, 경제학자들은 자연자원의 불공평한 분배나 희소성에 의해 강제되는 일종의 필연성을 시장의 조절이나 행동에서 발견한다. 이와 유사하게, 사회심리학자에게 확실성은 획득하기 어려운 자원이기 때문에, 개인이 다른 사람들과 제휴하거나 다른 사람들에게 복종하게 되는 일은 합당하다.

이러한 확실성의 존재 여부는 두 가지 형태의 영향작용을 대비시킨다. 개인이나 하위집단이 확실성을 가지고 있지 못하다면, '사실의 매개자'의 지지를 구하게 된다. 이는 정당화된 영향작용이다. 그러나 그들이 확실성을 갖고 있으면서도 여전히 동조한다면, 다른 동기들(권위의 힘, 집단수용에 대한 갈망 등 주관적인 것들)이 관련된다.

이런 형태의 분석은 이전에 언급된 바 있는 구분(이 구분은 '정보적인' 사회적 영향과 '규범적인' 사회적 영향을 가를 때, 그리고 '과업-중심적' 동조와 '집단-중심적' 동조를 가를 때 이루어졌다)에 대한 동기가 되어왔다. 코헨Cohen은 다음과 같이 적고 있다. "중요한 것은 지위에 대한 욕구와 정보에 대한 욕구를 나누는 구분이다. 우리는, 다른 사람과 비교해 자신의 지위를 유지하려는 갈망을 일으키는 정도나, 자신을 둘러싼 세상과 스스로에 대한 정보를 얻으려고 타인에게 의존을 해야 하는 정도 중 어느 하나에 따라 사회적 영향작용을 받아들인다고 볼 수 있다. 집단에 동의하려고 하는 첫 번째 세트의 동기를 우리는 '규범적' 또는 '동기적' 결정인決定因이라 부를 것이다. 그리고 두 번째 세트는 '정보적' 또는 '불확실성'의 결정인이라고 부를 것이다. 규범적 상황에서 한 개인의 자기 묘사에는 그가 그 결정인들로부터 얻을 수 있는 보상과 처벌이 반영된다. 정보적 상황에서는, 자신을 둘러싼 세상을 평가하기 위한 안정적 정보원으로서 다른 사람들을 이용하기 때문에 그들을 정보의 출처로서 받아들인다."[4] 어떤 경우 사회적 영향이 발달해가는 과정과 사회적 영향의 형태는 개인의 욕구에 부응한다. 말하자면, 그 개인은 자신의 의존성 때문에 굴복하는 것이다. 그 개인이 의존성 때문에 굴복하는 것이라면, 개인이 집단에 대해 아무 욕구도 없을 때는 그 어떤 집단도 그에게 지배력을 전혀 가질 수 없을 것이다.

이즈음에서 내 당혹감을 이야기하는 게 적절하겠다. 사회적 합의에 기초한 현실과 물리적 현실 간의 차이에 관해 우리가 들은 것은 전적으로 믿음이 가는 것이며 반복적으로 학습되어왔다. 그러나 확신은 너무나 자발적이고 입증 또한 너무도 쉬웠다는 바로 그 사실은 오히려 우리로 하여금 **더 많이** 의심하게끔 했어야 하고, 우리의 비평적 안목을 경계하게끔 했어야만 한다. 적절히 측정할 수 있는 도구가 없는 탓에 정확히 판단할 수 없는 처지에 있는 사람은 정확한 판단을 내려야 할 때, 같은 상황을 공유하는 다른 사람들이 왜 자신보다 더 나을 것으로 가정해야만 하는가? 특정 개인이 물리적/객관적 현실에 관해 그 어떤 확신도 가질 수 없다면, 다른 모든 사람도 똑같은 상황이다. 물질의 견고함을 검증할 해머나 시간을 말해줄 시계가 없다면, 만져보고 눈으로 봐서 견고함을 측정하려 하거나 태양의 위치로 시간을 말하려는 개인은 동일한 방법을 이용하는 다른 사람들보다 더 정확하지도 덜 정확하지도 않을 것이다. 모호함의 개념은 유사한 설명을 요구한다. 개인들이 어떤 하나의 자극을, 쉐리프가 사용한 자극처럼 객관성이 결여된 모호한 것으로 느끼고 있다면, 더군다나 모호하게 느끼는 게 맞는다는 것도 알고 있다면, 다양한 판단이 생기는 것은 있을 법한 일이고 정상적인 일이다. 사람들이 서둘러 동의를 해야만 하는 이유도 없고, 그런 식으로 급하게라도 남의 의견에 동의를 하는 일이 자기 의견과 판단의 타당화에 힘을 실어줄 수 있게 되는지 정말 아무 이유도 없음을 우리는 알 수 있다. 다른 사람과의 상호작용으로 말미암아 발생하는 결과는 임의적일 수밖에 없는데도, 사람들은 그 결과를 완전히 명백한 것으로 받아들이는 것임이 틀림없다. 사람들은 기껏해야, 실수를 저지르지는 게 자신만이 아니라는 안도감을 느낄지도 모른다. 그러나 자신이 옳다거나 다른 사람들이 옳다는 확신을 가질 이유는 조금도 없다. 일단 이 주제에 관해 언급할 필요성은 이게 전부다. 우리는 나중에 다시 논의하게 될 것이기 때문이다.

불확실성의 문제로 돌아가보자. 불확실성의 감소가 진짜 동조와 단순한 응종 간의 경계를 결정하는 것임은 판명이 되었다. 집단에 협력할 수밖에 없다고 느끼거나, 집단에 속하고 싶은 욕구에 의해 이끌린다면, 집단 의견의 진실성 정도에 대해 우리가 확신하는 것과 우리가 집단에 찬성하는 것 사이에는 아무런 필연적 관계도 존재하지 않는다. 우리가 '속에 생각은 따로 있더라도 말은 다르게 하는 것'이 이득이 된다고 보거나 주변 사람들로부터 찬성을 얻기를 바란다면, 우리는 그런 식으로 생각하고 말하는 것을 완벽하게 해낼 수 있을 것이다. 반대의 경우, 우리가 들은 것을 믿을 때, 단지 우리 자신의 판단이 불확실하거나 입증하기 어렵다는 등의 이유로 우리는 집단의 판단을 받아들인다. 우리는 첫 번째 경우에서 응종을, 두 번째 경우에서는 진짜 동조를 다루는 것이다. 적어도 그것이 이론이 나아가는 방식이다.

애쉬의 실험에 관해 가장 보편적으로 받아들여지는 해석 중 하나는 이런 식의 사고에 적합하다. 예를 들어, 하나의 기준선과 다른 세 개의 선을 비교하는 어느 개인을 생각해보라. 외적으로 모호한 부분은 사실상 존재하지 않기 때문에, 속으로 의구심을 느낄 만한 상황이 아니다. 말하자면 확실성은 완벽한 상황이다. 한편, 이 실험에 참여하는 다른 개인들의 판단은 명백히 잘못된 것이다. 전형적 보통 사람인 진짜 피험자는 확신을 갖고 선택한다. 그가 보는 것, 옳다고 믿는 것을 말한다면 그는 자기 자신과 일치하며 현실과도 일치한다. 다른 한편으로, 그는 다수(그가 자신들에게 동의할 것으로 기대하는 사람들)의 불쾌함을 감수하는 것이다. 종종 진실은 말하거나 듣기에 적합한 것이 아니어서, 다수가 개인에게 악의를 품거나 심지어는 적대적 감정을 느끼게 될 가능성이 있다. 그는 그러한 위험을 피하려고, '틀렸지만 적절해 보이는' 대답을 내놓는다. 그리하여 동조자는 자신의 사적인 의견에 반하는 공적인 의견을 내놓음으로써 그의 딜레마를 해결한다. 그리고 그는 자신의 사적 의견에 대해서는 여전히 진실성을 확신한 채로 있게 된다.

이런 해석이든 다른 해석이든 간에 늘 꼼꼼히 증명을 받아온 것은 아니다. 해석의 내용은 '불확실성이 전혀 없으면 자기 의견을 바꿀 가능성도 없다'는 명제로부터 이탈되어 나오는 것이기 때문에 이는 특히 흥미롭다. 놀랍게도 변화가 발생하지 않았어야 할 상황에서 여전히 변화가 관찰되었기 때문에, 그 유일한 해결책은 변화가 외적 환경 때문이라고 생각하고 변화를 순수하게 피상적인 응종으로 간주하는 것이다.

몇 가지 관련 질문과 대답을 요약해보자.

– 왜 사람들은 확신을 갖지 못하는가?

– 자극이 모호하거나 사람들이 정보, 자기-확신 등을 갖지 못하기 때문이다.

– 사회적 영향의 존재를 정당화하는 것은 무엇인가?

– 피험자의 내적 상태나 대상의 외적 상태에서 불확실성이 감소하는 것.

이 모든 것에 대해 한 가지 주목할 만한 예외가 있다. 애쉬의 연구가 그 예외를 제공한다. 그는 이러한 상태의 확실성/불확실성에 그 어떤 대단한 중요성도 부여하지 않았다. 불확실성이 사람들을 영향받기 쉽게 한다는 것, 또는 사람들이 집단에 동조한다면 불확실성의 대가로 자신의 신념과 판단이 희생될 수 있다는 것, 이 중에서 애쉬는 그 어느 것도 입증하려고 하지 않았다. 그럼에도, 그의 연구[5)]가 일반적인 연구 경향과 관련될 때마다 그 연구의 예외적인 특성은 무시되었다.

우리는 위의 질문들과 대답들이 도달한 몇 가지 결론을 이미 알고 있다. 나는 그 바탕에 있는 세 가지 근본적 가정을 아직 언급하지 않았다.

(a) 불확실성은 목표에만 있지, 절대로 출처에 있는 것이 아니다.

(b) 불확실성은 사회적 상호작용의 결과라기보다는 주어지는 것으로서 인지된다. 그것은 유기체나 환경에서 비롯하는 것이지, 집단에서 일어나는 것은 전혀 아니다.

(c) 영향작용은 전前사회적/비非사회적("정보적인 사회적 영향의 수용에 대한 전사회적/비사회적 요인이자, 불확실성에 대한 주요 결정인 중의 하나는, 한 개인이 필수적인 판단을 내리는 데서 그 자신이 가졌다고 스스로 느끼는 능력의 양이다. 그러면 능력은 직접적인 사회적 비교를 하는 데에 주요한 기초 중의 하나일 수 있다. 불확실성을 감소시키고자 개인은 자신의 능력을 보완할 필요를 느낀다.")[6] 요인들에 의해 동기화된다. 영향작용은 불확실성을 감소하게 하여 개인의 욕구를 채워주고 개인이 환경에 적응하도록 해주지만 그 이상의 일은 하지 않는다.

대체로 그것은 마치 사회적 상황이 개인들을 동조하게끔 이끌기라도 한 것처럼 보일 것이다. 개인들이 동조를 보인다면 사회적 체계의 개입은 그 개인 마음속의 심리적 균형을 재확립하는 것과, 외적 세계와의 거래행위에만 한정된다. 모든 경우마다 동조는 달갑지 않은 것이며, 어떤 경우에든 순전히 위선적이며 '가이사의 것은 가이사에게 바치라'라는 식의 이야기다. 불행히도 이런 일은 무난히 행해질 수가 없다. 사람들은 겉치레로 따르는 척하기 시작해서는 아주 실제적이고 광범한 감정적 · 지적 타협으로 끝낼 수 있다. 디드로Diderot의 표현대로, "마침내 인간은, 그들이 공적으로 표현하게끔 강제되고 있는 의견들을 믿는다." 마지막 분석에 가보면, 응종과 진정한 동조를 구별하는 것이 어려워진다. 그러나 그것은 다른 이야기다.

명제 5. 영향작용의 교환이 목표로 하는 합의는 객관성 규범에 기초한다

아마도 이 명제가 아주 명백한 가정은 아니겠지만, 단지 이 명제의 결과 때문에라도 사회적 상호작용에 관한 분석에는 항상 포함된다. 무엇보다도 이 명제는 사회적 합의를 외적 세계에 대한 적응으로 본다. 그 어떤 집단이나 사회, 행동도 동의 없이는, 즉 관련된 개인 간의 계약 없이는 이해될 수 없다.[7]

행위규칙, 시가時價, 금지, 과학적 방법, 판단기준 등, 이 모두는 그 각각의 방식으로 이루어지는 그러한 합의의 예다. 그것들은 인간 상호작용의 선결조건이자 목표가 되어 인간의 상호작용을 간섭한다.

사람들은 왜 이러한 합의들을 추구하는가? 합의를 추구하는 것은 교환행위에 어떤 식으로 영향을 미치는가? 다음의 인용은 적절한 관점에서 이 질문에 관한 대답을 제공한다. "인간의 기본적 필요조건에는 자기 의견의 타당화에 대한 욕구가 있다. 비록 물리적 환경에서 오는 명확한 정보가 그러한 요구를 채워주는 데에 이바지할지라도, 다른 사람들의 행동 역시 타당화에 대한 출처 역할을 한다. 특히 확신을 갖지 못하거나 혼란된 상황(어떻게 반응해야 할지 모르는 상황)에서 개인은 안정적인 세계를 지켜보고 싶은 마음에 다른 사람들의 행동을 참조하려 할 수 있다. 다른 사람들에 의해 이루어진 이러한 사회적 현실은 사람들에게 자기 행동에 대한 준거점을 제공한다. 비사회적 자극 상황이 모호할수록, 사람들은 적응을 위해 사회적 현실에 의지하게 될 가능성이 더더욱 크다."[8)]

여기서 사회와 환경 사이의 익숙한 이분법이 분명하게 표현된다. 행간을 통해 우리는 사물들과의 관계와 다른 사람들과의 관계 사이에 있는 날카로운 대비를 읽을 수 있다. 개인은 그러한 대립의 핵심에 있다. 가령, 한편으로 그는 정확히 판단하려 하고 그런 능력을 평가하려 한다. 다른 한편으로는 그가 판단해야만 하는 현실, 그가 적응해야만 하는 정도의 현실이 그에게 주어진다. 이런 식으로 인식되고 있는 현실은 물리적 현실이나 마찬가지다. 이런 현실의 차원을 결정하고 확인하는 데에 다른 어느 누구도 필요하지 않기 때문에, 피험자에게는 이것이 **유아론唯我論적 현실**이다. 직물의 색채, 탁자의 견고함, 그날의 시간을 결정하려면 우리는 그저 직물을 보고 탁자를 두드리고 시계를 쳐다보기만 하면 된다. 이 모든 것은 누구나 혼자서 할 수 있다.

그러나 다른 상황에서 우리는 타당화할 수 없는 의견들을 다루거나 안정적이지 않은 특성을 지닌 대상을 다루기 때문에, 즉각적으로 판단할 수가 없다. 그렇다면 우리의 판단을 돕는 데에는 다른 사람들의 마음을 움직이는 것이 필수적이다. 그러므로 이런 식으로 우리가 얻어내는 '현실'의 관점은 관습적이거나 의사전달적인 것이 특징이라고 말할 수 있다. 물론 현실은 사회적이다. 왜냐하면 그것이 집단적 산물이기 때문이며, 또한 그것을 다른 사람들이 받아들이는 상황에 한해서만 개인이 받아들이기 때문이다. 전통적인 사회에서는 한 나라의 민주주의 수준, 그림의 아름다움, 하루 중의 시간을 확인하는 것이 집단적 자문과 집단 성원 간의 합의를 전제로 한다. 그런데 집단 성원 간의 이러한 동의는 그 성원들이 자신의 의견을 옹호하려고 행하는 여러 관찰에 바탕을 두고 있다.

이리하여 사람들은 두 가지 상이한 종류의 현실 속에서 살고 있다고 가정된다. 따라서 사람들은 개인과 사회 사이의 분열과 이질성에 부합되는, 분열되고 이질적인 존재로 살아간다. 이 구분은 대상물의 구조, 환경의 성질을 반영하고 있다. 이 구분은 개인이 다른 사람들과 교류하고 합의에 도달하도록 강제하는 외적인 힘을 규정한다.

같은 방향으로 발휘되는 그 어떤 내적인 힘이 있는가? 그런 힘은 개인 자신의 능력을 '판단'하는 데에 나타나는 태도에서 비롯되는 것일 테다. 페스팅거는 자신의 능력을 정확히 평가하려는 충동을 사람들의 기본적 욕구라고 해석했다. 그러므로 이러한 욕구는 개인적 욕구를 대표하지, 사회적 욕구를 대표하지는 않는다. 개인이 자신의 능력을 확신한다면, 그 개인은 다른 사람들의 판단이나 의견을 고려하도록 내몰려지는 느낌을 받지는 않을 것이다. 역으로, 사람들이 확신하지 못할 때는 가까이 있거나 유사한 다른 사람들과 자신을 비교하게끔 된다. 내가 간략히 제시한 사회비교이론은, 우리가 집단 안에 머무르거나 집단을 향해 나아가려 하며 우리 스스로 다른 사람들과 관계를 맺는 이유를 설명하는 데에 쓰인다.

나는 지금 물리적 현실과 사회적 현실을 구분하는 것이 합리적인지를 논하는 것도, 사회비교라는 이론이 합리적인지를 논하는 것도 아니다. 내 유일한 목적은, 객관성 규범이 사회 안에서의 행동을 좌우한다고 가정할 때만 그 두 현실의 구분이 의미 있음을 보여주려는 것이다. (전자는 외적으로 주어지고 후자는 사회적으로 만들어진다는) 이 두 현실 간의 차이와 위계는 전자가 후자보다 더욱 객관적이라고 가정한다는 사실에 달렸다. 객관성을 파악하기가 더 어렵게 되면 우리는 대리적 기제인 합의와 집단동의에 더 심하게 의존해야만 한다. 이 말은 다양한 상이한 경험과 지식수준을 가진 사람들이 공통의 진실을 추구한다는 말도 아니고, 이미 서로 동의한 방법을 이용해 현실의 드러나지 않은 측면을 발견하거나 문제를 해결하려 한다고 주장하는 것도 아니다. 이는 객관적 진실이 즉각적으로 모습을 드러내지 않을 때 사람들은 그 어떤 대안도 없이, 대체물로 기능할 수도 있는 관습적 진실을 찾아내려고 한다는 것이다.

이는 동시에 의존성의 개념을 설명하고 있다. 간략히 말하자면, 의존성은 사회적 관계와 동일한 공간에 걸쳐 있으며 사회적 관계들은 의존성을 발생시킨다. 실제로 우리가 반복적으로 보아왔듯이, 이 모형에 따르면 그 어떤 객관적 현실도 없을 때(환경이나 객관적 현실을 직접적으로 결정할 수 없는 그런 상황)에만 개인 간의 수렴이나 교환이 필요하다. 다른 한편으로, 독립성은 현실에 대한 적절한 이해, 현실의 본질적 특징을 즉각적으로 결정할 가능성, 누군가의 개인적 능력이 적당하다는 확신 등과 서로 연관되어 있다.

대상물들과의 관계와 다른 사람들과의 관계 간의 대비는 단지, 개인이 충분한 자신감을 느끼고 있어서 사회적 압력에 저항하기에 충분한 힘이 자신 속에 있음을 인식하는 관계와, 개인이 자기 자신과 다른 사람을 비교해 여러 관점이 존재하고 있음을 고려한 후 영향작용에 굴복하도록 강요받는 관계 간의 대비를 반영할 뿐이다. 동조에 관한 실험 대부분에서 얻어진 결과를 보면, 피험자가 정확한 진술을 요구받고 그가 본 것을 말하라고 요구받을 때 자율성이 강화된다고 생각하게 된다. 왜냐하면 사회적 압력이 마치 정확성에 대한 장애물, 오류의 출처를 의미하기라도 하는 양 정의되고 조작되기 때문이다. 집단을 따르기 위해 집단과 합의에 도달하기를 기대하게 되면 집단에 의존하게 되고, 물리적 세계가 보장하는 독립성을 포기하게 된다. 이러한 점에서 보면, 밀그램이 "집단이 때로는 독립의 원인이자 사회적 거부의 원인이 될 수 있음을 보여주는 실험을 고안해야만 할 것 같다"고 느낀 것은 중요한 의미가 있다.[9] 다시 말해, (그렇게 일반적으로 받아들여진 생각은 아니지만) 모든 집단 상호작용이 필연적으로 의존에 이른다는 상반된 생각을 가졌다면, 그러한 실험이 논문으로 발표되는 것은 고사하고, 필요하다고 생각하기조차도 어려웠을 수 있다.

사회적 영역과 비사회적 영역 각각에 상응하는 현실들과 관계들이 있는 상태에서, 그 두 영역으로의 이러한 분열, 다시 말해 의존을 달성하는 수단인 합의와 영향작용이 불가피한 영역과, 그것들이 불필요한 영역으로의 구분은, 대강 말하자면 객관성의 부재/존재를 반영한다. 그러므로 여기서는 객관성이 먼저 고려된다. 그러나 사회적 영향의 과정을 자극 내 구조화의 정도에 직접 관련시킨 연구에서 입증된 바와 같이, 합의 그 자체는 객관성 규범의 지배를 받는 것으로 보인다. 개인들이 동조한다면 그것은 그들이 모호성을 참아낼 수 없기 때문이 아니라, 주로 그들이 다양성을 상상할 수도 없고 객관적인 현실에 들어맞는 단 하나의 반응만 있는 게 분명하다고 생각하기 때문이다. 그들이 그렇게 생각하지 않는다면, 그들은 자기 의견과는 다른 의견을 받아들이는 일에 어떤 동기를 가지는가? 스펄링Sperling이 진행한 실험[10]에서 피험자들은, 자동운동 현상이 시각적인 착시여서 그들이 주관적으로 판단하는 게 정당하다고 느낀다는 이야기를 들었다. 그 어떤 의견수렴도 없었고, 그리하여 그 어떤 영향작용도 없었다. 따라서 애쉬의 실험과 관련해 유사한 점들을 주장할 수 있었다. 물리적/기하학적 대상에는 사적인 현실이라는 게 존재할 수 없으므로, 반응에서 요구되는 정확성과 자극의 객관성을 강조함으로써 사람들은 피험자들에게 집단에 저항하기보다는 복종하라고 얼마간은 강요한다. 애쉬의 글을 보면, "이 장에서 기술되는 상황들 대부분에서 널리 발견되는 조건들과도 같이, 어떤 조건에서는 집단과의 합의에 도달하려는 경향성이 그 상황에 대한 **역동적** 요구다. 그것은 우선 다음의 조건이 가진 명백하고도 합리적인 조망에 근거하고 있다. 곧, 각자는 다른 사람들이 보는 것을 자신도 보고 있다고 가정한다. 이런 이유로 그는 집단에 점점 더 가까워지리라 기대한다. 맹목적인 모방의 경향성에서 시작한 게 절대로 아닌 이러한 노력은 객관성과 관련된 요구의 산물이다."[11)]

한 개인이 구조화된 자극을 접하면서, 자기와는 견해가 다른 개인들, 혹은 정확한 판단을 공식화하는 데에서 자신보다 나을 게 없는 다른 개인들을 주변에 두고 있다면, 우선 이 개인은 자신의 눈을 믿지 않고 자신의 견지를 유지하거나 자신의 판단을 믿는 대신, 부분적으로 또는 전체적으로 다른 사람들의 반응을 받아들이며 타인을 향해 이동해간다. 우리는 이제는 그 이유를 더 잘 이해할 수 있다. 물리적 현상이 관련되어 있고 물리적 현상에서는 측정이 관건이 되기 때문에, 복수複數의 반응이나 상보적 반응은 미리 배제되며 동의는 오로지 하나의 단일반응 주변에서만 발생한다. 다른 사람들은 이미 전적으로 또는 부분적으로 동의를 이루고 있기 때문에, 그 개인 자신의 반응 주변에서 동의가 발생하게 되는 일은 거의 없다. 이런 상황에서는 일부 개인이 굴복하려는 경향을 보인다. 애쉬가 언급한 상황의 역학적 요구는 정확히 이러한 합의다. 그러나 이것은 특별한 종류의 합의며 특히 무엇이 맞고 틀리는지에 대한 합의다.

객관성 규범은 사회적 영향에 대한 이론적 연구와 실험적 연구에서 중요한 역할을 한다. 그것은 문화적으로 의미 있는 것이며, 개인 간 · 집단 간 관계를 정의하는 원칙과 행동의 필수적인 부분이 되어왔다. 객관성 규범은 심지어는 사회적 관계와 행동의 고유 차원으로 구체화되어오기까지 했다. 객관성 규범이 다음과 같이 보이도록 하는 과정을 통해서 말이다.

(a) 평가에 대한 유사-생물학적 욕구.

(b) 구조화된 환경과 모호한 환경 간의 대비(전자가 후자보다 더 객관적이다)에 드러난, 환경의 유사-물리적 속성.

그러므로 우선 첫 번째로, 복수의 판단과 관점(이것들 모두 똑같이 정확하고 똑같이 그럴듯하다)이 존재하는 경우에는 그 상황을 무시함으로써 사고를 제한해왔다. 객관성이 유일한 판단을 의미한다고 사람들이 확신하는 한, 그러한 복수성은 이론적으로 상상할 수 없는 것이다. 두 번째로, 사회적 영향은 '선호도' 판단에 관해서는 발휘될 수 없고 '귀인적' 판단에 관해서만 발휘될 수 있다는 생각을 유지함으로써 사고를 제한해왔다.

크러치필드Crutchfield가 서술한 바로는 "그러한 개인적 선호들은 집단기준과 관련해 가장 동떨어진 상태로 있기 때문에, 집단압력에 대해 가장 면역성이 강한 것처럼 보인다."[12] 그 어떤 명백한 실험적 입증 없이, 제공되어온 설명들 대부분은 선호 판단에서 놓치는 객관적 기초를 귀인적 판단이 가졌다는 생각에 기초해 있다. 개인 간의 차이가 물리적 속성과 관련될 때는 그 차이를 견딜 수 없지만, "취향은 각양각색이다"라는 말에 대해서는 선호도에 관한 그런 차이들이 완벽하게 수용 가능한 것이다. 이 말은, 취향이나 선호도가 여전히 갈등의 출처일 수는 있지만 사회적 합의를 이용해 이 갈등을 피할 수 있다는 점을 간접적으로 인정하고 있다. 여기에다, 사실 우리가 점을 옮기고 선을 맞추는 것보다는 취향과 색깔에 대해 더 많이 논쟁을 벌인다는 점도 덧붙일 수 있다.

마지막으로, 거의 예외[13] 없이 사회심리학자들은 진실을 파악하는 데에 필요한 사회적 · 물질적 자원을 가진 집단이나 개인이 진실을 이해할 가능성이 더 크다는 관점을 받아들였다. 진실이 즉각적으로 명백하지 않거나 진실이 오류나 착오(위대한 과학적 이론과 발견 대부분에서 일어난 것처럼 보이는 운명)인 상황에는 거의 관심을 기울이지 않았다.

이리하여 영향과정은 객관성 규범과의 관련 속에서 이해되어왔다. 객관성 규범이 사회적 교환을 조절하는 유일한 규범이 아니므로, 나에게는 객관성 규범이 어떤 특정한 선택을 반영하는 것처럼 보인다. 더 깊은 수준에서는, 이러한 선택은 다른 사람들과의 관계가 대상들과의 관계에 종속되어 있음을 의미한다. 또한 그것은 개인적 발전과 행동이 관련되는 한, 다른 사람들과의 관계에 대해서는 이차적이거나 반응적인 역할을 맡기면서, 대상들과의 관계에는 확고하고 적극적인 역할이 가정되어 있음을 의미한다. 이와 같은 분석은 무능하고 힘이 없는 경우에 한해서만 집단이나 사회가 역할을 한다는 의미이므로, 사실 전자에 대해서는 우스울 만큼 작은 역할을 맡긴다. 적절하고 완벽하며 잘 적응된 인간은 그 자신의 두 발로 서며 다른 사람을 전혀 필요로 하지 않는다.

그러나 이 이론적 선택은 새롭지도, 놀랍지도 않다. 앞에서 주목했듯이, 이러한 이론적 선택은 사회심리학이 다음의 이론과 인식론적 이론을 받아들였다는 사실을 반영한다. 그 이론에 의하면 인간들은 자연과의 틈을 메우기 위해 규칙과 사회적 관계들을 만들었으며, 인식론적 이론에 의하면 객관적 진실은 집단의 수공품이다. "한 개인은 그 자신의 감각을 통해 정보를 획득하고 자료에 직접적으로 접근하며, 그러한 자료로부터 객관적 결론(사실상 개인에게 강제하는 결론)을 내린다"고 믿어졌으며 때로는 여전히 그렇게 믿어지고 있다. 지난 20년 동안 상황은 어느 정도 변화했다. 한편으로, 발생학적 인식론은 자료가 지적인 작용과 인식자의 행동에 의해 만들어진다는 것을 우리에게 가르쳤다. 그러므로 자료는 명료하다. 이런 의미에서 피아제Piaget는 '주어진 것의 신화the myth of the given'에 대해 말한다. 다른 한편으로 과학의 역사는, 진실한 것, 진짜인 것, 객관적인 것으로 여기는 것은 그것이 무엇이든 간에 패러다임의 기능[14]이거나, 과학자집단과 연구자집단의 학문 체계에 의한 기능이라는 결론에 도달했다. 이는 객관성이 사회적 산물인 만큼이나 개인적 산물이며, 대체로 그 어떤 현실도 사회적이지 않고서는 물질적일 수 없음을 의미한다. 이리하여 우리 감각의 증거는 우리 문화의 증거가 된다. 더구나 동물행동학은 사회적 요소가 개인적 · 생물학적인 것의 본질적 부분임을 입증해냈다. 사회는 자연 상태를 대신하기 위해 자연과의 틈을 채우려고 할 뿐만 아니라 그 틈을 보완하려고 존재한다. 그러므로 개인이 사회를 반대할 필요도 없고, 사회적 영향작용이 불가능하거나 효과를 발휘하지 않는 삶의 영역이 있다는 것을 생각할 필요도 없다. 사회적 영향은 개인과 사회 간의 대립을 일으키지 않는다. 그리고 이 영향과정이 객관성 규범과 연관되어 있다면 그런 이유로, 개인과 집단 간의 합의를 결정할 수도 있는 다른 규범들과의 관련에서 배제되지는 않는다.

나는 지나치게 형이상학적으로 되는 것을 원치 않으니, 이 원대한 문제를 더 강조하지는 않겠다. 그러나 이러한 논의에 과학적이고 경험적인 토대를 제공하고자 이 문제를 나중에 다시 언급할 것이다.

명제 6. 모든 영향과정은 동조의 관점에서 이해된다. 그리고 동조만이 이러한 영향과정이 가진 핵심적 특성의 기초가 된다고 믿어지고 있다.

이는 내가 사회적 영향작용에 관해 생각할 때, 더 일반적으로는 사회심리학 전반에서, '동조편파'라 부르는 것이다.[15] 내가 이 문제를 진지하게 과장하는 것처럼 보일 수도 있다. 이 문제를 축소해서 말하는 게 더 공손할 수도 있고,

아마도 심지어는 더욱더 효과적일 수도 있다. 이 점에 분명한 견해차가 있음을 부인하지는 않을 것이다. 그러나 대체로 나는 이 명제가 옳으며 (과학자든 아니든) 사람들이 영향과정을 보는 방식에도 들어맞는다고 확신한다.

우리가 이 영역에서 행해진 연구를 면밀하게 분석한다면 의심의 여지는 거의 없다. 그 어떤 종류의 사회적 영향도 동조로 이어지며 동조는 영향과 관련된 유일한 상호작용 현상이라고 추정한다. 이런 식의 정체성 확인을 출발점으로 여긴다면, 모든 행동은 다 개인에서 벗어나 집단을 향하는 것으로 보여야만 하고, 예상되는 변화는 개인 의견의 변화다. 이는 놀랄 만한 일이 아니다. 전문적 문헌을 연구하고 나서 키슬러Kiesler가 표현했듯이(그는 사회적 영향작용과 관련된 모든 것을 요약하고자 동조라는 단어를 사용한다) "동조를 연구할 때 우리는 집단을 향한 변화를 연구한다. 다시 말해 자신의 신념 · 행동을 다른 집단 성원들의 신념 · 행동과 더 유사해지게 하는 움직임을 연구한다."[16] 또한 키슬러는 "실제 혹은 상상의 집단압력이 빚어낸 결과로서, 집단을 향한 행동이나 신념에서 생기는 변화"[17]에 의해 영향작용이 밝혀진다고 진술한다.

이러한 관점으로 시작하면서 이 분야의 연구는 다음의 내용에 대한 탐색으로만 연구를 한정시켰다.

(a) 집단에 대한 개인의 복종을 결정하는 개인적 · 사회적 요인들의 특성
(b) 개인적/집단적인 심리학적 균형 상태에서 동조압력의 역할
(c) (개인을 독립적이게 하는 내적 상태라기보다는) 개인을 의존적이게 하는 내적 상태들(유친에 대한 요구, 불안 등)
(d) 개인이 영향을 (덜하기보다는 오히려) 더 쉽게 받도록 하는 외적 상태들(자극 모호성, 위계 등)

이 연구 프로그램은 몇 개의 추가된 공리와 더불어 기능주의적 모형을 그 출발점으로 삼고 있다.

(a) 집단, 집단의 대표자와 하는 합의는, 고립에 없어서는 안 될 뿐만 아니라 고립보다 더 나은 그런 모든 상황의 영향을 받는다.

(b) 동조는 사회적 · 개인적 발달에 유리하다. 이탈은 그러한 발전에 해롭고 위험하며 손해다.

(c) 성공적인 사회화와 학습은 동조를 유발한다. 반면, 이탈은 실패의 전조가 되며 이 신호는 보상과 처벌이 올바르게 관리되지 않는다는 것을 의미한다. 맥기니스McGinnies가 말한 바로는, "미루어볼 때 그러한 발견들, 그리고 그와 유사한 발견들은 다음과 같은 사실을 암시한다. '다양한 종류의 비동조행동(이는 대개 다른 사람들에게 불쾌한 반응을 일으켜야만 한다)이 상대적으로 높게 발생하는 원인은 그런 행동을 실제로 처벌하는 방법의 비일관성에 있다.' 예를 들어, 범죄행동으로 얻는 것(돈, 귀중품, 보복)은 대개 즉각적이고 지속적으로 주어지지만, 부정적 제재(벌금, 구금)들은 나중에 제재될 때에 한해서만 주어진다."[18]

(d) 집단과 개인 간의 교환은 동조가 매개한다. "일반적으로 동조는 '좋은 것', 또는 편리한 것처럼 보이며, 사회적 승인은 교환의 강화물이나 매개체로 보인다. 이것의 요점은 사회적 승인과 동조가 경제적 이득의 교환과 유사한 방식으로 교환된다는 것을 보여주려는 것이다."[19]

동조편파는 연구 프로그램을 결정하는 것만이 아니다. 동조편파는 개인들의 행동과 혁신을 다루는 방식(그러한 행동과 혁신은 몇몇 드문 사례에서 연구되었다)에도 영향을 미쳤다. 예를 들어 존스는, 작은 힘을 가진 사람이 어떻게 더 큰 힘을 가진 사람의 태도를 수정할 수 있는지를 의심했다.[20] 머릿속에 떠오른 유일한 전략은 비위를 맞추는 것이었다. 관계의 비대칭성을 상쇄시키려면, 다소 비우호적인 사회적 지위를 점유하는 개인은 더 강력한 사람에게 가장 우호적인 견지에서 자신을 제시하려고 노력하면서 칭찬과 아첨에 의지해야만 한다. 의존적인 개인이 더욱 매혹적이게 되면, 힘 있는 개인은 그를 제거하기보다는 그에게 호의를 느끼게 되기가 더 쉬울 것이다. 여기서 볼 수 있듯이, 일종의 동조가 상호 영향작용의 가능성을 고려하려고 활용된다. 동조가 기존의 관계, 의견, 행동을 수정하는 것을 허용하면서 말이다. 우리는 다른 방법들도 있음을 안다. 아무도 그 방법들을 고려하지 않았다는 점이 중요하다.

혁신에 관한 연구는 동일한 사고체계에서 착수되었다. 확실한 사회학적 이론, 특히 기능주의적 이론과 공리주의적 이론에서는 혁신이 일종의 이탈로 보이고 혁신자는 이탈자라는 개괄적 범주의 하위범주로 보인다는 것을 상기해야 한다. 혁신을 이런 식으로 정의하고 혁신자가 이러한 표제 아래 놓인다면, 연구들이 다음의 문제에 집중해온 것은 놀랄 만한 일이 아니다. "집단으로부터 쫓겨나거나 집단의 제재에 굴복하는 일 없이 소수자가 이탈자로 되거나 비동조적이게 되는 것은 어떤 조건에서 가능한가?" 이것은 하나의 주어진 사회에서 누구에게 이탈할 권리가 있는가 하고 묻는 것이나 마찬가지며 그의 이탈을 주장하는 것이나 마찬가지다. 그 대답은 자명하게도 이미 권력을 가진 사람들이다.

홀랜더[21]는 켈리와 샤피로[22], 칠러Ziller와 베링거Behringer[23], 또는 하비Harvey와 콘살비Consalvi[24] 등 보다 더욱 상세히 이 개념을 제시했다. 그는 한 집단 안에 있는 개인 각각은 어떤 확실한 '개인 특유의 신망idiosyncrasy credit'을 가진다는 가설을 제안했다. 개인 특유 신망이란, 다른 사람들이 자신을 향해 호의적 의향을 쌓은 것을 의미한다. 그의 신망이 크면 클수록 그에 대한 추종자들의 확신도 더욱 커질 것이며, 이탈하는 것에 대해, 즉 다수의 의견을 고려하지 않고 행동하는 것에 대해서도 그의 태도는 더욱 우호적인 것이 될 것이다. 홀랜더가 몇 번의 실험에서 입증했듯이, 이런 종류의 신망이라는 커다란 자원을 가진 개인은 그의 유능성을 통해서든, 또는 집단의 목표에 대한 그의 동조에 의해서든, 비동조적인 방식으로 행동할 기회를 얻을 수 있으며 여전히 영향을 발휘한다.

이 실험들의 결과와 기본 가설은 다른 실험, 일반적으로 용인된 의견("집단의 다른 성원들에 비해 리더는 집단규범에 대체로 더 가까워야만 하며 집단규범을 더 존중해야만 한다")과 모순되는 것 같다. 홀랜더는, 여기에 관련된 것이 현상들의 일시적인 연속임을 실험적으로 입증함으로써, 두 세트의 사실을 조화시키려고 시도했다. 개인은 먼저 동조적이어야만 하며 높은 신분, 지배적 지위나 인기를 얻어야만 한다. 그다음에 그 개인은 자신과의 관계에서 다른 사람들에게 부과한 의존과, 다른 사람들이 그의 것으로 생각하는 유능성에 비례해서, 성공적으로 변화를 요구할 수 있으며 규범으로부터 이탈할 수 있다.

그러므로 이러한 상이한 연구들 모두 다음과 같이 가정한다.

(a) 움직임이 사회학적/심리학적 척도의 꼭대기로부터 맨 밑바닥을 향할 때, 혁신적인 주도를 취하는 것이 가능하다.

(b) 소수가 이미 권력이나 자원('개인 특유의 신망'이라는 용어는, 무엇이든 유능성, 애정 등과 관계가 있는 것이라면 그것을 확인하는 데에 일반적으로 도움이 된다)을 가졌고 무사히 이탈할 수 있는 조건에서는 소수가 다수에게 영향을 미칠 수 있다.

(c) 변화를 소개하는 사회적 행위주체와 변화를 받아들이는 집단 사이에는 그 어떤 갈등도 없다. 반면, 이 행위주체가 성공하기를 바란다면, 그는 보상과 처벌에 이바지해야만 한다. "우리는 다음과 같이 말할 것이다. '그 행위주체의 행동이 다른 집단 성원들의 수행에 대한 모형이 되고 있다면, 그의 행동은 다른 집단 성원들을 긍정적으로 강화하게 되었어야만 한다.'"[25]

그러한 추측의 역설적 측면은, 실재하는 결과로서의 혁신이 어떻게 동조라는 수단을 통해 성취되는지를 설명하는 데에 도움이 된다는 것이다. 이제 막 기술한 과정의 상이한 단계들을 좀 더 밀접하게 검토할 때 이 점은 명백해진다.

단계I: 개인이 집단의 규범과 목표를 지지하는 척함으로써 집단에 대한 권위를 획득한다.

단계II: 다른 사람들이 개인에게 의존하고 그 개인이 지금 집단을 대표하고 있기 때문에, 그 개인은 집단의 규범과 목표를 수정하며 다른 사람들은 불가피하게 그에게 동조한다.

두 번째 단계뿐만 아니라 첫 번째 단계에서도 동조만은 효과를 발휘한다. 아마도 집단을 제외한 최종분석에서 그 누구도 늘 이탈적인 상태로 있지는 않는다는 점이 두 단계 모두에서 아주 현저하다. 권력이나 유능성을 부여받은 개인, 리더는 가장 먼저 집단이 그러한 특성들을 알도록 한다. 그러고 나서 그가 하는 모든 일은, 판단이나 태도를 수정할 목적으로 자신에게 암묵적으로 부여된 과도한 힘을 이용하는 것이다. 일반적으로 통용되는, 지배와 사회적 통제에 대한 이론적 · 경험적 구성은 혁신에 관해 이미 언급한 두 개의 사례(다시 말해, 환심을 사는 방법으로 좀 더 강력한 사람에게 영향을 미치려고 하는, 하찮은 힘을 가진 사람의 사례와, 혁신하는 데에 자신의 개인 특유 신망을 활용하는 개인의 사례)와 관계가 있도록 제시된다.

그러나 사람들은 왜 그런 행동을 하는가? 신망을 다 써버리는 것의 동기는 무엇인가? 개인으로 하여금 변화를 조장하게 하는 압력은 무엇인가? 물론 자신의 '추종자들'에 의해 앞으로 나아가게 되는 개방적인 개인 · 리더도 있다. 그러나 이는 전형적인 상황이 아니다. 덧붙여서, 동조에 대한 완전한 거부와 강력한 비타협성은 종종 우리 생각과 행동에 대해 강력한 영향을 가져온 개인과 집단들의 태도를 대표한다. 천문학의 코페르니쿠스, 역학의 갈릴레오, 종교사의 천년왕국설 신봉자들, 사회적 역사의 수평주의자들, 정치의 로베스피에르와 드골 등이 그 인상적인 예다. 사회심리학에서는 그 특징상 혁신이나 비동조가 리더십과 권력의 자연적 산물(리더의 지배와 기존의 권력 관계를 유지하는 데에 도움이 되는)로 보이도록 만들어져 있다. 혁신은 오래된 리더를 새로운 리더로 바꾸거나 권력관계에서의 변화를 유발하는 것으로는 보이지 않는다. 내 견해로는 그러한 맹점이 동조편파의 명백한 증상이다.

내가 지금까지 제시한 여섯 개의 명제들은 상호적으로 추론된 것이고 단일한 일관적 모형의 부분들이기 때문에, 우리가 쉽게 예측할 수 있듯 서로 중복된 것들이다. 그럼에도 각각의 명제는 서로 떼어서 개념화할 필요가 있었다. 왜냐하면 각각의 명제는 동일한 현상의 다른 측면, 좀 더 광범하게는 오늘날 일어나는 사회적 행동의 다른 측면들을 해명하기 때문이다. 모든 연구작업과 이론이 모든 명제로부터 동시에 시작해온 것은 아니며, 모든 연구가 각각의 명제에 대해 동일한 가중치를 부여해온 것도 아니다.

전체적으로 볼 때 명제들은 사회적 현실을 파악하는 하나의 방식을 반영하며, 자세히 조사할 만한 부분/수준의 사회적 현실로부터의 선택을 반영한다. 그 명제들이 교과서들에 널리 보급된 부분적 이유는, 그것들을 상식적 관점의 요소 속으로 구체화하고 가공했기 때문이다. 명제들이 여기서처럼 명시적으로 만들어진다면 그 범위와 한계를 파악하기가 더 쉽다. 확실히 그 명제들은, 우리의 경험에 부합하며 알려질 만한 가치가 있는 무언가를 반영한다. 그 명제들이 잘못된 것이거나 무관한 것이라고 부를 권리는 우리에게 없다.

그렇지만 우리가 우리 자신을 그 명제들로 한정함으로써, 알려질 만한 가치가 있는 우리 경험의 다른 양상들을 우리가 인정하지 않은 채로 있다는 느낌도 분명히 든다. 실제 현실의 한 부분 또는 한 수준은 이 명제들이 미치는 범위를 벗어나 있는 것 같다. 더 엄밀히 말하면, 사회적 영향작용과 관련된 핵심적 문제들이나 요소들은 대부분 하나의 범주 속에 무차별적으로 던져지고 있거나 한꺼번에 무시되고 있다. 이러한 혼란, 부정확성, 불가해성의 일부는 이 책의 두 번째 부분에서 더 자세히 다룰 것이다. 나는 그때 이 연구의 더 구성적인 요소들로 향할 것이며, 그렇게 하는 것이 우리의 관점을 확장하고 새로운 전망을 여는 데에 도움이 될 것이다.

제3장 이론 논리와 사실 논리 간의 대결

왜 현실의 특정 측면들은 우리 연구 분야에서 제외되어왔는가?

어떤 학문적 시도를 할 때 그 시도에 사용되는 이론과 방법들의 목표는 언제나 현실의 중요한 최심층부를 탐지하는 것이다. 그러나 현대 사회심리학의 이론과 방법은 여러 영역에서 현실의 표층에만 머무르는 경향이 있었음을 인정할 수밖에 없다. 이탈 현상에 대한 연구는 겨우 표면의 거품만 걷어낸 상태며, 그조차도 동조와 관련해서만 연구되는 실정이다. '어느 소수자의 혁신적 시도로 집단의 규범을 바꿀 수 있는 조건들'을 조사하려는 연구는 거의 없다. 집단 내 독립성의 기능을 연구의 주제로 삼은 논문 역시 찾아보기 어렵다. 이전에도 그랬듯 앞으로도 계속 얘기되겠지만, 연구 주제의 이러한 편중은 학문의 이론적 토대가 작용했기 때문이 아니라, 단지 연구 분야에서 활발하게 활동하는 사람들의 선호를 반영하는 것일 뿐이다. 결국 연구 주제의 선정은 기호나 영감의 문제다. 나는 점점 줄어드는 연구자에게 허용된 몇 안 되는 자유 중 하나를 부정하고 싶은 생각은 조금도 없다. 그러나 내가 대략 설명해온 그 모형의 암묵적 강압, 곧 현실의 풍성함과 다양성을 충분히 반영하는 상태로 현실을 탐구하지 못하게 하는 폭정에 대해서는 항의를 표하고 싶다. 왜냐하면, 선택권이 있었다 하더라도 그것은 그 모형의 한계가 결정한 선택이기 때문이다. 이 모형은 던져질 법한 질문들과 추구할 법한 해답들에 제한을 가했다. 나는 이러한 점들을 입증하는 데에 내가 특히 잘 아는 분야, 곧 이탈과 혁신의 분야에서 두 가지 사례를 들고자 한다.

항상 이탈자는 '다른 사람들이 필요한 개인'으로 묘사되었다(말하자면 이탈자는 독립적인 심리적 자원들을 갖지 못해 다수와 권위가 내놓는 의견과 판단에 기꺼이 동의하려 든다고 보는 것이다). 이탈의 상태, 다른 사람들과 다른 상태는 오직 부정적인 내포밖에 없는 거북한 상황으로 여겨진다. 이와 관련하여 통상적으로 사용되는 사례로는 주로 비행, 도덕적 타락, 정신적 · 지적 열등함 등이 있다. 누군가가 이러한 가설들에 일정수준 이상으로 도전할 수는 없는가? 이탈자를 잠정적인 동조자로 간주하는 한 우리는 이탈자가 부정적으로 보인다는 사실을 인정하라고 강요받게 된다. 그러나 달리 보면 이탈자는, 독립적으로 행동하려고 힘쓰고 집단의 영향과 권위를 거부하는 성향이 있으며 자신만의 관점을 관철하려는 개인으로 여겨질 수도 있다. 다른 상황에서, '다르다'는 것은 우리를 다른 사람들과 구분하려는 욕구, 그리고 우리가 중요한 것이라 믿고 생각하는 것을 주장하고픈 욕망을 반영한다.

다른 사람들과 다르다는 것은 여러 가지 문제와 긴장을 수반한다. 어떤 점에서는 개인이 관습적 관점을 넘어서 다수와 맞서려면, 집단적 의견을 따라야 하며 다수의 비호를 받을 때보다 더 강하고 끈기 있어야 한다. 프로이트의 연구가 알려지기 시작할 무렵, 그와 "그의 추종자들은 성적 도착자에다가 강박적이거나 편집증적인 정신병질자로 여겨졌는데, 이 둘의 조합은 공동체에 실제적 위험인자로 여겨졌다."[1] 사람들은 프로이트를 따르는 신경학자, 정신과 의사, 심리학자 등에게 경고를 퍼부었다. 학술지와 전문서적은 적대적인 비평과 논쟁으로 넘쳐났다. 정신분석 그 자체는 비非독일적이라고 여겨졌다(최초의 정신분석자가 누구인지를 떠올려 볼 때 이 얼마나 역설적인 일인가!). 이러한 태도에 대해 프로이트는 침착하게 대응했다. "비판의 홍수 속에서 프로이트가 취한 유일한 대응은 다윈이 보인 태도와 같았다. 그는 그저 자신의 이론을 지지하고자 더 많은 증거를 출판했을 뿐이다. 그는 반대파들의 멍청함을 경멸했고 그들의 더러운 태도를 개탄했다."[2]

정치학 분야에서는, 암흑의 매카시 시대에 공산주의자 추방운동에 반대한 풀브라이트 상원의원의 공격을 생각해보라. 1950년대는 증오의 캠페인, 말하자면 좌파적인 성향을 가진 사람이나 심지어는 자유주의적 성향이 있는 사람까지도 공산주의자로 매도되는 마녀사냥이 종종 벌어졌다. 오펜하이머 재판은 최근까지도 여전히 기억되고 있다. 풀브라이트는 매카시의 분과위원회에 책정된 21만 4천 달러의 예산안에 저항하여 반대표를 던진 유일한 상원의원이었다. 다른 상원의원들은 매카시가 미국 전체에 퍼뜨린 공포에 무릎 꿇고 말았다. 이러한 '이탈자' 풀브라이트의 고립된 입지에 위험이 없었던 것은 아니다. 그는 협박당했고 공격받았으며 심지어 공산주의자로 고소되기도 했다. 그러나 이런 공격들이 그를 막을 수는 없었다. 그는 매카시즘이 민주주의적 원칙을 위협하는 것이라며 비판연설을 했다. "(입법자는) 시민을 잘 섬기는 도중에 그들의 분노를 사게 되면 시민의 손에 의해 추방당하거나 파멸당하는 결과를 받아들일 준비가 반드시 되어 있어야 한다"[3]는 것이 풀브라이트의 철학이었다. 그리고 마침내 TV로 방송된 공청회의 도움으로 매카시의 정치 인생은 끝나고야 말았다.

이 모든 사례에서 우리가 발견하게 되는 것은, 비동조행위와 주변성marginality이 모욕과 사회적 배척으로, 심지어는 지식의 영역이나 신념, 행동을 지키려는 박해로 이어질 수도 있다는 증거다. 하지만 비동조행위와 주변성에 대한 보상은 매우 크다. 그렇지 않다면, 종교 · 정치 · 예술 · 과학의 분야에서 그렇게 많은 인물과 하위집단이 위험을 무릅쓰고 그토록 오랫동안 용감하게 핍박을 견뎌내고, 마침내는 거대한 변화를 일으켜 성공을 일구는 그런 사례를 보지 못했을 것이다. 역사학적 논문, 비범한 개인이나 소수자의 서한, 그리고 자유와 정의를 연구하거나 그것을 위해 투쟁한 사람들의 전기문 등은 이러한 비동조행위와 주변성이 심리적으로, 더 나아가 사회적으로 긍정적인 것으로 경험될 수 있음을 보여준다. 그러므로 다른 사람들과 다르다고 공공연히 선언하거나 실제로 다른 사람은, 동조하고 싶어하거나 동조할 수밖에 없는 사람이 아니다.

이제 잠시 우리의 관심을 일부 특정 문헌들에 국한해보자. 그 문헌들을 보면, 이탈자들은 동조자들보다 더 쉽게 굴복하는 경향이 있다는 주장을 하고 있다. 이 주제에 대한 실험적 근거는 그 수가 너무 적은데도 너무 쉽게 빨리 받아들여졌다. 켈리와 램Lamb은, 가장 극단적인 개인들이 또한 가장 덜 영향받는다는 사실을 관찰할 기회가 있었다.[4] 이어서 잭슨Jackson과 잘첸슈타인Saltzenstein은, 집단과 자신을 가장 가깝게 동일시하는 집단 성원은 집단의 주변적 성원이라기보다는 동조자들이라는 사실을 발견했다.[5] 그러나 성과물은 앞서 인용했던 프리드먼과 둡의 연구[6]에서 훨씬 더 풍부하다. 이 저자들의 연구는, 이탈이 이탈로 인식될 때 어떻게 행동에 영향을 끼치는지 실험적으로 발견하려고 시작되었다. 이들은 스스로 이탈자라 여기는 개인과 그렇지 않은 개인을 구분하는 차이점을 부각시키는 데에 성공했다. 이러한 목적을 위해 그들은 피험자들에게 성격검사를 받도록 부탁하고 검사결과를 그들에게 알려주되, 같은 검사를 받은 다른 너덧 사람이 있다고 거짓으로 알려주고 그 검사로부터 얻은 가짜 검사결과도 함께 알려주었다. 이 정보는 피드백 역할을 했다. 피험자는 목록의 맨 마지막에 이탈자로 분류되거나 평균 점수를 받은 것으로 분류되었다. 그 결과 피험자는 자신을 그 집단과 유사한 사람으로 생각하거나, 어떤 특성에 관해서는 유사하지 않은 사람으로 생각하게 된다. 그런 후 두 번째 실험에서 저자는 이러한 자기평가가 피험자에게 미치는 영향력을 측정하려 했다.

결과부터 말하면, 스스로 이탈자라고 생각한 피험자들은 의사소통의 출처가 권위자일 때보다는 동료 중 한 명일 때 더 쉽게 변화했지만, 비이탈자들은 그 반대의 반응을 나타냈다. 둘째로, 응종이 예상되는 상황에서 이탈자들은 다른 이탈자들보다 비이탈자들을 훨씬 더 잘 따랐다. 그러나 비이탈자들은 다른 비이탈자들보다 이탈자들을 훨씬 더 잘 따랐다. 전반적으로는 이탈자들이 비이탈자들보다 덜 동조했다.

결론으로 비약하는 것을 피하려면, 나는 이탈자들이 비이탈자들보다 훨씬 덜 영향을 받는다는 주장을 하는 데까지 나아가지는 않을 것이다. 비록 그러한 결론이 놀라운 것은 아닐지라도 말이다. 그 결론이 놀랍지 않은 이유는, 하나의 집단은 적어도 한 번은 동조한 적이 있는 개인과 하위집단을 포함하고 있고, 동조하는 것을 계속하지 않을 이유도 없기 때문이다. 하지만 우리는 사실에 대한 존중 때문에, 사실에서 나오는 하나의 아이디어, 곧 '이탈과 의존 사이의 관계가 뚜렷하지 않으며 어떠한 경우라도 동조로 향하는 이탈자의 성향이 자율autonomy로 향하는 성향보다 더 크지 않다'는 생각을 강조하지 않을 수 없다. 이탈하는 개인들은, 위에서 내려오는 명령에 둔감하고 영향받기를 거부하는 경향이 있다. 이들은 비이탈자들, 곧 다수를 이루는 집단의 구성원들에게 어느 정도 영향을 미칠 수도 있다.

이러한 결론들은 놀랄 만한 것이 아니다. 정말 놀랄 만한 일은 이 결론들이 기존 이론들과 반대된다는 사실을 아무도 알아차리지 못한 채 당연한 일로 기록되었다는 점이다. 물론 한편으로는 이탈과 독립을 연관시키면서, 다른 한편으로는 동조와 독립을 연관시킨 것이 문제였다. 첫 번째 두 성향 간의 연결고리가 강조되었다면, '나쁨'과 '좋음'이라는 개념과, 역기능적이고 용납될 수 없는 것으로 여겨지는 '집단으로부터의 이탈'을 좀 더 주의 깊게 연구해야 했을 것이다. 또한 자신에게 정직해지려는 욕망, 유일무이한 개인이 되려는 욕망, 우리 사회에서 최고의 윤리적 가치를 지녔다고 생각되는 욕망에 대해서도 더 깊이 있게 연구해야 했을 것이다. 그러나 결코 독립을 이탈로 간주하지 않으며, 이탈 역시 독립의 한 형태로 간주하지 않는다. 왜냐하면 독립은 규범과 품위의 범위에 머무르지만, 이탈은 사회의 토대를 뒤흔들며 아노미 현상을 일으키기 쉽기 때문이다. 동조와 관련해 독립은 일종의 경계선을 구축한다. 이 경계선은, 사회에 대항하고자 세워진 장벽, 사회적 현실에 대립하는 물리적 현실과의 동맹, 어떤 상황을 볼 때 군중을 따르는 대신 객관적인 결론을 이끌어내는 경향성 등의 역할을 한다. '연약함'을 나타내는 동조와 '강함'을 나타내는 독립, 이 둘이 한 개인 안에 공존하리라고는 상상할 수 없다.

이 모든 것 안에 암시되고 있는 하나의 고상한 철학이 있는데, 고상하지만 논쟁의 여지가 있고, 합리적이지만 대체로 실제 생활과는 맞지 않는 철학이다. 실제 삶에서 독립은 상당수의 비동조적 요소, 즉 남들과 달라지고자 하는 욕망을 지니고 있다. 진정으로 독립적인 개인들은 자신을 나타내려고 하며 집단적 견해에 영향을 끼치고자 하는 경향이 있다. 사회적 영향의 연구자들은 현실적 조건들보다는 가치들에 대해 더 염려하고 의존관계에 몰두하게 되면서 의존과 연관되는 파편들만을 이탈에서 봐왔다.

이제 혁신이 다루어져온 방식에 대해 살펴보자. 모두 알다시피 혁신을 주제로 한 연구는 몇 편 되지 않으며, 그 주제가 이론적 분석을 이끌어낸 경우도 거의 없다. 내가 혁신에 주목하는 이유는, 그것이 많은 사회적 변화를 결정짓는 사회적 현상으로서 중요하기 때문이 아니다. 적어도 그 때문만은 아니다. 그것이 특별한 위치를 점하는 이유는, 우리가 우리 행위의 경험적 · 이론적 맥락을 수정하고 새로운 관점으로 사회적 변화를 볼 수 있도록 허용(사실은 강요)하기 때문이다. 호만스Homans의 사회학적 접근에 대해 동의할 수도, 거부할 수도 있지만 어떤 경우든 그가 광범한 개념을 명확하게 설명한 점과, 사회심리학에서 유일하게 홀랜더의 혁신에 관한 이론을 조직적으로 연구하고자 시도했다는 점은 인정할 수밖에 없을 것이다. 호만스는 사회적 위계의 양 극단에서 덜 동조적인 사람들을 만나게 되는 이유를 명확하게 설명하고자 했다. 사회적으로 높은 위치에 있는 개인들은 다수와 다른 반응, 다수를 무시하는 행동을 보이는 데에 아무런 거리낌이 없다. 이는 비록 자신들의 실수(가령, 실험의 가장 중요한 조작이 '실제로는 맞지만 틀린 것으로 여겨지는 반응을 다수가 보이도록 하는 것'일 때 그 실험에서 다수의 반응과 달리 반응하는 것)가 드러난다 할지라도 그러한 개인들은 곤란을 겪지 않기 때문이다. 위신이 약간 깎이는 것은 그들에게 큰 문제가 되지 않는다. 반대로, 자신의 독립성 덕분에 올바른 선택을 하게 되었다면 이 개인들은 자신의 위신이 오히려 올라가고 높은 지위도 견고해짐을 발견하게 될 것이다. 그러므로 높은 지위에 있는 사람들은 비동조성 쪽으로 마음의 균형이 기울어진다.

그렇다면 지위가 낮은 개인들은 어떠한가? 그가 집단을 잘 따르든, 독립된 행동노선을 선호하든, 그는 이미 밑바닥에 있으므로 잃을 것이 별로 없다. 단지 집단에 동의를 표하고자, 자신이 보고 생각하는 것과는 반대되는 어떤 것을 말하며, 실수를 저지를 때조차도 그 사람은 별 주의를 끌지 못할 것이다. 불행히도, 만일 그의 태도가 집단과 동조하고 게다가 집단이 옳다면 그가 얻을 수 있는 것은 기껏해야 훨씬 적을 것이다. 이는 그가 다른 모든 사람과 똑같이 행동하는 것 외에는 달리 할 수 있는 게 없을 것이기 때문이다. 한편, 만약 이런 개인이 독립된 행동노선을 받아들이고 자신이 올바른 대답을 알아차렸다는 사실을 입증한다면, 그의 재능과 능력이 집단에 알려질 기회가 생길지도 모른다. 다수에 대한 비동조성과 반란은 몇 가지 확실한 이점이 있다. 예를 들어(마르크스를 상기해보면), 프롤레타리아처럼 지위가 낮은 사람이나 소집단은 족쇄 외에는 아무것도 잃을 것이 없다.

호만스의 이러한 분석[7]은 왜 비동조성(그리고 집단규범에 대한 반대와 충동적 주도성)이 사회적 위계의 양극에서 관찰될 수 있는지를 설명한다. 그러나 이러한 분석은 다소 근시안적이다. 이 분석은 개인과 집단의 신념, 예컨대 한 사회의 권력관계나 한 학문의 정설을 변화시키고자 하는 열망에 대해서는 주목하지 않는다. 그리고 비록 성공할 가능성이 희박하다 하더라도, 집단뿐 아니라 개인 역시 다수에 반대하며 다수를 변화시키려 한다는 사실도 고려하지 않는다. 이 점에서 오렌지공 윌리엄의 다음과 같은 모토는 우리를 깨우쳐준다. "행동하기 전에 기대할 필요가 없고, 시도하기 전에 성공을 바랄 수 없다."

그러나 일단은 잠정적으로 호만스의 분석을 받아들이기로 하자. 그렇게 하면 호만스 이후의 연구자들이 사회적 위계의 정점에서 보이는 혁신적인 행동과 비동조성에만 관심을 기울였다는 사실이 훨씬 더 흥미롭게 다가온다. 예를 들어 홀랜더는, 어떤 집단의 지도자가 되는 데에 필요한 '신망'을 쌓으려고 '자신의 능력을 보여주고 기대에 동조함으로써' 그 집단의 구성원들에게 받아들여지고 호감을 얻기를 간절히 원하는 개인의 태도만 연구했다.[8] 이 개인은 그 목적을 달성하고 나면, 이제는 그 자신이 원하기만 하면 원하는 대로 변화를 일으킬 수 있는 최고의 자리에 있으므로, 이탈을 해도 되고 그러면서도 여전히 영향력을 가질 수 있다. 집단 안에는 혁신이 지도자로부터 발원된다는 생각을 지지하는 여론이 있는 것으로 보인다.

나는 이 주제와 관련된 글 두 꼭지를 인용하고자 하는데, 인용하려는 글은 그 내용이 아주 유사하지만 각 꼭지가 포함된 전체 글의 방향은 아주 다른 두 책에서 발췌했다. "그러나 지도자의 역할 중 또 다른 부분을 수행하려면, 지도자는 때때로 규범에서 벗어날 필요가 있다. 그는 그가 속한 집단 외부에 있는 사회 시스템과의 접촉이 가장 많다. 어떤 상황에서는 그 집단이 효율적으로 기능하려면 반드시 변화해야 한다. 그다음에 변화를 규범 안으로 끌어들이는 것이 지도자의 역할이다."[9] "지도자의 책임 중 하나는 혁신이다. 다시 말해 새로운 기준을 세우고 그 집단 외부에 있는 세계에 대응하려는 새로운 방법들을 시도하는 것이다. 일을 하는 통상적인 패턴에서 벗어날지라도, 지도자는 그런 식으로 새롭게 시도하는 데에서 신망을 얻게 된다. 사람들은 종종 지도자가 동조하지 않기를 기대하며, 만약 지도자가 동조행동을 보인다면 오히려 그의 지위를 잃게 하는 결과를 가져올 수도 있다."[10]

이 명제들을 글자 그대로 받아들인다면, 다음과 같이 말해야 할 것이다.

(1) 집단 내 혁신으로 이어지는 압력은 집단 외부에서 비롯된다.

(2) 혁신에 대한 압력이 발휘되는 집단 내 구성원은 오직 지도자밖에 없는데, 이는 그가 외부 세계와 접촉하는 유일한 사람이기 때문이다.

(3) 일반적으로 혁신은 대중적 인기를 잃거나 개인 특유의 신망이 줄어들 위험을 전제한다.

위 진술이 토대를 두는 기본적 명제들의 한계는 얼핏 봐도 명확하다. 혁신과 혁명의 역사를 보면, 지위가 낮은 개인이나 주변인은 그 집단의 주변에 자리잡고 있기 때문에, 집단의 중심부에 있는 높은 지위의 개인들보다 더 가까이에서 외부세계와 접촉한다는 사실이 충분히 드러난다. 심지어 영장류의 사례에서도, 예컨대 먹이를 모으는 일과 관련된 행동개시는 집단의 주변적 위치에 머물러 있는 '짝 없는' 수컷들의 소집단에서 시작되는 모습을 관찰할 수 있다. 내가 이 문제에 대해 더 얘기할 필요는 없을 것이다. 왜냐하면 변화를 일으키려는 주변적 개인들의 동기와, 변화에 대한 그들의 높은 수용력에 대해서는 모든 사람이 너무나도 잘 알기 때문이다. 게다가 독창적 시도, 혁신적 행동은 사회적 지위가 안정된 사람이라면 누구에게나 위험인자가 되지만, 사회조직의 주변적 위치에서 중심적 위치로 옮겨가기를 원하는 소집단이나 개인에게 이러한 시도는 이점이 위험요소보다 더 많거나, 적어도 비슷한 수준이다. 결론적으로 우리가 기억해야 할 것은, 지도자들이 혁신을 일으킨다면 이는 흔히 지도자들보다 더 낮은 위치를 점하는 소집단이나 개인이 행사한 내적 집단압력에 대한 반응이라는 점이다.

이러한 두 가지 분석, 곧 호만스의 '사회적 상관관계'와 홀랜더의 '신망 시스템'은 영향작용과 혁신을 설명하는 데에 실제로 주목할 만한 것인가? 워먼Wahrman과 퓨Pugh의 연구[11]를 보면 적어도 당분간은 그렇지 않은 것 같다. 이들의 실험에서, 순진한 세 사람과 실험협조자 한 명으로 이루어진 집단은 전략과 관련해 집단적 선택이 필요한 과제를 할당받았다. 그들은 가로 7행 · 세로 7열인 표에서 실험자가 선택한 열을 올바르게 예상했을 때 어느 행이 그들의 승점을 최대화할 수 있는지, 집단 전체의 일치된 의견을 제시하라고 요구받았다. 예를 들어, 만약 피험자들이 실험자가 노랑 열을 선택하리라고 옳게 예상한다면 그들은 최대 승점 10점을 얻을 수 있는 'George' 행을 선택할 것이다. 그런데 노랑 열로 예상하고 'George' 행을 선택했는데 실제로는 실험자가 '검정' 열을 선택한다고 해보자. 그러면 피험자들은 8점을 잃을 것이다. 피험자들은 그들이 발견해야 하고 이겨야 할 어떤 '시스템'을 실험자가 가지고 있다고 믿었다. 이 피험자들은 서로 다른 부스로 나뉘긴 했으나 마이크와 헤드폰을 통해 서로 대화할 수 있었다.

	초록	빨강	파랑	노랑	갈색	주황	검정
Able	−1	−12	+5	−1	−2	+15	−4
Baker	+10	−1	−2	−7	+4	−3	−1
Charlie	−5	+5	−3	+3	−11	−1	+12
Dog	+5	−7	+10	−2	−5	+1	−2
Easy	−4	−1	−1	+1	+13	−10	+2
Fox	−6	+15	−5	−1	−3	−1	+1
George	−1	−1	−2	+10	+4	−2	−8

그림1. 집단과업에 사용된 행렬[12]

실험협조자는 네 번의 조건에서 15번 시도하여 11번을 맞혔다. 실험협조자는 선택할 때마다 다른 피험자들이 고르지 않은 행을 선택했다. 그다음에 만약 그 집단이 실험협조자의 선택을 전체 의견으로 정한다면, 실험자는 높은 보상이 돌아가게 되는 열을 선택했다. 그러므로 아무것도 모르는 다른 세 명이 'Able'로 하자고 하고 네 번째 사람이 'Charlie'로 하자고 하면, 실험협조자는 예를 들어 'Dog'을 선택할지도 모른다. 만일 실험협조자가 'Dog'이라고 하면 실험자는 '파랑' 열을 선택할 것이다. 이렇게 하면 실험협조자의 선택인 'Dog'(승점 10점 획득)이 최고의 예측이라는 것을 암시하게 될 것이다.

실험하는 동안 실험협조자의 이탈적 행동은 두 가지 암시를 포함했다. 곧, 다수결의 원칙이 자신의 선택을 따르는 것보다 덜 효과적이라는 암시, 자신이 가장 큰 공헌을 하고 있고 다른 사람의 선택지가 자신의 선택지에 대한 근거 없는 도전이기에 자신이 다른 사람보다 더 큰 몫을 받아야 한다는 암시다. 또한 그는 자기 순서가 되기 전에 다른 사람의 순서에 끼어들어 자신의 선택지를 골랐다. 첫 번째 조건에서 이런 이탈행동은 첫 시도부터 시작되어 모두 15회를 시도하는 내내 계속되었다. 평균적으로 실험협조자는 이탈행동 중 두 가지를, 매번 시도할 때마다 보였다. 제2조건에서 이탈은 6번째 시도에서 시작되어 15번째 시도까지 계속되었다. 제3조건에서 이탈은 11번째 시도에서 시작하여 15번째 시도까지 계속되었다. 제4조건에서는 동조했다(곧, 15회의 시도 중 한 번도 이탈행동을 보이지 않았다). 제5조건에서는 첫 번째 조건과 같이 실험협조자가 15회의 시도 모두 이탈행동을 보였지만, 그의 선택지 대부분이 정확하지 않았다. 사실 그는 15회의 시도 중 4회만을 맞췄을 뿐이다.

이 실험협조자가 발휘한 영향력은 그 집단이 실험협조자의 선택 열을 택하기로 결의한 시도의 횟수로 나타났다. 그 결과 실험협조자가 '유능했던'(다시 말해 15회의 시도 중 11회씩이나 최선의 예측을 했던) 네 번의 조건 중에서도, 첫 시도부터 끝까지 이탈한 태도를 나타냈을 때가 실험협조자의 영향력이 가장 큰 것으로 나타났다. 더 흥미로운 사실은, 15회의 시도 중 이탈이 일찍 나타날수록 실험협조자가 더 영향력 있게 된다는 것이다. 가장 영향력이 적은 경우는 실험협조자가 15회의 시도 모두에서 다수를 따르는 경우(제4조건)였다. 실제로, 실험협조자가 무능한 경우라 할지라도, 다시 말해 15회의 시도 중 4회만 맞힌 경우라 할지라도, 그가 처음부터 이탈하면 그는 유능한 동조자만큼 영향력이 있다. 실험협조자의 선택이 이익을 더해주지 못한다는 사실을 다른 사람들이 깨닫기 전까지, 실험협조자는 동조자보다 훨씬 더 강한 영향력을 발휘한다.

이 연구를 한 연구자는 다음과 같은 결론을 내린다. "집단의 선택을 결정할 때 그 집단은 비동조적인 실험협조자의 의견을 조금도 무시하지 않았다. 오히려 그 반대의 일이 일어났다. 실험협조자의 비동조성이나 불쾌할 정도로 강한 자기주장은 그의 영향력을 두드러지게 증대시켰다. 같은 정도의 유능함이 있는 동조자는 비동조자가 가진 힘 때문에 고전해야 했다."[13] 달리 말하면, 동조의 역사(축적된 신망)는 다른 사람에게 미치는 영향력과 아무런 관련이 없거나 약간의 연관성만 있을 뿐이다. 실제로 홀랜더와 호만스의 추론은 우리로 하여금 다음과 같이 생각하도록 한다. '어떤 사람이 일찍 이탈한다면, 유명해지거나 지도자로 인정받고 나서 이탈하는 경우와 비교해 볼 때 그의 영향력은 급격하게 감소할 것이다.' 그러나 이런 일은 일어나지 않는다. 우리가 이미 확인한 바와 같이, 그 반대의 일이 심리-사회학적 이론에서는 미리 배제되었다 할지라도 현실 세계에서도 배제되지는 않는다. 이러한 말들은 단지 예비적인 설명에 불과하다. 이것들의 유일한 목적은, 상위계층은 말할 것도 없이 어떤 계층도 혁신과 연결되지 않는다는 익숙한 사실을 상기시키려는 것일 뿐이다. 만일 그렇다면 왜 연구자들은 상위계층에서 발생하는 혁신에만 초점을 맞추는 것을 고집했을까? 현재 널리 알려진 이론적 모형을 생각해 보면 그 이유가 명확해진다. 이 모형은 영향력이 발휘되는 과정이 비대칭적이라고 가정한다. 영향력의 발원점은 목표점보다 더 높은 위치에 있을 수밖에 없다. 권위자, 다수, 집단 등은 언제나 규범의 옹호자다. 소수, 개인은 그 규범을 따르는 것에 만족해야 한다. 각자에게 각각 허용된 주도권initiative은 분명히 불평등하다. "많은 신임을 쌓아올린 사람은 자기가 원하는 대로 할 자유가 많지만, 저울이 가벼운 사람은 얼마 없는 신임을 잃지 않도록 그가 하는 일에 조심스러워야 한다. 그의 저울이 0을 가리킬 때, 그는 더는 그 집단에서 제 기능을 하는 자로 여겨지지 않는다."[14)]

자신이 더 잃을 것도 없고 이제 더는 그 집단의 구성원도 아니라는 오직 그 이유만으로 그 사람이 집단의 모든 가치와 위계를 파괴하지 못하게 하는 게 뭐가 있겠는가? 어떤 경우든, 순진한 교과서적 주장들에 잠재된 파괴의 가능성은 일단 제쳐놓고, 그런 주장들이 왜 낮은 계층에서 비롯된 변화나 주도를 배제하며, 심지어 고려할 가치조차 없는 것으로 여기는지, 우리는 그 이유를 알 수 있다. 이것이 내가 강조하고 싶은 내용이다. 사회심리학이 수많은 현상을 무시하는 이유는 그 현상이 중요하지 않거나 시시하기 때문이 아니라, 단지 그것이 이론적 견해와 양립할 수 없기 때문이다.

이론적 모형에서 불확실성이 중심적 위치를 차지하는 것은 적절한가?

철학자들이 어떻게 주장하든, 일관성은 학문적 사고의 기본 덕목이 아니다. 하지만 비학문적 사고에서조차 비일관성에는 한계가 있다. 불확실성과 영향의 관계에 대한 글을 읽을 때, 우리는 상호 모순적이거나 경험에 반하는 주장들을 지속적으로 발견하게 될 것이다. 영향이 언제나 불확실성을 감소시킨다고 여겨진다는 점에서, 오늘날 우리가 영향 개념을 분석할 때 불확실성 개념이 결정적인 역할을 한다는 사실은 의심의 여지가 없다. 이와 유사하게, 어떤 영향의 원천이 지닌 효율성은 불확실성을 감소시키는 능력으로 측정된다. 타인에 대한 개인의 정보 의존성은 직접적으로 불확실성에서 비롯되는데, 이 점을 고려하지 않았다는 이유로 존스와 제라드는 심지어 레빈 Lewin을 비난했다. "개인의 생활공간에 대한 레빈의 특성화 작업은 정보 의존성의 토대가 되는 중요한 면, 즉 불확실성을 포함하지 않는다. …… 그의 글 중 몇몇 부분에서 그는 개인의 생활공간에 불확실성이 존재함을 인정하지만, 이것을 행동의 본질적인 특성으로 받아들이지는 않는다. 이것은 정확한 특성화일 수 없다. 왜냐하면, 주어진 상황이 어떻든, 행동가능성을 고찰하는 개인 특유의 관점은 그 특징상 불완전한 지식 중 하나기 때문이다. 종종 그 개인은 특정 행동에 뒤따르는 것이 무엇인지에 대해 모호한 직감만을 갖고 있을 뿐이다."[15)]

레빈이 그러한 개념을 전혀 언급하지 않았다는 것은 정확한 사실이며, 그 개념에 대한 필요를 느끼지 못했다는 것도 마찬가지로 사실이다. 어찌 됐든 이 인용절은 불확실성의 토대로 가정된 것(정보의 부족, 지식의 부족)이 무엇인지를 확실하게 드러내며, 그 개념의 유용성이 무엇인지도 명확하게 보여준다. 그 유용성은 곧, 영향행동을 정보교환행동으로 설명하는 것이다. 그러므로 영향은 **수용자 · 목표자의 행동을 수정하고자 하는 발행자 · 출처의 필요에 더는 관련되지 않은 것으로 보인다. 반대로, 영향은 수용자가 주변의 환경에 대처하기 위한 정보의 필요성을 인식하는 데에서 생겨난다. 달리 말하면, 불확실성의 존재는 개인이나 소집단을 더 수용적이게 할 뿐 아니라, 영향과 연관된 관계들 · 행동들의 의미를 변화시키기도 한다.**

이는 많은 문제를 일으킨다. 여기서는 그중 몇 가지만 소개하고자 한다. 정보적 영향과 규범적 영향이 구분되긴 했지만, 정보적이라 생각되는 '은밀한 영향'과, 행동을 드러내거나 수정하려는 시도임이 명백해 보이는 '공공연한 영향'을 구분하는 것이 더 낫지 않았을까? 많은 경우에 또 다른 문제는, 발휘되어온 영향력이 본질적으로 불확실성의 감소 **그 자체에** 귀인할 수 있는 것인지 하는 문제일지도 모른다. 아니면 그보다는, 영향의 모습을 드러낸 불확실성의 맥락 때문에 그 영향이 은밀한 영향이었다는 사실에 오히려 더 기인하는지 하는 문제일 수도 있다. 영향과 불확실성의 관계는 지금까지 기술된 것보다, 또는 그러리라 예상되는 정도보다 훨씬 더 복잡하다는 것이 한눈에도 명백하다.

이제 잠시 이 복잡성의 문제를 제쳐놓고 관례적인 단순성을 받아들이자. 내가 이미 지적한 대로 아래 명제들은 모든 사람이 받아들이는 것이다.

- 어떤 사람이 불확실할수록, 그 사람은 영향을 받기가 더 쉽다.
- 대상이 모호할수록, 실제적인 영향에 대한 요구가 커지며(커지거나) 영향을 더 많이 받는다.

이 명제들에서 다음의 두 명제가 귀결된다.

- 어떤 사람이 확신을 가졌다면 그는 영향을 받지 않으며 영향을 받을 필요도 없다.
- 대상이 모호하지 않으면 다른 사람들의 동의가 별다른 의미가 없으며, 그 결과 영향작용은 일어나지 않는다.

이 명제들에 숨어 있는 세 가지 전제와, 그 전제로부터 추론할 수 있는 결론 역시 명확하게 설명되어야 한다.

- 불확실한 상태는 그 사람에게 내적으로 주어지는 것이며, 그의 정보획득 방식이나 심리적 특성이 결정한다.
- 환경적인 모호성이나 비모호성은 그것을 다루는 유기체와는 구별되는 특징이다.
- 불확실성과 모호성은 타인에 대한 영향이나 상호작용이 시작되기 이전에 존재한다. 그것들은 영향과 상호작용의 전제조건이다.

이 명제들은 아마도 실험으로 입증되어왔을 것이다. 이들에게서 나오는 결론이 충분히 엄격하게 검토되었다고는 믿기 어렵다.

먼저 자극의 모호성을 검토해보자. 쉐리프와 그의 제자들은 이 특성을 그들의 연구에서 충분히 탐구했다. 그러나 애쉬의 실험과 더 최근에는 나의 실험[16)]에서, 자극이 절대적으로 명백할 때조차도 강력한 영향이 있을 수 있음을 발견했다. 그러므로 모호성, 그리고 결과적으로 발생한 환경적 유동성과 불안정성은, 하나의 규범을 확립하거나 의견에 영향을 미치는 데에 필수조건은 아니라고 결론지어야 한다. 자극의 조직화 정도와 불확실성 간의 관계에 대한 이 명제가 왜 확증되었다고 주장되는지는 조금도 분명하지 않다. 자극이 덜 모호할 때보다 더 모호할 때 더 큰 전이가 일어난다는 사실은 아무도 부인하지 않는다. 그러나 여기서 우리는, 정지의 상태에서 운동의 상태로 움직이게 하는 영향력을 발휘할 **가능성**과, 영향력을 발휘하기에 **쉽거나 어려운 점**(곧, 가속의 정도가 더 크거나 더 작다는 점)을 혼동해서는 안 된다. 왜냐하면 이 둘은 동일한 것이 아니기 때문이다.

사실 이 문제는 이 명제가 다음과 같은 이유로 거부될 때 더 흥미로워진다. 그것은 우리가 여기서 가진 차원이 연속적인 차원이라는 보장이 전혀 없다는 이유다. 심리학적 관점에서나 사회적 관점에서나, 모호한 대상에 관해 어떤 사람에게 영향을 끼치는 것은, 모호하지 않은 대상에 관해 그 사람에게 영향을 끼치는 것과 조금도 비슷하지 않다. 전자는 대상이 취할 수 있는 가치의 영역을 제한하려 하고, 그것을 평가하는 차원의 수를 줄이려 할 것이다. 한편, 후자는 그 반대로, 그 영역을 넓히고 차원의 수를 증가시키려 할 것이다. 동조하는 것은 이 양쪽 맥락에서 같은 의미를 갖지 않는다. 양쪽이 판단에서 동일하게 지닌 작은 차이는, 모호하지 않은 대상에 관해서는 알아차릴 수 있지만, 대상이 모호할 때는 인식되지 않은 채 남아 있을 것이다. 그러므로 이탈이 분명한 상황에서 동조하는 것은 이탈이 쉽게 포착되지 않은 상황에서 동조하는 것보다 더 명백한 심리학적 변화를 드러낸다. 파란색 슬라이드가 녹색으로 보인다고 주장하거나, 객관적으로 동일한 선이 동일하지 않다고 주장하는 피험자는 실제로 변화를 겪었고 자신의 레퍼토리에는 없었던 반응을 채택했다. 반대로, 자동운동 현상의 환영을 보고 나서 광점이 3cm를 움직인 게 아니라 5cm를 움직였다고 주장하는 피험자는 이미 자신의 레퍼토리에 있던 어떤 반응을 선정한 것이다. 이 두 경우 동조한 정도를 비교하는 것은 오해의 소지가 있는데, 이는 아마도 비교되는 결과가 전혀 다른 두 개의 심리학적 과정에서 비롯된 것일 수 있기 때문이다. 이런 가능성은 반드시 고려되어야 한다. 왜냐하면 우리가 어떤 연구[17]에서 발견한 사실 때문이다. 그것은 모호한 대상에 관해 동조하는 사람들이 모호하지 않은 대상에 관해 동조하는 사람들과는 다른 심리적 프로파일을 가진 것처럼 보인다는 사실이다.

더욱이 이 두 과정이 동일하다고 가정하더라도, 영향은 대상의 상태에 의해, 또는 대상이 평가되는 기준의 명확성에 의해, 다시 말해 그에 필요한 확실성의 정도에 의해 결정되는가? 우리가 이렇게 가정할 근거는 전혀 없다. 쉐리프의 실험에서 피험자들은 상호작용을 하기 전에 개인적 규범(곧, 광원의 이동에 대한 비교적 안정적인 추정치)을 확립한다. 애쉬의 실험에서도 마찬가지로, 피험자들은 규범(곧, 그들에게 보인 선의 동일성/비동일성)에 대해 아주 명확하게 생각한다. 이 두 피험자집단 중 후자보다 전자에게 더 영향을 주기 쉽도록 한다면, 이 집단 간에는 어떤 차이가 있는가? 차이는 자극의 모호성에 있는가? 아니다. 선의 동일성/비동일성과 관련된 규범은 사회가 반복적으로 강화했지만, 광점의 이동과 관련된 규범은 이전에 강화되지 않은, 피험자에게 새로운 것이라는 사실에 그 차이가 있다. 마우스너Mausner의 실험 중 하나는, 그러한 강화가 주어지면 추정들이 한 곳으로 모이지 않고 동조도 없게 된다는 사실을 보여준다.[18] 그러므로 이 모든 것은 우리가 다음과 같은 의심을 품게 한다. "자극의 물리적 속성(또는 환경)과 영향 사이에는 아무런 직접적 인과관계가 없으며, 영향은 자극 불안정성의 함수가 아니다."

좀 더 일반적인 불확실성의 상태는 어떤가? 불확실성이 영향의 필요충분 조건인가? 불확실성은 개인들이 모든 상황에서 감소시키려 할 정도로 용납하기 어려운 것인가? 불확실성이 사회적 상호작용의 전제조건이라고 간주할 만한 근거, 그리고 불확실성이 그러한 상호작용의 결과로 단지 감소하기만 한다고 믿을 만한 근거가 실제로 있는가? 이런 질문들은 여러 다른 차원에서 다루어질 수 있다. 실제의 차원에서는, 명확하게 정립된 의견 · 규범 · 신념을 지닌 개인/집단이 다른 개인/집단에 영향을 받는 상황들이 많다. 종교적 · 정치적 · 학문적 · 심미적 전환의 예도 많다. 이러한 사례들은 예외적이라 할지라도 여전히 흥미로울 것이며, 확실성이 있는 곳에는 영향이 없다는 주장에 대한 반대가 될 것이다. 실험의 차원에서는, 굳건하게 확립된 행동과 태도 안에서 일어나는 변화에 대해 많은 연구가 이루어지는데, 그 연구들은 의심이 우리 관심을 끄는 현상의 불가결한 요소가 아님을 입증한다. 음식의 기호변화를 연구하는 레빈의 실험들, 부조화이론Dissonance theory에 기초한 실험들(자신의 견해에 반대되는 의견들에 대해 자신을 보호하거나 자신을 노출하라고 요구받은 피험자들은 결국 자신의 의견을 수정하게 된다), 역할 연기에 대한 연구들(꾸며내서 하는 행동이 유사한 변화를 일으킨다) 중 어느 것도 생각만큼 사회적 영향 실험에서 멀리 떨어져 있지 않다. 이 모든 경우에서 피험자는 자신의 관점과는 다른 관점을 가정하거나, 자신의 일상적인 선택지와는 다른 대안적 선택지를 택하라고 요구받는다. 초기에 확실성이 있었음에도 피험자들은 동조하게 된다.

이론가들과 실험자들 사이에는 소통이 부족한 것 같다. 이론가들은 영향이 불확실성의 **감소**에 기인한다고 주장하며, 실험자들은 피험자의 불확실성을 **증대**시키려고 그들에게 영향을 끼치려고 한다. 크러치필드는 실험실에서 어떤 일이 일어나는지를 주의 깊게 관찰했다. 그가 밝혀낸 것은, 피험자들이 실험실 안으로 들어올 때 자신들의 지적 능력이나 감각적 능력에 대해 의

심하지 않으며, 두 선분이 동일한지 아닌지를 판단하는 데에 필요한 지식이 자신에게 있는지도 걱정하지 않는다는 사실이다.[19] 만장일치로 정해진 집단적 결정에 부딪힐 때만 이러한 의심들이 생겨난다. 크러치필드는 다음과 같이 기술한다. "우선, 많은 사람은 자신의 잘못을 탓함으로써 이러한 불일치를 해결한다. 이들은 자기들이 슬라이드들을 잘못 읽었거나 오인했다고 고백함으로써, 자기 지각이나 판단의 정확성에 대한 의심을 표현한다." 그렇다면 각 피험자는 처음에는 자기가 다른 사람과 같다고 생각하지만, 점차 다르게 생각하도록, 다시 말해 자신이 집단에 대해 이탈되었다고 생각하도록 강요받는다. 크러치필드는 계속해서 기술한다. "또 다른 주목할 만한 효과는 피험자 자신과 집단 사이에 생겨난, 멀어진 심리학적 거리에 대한 느낌이다. 피험자는 자신이 이상하거나 다르다고 느끼든지, 아니면 집단이 그가 생각했던 것과는 다르다고 느꼈다. 이러한 감정과 더불어 피험자들 대부분에서 상당한 불안이 일어났다. 어떤 이들에게는 명백한 불안이 격심했다. 피험자들 내면에, 그들 간에 이러한 긴장이 존재한다는 사실은, 모든 과정이 끝나고 얼마 지나지 않아 실험자가 그들을 속인 내용을 밝히고 실제 상황을 설명했을 때 극적으로 드러난다. 긴장이 완화되고 안심하는 기색이, 분명하고 들을 수 있는 형태로 표현된다……."

그러므로 집단으로 말미암은 영향은 무엇보다도 불확실성과 불안을 **생성해내는** 것이다. 실제로, 그런 상황이 발생하지 않으면 지각과 반응이 어떻게 바뀔 수 있는지 관찰하기가 쉽지 않다. 그러므로 "언제나 영향은 불확실성의 **생성**으로 말미암은 결과라기보다 오히려 불확실성을 **감소**시키는 데에서 비롯된 결과다"라고 주장할 만한 근거는 전혀 없다. 영향이 어떻게, 왜 불확실성을 생성하는지에 대한 이론적인 의문은 여전히 남는데, 이는 영향이 불확실성을 감소시킨다고 주장할 때 어떻게, 왜 그런지에 대한 의문이 남는 것과 똑같다.

어떤 이는 이 모든 것이 별로 중요하지 않다고 결론을 내릴지도 모르겠다. 그러나 학문적 관점에서 볼 때 이는 사실과 다르다. 불확실성이나 모호성(또는 일반적으로 '이탈')을 **이미 주어진 것**으로 가정할 때, 영향은 유발되어온 것으로 생각할 수 있다. 또한 영향은 사회 외적인 요소로 정당화되며, 그 출발점(최초의 욕구)은 **개인 내적intrapersonal**인 것으로 보인다. 반면, 모호성과 불확실성이 **생성**될 수 있는 조건을 살펴보면, 이탈은 사회적인 양상을 띤다. 이러한 조건에서 이탈은 사회적 상호작용의 결과로 생겨나며, 이 경우 그 출발점이나 욕구는 **개인 간interpersonal**의 것으로 보인다.

이러한 관점에서 볼 때, 일치를 향한 압력에 관한 페스팅거의 첫 번째 이론은, 사회적 비교에 관한 그의 두 번째 이론과 비교하면 좀 덜 보편적이긴 하지만 현실에 더 근접해 있다. 페스팅거가 명확히 보았듯이, 실제로 어떤 이탈자의 견해를 바꾸려고 집단 내에 행사되는 압력은 이탈자와 다수 간의 차이에서 나온다. 그들의 결정에 대해 누군가가 질문을 던지게 될 약간의 가능성이라도 제거하고자, 한 집단의 구성원들에게 서로 의사소통하도록 강요하는 것이 바로 이 차이이다. 드 몽쇼De Monchaux와 심민Shimmin이 입증했던 바[20]와 같이, 만약 그런 식으로 질문하는 것을 계속 밀고 나가게 되면, 공동으로 결정한 선택에 대해 의심과 재평가를 불러올 것이다. 사회적 비교 또한 이와 전혀 다르지 않은 것을 전제한다. 개인은 혼자만으로는 자신의 가치, 의견, 능력에 대해 확신이 부족한데, 그가 유사한 다른 사람들과 자신을 비교하려 하는 것은 바로 이런 이유 때문이다. 그러나 적절하게 질문할 수 있었듯이, 확신이 부족한 것 그 자체는 어쩌면, 누가 더 유능하며 누가 더 자신의 의견과 가치에 대해 확신이 있는지 경쟁하는 데에서 오는 스트레스 때문에 자신을 다른 개인들과 비교하는 데에서 생기는 것은 아닌가? 이것이 더 현실적인 추정으로 보인다.

결론적으로, 이론적 논거나 실험적 증거로 볼 때, 우리는 사회적 영향, 그리고 그 기원이나 효력을 모호성이나 불확실성에 두어서는 안 된다. 이러한 개념들이 기술하는 정신의 상태는 '이미 주어진 것들'이라기보다는 '결과들'이다. 그리고 연구자는 이들의 기원과 형성을 사회적 상호작용의 범위 안에서 탐구해야 하지, 이 상호작용의 범위 밖에서 이들의 존재와 효과를 관찰하려고 해서는 안 된다. 어떤 경우든, 이들을 영향의 필요충분조건으로 간주할 만한 정당한 근거는 아무것도 없다. 이는, 이들이 아무런 기능도 하지 않는다는 의미는 아니지만, 불확실성이나 모호성의 감소가 영향과정에 대한 분석에 관련된 일반적인 명제들 가운데 포함되어서는 안 된다는 것을 의미한다. 최소한 이 점에서는 지금까지 주장된 내용에 대해 엄격한 재공식화가 필요하다.

권력과 영향을 호환적인 개념으로 계속 사용하는 것이 적절한가?

나는 영향 개념에 너무 많은 것을 기대해왔다고 생각하는데, 이는 주로 영향 개념을 권력의 여러 다른 면들과 지나치게 가까이 관련지은 결과라고 생각한다. '권력이 영향의 유일한 원천이며 영향은 권력을 행사한 결과거나 권력을 행사하는 도구'라는 다소 암묵적인 주장은 이 분야에 항상 존재했다. 이러한 관점에서는, "동조의 정도는 개인의 사회적 지위에 상응하며, 집단의 권위자나 다수에 대한 의존이 영향의 주요 원천이다"라고 생각하는 것은 자연스러웠다. 세 개의 질문이 제기되어야만 한다. (a) 이 관계는 경험적으로 입증되었는가? (b) 권력과 영향의 인과적 고리는 적절하게 설명되었는가? (c) 영향과정에 대한 더 엄격한 연구는 영향과정을 권력의 과정 안에 위치시키는 것과 모순되지 않을 수 있는가? 나는 차례로 이 질문들을 답하고자 한다.

주요한 독립변인으로 여겨질 만큼 의존이 그토록 중요한 역할을 맡게 된 것은 위계와 동조의 관계가 당연한 것으로 여겨졌기 때문이다. 그러므로 영향은 권력의 연장으로 정의되었다. 이와 동일한 관점에서, 다수의 의견은 소수의 의견보다 더 큰 비중을 가지는데 이는 다수에 대한 의존이 소수에 대한 의존보다 더 크기 때문이다. 그러나 실제 사실에 대한 면밀한 분석은 이러한 결론에 불리하게 작용한다. 의존과 동조 사이에는 아무런 관련도 없다.

이에 대한 증거를 확인하고자, 그 변인들과 함께 근본적으로 중요한 애쉬의 표로 돌아가자. 모든 사람이 다 알듯이, 이 표를 보면 피험자들은 실험조건에 따라 3~15명의 실험협조자가 내놓은 명백하게 잘못된 응답에 직면하게 되었다. 전반적으로 피험자가 셋 중 하나의 반응에서(32%) 집단에 동조한 것으로 보인다. 애쉬 자신, 그리고 논문과 교재에서 이 실험에 대해 논의한 모든 사람은 이러한 효과가 다수에 대한 의존에 기인하는 것이라고 했다. 나는 이러한 주장이 도전받아야 하는 이유를 다음과 같이 간략하게 상기시키겠다. 다수의 효과에 대한 가정은 특정한 결론을 함축한다. (a) 다수의 수가 많을수록 그 영향은 더 커진다. (b) 개인(이탈자)의 판단과 다수의 판단 중에서 택일하라고 요구받은 개인은 후자를 택할 것이다. (c) 개인이 다수의 지도감독에서 벗어나 의존관계로부터 자유롭게 되면 그는 동조하지 않고 올바른 판단을 내리는 방향으로 갈 것이다. (d) 다수의 판단이나 사회적 상호작용의 그 어떤 특성도(만장일치, 확실성과 같은) 동조적 반응의 중요한 부분을 설명할 수 없다.

이러한 함의 중 명료하게 입증된 것은 아무것도 없다. 우리는 (a)와 관련해, 다수가 3인을 초과하면 그 수가 더 많아질수록 영향이 더 강해지는 것은 아니라는 사실을 발견한다. (b)는 완전히 잘못된 것임이 입증되었다. 고립된 개인의 행동[21]이나 이탈자의 행동[22]은, 순진한 피험자에게 영향을 미치거나 동조를 감소시키는 데에 아주 강력한 효과를 발휘할 수 있다는 사실이 몇몇 실험에서 입증되었다. 세 번째 함의는 아직 완전히 입증되지 못했다. 순진한 피험자들에게 익명의 역할을 맡게 함으로써 세 번째 함의를 검증하려는 몇몇 실험이 고안되었다. 이를테면, 피험자의 반응은 사회적으로 선택되지 않고 여전히 집단에 알려지지 않는다. 따라서 원칙적으로 피험자는 집단의 반대를 두려워해야 할 위치에 있지 않다. 이러한 상황에서는 피험자가 동조자들처럼 반응할 확률이 줄어들 것으로 예상되었다. 예를 들어, 레이븐Raven이 행한 실험[23]에서 이 확률은 공공연한 조건에서 39%이던 것이 익명성을 띤 조건에서는 26%로 줄었다. 그러나 집단에 순응해야 할 이유가 전혀 없는 조건에서 나타난 피험자 동조 비율은 26%로, 심리학적으로 중요한 의미를 지닐 만큼 충분히 큰 수치다.

이러한 발견 때문에, 다수의 효과를 가정한 것에 확실히 의문이 제기된다. 하지만 아직은 이에 대해 마땅한 대안적 설명을 찾기 어렵다. 단 하나, 네 번째 함의 (d)에서 알게 되는 것 빼고는 말이다. 이 모든 실험에서 '잘못된' 판단은 두 가지 특징이 있다. 한편으로는 그것이 다수의 판단이었다는 점이고, 다른 한편으로는 그것이 만장일치로 정해졌다는 점이다. 달리 표현하면, 이 판단은 그것이 집단에서 나온 것이기에 설득력이 있으며 집단을 한결같아 보이게 하는 방식으로 구성되었다는 것이다. 몇몇 실험에서 그렇게 한 것처럼, 우리도 두 종류의 집단이 있다고 가정하자. 한 집단은 다수의 구성원이 만장일치를 이루고, 다른 한 집단은 그렇지 않다. 첫 번째 집단에서는 구성원의 수에 관계없이 동조적 반응의 비율이 항상 같다. 이미 우리가 보았듯이 32%다. 두 번째 집단 안에서는 실험협조자가 다른 사람들과 다른 대답을 함으로써 집단의 일치성을 파괴하라는 지시를 받았는데, 동조적 반응의 비율이 10.4%밖에 되지 않았고 어떤 경우에는 5.5%까지 내려갔다.

그러므로 세 명으로 만장일치가 된 다수는, 일곱 명의 만장일치 되지 않은 사람들로 이루어진 다수보다 더 영향력이 있는 것으로 보인다. 이러한 관찰은 만장일치, 곧 '개인 간에 일치성과 공통적 규범이 있음을 반영하는 응답의 구성'이 단순히 그것을 채택하는 사람의 수보다 더 중요하다는 사실을 입증하기에 충분하다. 다른 연구들[24]도 비슷한 결론에 도달한다. 간략히 말하고자, '다수의 압력이나 다수의 의견이 고립된 개인의 의견보다 더 결정적으로 중요하지는 않다'는 것을 입증하는 다른 경험적 연구결과들을 굳이 다루지는 않겠다. 이러한 모든 연구결과는 의존성이 영향의 유일한 출처라는 생각을 공격한다.

원인적 요인으로서 의존성을 선택하는 것은 권력과 실제 영향 사이의 연결고리에 대한 가정을 드러낸다. 하지만 이 연결고리의 **방향**이 정확하게 분석되었는지 정말로 확신할 수 있는가? 프렌치French와 레이븐은 힘의 이론을 영향의 기원으로서 규명하려 하면서, '강제적인 힘'과 '규범적인 힘'이라는 두 유형의 힘에 대해 근본적인 구분을 제시했다.[25] 강제적인 힘은 물리적인 자원과 상벌의 분배라는 관점에서 무리하게 나타난다. 규범적인 힘은 가치와 규범에 근거한 다양한 역할의 정당화, 전문성이라는 관점에서 유추적으로 드러나게 된다. 전문가나 박식한 사람의 권력은 사람들 대부분이 지닌 확신, 즉 어떤 특별한 지식이 필요한 상황에서 전문가 등이 그 지식을 가졌다는 확신에 의존한다. 예컨대 의사는 자신의 환자에게, 자동차 정비공은 차주에게, 실험자는 피험자에게 영향을 미친다. 이는 환자와 차주, 피험자가 교육기관의 권위를 인정하고, 전문가의 행위를 보장하는 전문적 훈련의 가치와 자격조건을 받아들이기 때문이다. 부모, 매니저, 장교, 노조위원장의 권력도 마찬가지다. 이는 아이나 직원, 병사, 노동자가 내면화해온 가치체계, 달리 말해 영향을 미치는 사람들에게 더 높은 권위를 부여하게끔 하는 가치체계에 바탕을 둔다. 규범적인 힘의 정도는 규범을 받아들이는 정도에 따라 달라지는데, 이는 다른 사회 구성원의 처분에 달린 강제/저항의 양에 따라 강제적인 힘이 달라지는 것과 마찬가지다.

이것은 완전히 합리적이고 명확하다. 어떤 이가 이전에는 한 번도 제기되지 않았던 "권력의 기원은 무엇인가?"라는 물음을 제기하기 전까지는 말이다. 나는 강제적인 힘의 문제에 대해서는 다루지 않으려고 하는데, 이 강제적인 힘은 우리가 관심을 두는 과정과 덜 명확한 관계에 있기 때문에 우리에게 덜 흥미로운 것이다. 하지만 규범적인 힘이 발휘되는 몇몇 구체적인 사례를 살펴보자. 한 개인이나 집단이 어떤 이를 전문가라고 믿고 그 권위와 지식을 수용하는 상황, 예컨대 의사, 정신분석가, 경제학자, 실험심리학자, '대중' 음악가 등을 신뢰하는 상황을 상상해보라. 그들은 그 전문가의 의견이나 행동에 많은 가치를 부여할 것이고 그의 권고를 따를 것이다. 하지만 이러한 의존을 감수하기 전에는, 의사가 주술사나 신앙요법사보다 더 나은 사람이고 정신분석가가 정통 정신과의사보다 더 효율적이며 경제학자가 일반 실업가보다 더 잘 안다는 사실, 그리고 행동을 연구하는 어떤 다른 사람보다도 실험심리학자가 더 과학적이고 '대중' 음악은 정당한 표현이며 불쾌한 불협화음이 아니라는 사실을 어떤 방식으로든 인정해야만 한다. 물론 이러한 수용은 쉽게 얻어지는 것이 아니다. 게다가 집단과 계층, 하위문화권에서는 이러한 전문적 분야들에 부여되어야만 하는 가치에 대해 동의하지 않는다.

달리 말해 전문가의 권력과 영향에 대한 의존은, 진정한 지식 · 음악을 구성하는 것들에 관해 이미 영향을 받아 자신의 의견을 바꾼 개인의 상황에 따라 결정된다. 부모, 교사, 관리자 등의 권위가 효과적이게 되려면 가정, 학교, 직장에 관련된 어떤 가치들이 지지받고 공유되어야 할 필요도 있다. 예를 들어 최근에 가정과 대학에서 발생한 것과 같이 이러한 가치들이 변화되거나 약해지거나 포기된다면 그 순간 힘은 유지되긴 하지만 오직 적나라하게 노출된 강제적 힘만이 남게 된다. 이 힘은 그것만으로는 가치들을 전파하거나 되살릴 수 없고 자신을 정당화할 수도 없다. 바로 이런 이유 때문에, 모든 사회가 가치 · 규범 · 사상을 선전하려고(간단히 말해 영향을 미치려고) 고안된 평행기관들parallel institutions을 부단히 만들어내고 유지한다. 여러 기관 중에서도 이 기관이 하는 역할은 바로, 권력을 정당화하는 것이다.

그러므로 권력이 영향을 전제한다면, 힘이 부분적으로 영향의 결과라면, 우리는 권력을 영향의 **원인**으로 생각할 수 없다. 권력이 원인이자 동시에 결과일 수는 없다. 나는 권력과 영향의 현상 사이에 유사점이 있다거나, 이 둘이 어떤 방식으로 연관되어 있다는 사실을 부인하려는 것은 아니다. 하지만 이 둘 사이의 연결은 일방적인 것이 아니며 권력이 영향의 필요조건인 것도 아니다. 반면, 우리는 영향과정이 종종 실패한다는 사실을 아는데, 이는 영향을 발휘하려는 사람, 즉 선택과 판단의 독립성에 위협이 되는 사람이 지배적 위치를 차지하는 것 같기 때문이다. 이 사실을 인지하는 사회는 권력의 수단을 영향의 수단에서 조심스럽게 분리한다. 경찰이나 군대는 이념이나 규범, 가치의 전달통로로는 거의 사용되지 않는다. 이러한 역할은 교육자나 성직자, 선전전문가의 몫으로 예정되어 있으며, 이 사람들은 공적인 질서를 유지하는 의무나, 시민의 권리를 결정하는 정치적 판단의 의무를 조금도 지지 않는다. 전체적 전략에서 개인뿐 아니라 사회도 권력과 영향, 이 두 수단을 무차별적으로 적용하지 않는다. 영향이 변화나 동조를 일으키려고 사용될 수 있고 만일 이것이 실패한다면 권력이 영향 대신 사용될 수도 있다. 그 역도 성립한다.

하지만 이 내용 모두 우리에게 매우 친숙하므로 더 강조할 필요는 없다. 나는 사회심리학에서 영향, 권력, 의존의 관계에 대한 몇몇 암묵적 명제와 실험적 증거 사이에 불일치가 있음을 강조하면서 이 논의를 시작했다. 위계와 동조 사이에는 직접적인 인과관계가 없는 것으로 보인다. 동조의 효과가 의존에 기인하는 것으로 설명하는 것은 잘못된 해석으로 보인다. 실험의 연구결과는 현재 받아들여지는 것과는 완전히 다른 해석들을 제공하는 구실을 한다.[26] 그와 동시에 이론적 차원에서도 이들 관계에 대한 서술과 정의는 많은 의심을 불러일으킨다. 이는 권력의 현상에 대한 논법과 영향의 현상에 대한 논법을 구분하여 사용해야 함을 의미한다. 이처럼 각 영역을 자율적으로 다룬다면, 그들 이면에 자리 잡은 기제들에 대한 만족스러운 설명에 도달할 가능성이 더 클 것이다. 우리는 의존을 둘러싸고 형성된 사회관계들의 모형과 의존에 관해, 배타적이고 압도적으로 몰두하는 것을 거부해야만 우리 시야를 넓힐 수 있을 것이다.

결어

여기까지 내 목적은 비판을 하는 것이라기보다는 문제제기를 하려는 것이다. 이런 식으로 나는 이론과 실험의 부조화, 불일치를 두드러지게 하고, 기능주의적 모형 자체에 더 많이 포함된 내재적 모순과 한계를 강조하게 되었다. 이 모순의 원인은, 모호성과 불확실성의 개념을 사회적 상호작용의 결과로 보는 타당한 방법을 취하는 대신, 그 개념들을 사회적 상호작용의 출발점으로 삼은 이론들을 사용함으로써 개념의 분석이 부적절하게 이루어졌다는 데에서 주로 발생한다. 기능주의적 모형의 한계는 동조편파에서 직접적으로, 독점적으로 유래한다. 이때 동조편파는 개인과 소수가 발휘하는 영향을 고려할 수 없게 하고, 또한 이탈의 비관적인 묘사를 투영한다. 영향의 현상을 권력의 현상과 부당하게 동일시하는 것은 아마도 이와 같은 데에서 유래하는 것 같다. 실제로 권력과 영향은 오로지 '개인에 대한 집단의 동조압력'이라는 맥락에서만 동일한 방향으로, 그리고 동일한 작용을 통해 영향을 미친다.

다른 모순과 한계도 명확하다. '다른', 심지어는 단지 주변적일 뿐인 개인·하위집단에 대해 습관적으로 부정적 묘사를 하는 것과, 독립성에 대해 칭송의 말을 하는 것 사이에는 모순이 있다. 여기서 독립성 그 자체는, 고립이나 이탈의 위험을 무릅쓰고 이에 필요한 비범한 힘과 자질을 발휘하여 '다름'을 추구하거나 옹호하는 것임이 틀림없다. 또한 정확한 반응에 대한 요구와 객관성 규범을 강조하는 데에서 오는 한계도 있다. 독창성과 혁신, 그리고 자신의 선호를 밝히려는 욕구는 관계들의 결정에 똑같은 정도로 관련된 것이 아니겠는가?

제2부
갈등, 혁신, 그리고 사회적 인정
발생학적 관점에서 본 사회적 영향력

제4장 소수와 다수, 사회적 규범

충분한 인내심을 가지고, 우리가 제기한 질문들이 해결될 수 있다는 바람을 가져볼 수도 있다. 그러나 모든 질문은 가능한 답변에 대해 살펴볼 것을 전제로 하듯이, 각각의 답변도 불가피하게 새로운 질문을 불러일으킨다. 그리하여 우리는 사회적 영향 분야에서 신선한 출발을 만들어간다.

내가 여기에서 보여주려는 명제들이 1부에서 말한 명제들만큼 확실한 근거를 가졌거나 정확할 거라고 기대하지는 말기를 바란다. 왜냐하면 내가 여기서 말하려는 것들은 그렇게 하기에는 너무나 최신*의 것이기 때문이다. 나는 다음의 세 가지 질문을 통해서 명제들을 추론해냈다.

- 어떤 이유로, 어떤 방법으로 다수와 소수는 영향을 발휘할 수 있는가?
- 어떤 조건에서 혁신이나 동조가 발생하는가?
- 개인이 지닌 어떠한 속성이 집단이나 사회에 변화를 일으키는 데에 도움을 주는가?

* 이 저서는 1976년 처음 출판되었다.

명제 1. 집단 내 지위와 무관하게 모든 집단 성원은 영향을 받게 되는 잠재적 대상이자, 영향을 만들어낼 수 있는 잠재적 원천이다.

여기서 가장 중요한 점은, 통상적 관점과는 다른 관점을 취해야만 한다는 점이다. 영향이라는 현상을 충분히 이해하려면, 개인이나 하위집단, 소수가 집단의 의견에 미칠 수 있는 영향의 관점에서, 이들을 조명해 볼 필요가 있다. 지금까지는 소수, 개인, 하위집단이 단지 영향의 수신자나 일탈자로만 여겨져왔다. 그러므로 이제 그들 역시 영향과 규범을 만들어낼 수 있는 잠재적 원천으로 다뤄져야 한다. 사회적 삶은 "어떤 세대의 이단이 다음 세대에서는 진부함이 된다"는 속성을 보인다.

우리가 이러한 관점을 취한다면, 동조편파는 바로잡힐 수 있다. 그러나 나는 단순히 그 편파의 교정을 바라는 게 아니다. 오히려, 나는 무엇보다도 다음의 두 가지 상호 연관된 생각을 강조하고 싶다. 첫째, 영향은 두 가지 방향으로, 즉 다수에서 소수로, **그리고** 소수에서 다수로 발휘된다. 달리 말하면 영향은 절대로 일방향의 것이 아니라 상호과정이며, 원천과 대상 모두의 작용·반작용을 다 포함한다. 권위 있는 자리에 있든 아니든, 일탈자이든 아니든, 다수에 속했든 소수에 속했든, 각각의 집단 성원을 영향의 원천이자 수용자라고 생각하면, 우리는 실제 사회적 상호작용에서 사람들에게 일어나는 일들을 더 잘 이해할 수 있게 된다. 이는 모든 경우를 **대칭적** 관계의 관점에서 탐색할 것을 의미한다.

두 번째 생각은 첫 번째 생각을 토대로 한다. 우리는 집단의 각 부분을 영향력의 수용자인 **동시에** 영향력의 방출자로 고려해야만 한다. 좀 더 구체적으로 말하자면, 영향이 발생할 때마다 모든 개인과 하위집단은 지위와 무관하게 다른 사람에게 영향을 받음과 **동시에** 영향을 미친다. 이리하여 다수가 소수에게 규범과 관점을 강요하려 할 때, 동시에 다수도 소수로부터 소수 자신을 이해시키려는 압력, 소수의 규범이나 관점을 수용할 수 있게 하려는 압력을 받게 된다. 반대로 소수가 다수의 견해에 동의한다면, 소수는 다수가 가정하는 동기와 의견을 이해할 수 있어야만 한다. 그래서 다수는, 소수가 가진 기존의 준거틀에 자신들이 가진 동기와 의견들이 가능한 한 들어맞게끔 자신들의 동기나 인식을 조정·수정하는 과정을 필요로 하게 될 것이다. 우리가 정부나 정당이 정책이나 주장을 적용하고 소개하는 과정에서 자신들의 정책을 수정하고 이들 주장의 방향을 조정하는 것을 보게 된다면, 이는 틀림없이 동시에 일군의 다른 사람들이 그 정부나 정당과는 다른 정책과 주장을 제안하거나 강제하려고 시도하고 있기 때문이다. 모두 알다시피 그러한 상황에서의 일상적인 방책이란, 소수에게서 소수의 정체성과 행동수단을 빼앗으려고 소수의 제안 중 일부를 다수의 프로그램 안으로 통합하는 것이다.

간단히 말해, 우리는 영향의 수용과 방출을 분리해낼 수도 없고, 단일한 과정에 있는 이 두 측면을 분리해내서도 안 된다. 사회적 영향의 과정에서는 원인을 다수나 소수 어느 한쪽에서만 찾을 수는 없다.

이제 다음 질문은 사회적 행위자, 특히 소수의 위치에 있는 사회적 행위자가 어떤 이유로, 어떤 방법으로 영향을 발휘할 수 있는가 하는 것이다. 약간의 추측을 통해, 이론적 분석에 관한 기본적 구성요소들을 확립해 볼 수 있는데, 이 기본요소들은 나중에 충분히 정교하게 다듬어질 것이다.

전체로서의 사회나 하나의 집단이 하는 활동들은 늘 규범의 확립과 다수 반응의 공고화라는 결과를 낳는다. 일단 그러한 규범과 반응이 정교하게 만들어지면, 행동, 의견, 욕구충족의 수단, 그리고 실제 가능한 모든 사회적 행위는 네 가지 범주, 즉 허용되는 것과 금지되는 것, 포함되는 것과 배제되는 것으로 나뉘게 된다. 예를 들어, 근친상간에 대한 금기는 여성을 접근 가능한 여성과 그렇지 않은 여성으로 나눈다. 교통규칙은 언제 운전자가 멈추어야만 하는지(빨간 불), 언제 갈 수 있는지(파란 불) 등을 결정한다. 이러한 규범이나 규정은, 가장 심각한 부분에서 가장 사소한 부분에 이르기까지, 긍정적인 영역(옳음, 좋음, 아름다움…… 등)과 부정적인 영역(잘못됨, 나쁨, 흉함…… 등)을 나눈다. 그러므로 모든 행위는 이미 그 이전에 정해진 영역이 어디까지인가에 따라 사회적이기도 하고 일탈적이기도 하다.

그러나 이러한 범주화에 대해서 절대적인 것은 아무것도 없다. 반사회적/일탈적인 행위조차도, 집단의 규율을 존중하거나 적용하려는 사람들의 시야 속에 자리한다. 어쩌면 금지되거나 거부되고 있어서 과장된 매력을 띠게 되었다고 가정하는 것조차도, 여전히 집단의 규율을 지키고 적용하려는 사람들이 가져볼 가능성 중의 하나일 수 있는 것이다. 모든 사람은 근친상간, 교통신호나 제한속도의 위반, 기타 등등에 관해 실제 상황은 어떠한지 알고 있다. 그러므로 대안적 행동/의견과 집단적 획일성 사이에는 여전히 내적 갈등이 남아 있다.

집단과 개인은 규범의 내면화나 사회적 반응에서 정도의 차이가 크다. 이는 깊은 관여, 혹은 단순한 피상적 준수의 문제일 수 있고, 극단적으로는 단지 자동화된 반응에 지나지 않을 수도 있다. 여러 해 전에 이뤄진 몇몇 연구는, 공동체 안에서 공적 행동 · 의견과 사적 행동 · 의견 간에 발생할 수 있는 차이를 입증했다.[1] 이렇게 차이가 나는 것은 다원적 무지*의 상태로 생각될 수 있다. 이 상태에서 개인들은 그들 집단 전체의 규범과 반응이 실제로 변화되었다는 것을 알지 못한다.

내적 갈등이 있다는 것, 또는 규범과 판단을 준수하는 정도 간에 차이가 있다는 것은 변화로의 경향성과 변화할 수 있는 잠재력을 형성한다. **그러므로 억압되거나 거부된 의견/행동을 의미하는 소수는, 사적으로 가졌던 것을**

---

* 다원적 무지pluralistic ignorance : 어떤 사건이나 이슈에 대한 소수의 의견을 다수의 의견으로 잘못 인식하거나, 그 반대로 다수의 의견을 소수의 의견으로 잘못 인식하는 것을 말한다. 사람들이 종종 어떤 관행이나 전통을 따르는 것은 그것을 좋아하거나 옹호할 가치가 있다고 생각해서가 아니라 단지 다른 사람들 대부분이 좋아할 거로 생각해서이다.

공적인 상황에서 확실하게 드러낸다. 소수는 항상 다수에 대해 확실한 영향력을 가지며 다수로 하여금 행동이나 태도를 수정하게 할 수 있다. 그 때문에 다수는 이미 배제되었거나 금지되었던 것들에 대해 더 너그러워지게 된다. 비록 이에 관해서는 그 어떤 연구도 구체적으로 진행된 바 없지만, 사람들 대부분 스스로 내켜서 할 만한 행동을 개인이 공개적으로 받아들인다면, 그 개인은 본보기와 같은 역할을 하며 다른 사람들을 해방하는 것과 같은 효과를 발휘하게 된다는 점 또한 잘 알려졌다. 물론, 매우 엄격하게 내면화된 규범이나 반응에 대해 소수가 사회에 영향력을 미치고자 할 때는 더 거대한 저항과 맞닥뜨린다. 이와 같은 맥락에서 여러 연구는 "개인이나 소수가 표현하는 독창적인 관점이나 극단적인 관점은 거부되기보다는 더 강한 매력을 발산할 가능성이 훨씬 더 크다"는 사실을 밝혀냈다.

합의에 도달해야 하는 필요와, 합의를 이루어내는 관습적 방법 또한 개인, 소수, 비동조자에게 영향력의 중요한 장을 열어준다. 고전적 견해에서는 물리적 현실과 사회적 현실 간의 대비를 강조한다. 여기서 전자는 판단과 의견의 타당화를 위해 단지 감각적/기술적 장치를 끌어들이지만, 후자는 집단적 합의를 필요로 한다는 점을 염두에 두자.

이 대비는 확실한 직관적 호소력을 지니긴 했지만, 그럼에도 다소 주저하게 되는 부분이 있다. 물리적 현상이 관계되어 있는 한에는, 현실의 특정 영역에 다른 영역보다 더 많은 중요성을 부여하는 선택과정이 존재한다. 이리하여 어떤 사람은 색채, 향기 등으로 물질적 세상을 체계화하려는 반면, 다른 사람은 길이, 무게, 속도 등에 초점을 두려 한다. 그래서 그들이 판단을 내리고 사물을 규정할 때, 그들이 특정 사물에 대해 갖는 주의attention는 자신이 선택한 준거틀에 따르는 방식으로 전개될 것이다. 언어와 사회적 학습 각각은, 환경의 구성요소들을 식별하는 데에 사용되는 정교화의 정도에 영향을 미친다. 물론 기술적 장치로 말미암아 개인이 스스로 환경에 대한 결정을 내릴 수 있게 되는 것은 사실이다. 그러나 이러한 장치조차 합의를 보장하지는 못한다. 왜냐하면 그러한 도구를 작동해서 발생한 결과가 조금의 정보라도 가지고 있다면 도구의 작동방식이나 측정장치의 적절성에 대해 모두의 합의를 이루어내야만 하기 때문이다.

이리하여 이 장치를 이용하고 결과에서 결론을 도출해내는 각각의 개인은 주위 사람들이 결론에 대해 보이는 태도를 의식한다. 물리적 현실과 사회적 현실의 차이는 합의 여부에 있지 않다. 어떤 특정 환경에서는 합의가 타당화의 과정에 간접적 역할을 하지만 다른 환경에서는 직접적으로 개입하는 것이 사실이다. 우리가 길이를 재거나 비교할 때 합의는 단지 간접적으로만 개입한다. 왜냐하면 우리가 피트와 미터라는 명쾌한 표준 측정법이 존재한다는 것을 '알고' 있고, 정상적인 시력을 가진 개인이라면 누구나 동일한 선과 동일하지 않은 선을 구분해낼 수 있다는 것도 '알고' 있기 때문이다. 더구나 길이로 비교해야 하는 상황에서 그 선들이 같은지 다른지에 관해 말하는 것은 그 사람 개인과 관련이 되어 있다. 하지만 성격특질의 평가, 처벌의 심각성, 그 나라의 민주주의 수준 등에 관한 질문에서 우리가 검사도구나 통계적 지표를 신뢰하지 않는다면, 평가에서 중요한 역할을 하는 것은 다른 사람들과의 합의다.

합의의 힘은 그것의 개입이 직접적이든 간접적이든, 합의가 요구하는 일치의 정도에 달렸다. 수치로 표현되는 합의의 힘이 아무리 약하다고 해도, 혹은 집단에 대한 성원들의 종속적 관계가 아무리 강하다고 해도, 소수는 항상 이러한 합의를 거부할 수 있으며 이러한 거부가 가진 힘은 상당히 강하다. 다수는 아마도 이러한 사태에서 자신을 보호하려고 많은 힘을 기울일 것이다. 예를 들어 일치에 관한 압력을 다룬 샤흐터Schachter의 실험[2)]에서, 집단 전체는 이탈자로 하여금 집단의 관점을 받아들이도록 하는 데에 시간을 보냈지만, 집단의 **평균적** 의견을 가진 사람이나, 결국에는 집단의 의견과 더 가까운 쪽으로 **바뀌는** 사람에 대해서는 관심을 두지 않았다.

이탈자가 변화하지 못하면 집단이 항상 그 이탈자를 몰아낼 것이라고 말할 수 있다. 그리고 그런 가능성이 소수의 중요성을 상당히 감소시키는 것도 사실이다. **이탈자가 집단을 떠나거나 집단을 분열시킬 가능성, 그 때문에 합의와 일치의 힘이 줄어들 가능성을 고려하지 않았다는 점은 너무나 이상하다.** 그러나 어쨌든 강조점은 늘 동조에 놓여 있었다.

사람들이 집단에 남는 이유, 다시 말해 아무리 고통스러운 환경에서도 집단을 자발적으로 떠나지 않는 이유는 아주 많다. 이 점은 의심의 여지도 없다. 떠나지 못하고 주저하는 이유 중 가장 주목할 만한 것으로는, 무슨 대안이 있을지 잘 알지 못한다는 것과, 아무리 희망이 없더라도 관계나 일을 포기하기보다는 오히려 그것들을 계속 유지하려고 엄청난 힘을 쏟는 것을 더 선호하게 하는 심리적 무력증 등을 들 수 있다. 밀그램의 실험[3]에서 증명했던 '권위에 대한 복종'은 가장 중요한 이유 중 하나다. 그러나 여기에는 다른 측면도 있다. 말하자면, 사람들은 특정 집단이 자신의 요구와 이상을 실현해주고 어떤 중요한 가치와 행동을 강화해주기 때문에, 그 집단에 빠져들고 그 집단을 향해 이동해가는 경향을 보인다. 사람들이 집단에 남아 있으려 하는 안심되는 경향성과, 사람들이 집단을 떠나게 될 위협적 가능성은 나란히 존재한다. 그 균형은 팽팽하다.

그러나 일반적인 환경에서 누군가를 몰아내는 일은 꽤 예외적인 일이며 불가능한 경우도 빈번하다는 점을 기억해야만 한다. 부모가 아이들을 내쫓을 수 있을까? 백인으로 이루어진 다수 집단이 유색인으로 구성된 소수 집단을 몰아낼 수 있을까? 자본가가 노동자를 몰아낼 수 있을까? 음식을 주지 않거나(빅토르 위고의 '어두운 벽장 속의 마른 빵' 시대에서는 어린아이들에게 내리는 평범한 처벌방법이었다) 시민권을 허락하지 않거나, 사회적으로 제명과도 같은 수준의 기아임금을 준다든가 하는 방법 등을 통해 그러한 집단들을 처리할 수는 있을지라도, 이들을 몰아내는 일은 가능하지 않은 게 분명하다. 물론 미국 개척자들이 인디언들을 대량학살하고 히틀러가 철저한 말살로 유대인 '문제'의 '최종적 해결'을 하려 했던 것과 같이, 우리 모두 아는 극단적인 사례도 있기는 하다.

그러나 일반적으로 말해, 일시적으로나 정해진 기간에 집단이 소수를 배척하거나 소수가 집단을 떠나는 일은 매우 예외적인 현상이다. 하지만 미국의 사회심리학자들은 다음의 해법이 가능하다고 생각했는데, 이는 주로 체제에 반대한다고 말하기보다는 체제를 떠나는 게 더 쉬우며 더 수용할 만해 보이는 미국사회의 특수한 경험에 기초한 것이다. 허쉬맨Hirschman의 글을 인용하자.

> 미국적 전통에서 탈출은 대단한 특권적 지위나 마찬가지다. …… 그래서 이처럼, 구질구질하고 비통한 목소리를 내는 것보다는 탈출이라는 깔끔한 방법을 선호하는 일이 "역사적으로 내내 지속되었다." 진보적 개척이민자들은 유럽으로부터의 탈출을 미국에서 재현할 수 있었다. 프레더릭 잭슨 터너는 이를 '과거의 굴레로부터의 탈출구'로 규정지었다. 개척이 끝나고 나서도, 미국이라는 나라가 워낙 엄청나게 넓고 그러면서도 손쉬운 교통수단들과 잘 연결되어 있다는 점으로 말미암아, 대부분의 다른 민족들보다는 미국인들에게, 체념하거나 개선하는 등 자신이 '던져진' 원래의 특정 상황과 싸우기보다는 '물리적 이동'으로 문제를 해결하는 것이 훨씬 더 개연성 있게끔 했다. 토크빌Tocqueville 이후에도 관찰자들의 시선을 끈 미국인들의 흥미로운 동조주의는 다음의 방식으로도 설명될 것이다. 불쾌하기 짝이 없는 환경이 주어질 때, 항상 그 환경에서 자신을 완전히 제거할 수만 있다면, 왜 반대의 목소리를 내고 무엇 때문에 자신을 분쟁으로 몰아넣겠는가.[4]

그러나 대부분 사회에서 한 개인/하위집단의 추방이나 이동은 절대로 일반적 절차일 수 없는 제한적 사례에 해당한다. 소수를 향한 한걸음이 아무리 작은 것이라 하더라도, 다수는 소수를 향해 얼마간이라도 이동해가려고 하는 때가 아주 흔하다. 그렇지 않으면 다수는 가능한 한 소수를 자신과 가까워지게끔 이끌려고 한다. 이민자를 통합하거나 죄수의 갱생을 시도하는 것 등이 그 사례다. 이 모든 것이 우리에게 확신시키는 것은, 소수가 보이는 불일치는 늘 방해효과를 내지만 영향력을 발휘할 수단도 소수에게 제공한다는 사실이다.

또 다른 증거를 고려해보는 것도 유용할 수 있다. 일련의 간접적 주장들에 따르면, "반항적인 개인이나 소수는 매력적이지 않고 낮은 자존감을 가졌으며 이탈자라는 이유로 대개 거부되고 있다"는 등의 인상이 만들어졌다. 그러한 상황에서는 "소수가 아무런 영향력도 가질 수 없고 다수의 지지를 얻을 수도 없을 것이다"라는 결론을 내리는 게 당연했다. 이런 맥락에서 샤흐터의 실험은 이탈자가 인기투표에서 맨 마지막 순위라는 것을 보여주기 때문에, 우리는 그 실험 또한 결정적 증거를 보인 것으로 생각해왔다.

이렇게 인기가 없는 것이 예외적인 일이라거나 전형적인 일이라고 말하는 것은 양쪽 다 부정확한 얘기가 될 것이다. 관건이 되는 질문은, 인기가 없다는 사실이 영향을 발휘하는 능력을 방해하는가 하는 점이다. 비록 여러 사회심리학자는 "그렇다"고 대답했지만, 그들의 관점이 입증된 것은 아니다. 조금만 생각해봐도, 이탈자가 원래 자기 모습 자체로도 상당한 매력을 발휘할 수 있다는 점을 알 수 있다. 그들은 이른바 보통 사람보다 훨씬 더 매력적일 경우가 많다. 이들이 왜 매력적일 수 있는가? 많은 이유가 있지만, 나는 여기서 두 가지 이유만 강조하고자 한다.

표준적인 사람이라는 것과 표준적인 행동이라는 것은 대개는 초자아의 힘이 반영된 모습이며, 삶의 기계적이고 변하지 않는 측면들(말하자면 친숙한 사건, 말, 몸짓 등으로 이루어진, 일상적이고 예측 가능하며 심지어 자동화된 연속)을 환기시킨다. 확실히 대비하자면, 이탈자와 이탈적 행동은 강렬한 충동의 방출을 이끌고 행동의 자발성을 지지하면서, 심지어는 알려져 있지 않고 새로우며 놀랄 만한 일에 접근하게 하면서, 초자아를 거부할 가능성이 있음을 암시한다. 무엇보다도 이탈자의 매력은 금지된 것의 매력과 섞여 있으며, 우리는 그 매력의 힘에 관해 안다.

두 번째 이유는 내가 '사회적 죄'라고 부르는 것이다. 여러 범주의 이탈자와 소수는, 정상성에 대한 사회적 관념에서 배제된 채 다양한 형태의 차별(경제적, 사회적, 인종적 차별 등) 때문에 열등한 위치에 놓인 집단이다. 직접적이거나 위선적인 방법으로, 그들은 사회체계와 정치적/종교적 가치가 모든 사람에게 부여하는 권리를 노골적으로 박탈당했다. 원칙과 실제 간의 그러한 갈등은 내적 갈등을 일으킬 뿐만 아니라 죄의식도 만들어낸다. 기독교인이 노예를 소유하고, 민주주의자들이 교활한 방법으로 흑인 노예의 투표권을 막고, 인류평등주의자가 눈에 띄는 불평등을 자기 주변에 그대로 두고 살아가는 일 등은 모두 모순이다.

많은 사람의 양심이 이론적/종교적 정당화를 이용하여 안도감을 느끼는 것이 사실이다. 그리고 이러한 정당화는 꽤 만족스러운 종류의 것으로, 성직자, 이념가, 또는 사회과학자들이 이러한 기능을 매우 잘 수행해낸다. 그러나 여전히 "이러한 정당화는 적절하지 않으며, 축출된 집단이 가진 삶의 방식이나 관점을 인정해주고 받아들일 때만이 우리가 느끼는 정신적 피로도 감소할 수 있다"는 생각을 아주 강하게 가진 일부 사람들도 있을 것이다. 일부의 젊은이와 나이 든 사람이 자신의 사회적 이권을 포기하고 소박한 생활방식을 택하게 되는 것도 바로 이러한 이유 때문이다. 그래서 이들은 부를 포기하고 육체노동자로 만족하게 될 수도 있고, 심지어는 중세시대의 수사처럼 탁발을 하며 극빈자들과 삶을 함께할 수도 있을 것이다. 또 다른 이들은 원래의 자기 계층과는 사회적 관계를 끊고, 소수와 자신이 융화될 수 있는 지역을 찾으려 할지도 모른다. 물론 사회적 죄라는 것이 이탈자를 향한 이러한 형태의 움직임에 대한 유일한 설명은 아니다. 정의감, 정치적 신념, 철학적 견해 또한 관련될 것이다. 나는 분석을 통해 모든 것을 망라하려는 것이 아니라, 다만 "한 사회의 현실과 이상 사이에 존재하는 모순은, 사회가 외곽으로 내몬 사람들이 매력적인 힘을 발휘할 수 있는 상황을 만들어내게 될 것이다"라는 점을 지적하려는 것일 뿐이다.

게다가 내가 나중에 자세히 기술하게 될 몇몇 실험은 다음의 사실을 입증하기 시작할 것이다. "사람들이 비록 소수로 존재하는 어느 개인을 좋아하지 않을 수는 있지만 그 개인이 지닌 용기, 진실함, 남다름 등의 이유로 그에게 찬탄을 보낼 수 있다. 그리고 이런 사실은, 소수가 다수에게 영향력을 행사하려고 할 때 모든 주도권이 오히려 소수에게 주어지게 할 수도 있다." 제2차 세계대전에 나타났던 저항운동의 역사는 이탈이 지닌 이러한 측면을 보여주는 인상적인 예다. 또 다른 예로는, 잘 알려진 대로 일부 유형의 대담한 범죄자나 범법자에 대해 동정하고 찬탄하는 현상을 들 수 있다. 이는 때로 그들의 행위에 대한 불행한 모방마저 낳는다. 더구나 모든 집단이 성공에 동일한 비중을 두는 것은 아니다. 가령, 혜택을 받지 못한 사람, 낙오자, 패배자는 힘 있고 운 좋은 사람과 대면할 때 강렬한 감정과 연민을 불러일으킬 수도 있다. **"승리는 신들의 것이고 패배는 카토의 것이다."***

이탈자가 되는 것이 잘못은 아니다. 다만 혼자 남는 것이 슬플 뿐이다. 이 모든 요소(내적 갈등, 만장일치에 대한 갈망, 이탈자가 매력적일 수도 있고 긍정적으로 지각될 수도 있다는 사실)는 이탈자와 소수도 영향력을 발휘할 충분한 기회를 다수만큼은 가졌다는 것을 보여준다. 이러한 관점에서 볼 때 적어도

* 로마시대의 정치가인 카토Marcus Porcius Cato가 카이사르에게 패한 뒤 남긴 말.

관계의 두 극은 상호의존적이다.

그러나 영향의 발생원은 누구고 영향의 대상은 누구며, 어떠한 조건에서 영향이 발생하는가? 무엇이 소수/다수를 구성하는지에 관한 서술은, 다시 말해 무엇이 이탈이고 무엇이 이탈이 아닌지에 관한 질문은 나중에 다루어져야 한다. 나는 완전히 새로운 요소들을 다루고자 하는 것이 아니라, 불행히도 그 함의가 간과되었던 기존의 요소들을 보완하고자 한다. 독자의 편의를 위해, 그러나 너무 현학적으로 보이지 않기를 바라는 마음에서, 일단은 집단이나 개인 등을 크게 **규범적nomic**인 것과 **아노미적anomic**인 것으로 나눌 것을 제안하고 싶다. 나는 이를 구분하는 데에 공통적 코드, 인지된 규범, 우세반응dominant response이나 확인된 합의를 가졌는가 하는 기준을 이용할 것이다. 이러한 구분의 견지에서 다양성이나 이탈의 의미를 검토해보자.

이는 한편으로는 규범이나 우세반응을 받아들이거나 인정하는 데에 필요한 심리적/사회적 수단이 개인이나 집단에 없다는 것을 의미하며, 다른 한편으로는 개인이나 집단의 신념 · 요구 · 현실에 들어맞는 대안인 역규범counter-norm이나 역반응counter-response이 있기 때문에 규범이나 우세반응을 거부하는 것을 의미한다. 쉽게 알 수 있듯이, 그 패션이 이해되지 않는다거나 새로운 옷을 사 입을 여유가 없다는 이유로 새로운 유행을 따르지 않는 것은, 다른 유행이나 특이한 옷을 더 선호한다거나 하는 것과는 의미가 다르다. 이와 비슷하게 사회적 이슈의 영역에서는, 단지 개인적 욕망과 호기심을 채우려고 누군가가 자유연애, 동성애, 집단섹스, 약물 등에 탐닉한다면, 이는 그러한 것들이 그 세대의 상징이라는 이유로, 또는 성적 자유라는 이론적 개념을 지지한다는 이유로 그 행동들을 받아들이는 것과는 차이가 있다. 앞의 일탈이나 이탈은 위반행위며 아마도 아노미적인 것으로 보일 것이지만, 뒤의 경우는 규범에 대한 의식적 반대와 대안의 주장 때문에 생기며 이는 규범적인 것으로 고려될 것이다.

그리하여 소속집단이 그들만의 규범 · 반응을 갖추지 못한 까닭에 더욱더 큰 사회적 체계의 규범 · 반응과 관련해 정의되는 개인/하위집단인 **아노미적 소수**와, 더 큰 사회적 체계에 대해 분명한 대비 · 반대의 태도를 보이는 **규범적 소수**를 구분할 필요도 있다.

다수는 다음의 방법으로 범주화될 수 있다. 강하게 내면화된 공통의 규칙이나 코드로 특징지어지는 다수, 곧 규범적이라고 할 수 있는 다수가 있다. 예컨대 특정 교회, 정당, 사회운동 등이다. 또한 이해관계의 갈등 사이에서 불안정한 타협을 한 결과로 규칙과 코드를 가지게 된 다수도 있다. 예를 들어, 그 유명한 '침묵하는 다수', 익명의 외로운 군중, 장 폴 사르트르가 말한 '원자화된 개인들의 집합체'라는 말은 모두 아노미적 다수의 특성을 가장 잘 기술하고 있다.

이러한 분류에 근거해 나는 또 다른 잠정적 제안을 하고자 한다. 기능주의적 모형에서 영향력 원천과 영향력 수용자의 역할은 의존이라는 기준에 따라 결정된다. 전자는 권위를 손에 쥐고 있는 집단이고, 후자는 권위에 복종하는 집단이다. 나중에 내가 말하려는 이론에서, 영향 역할의 귀인에 대한 기준은 반응/역반응, 규범/역규범의 소유 여부다. 용어의 단순화를 위해 우리는 다수와 소수, 규범과 반응이라는 용어를 사용할 것이다. 그러한 규범과 반응의 소유 여부는 사회적 관계에서 개인을 능동적이거나 수동적이게 한다. 사실 사회심리학자들은 이미 이러한 기준을 암묵적으로 사용해왔다. 사회심리학자들은 대개 실험에서, 잘 정의되고 구조화된 규범이나 의견을 가진 다수나 지도자와, 단지 그 규범에서 이탈했을 뿐이고 자기 확신이나 자신만의 해결방법을 갖추지 못한 소수나 개인을 비교해왔다.

모든 이탈자가 다 비슷한 것은 아니며 그들이 모두 동일한 방식으로 반응하지는 않는다는 사실이 이따금 인정되어왔다. 달리 말해 이탈자들은 때로는 적극적으로 저항하기도 한다. 이러한 점은 이탈자가, 원래의 집단과는 다른 기준이나 가치를 보유한 외부 집단과 제휴했을 가능성으로 설명되었다. 어떤 저자들은 이런 생각을 극단까지 몰고 가서, 내적 일관성이나 자율성의 가능성은 무시한 채, 이러한 외부적 연계에만 근거해 이탈자를 묘사한다. "이탈이라는 사례에는 다른 집단이 그 개인들에 대한 강화를 제공하고 있을 가능성이 존재한다. 그리하여 이탈이라는 것은 부분적으로는 동조, 곧 다른 집단의 보편적 규범에 대한 동조의 문제가 되어버린다."[5)]

이는 너무도 단순한 말이며, 대단히 과학적으로 들리는 말이다. 실제로 너무나 과학적으로 들리기 때문에 이미 익숙한 명제에 숨어 있는 음모를 깨닫기는 어렵다. 무슨 이유로 당신의 아이는 좌파가 되었는가? 스스로에 대해 생각해 보았거나 진지한 정치적 선택을 했기 때문이 아니라 장발의 강사나 친구에게 영향을 받았기 때문이다. 국민은 왜 제왕적 권력에 대해 반란을 일으키는가? 프레더릭 더글러스가 말했듯이 "폭군의 끝은 그들이 억압하는 국민의 인내력이 규정한다"는 것 때문이 아니라, 어떤 다른 제왕적 권력이 그들을 자극하기 때문이다. 더 일반적으로 말해, 우리는 어떤 특정한 사회적 운동이나 개인적 위반행위의 이면에 있는 '보이지 않는 손'을 보게 된다. 그 보이지 않는 손은 신이나 경제의 손이 아니라, 사회적 운동이나 개인적 위반행위를 통제하는 강력하고 은밀한 집단의 손이다.

그러나 동조편파를 가정하면, 사회심리학자들은 이탈에 관해 '외부집단에 대한 의존'이라는 기준 외에는 아무것도 가지고 있지 않다. 내적인 취약함은 별도로 하더라도 말이다. 과연 코페르니쿠스나 프로이트, 또는 과학 · 예술 · 사회에 혁신을 일으킨 다른 사람들이 어느 집단에 의존했는지 의아해하는 것도 무리는 아니다.

내가 강조하려는 것은, 이론적 · 실험적 연구가 주로 **규범적**인 다수와 **아노미적 소수**에 주로 초점을 두었다는 것이다. 아노미적 소수와 다르게 행동하는 규범적 소수의 존재는 단지 추가적으로만 고려되었다. 더구나 기존의 기능주의적 모형이 가진 비대칭적 관계의 틀 안에서는, 규범적 소수란 단지 덜 순종하는 영향력 수용자일 뿐이며 잠재적인 영향력 원천으로는 간주하지 않는다.

이러한 불균형은 수정되어야만 한다. 그러려면 이전에 일방향성과 비대칭성이 있던 자리에 단지 상호성과 대칭성을 소개하는 것 이상이 필요해질 것이다. 이는 방치되었던 사례들을 연구하는 것을 의미할 것이다. 그 사례들은 어떤 것을 말하는가? 내가 앞서 제시한 구분을 이용하여, 이미 연구되어온 사례들을 '+'로 표시하고 간과되어온 사례들은 '−'로 표시하는 방식으로 행렬이 만들어진다면, 그 균형은 쉽게 이해된다.

	다수	
	규범적	아노미적
규범적 소수	−	−
아노미적 소수	+	−

표1

이 표는 규범적 다수가 아노미적 소수에 대해, 그리고 저항을 전제로 한 규범적 소수에 대해 끼치는 영향이 문헌 속에서 분석되어왔음을 보여준다. 다른 조합들은 간과되었다. 그렇긴 하지만 아노미적 다수와 맞서는 적극적 집단/소수가 영향력 원천으로서 행동할 것이라는 사실은 거의 확실하다. 다른 사례에서도 비슷한 주장이 적용되는 듯하다.

처음에 내가 말했듯, 이러한 구분은 확립된 사실에 기초해 있다. 독자의 기억을 돌이키자면, 목적은 영향력과 관련해서 행해지는 상이한 역할들을 결정한다. 다시 말해, 지위와는 무관하게 사회적 행위자의 능동성/수동성을 결정적 요인으로서 소개하는 것이 목적이다. 그리하여 명확하고 일관된 정체성, 의견이나 행동의 존재 여부에 따라 결정되는 능동성이나 수동성은 결정적인 요소로서의 의존성을 대신하게 될 것이다.

여기서 내 목표는 실제로 소수에게 일어난 일이 무엇인가 하는 것을 이해하고 그 특징을 좀 더 구체적으로 기술하는 것이다. 첫 번째 분명한 특징은, 소수가 수동적(아노미적)으로 보일 수도 있고 능동적(규범적)으로 보일 수도 있다는 것이다. 그러나 우리가 일반적 경향에 따라 소수나 이탈자를 의견 · 규범 · 판단을 갖춘 존재로 여긴다면, 그들이 다수와의 **차이**를 통해 영향력을 발휘하거나 변화를 가져오는 능력에 대해서도 평가해야 한다. 이는 "사회적 공간은 항상 벡터의 공간"이라는 중요한 원리들을 소홀히 다루고 있다는 의미다. 의견, 규범, 특히 태도는 필연적으로 개인이나 집단의 의향, 곧 '찬성'이나 '반대' 중 하나를 대표한다. 그러므로 이탈자나 소수가 옹호하는 해답의 **방향**을 설명하는 것이 바람직하다.

이를테면, 국가적 문제에 관해 우리는 극단적인 정치적 견해를 신봉하는 개인이나 정당과 부닥칠 기회가 있을 것이다. 척도의 한쪽 끝에는 반동주의자, 인종주의자, 보수주의자 등이 있고, 다른 한쪽 끝에는 급진주의자와 무정부주의자 등이 있다. 소수의 일부는 **정통적**(친親규범적)이지만 다른 소수들은 **이단적**(역逆규범적)이다. 전자는 다수의 규범을 능가하지만, 후자는 다수의 규범에 소수의 규범으로 대항한다. 이는 여기서 우리에게 관건이 되는 과정들을 분석하는 데에서 두 번째 현저한 특징이다. 일반적으로 받아들여지는 명제에 따르면, 정통적 소수만이 집단에 영향력을 발휘할 기회를 얻게 될 것이다. 그들은 이미 사회적으로 받아들여진 규범을 옹호하기 때문이다.

우리가 그러한 명제를 포기한다면, 이단적 소수의 대변인들이 집단에 뭔가 새로운 것들(정보, 주장, 스타일 등)을 내놓고 있다는 것이 금세 분명해진다. 가령, 그들은 상이한 견해를 제시하고, 그리하여 집단에 변화를 일으킬지도 모를 갈등을 만들어낸다. 아직은 이러한 추론을 지지할 만한 증거가 많지는 않지만, 일부 실마리는 이미 존재한다.

우선 이단적 소수는 다수와의 견해차가 작으면 작을수록 집단에 영향을 발휘할 기회가 더 많은 것처럼 보인다. 이는 논리적이고 상식적이다. 그래서 네메스Nemeth와 엔디콧Endicott의 최근 실험[6]은 우리로 하여금 이러한 것이 정말 옳다고 생각하게 해준다. 비록 이 실험이 소수와 다수를 직접적으로 비교하지는 않을지라도, 여기서 우리의 관심을 끄는 생각들을 명료하게 설명한다. 왜냐하면 이 실험은 영향과정 속에 존재하는 연계성들, 다시 말해 의견이나 판단의 차이와 방향성 간에 존재하는 연계성을 보여주기 때문이다.

문제는 다음과 같다. 이론들 대부분은 견해 간 차이의 정도와 태도변화의 정도 사이에 관계를 확립하려고 노력해왔다. 좀 더 정확하게 말하면, 그 이론들은 비선형적 관계를 예언하고 있다. 따라서 이러한 관계는, 특정 지점까지는 견해 간의 거리가 증가함에 따라 변화도 증가하지만, 그 지점을 지나고 나서는 변화의 정도가 극단적으로 감소하는 것을 나타낸다. 그러나 우리의 문제는 그 이론이나 예언과는 관련이 없다. 왜냐하면 그것들이 우리의 자발적 직관들 대부분과 완벽하게 양립할 수 있기 때문이다. 문제는, 지난 20년 동안 이 이론에 힘입어 진행된 여러 가지 실험에서 얻어진 혼합적 결과들에 있다. 대체로 그 결과들은 실험방법과 관련된 여러 불일치, 곧 한편으로는 초기 견해와 차이 사이에서 발생하는 혼란, 다른 한편으로는 이슈들과 차이의 측면에서 발생하는 혼란 등에서 기인하는 것처럼 보인다.

내가 서술하려는 실험의 저자들은 이 상황을 명확히 하고자, 모든 사회적 판단에는 모든 판단을 두 가지의 기본적인 방향('자기편'과 '반대편')으로 나누어주는 심리-사회적 중간지점이 있다고 가정했다. 더구나 쟁점이 되는 문제에 관한 메시지나 그 반응을 평가할 때, 개인이 자신만의 견해를 가지더라도 이러한 규범적 중간지점이 앵커(곧, 정박지점)로 기능한다. 저자들은 이러한 가설을 통해, 앵커와의 거리가 일정할 때조차 대체로 피험자들은 '자기편'에 있는 견해에 더 많이 동화되려는 경향과, '반대편'에 있는 견해에 반대하려는 경향을 보일 것으로 예언했다. 그러나 이러한 일반적인 경향은 앵커와의 거리가 멀 때 더욱 효과적이어야만 한다. '반대편'보다는 '자기편'을 선호하는 이러한 동기는, 메시지를 보내는 사람이 앵커(곧, 실제 중간지점 또는 피험자가 주관적으로 생각하는 중간지점)에서 아주 멀리 떨어져 있는 견해를 취할 때 특히 타당하다. 앵커와의 차이가 작다면, 피험자들은 송신자의 메시지가 '자기편'에 있든 '반대편'에 있든 개의치 않고 태도의 변화로 반응할 것이다. 그러나 앵커와의 차이가 크다고 할 때는, 피험자와 '같은 쪽'이면서 앵커와 차이가 많이 나는 극단적 메시지를 메시지 송신자가 취한다면, 그 방향으로 태도를 변화하는 반응을 보일 가능성이 더 커야 한다. 반면, 극단적으로 상이한 견해가 '반대편'에 있는 것이라면(곧, 중간지점을 넘어서는 것이라면), 그 어떤 태도변화도 보여서는 안 된다. 이리하여 당신이 과학이나 정치에서 다소 보수적인 사람이라면, 당신은 중도적 보수주의자만큼이나 중도적 급진주의자한테도 동일한 정도의 영향을 받을 가능성이 있다. 그러나 극단적인 예로, 당신은 극단적인 보수주의자한테만 영향을 받을 것이고 극단적인 급진주의자한테는 절대로 영향을 받지 않을 것이다. 이는 항상 정통적 견해를 고수하려는 기본적 경향성을 전제로 한다. 나는 이러한 점, 혹은 그 함의에 대해 동의하지 않으며, 왜 그런지 그 이유를 나중에 설명할 것이다. 이렇게 유보해 두고, 예언이 확증되는 경우와 예언이 확증되는 방법에 대해 알아보자. 도덕적 판단과 관련된 아홉 개의 상황에서 자료를 사전에 검사한다. 각각의 상황에서, 어떤 대상에 손해가 발생하고(예컨대, 공 하나가 어떤 집의 정면에 있는 창문을 깨뜨린다), 그에 대한 보상금액을 구체화한다. 이 보상금액은 그 척도의 심리적 중간지점에 있는 것으로 간주하며, '보상금액 이상'이나 '보상금액 이하' 등처럼 다른 값과 비교될 수 있다. 이 연구에서 돈이 사용된 이유는, 돈이 사물의 척도인 사회에 사는 개인에게 돈은 편리한 내적 척도이기 때문이다.

실험은 다음과 같이 진행되었다. 피험자가 도착하면, 실험자가 동료 학생

중 하나를 대상으로 했던 면담의 녹음을 듣게 된다고 피험자에게 알려주었다. 또한 녹음 내용은 그들이 3주 전에 읽었던 사례 중 하나에 관한 토론이라고 알려주었다. 그리고 피험자가 자신이 들은 내용을 어떻게 이해하는지, 면담의 대상이 된 학생에 대해 어떻게 반응하는지를 실험자가 알고 싶어하니, 주의 깊게 들어야 한다고 알려주었다. 14세 소년 실험협조자의 면담이 녹음되었다. 실험 내내 비언어적 단서와 언어적 단서를 통제하고자 단지 '학생'의 견지에서 더빙함으로써, 모든 실험조건에 동일한 녹음이 사용되었다. 한편, 통제조건은 피험자들이 녹음된 면담을 듣지 않는 방식으로 운영되었다. 지시를 듣고 나서, 피험자들은 자신이 참여하는 조건에 맞는 녹음을 들었다. 녹음의 마지막 부분에서 피험자들은 질문지를 완성하라고 요구받았다. 피험자들은 그 문제에 대한 자신만의 의견을 질문지에 답했는데, 이 판단들(0달러에서 40달러)은 받아들일 수 있는 견해, 받아들일 수 없는 견해, 또는 말도 되지 않는 견해 등으로 평가되었다. 그리고 피험자들은 면담의 대상이 된 학생에 대한 자신의 반응을 질문지에 나타내야 했다. 그런데 결과를 제시하기 전에, 실험정보 중 한 항목이 덧붙여져야 한다. 이 특별한 연구에서, 처음에는 피험자들이 20달러짜리 창문이 깨진 사람에게 그 보상으로 16달러나 18달러를 주어야 한다고 생각했다. 이들이 보상으로 사용할 수 있는 금액의 규모는 0달러에서 40달러까지였다. 여기에서 중간지점은 정확한 대체금액을 대표하는 20달러다.

우리는 무엇을 관찰하게 되는가? 앵커와의 차이가 작든($t=2.85$, $p<0.05$) 크든($t=2.14$, $p<0.05$), '자기편' 견해의 면담을 들은 피험자와, 차이가 작은($t=2.85$, $p<0.05$) '반대편' 견해의 면담을 들은 피험자가 보이는 태도의 변화는 통계적으로 의미가 있었다. 의미 있는 변화는 아니었지만, 앵커와 큰 차이($t=1.44$, N.S.)가 있는 '반대편' 면담에 대해서도 약간의 변화가 기록되었다. 이리하여 예언과 일치하게도, 앵커와 작은 차이(이 경우는 6달러)가 있

는 견해를 보이는 누군가와 만나면 피험자들은 자신의 판단을 변화시켰다. 작은 차이가 어느 편에 있는 것이든, 피험자들은 피면담자의 견해 쪽으로 자신들의 판단을 변화시키는 반응을 보였다. 반대로 앵커와의 차이가 클 때 피험자들은, 피면담자가 '자기편'에 있다면 판단과 수용에서 변화를 보여주었으나, 피면담자가 '반대편'이라면 판단이나 수용에서 그 어떤 변화도 보여주지 않았다.

간단히 말해 처음에 우리가 한 추론이 확증됨을 알 수 있다. 이단적 소수는 다수와의 차이가 어느 정도의 역치threshold 수준을 넘지 않을 때 더욱 영향력이 있다. 이들 소수가 극단적이게 되면, 이들이 다수에게 영향을 미칠 가능성은 감소한다. 그러나 그렇다고 해서, 어떤 사람이 극단적 소수의 판단을 따를 때 극단적 소수가 '자기편'에 있다는 단지 그 이유만으로 그 사람이 조금이라도 더 행복하리라고 생각해서는 안 된다. 네메스와 엔디콧은 다음의 사실을 인지했다. "문제와 동일한 방향에 있을 때 커다란 차이가 상대적으로 효율적인 이유는, 그것이 받아들여질 만한 견해, 옳으며 합리적인 것으로 보이기 때문이 아니다. 차이에 대한 주효과主效果는 이 항목들에서 일관성 있게 발견되었다. 그 이슈가 어느 쪽에 있는가와 관계없이, 차이가 작으면 차이가 클 때보다 더 옳고 합리적이며 공정한 것처럼 보였다. 하지만 동일한 방향에 있는 커다란 차이는 피험자들에게 불확실한 느낌을 만들어냈다. 피험자들은 자신의 견해가 공정하다거나 사람들이 자신과 같은 의견이라는 사실을 덜 확신했다."[7] 패쉴레Paicheler는 자신의 실험결과에서 유사한 반응을 관찰했다.[8] 정통적 소수는 그 이외의 다른 해결책이 없어서 선호되지만 사람들이 그 덕분에 조금이라도 더 행복하지는 않다. 그러나 사람들이 모든 상황에서 이러한 견해를 받아들이는가? 정치적으로 우파에 있는 사람은 항상 사회주의자보다 파시스트를 선호할 것인가? '법과 질서'를 상징하는, 실제로는 독재자인 사람을 민중의 대표자 집단보다 더 선호할 것인가? 보수적인 민주주의자들은 국내의 덜 보수적인 정부를 지지하기보다는 국외의 독재 정권을 더 기꺼이 지지한다. 우리는, 무해하고 중립적인 심리학적 용어로 진술되는 이러한 규칙들의 예외를 많이 안다. 이러한 예외가 존재하지 않는다면, 그 누구도 자신이 속한 사회의 경계선 한쪽 끝에서 반대편의 다른 끝으로 건너갈 수 없을 것이다.

적어도 조그마한 불일치가 문제시될 때, 우리는 이단적 소수가 영향력을 발휘할 수 있다는 사실을 더는 의심하지 않는다. 우리가 방금 서술한 실험은 단지 간접적인 경우에만 이 점을 확증해준다. 그러나 우리의 추론이 지나칠 만큼 신중했다는 것은 처음부터 명백했다. 우리는 지금 더 나아가 "다수의 일부 선호도에 부합한다면 이단적 소수라는 사실이 실제로 유리한 상황이 있다"고 말할 수 있다.

네메스와 와틀러Wachtler의 또 다른 실험[9]은 이러한 예감을 확증하게 해준다. 저자들은 피험자들에게 열아홉 쌍의 그림이 있는 슬라이드를 보여주었다. 각 쌍 중 하나는 무작위로 '이탈리아인'이라 표시되었고, 다른 경우는 '독일인'이라고 표시되었다. 피험자들은 단지 자신의 선호도를 표시하라고 요청받았다. 그러나 여느 때처럼 피험자들은 혼자 있지 않았다. 그들은 한 사람의 실험협조자를 포함해 다섯 명의 집단에 속해 있었다. 실험협조자는 '이탈리아인'이나 '독일인' 그림 중 하나에 대한 선호도를 지속적으로 보여주었다. 첫 번째 조건에서 실험협조자는 이탈리아 혈통인 것으로 묘사되었고('Angelo Milano'), 두 번째 조건에서는 독일 혈통('Fritz Mueller')인 것으로 소개되었으며, 세 번째 조건에서는 실험협조자의 혈통에 관해 그 어떤 언급도 주어지지 않았다('Bob Jones'). 한 통제조건은 실험협조자 없이 진짜 피험자들을 대상으로 진행되었다. 이 통제집단은 선호도에서 중립적이지 않아서 이탈리아인으로 표시된 그림을 선호했다. 이는 다수의 규범이 친親이탈리아적임을 나타낸다.

실험협조자로 대표되는 그 소수는 어떤 영향력을 발휘했는가? 그 실험협조자가 독일인으로 표현될 때, 실험집단의 피험자들은 통제집단의 피험자들에 비해 좀 더 친독일적(혹은 덜 친이탈리아적)이게 되는 경향이 있었다. 그러나 실험협조자가 이탈리아인으로 표현될 때, 피험자들은 같은 정도로 덜 친이탈리아적이게 되었다. 저자들은 "그러므로 우리의 상황은, 다수의 피험자가 양 방향에 대하여 동등한 선호도를 가졌고 이들이 독일인이나 이탈리아인에 대한 선호도 중 하나를 가진 한 명의 개인과 마주하게 되는 상황이라기보다는, 다수의 견해가 이미 친이탈리아적인 상황이다. 그런 의미에서, 이탈리아인 역할의 실험협조자는 사실 다수의 견해를 극단적일 정도로까지 과다하게 주장하는 것이다."[10] 한편으로는, 독일인 역할은 역규범적이거나 진정한 소수적 규범이므로 다른 대안에 해당하고, 이는 집단이 자신의 가치와 판단을 재평가하도록 돕거나 강요한다. 이 세련된 실험의 저자들은 이를 다음과 같이 설명하고 있다.

> 우리가 출발점으로서, 독일인 역할이 고전적 의미에서 소수의 것이고 이탈리아인 역할은 다수 관점의 극단이라는 사실을 받아들인다면, 우리는 흥미로운 결론에 도달하게 된다. 다수의 견해와는 다른 소수의 견해를 일관적으로 취하는 한 명의 실험협조자는 다수로 하여금 소수의 방향으로 자기 판단을 변화시키게 하는 데에 효과가 있다. 그러나 그 소수가 다수의 견해를 지나치게 지지하거나, 다수 자신이 하는 것 이상으로 더 극단적인 견해를 보인다면, 피험자들을 자기 쪽으로 움직이게끔 영향을 미치기보다는 오히려 자기 견해와는 먼 쪽의 극단으로 쫓아버리게 되는 효과가 있다. 소수가 여전히 변화에 영향을 미치고는 있지만 반대 방향으로 영향을 미친다. 반대 견해를 취하는 이탈자의 모습은 피험자들로 하여금 그들이 이제까지 고려하지 않았던 현실의 여러 양상을 고려하게끔 하기 때문에, 그 상황에서 뭔가 새로운 것을 불러일으킬 수 있

다. 이탈자의 행동에는 용기라는 요소가 있다. 그러나 다수의 견해를 지나치게 지지하는 이탈자는 전혀 새롭지가 않으며 그의 경직성은 자기 견해와는 상반되는 쪽의 극단으로 사람들을 몰고 갈 것이다. 현재의 자료에 대해 또 다른 설명은, 실험조건에 있는 모든 피험자가 좀 더 '공정'한 쪽으로 움직이고 있을 가능성, 곧 독일과 이탈리아 사이에서 좀 더 동등한 선호도를 보일 가능성에 비중을 두고 있다. 실험협조자가 주어진 견해를 지속적으로 주장했을 때, 국적과 편견에 대한 개념이 더 두드러진 요소가 되고 피험자들은 자신의 원래 견해를 재평가하게 되었을 것이다. 그러한 재평가의 결과는 공정성 규범에 바탕을 둔 반응일 것이다. 그리하여 통제집단에서 피험자들이 압도적으로 친이탈리아적이었다고 할지라도, 그들은 지속적으로 국적에 근거해 선택하는 실험협조자를 통해 국적에 관한 자신의 편견을 깨닫게 될 것이다. 그다음에 그들은 두 국적의 사이에서 자신의 선호도를 동등하게 하여 그 편견을 부인하거나 감소시키려 할 것이다.[11]

비너Biener의 또 다른 연구[12]도 이에 필적할 만큼 놀라운 결과를 보여준다. 이 연구에서 영향의 목표는 색깔에 대한 피험자의 지각이다. 이 실험의 과제는 다음과 같다. 피험자들은 파랑에서 초록으로 이르는 스펙트럼 안에서 일련의 색깔 칩 23개를 판단하게 되는데, 한쪽 끝에는 '진한 파랑'으로, 다른 한쪽 끝에는 '진한 초록'으로 표시된 척도 위에 각 칩의 위치를 할당하는 방법을 이용했다. 23개 칩 중에서 15개는 그 스펙트럼에서 객관적으로 좀 더 파랑 쪽에 있는 '임계' 색이다. 영향의 목표는, 파랑과 초록을 비교해야 할 때 피험자가 '임계' 색이 초록이라고 믿게끔 하는 것이다. 주요 변인의 조작을 촉진하고자 다음의 변명이 제시되었다. 실험자는 피험자들에게 자신의 관심이, 혼자서 판단하는 상황과 집단으로 판단하는 상황 중에서 피험자들이 어느 쪽을 더 선호하는지 알아보는 데에 있다고 말해주었다. 또한 몇 번의 시행에서는, 피험자가 색깔 칩에 대해 자신만의 판단을 밝히기 전에, 예전에 그 실험에 참여했던 사람 중 한두 명이 내린 이분법적(파랑 또는 초록) 판단을 접하게 될 것이라고 알려주었다. 실험자는 결정시행 중 6번, 또는 12번의 시행에서 피험자에게, 과거의 한 참가자가 실제로는 파랗게 보이는 그 칩을 초록이라고 불렀다는 사실을 알려주었다. 그런 식으로 실험자는 모순된 정보에 대한 노출 빈도를 조작했다. 실험의 저자는 "한편으로는 모순된Discrepant 정보에 피험자가 덜 노출될수록, 그리고 다음으로는 질문의 대상이 되는 색깔 칩을 보기 전에 미리 지지적Supportive 정보를 줌으로써 피험자의 판단이 더 많이 강화될수록, 모순된 정보에 대한 저항이 증가할 것이다"라는 가설을 세웠다. 저항의 정도는, 지각을 강화하는 정보를 피험자에게 제시하는 시행 횟수를 달리하는 방법으로 조작했다. 다시 말해, 파랗게 보이는 칩을 파랑이라고 부른 두 번째 과거 참여자의 반응을, 열다섯 번의 결정시행 중 0번, 6번, 12번의 시행에서 제시했다. 지지적 정보와 모순된 정보의 제시 순서는 상쇄되어, 피험자의 절반은 첫 번째 과거 참가자로부터 지지적인 정보를, 두 번째 과거 참가자로부터는 모순된 정보를 얻었고(Supportive—Discrepant조건), 피험자 중 다른 절반은 반대 순서로 정보를 받았다(D—S조건).

사실 이 실험에는 두 개의 단계가 있었다. 첫 번째 단계에서는 피험자들이 (1) 색깔 칩을 보았고, (2) 그 칩에 대한 첫 번째 과거 참가자의 판단에 관한 메시지(또는 첫 번째 과거 참가자의 판단 내용을 알려주지 않을 것이라는 메시지)를 들었고, (3) 그 칩에 대한 두 번째 과거 참가자의 판단에 관한 메시지(또는 '반응 없음'이라는 메시지)를 들었으며, (4) 그 칩에 대한 피험자 고유의 판단을 내리게 될 척도를 제시받았다. 실험의 두 번째 단계에서는, 열두 개의 색깔 칩에 대해 이분법적 판단(초록 또는 파랑)을 하라고 요구받았다. 이 두 번째 과제 이후 피험자들은 질문지에 응답하며 과거의 실험참가자 두 명에 대한 태도를 표현했다.

모순된 정보의 효과는 (1) 임계 색을 더욱더 초록으로 판단하려는 경향성, (2) 모호한 색들을 초록이라고 기록하는 것에 대한 역치의 이동을 통해 측정되었다.

누구나 상상할 수 있듯이, 이른바 정보적인 사회적 영향으로 불리는 것에 관한 현재의 생각과 같은 맥락에서, 피험자들이 더 많은 지지를 받을수록 모순된 정보의 영향이 덜 미치게 될 것으로 예측되었다. 그 결과는 상당히 놀라웠다. 결과는 다른 기제, 다시 말해 발생하리라고 일반적으로 생각되는 것과는 반대되는 기제가 작용하고 있었음을 보여주었다. 사회적 지지의 존재가 모순된 정보의 효과에 저항하도록 개인을 강화시켜줄 것이라고 예언되었지만, 어떤 상황에서는 오히려 저항을 감소시키는 것으로 자료에서 드러났다. 한 개인의 확신을 증가시키고 판단을 강화시키는 것이, 반드시 그가 영향력에 좌우되지 않게 하지는 않는다는 점이 간과되었음을 지적해야만 한다. 하지만 비너가 제시한 흥미로운 결과와 해설을 더 구체적으로 살펴보자. 비너가 관찰한 단 한 가지 믿을 만한 효과는 정보의 제시 순서에 기인했다. 12개의 지지적인 과거 참가자 반응을 본 피험자 중에서 S—D조건에 있던 피험자들은 모순된 정보의 영향을 D—S조건에 있던 피험자들보다 더 많이 받았다. 하지만 일단 명백한 것은, 피험자들이 '초록'이라는 모순된 메시지를 받기 **이전에** 그 색이 '파랑'이라고 확언하는 강화적 메시지를 받는다면, 그 직**후에** 본 임계 색의 칩에서 '초록'을 더 많이 지각하고 싶어할 것이라는 사실이다(p는 0.05 수준 미만에서 유의미하다). 또한 S—D조건의 피험자들도 실험의 두 번째 단계에 있는 식별 과제에서, 모호한 색들을 초록이라고 부르며(표2) 더 큰 확신을 보여주었다.

실험 후의 질문지에 대한 반응은 한층 더 설득력이 있다. '파랑'을 보는 것으로 가정한 과거 참가자 다음에, '초록'을 보는 것으로 가정한 과거 참가자가

모순된 정보를 포함하는 시행의 수	제시 순서	
	S—D	D—S
6	165.7	61.2
12	147.9	33.9

표2. 모호한 색을 초록이라고 보는 확신의 정도

'초록'이라고 말한다면, 그 때문에 이 두 번째 참가자는 확연히 상반되는 이탈적 견해를 받아들이면서, 다른 경우보다 더 긍정적인 사회측정적 선택을 받게 되고 더 우호적인 태도들을 불러일으킨다. 면담에서 발췌한 내용을 보면 이 두 번째 과거 참가자는 '흥미를 느끼게 하는 사람', '정말 재미있고 총명한 사람' 등 꽤 긍정적으로 여겨진다. 뒤집어 말해, S—D조건의 피험자들은 지지적인 과거 참가자들에 대해 다음과 같이 썼다. "기본적으로 늘 '파랑'이라고 말한 것을 볼 때, 그는 다소 편협한 것처럼 느껴진다", "그는 좀 둔한 사람인 것 같다. 생각하게 하는 바가 그다지 많지 않다. 아마도 그는 나와 상당히 유사하게 생각하고 있기 때문에 그러는 것 같다."

비너는 다음과 같이 적고 있다.

현재의 결과들은 "저항에 관해 외부 기제를 사용할 가능성이 있으면 모순된 관점을 받아들이려는 경향성이 감소된다"는 가설을 전혀 지지하지 않는다. 현재의 결과들은 반대로, "같은 상황에서 피험자에게 동의하는 다른 사람들이 있다는 것을 안다면, 상이한 의사소통에 대한 피험자의 수용적 태도가 증가될 수 있다"고 제안한다. 처음에는 개인을 자기 신념과는 상반되는 정보에 단지 노출하기만 하더라도 그 정보에 저항하려는 동기를 불러일으킬 수 있다고 가정되었다. 이러한 가정은 태도변화의 연구에서는 지나칠 만큼 보편화된 것 같다. 흔히 영향의 상황은 영향을 주는 사람과 영향을 받는 사람이 서로 적대적인 관계에 있는 갈등상황으로 보이는 경우가 많다. 이러한 관점에서 보면, 태도와 관련된 갈등의 결과는 각 부분의 힘을 달리하는 방법으로 조작될 수 있다. 따라서 우리가 종종 발견하듯이, 설득이 일어나는 원인은, 보상하려고 하거나 처벌하려고 하는 의사소통자의 힘 때문이거나, 수신자와 비교해 의사소통자의 전문성이나 권위가 가진 힘 때문이거나, 피험자의 방어적 조작을 방해하려고 고안된 메시지 구성의 미묘한 기술 때문이다. 이런 종류의 결론과, 이 결론을 얻게 한 모형들은 틀림없이 꽤 가치 있다. 그러나 현재 연구결과들은, 우리가 영향작용의 상황을 경쟁적 관점으로 보는 데에만 너무 몰두하느라 태도변화의 과정 중 일부 중요한 측면들을 무시해왔을 수도 있음을 보여주고 있다.[13]

확실히 그러한 측면들은 무시되어왔다. 특히 무시된 점은, 인간이 늘 어느 정도의 호기심과 개방성을 가지며, 대개는 관례를 벗어날 수 있는 지적/물리적 용기를 가진 존재라는 것이다. 이는 개인이나 집단이 정통적(친규범적) 소수의 영향력에 노출될 때, 그 규범(그리고 소수)을 덜 매력적인 것으로 생각하게 되는 원인이다. 그래서 이는, 흥미롭고 독창적으로 보이는 대안적인 이단적(역규범적) 소수의 영향력을 촉진하는 효과를 갖는다.

그러나 사회적 현상이라는 것이 좀처럼 그렇게 단순하지는 않다. '정통적 소수는 영향을 발휘하지 못하지만 이단적 소수는 영향을 발휘할 수 있다'고 가정하는 것은 터무니없을 수 있다. 우리는 먼저 소수의 유형 각각이 어떤 종류의 영향을 발휘하는지를 검토해야만 하며, 그러고 나서는 너무 성급히 일반화하는 것을 경계해야 한다. 왜냐하면 그 소수들의 행동방식에 관해 더 많이 알아야만 하기 때문이다. 그러나 역사적 · 정치적 경험에 비춰보면, "정통적 소수는 빈번하게 집단으로 하여금 자신들의 태도와 신념을 공유하게 할 수 있지만, 동일한 조건의 이단적 소수는 집단의 태도와 신념에 균열을 만들어낸다"라는 가설을 내놓으면서 과녁을 너무 벗어나서는 안 된다. 이단적 소수가 완전히 거부당할 수도 있고, 그들이 의도한 것과는 상반되는 효과를 갖게 될 수도 있다. 우리는 후에 이 문제로 다시 돌아갈 것이다.

패쉴레의 최근 연구[14]는 우리가 이러한 가설을 확증할 수 있게 해준다. 이 연구는 집단에서 태도가 극화되는 현상을 다루고 있다. 이 현상은, 집단이 상호작용 이전에 집단 성원이 가졌던 것보다 훨씬 더 극단적인 견해를, 사회적 상호작용 중에, 그리고 그 이후에 선택하려 든다는 사실을 보여준다. 먼저 패쉴레의 실험에 사용되었던 실험적인 자료와 절차들을 서술해보자. 첫 번째로, 피험자들은 '여성에 대한 태도'에 관해 8개의 문항으로 구성된 질문지를 개별적으로 제시받는다. 각각의 문항은 여성의 생활과 문제의 한 측면을 서술하며 여러 개의 대안적 답변반응을 제공한다. 이 답변반응의 일부는 기본적으로 친여성주의적이며 다른 것들은 기본적으로 반여성주의적이다. 8개의 항목 각각에 대해 피험자들은 어떤 답을 더 선호하는지를 표시하라고 요구받는다(합의—이전). 질문지를 완성하고 나서 실험자는 피험자들을 네 명으로 구성된 집단에 배정하고 이들에게 동일한 두 번째의 질문지를 준 다음, 각각의 항목에 대해 논의해 각각의 결론을 만장일치로 내리라고 요구했다. 그리하여 집단이 도달한 결정은 두 번째 질문지에 기록된다(합의). 이러한 단계 이후, 피험자들은 각 문항에 대해 개별적 의견을 표현하도록 다시 요구받는다(합의—이후). 이리하여 실험은 합의—이전, 합의, 합의—이후라는 세 단계로 나뉜다. 집단이 합의에 도달할 수 없다면, 그 문항에 대한 논의는 8분이 지나고 나서 중단되었다. 그러고 난 다음 피험자들은 각각의 개별적 견해를 쓰도록 요구받았다.

실험조건은 다음과 같다. (a) 외부인의 존재. 각 집단에는 한 사람의 실험협조자가 배치된다. 실험협조자는 극단적 견지를 취하고 다른 집단 성원들의 압력이 아무리 거세더라도 그 극단적 견지를 유지하라고 지시받았다. 그는 모든 문항에 동일한 방식으로 답하여, 집단이 논의하는 내내 시종일관 이 극단적 견지를 유지했다. (b) 정통적 규범과 이단적 규범. 실험협조자는 친여성주의의 태도나 반여성주의의 태도 중 하나를 표현했다. 친여성주의의 태도는 실험에 참여하는 학생집단의 규범과 같은 방향에 있고, 반여성주의의 태도는 학생집단의 규범에 반대된다. 실험협조자는 극단적인, 그러므로 이탈적인 견지를 끊임없이 일관성 있게 채택하여, 그 규범에 대해 동시적 진화의 방향이나 그 반대방향 중 한쪽에 자신을 위치시켰다.

결과는 다음과 같다. 여성주의적이며 극단적인 실험협조자가 집단에 배치되면, 태도의 극화 현상이 매우 강했으며 많은 경우 가장 극단적인 여성주의적 견해를 가진 실험협조자에게 동의했다. 사례의 94%에서 피험자는 실험협조자의 관점과 자신을 일치시켰다. 혼자 반응하게 하는 합의—이후 단계에서도 피험자들이 이러한 극단적 태도를 유지했다는 점이 특히 주목할 만하다. 간단히 말해, 자신의 견지를 굳건히 고수한 정통적 소수의 존재 때문에 규범은 상당히 변화되었다. 실험협조자가 일관적이지 않을 때는, 실험협조자가 일관적일 때보다 변화나 극화가 훨씬 적다. 이러한 현상은 합의 단계(F=13.8, $p<0.02$)와 합의—이후 단계(F=7.29, $p<0.02$) 모두에서 나타났다.

그러나 반여성주의적 실험협조자가 있는 집단에서는 상황이 달라졌다. 이 실험의 저자가 지적했듯, 우리가 우선 강조해야만 하는 것은, 사례의 94%에서 집단 성원들이 합의에 도달하지 못했으며 그 항목에 대한 논의가 8분 후에 중단되었다는 사실이다. 동의를 이루어내지 못한다는 사실은 피험자들에게 심한 좌절감을 느끼게 했다. 피험자들은 실험협조자의 경직성에 격분했고, 논의는 막다른 골목으로 치달았다. 하지만 우리는, 실험협조자의 존재가 그의 비협조적 · 극단적 견지에 대해 반드시 피험자들을 반대, 거부, 또는 동의로 이끈다는 결론을 지지할 수 없다. 여기에 연루된 과정들은 훨씬 더 복잡하다. 어떤 면에서 그 과정들은 쉐리프와 호블랜드Hovland가 서술한 동화assimilation · 대비contrast 기제[15]와 유사하다. 이 저자들이 말한 바로는, 메시지의 수용자들은 메시지 원천의 견지가 자신들의 견지와 유사할 때 메시지의 원천에 가까운 방향으로 태도를 이동시킨다(동화효과). 그리고 메시지 원천의 견지가 수용자들의 태도와 아주 멀 때는 메시지 원천의 태도와 반대되는 쪽으로 태도를 변화시킨다(대비효과). 그러나 쉐리프와 호블랜드의 연구에서는 이 효과를 분리된 것으로 간주하여 어떨 때는 동조가, 어떨 때는 양극단으로 치닫는 일이 발생한다고 보았다.

양극화에서는 차별적 영향력이 관찰될 수 있다. 소수의 실험협조자가 지닌 관점은, 이미 약간의 반여성주의적 성향이 있는 피험자들을 반여성주의 쪽으로, 그리고 이미 어느 정도는 친여성주의적인 피험자들을 친여성주의 쪽으로 이동시키는 효과를 가진다. 말하자면 동화와 대비가 동시에 작용한다. 하지만 비록 여기서 그 과정들이 두 가지 효과의 대칭을 내포한다고 하더라도, 우리의 결과는 비대칭을 보여주는 것이 사실이다. 왜냐하면 동화효과가 대비효과보다 더 두드러지기 때문이다. 실제로 우리는, 집단논의 이전에 여성주의적인 견지에 가까운 경향이 있던 피험자들과, 덜 여성주의적인 견지에 가까운 경향이 있던 피험자들이 서로 매우 다른 변화를 일으킨다는 것을 알아차릴 수 있었다. 처음부터 여성주의적 경향이 있던 피험자들은 그들의 초기 견지로 돌아가거나, 몇몇 사례에서는 집단에서 아이디어를 교환한 이후에 더욱 두드러지게 여성주의적 견지로 이동했다. 여기에는 실험협조자의 영향력에 대한 저항의 표시가 있지만, 대비효과는 명확하지 않다. 다른 피험자들은 의사교환 중에도, 그 이후에도 내내 실험협조자의 견지를 채택했다. 그들이 가진 약간의 저항은 우리로 하여금 다음과 같이 생각하도록 했다, "실험협조자의 반여성주의적 주장이 피험자들 고유의 견지를 동조시켰고 명백한 동화효과를 일으켰다."(표3).

피험자:	실험단계		
	합의—이전	합의	합의—이후
가장 약한 여성주의	0.02	−0.89	−0.44
가장 심한 여성주의	1.46	1.03	1.55

표3. 반여성주의적 실험협조자가 있는 집단의 차별적 진전의 평균

그러므로 이단적 태도를 일관적으로 표현하는 것은 양극화라는 매우 뚜렷한 효과를 발휘한다. 기대된 바와 같이, 집단 성원들의 견지는 서로에게서 먼 쪽으로 가려는 경향이 있다. 비록 아직은 우리가 이러한 발견들에 대해 명료하게 설명하지는 못하지만, 이는 중요한 효과며 실험으로는 좀처럼 얻어지지 않는다. 이는 이단적 사람들이 발휘할 수 있는 영향력에 해당하며, 그 영향력은 의견의 다양성을 증가시킴으로써, 그리고 집단 성원 간의 갈등을 불러일으키고 그들 간의 합의를 가로막음으로써 얻어진다. 이는, 소수가 규범에 동의하지 않을 때 두 개의 상반된 영향력을 동시에 나타나게 하듯이, 규범에 동의하는 소수의 영향력을 증가시키는 것도 가능하다는 것이다.

이러한 실험들의 풍부함 덕분에, 실험에 대해 말할 것도 더 많아지고 덧붙여질 고려사항도 많아질 것이다. 그러나 우리는 두 개의 소수, 다시 말해 정통적인 방법으로 이탈한 소수와, 이단적인 방법으로 이탈한 소수가 서로 다른 유형의 변화를 유발했다는 사실을 알 수 있다. 그리고 당장에는 이것이 이 결과들의 핵심적 부분이다. 해결되어야 할 질문이 아직 하나 남았다. 앞서 언급한 첫 번째 진술은, 분명한 관점을 가진 규범적 소수만이 집단에 영향을 미칠 수 있는 위치에 있다는 것이다. 그래서 관점의 정통적/이단적 특성은 소수가 지닌 영향력의 정도, 특히 그 영향력의 성격을 결정한다고 주장했는데, 나는 이 점이 입증되기를 바란다. 그러나 우리는 소수가 자기 관점을 표현하는 방법이 이러한 영향력과는 어떤 식으로 연결되는지 궁금해한다. 다시 말해, 우리는 제시된 주장의 경직성/유연성이, 이단적 견지를 이용할 때 그러하듯

정통적 견지를 이용할 때도 동일한 효과를 가지는지 알 필요가 있다.

머그니Mugny는 이러한 문제를 연구하고 다음의 가설을 검증했다.[16] "정통적 관점은 머뭇거리는 방식으로 제시될 때보다는 변함없이 일관성 있는 방식으로 제시될 때 더 영향을 발휘하는 경향이 있다. 이단적 관점은 정반대다." 이 가설에 대한 이론적 근거는 상당히 간단하다. 정통적 관점의 사례에서, 일관된 주장을 포함하는 메시지는 집단의 태도를 강화시킨다. 이단적 관점의 사례에서는, 그러한 메시지는 집단의 태도를 위협하고 거부를 유발해 낸다. 그러나 실제 상황은 한층 더 복잡하다. 이 실험에서 사용된 자료는 외국인에 대한 태도와 관련된 것으로, 그 태도는 열여섯 개의 문항으로 구성된 질문지로 측정된다. 각 문항은, 스위스에 있는 외국인 때문에 생기는 문제에 관해 판단을 표현하는 어구로 구성된다. 문항의 반은 반反외국인적 태도를 나타내며, 나머지 절반은 친親외국인적 태도를 나타낸다. 문항들은 외국인이라는 존재와 관련해 주거, 정치적 권리, 문화, 경제 등의 문제를 다룬다. 각 문항을 보고 피험자들은 7점 척도에 그 판단이 '타당한지' 또는 '타당하지 않은지'를 표시하도록 요구받는다. 피험자인 스위스 중학생들은 그들의 교실에서 실험을 받았다. 그들은 먼저 질문지에 답하라고 요구받았다. 질문지를 완성하고 나서 그들은 각각 읽어야 할 소책자를 받았다. 학생들은 서로 다른 소책자가 여러 개 있다고 들었다. 그러고 나서 학생들은 그 자료를 혼자서 조용히 읽도록 요구받았다. 실제로, 유사한 개요를 따르는 서로 다른 네 개의 소책자가 있었는데, 첫 번째 단락은 스위스에 있는 외국인의 존재가 유발하는 문제를 다루었고 그 소책자를 쓴 저자의 견해를 드러냈으며, 나머지 세 단락은 주거, 노동조합의 권리, 외국인들의 정치적 권리 등과 관련된 문제들을 간략히 제기했다. 네 개의 소책자 중 두 개는 정통적이고 친규범적이며 외국인 혐오에 반대하는 견해를, 나머지 두 개는 이단적이며 외국인들을 혐오하는 견해를 나타냈다. 더구나 이 두 범주의 소책자 각각에서, 하나는 외국인의 존재에 대한 태도를 일관된 방식으로 보여주었지만, 다른 하나는 더 '머뭇거리는' 방식으로 제시했다. 각각의 피험자는 소책자 중 하나만을 읽었는데, 학생들은 네 개의 하위집단으로 나뉘었다. 소책자는 학생들이 읽고 나서 돌려받았고, 학생들은 또다시 질문지에 답하도록 요구받았다. "단지 교재만 읽는 것은 흔히 사람들의 사고와 의견을 명료하게 해준다"고 말해줌으로써 그 과제는 정당화되었다.

여기에 관련된 실험상황은 확실히 지나치게 무리하다. 그러나 그 결과는 우리에게 다소 재미있는 경향성을 제공해준다. 표4는 네 개의 실험조건에 있는 모든 항목에서 태도변화를 보여준다.

* N = 각 조건당 25명

원천:	메시지의 유형	
	규범적	아노미적
정통적	+2.92	−1.32
이단적	+1.76	−1.76

표4. 질문지의 16개 문항에 나타난 태도변화의 평균 지수

여기서 우리가 관찰할 수 있는 것은, 일관성 있는 관점을 포함하는 정통적 자료를 읽은 피험자들은 긍정적으로 영향을 받았지만, 상대적으로 유연한 정통적 소책자를 제시받은 피험자들은 반대방향으로 영향을 받는 경향이 있다는 것이다. 곧, 외국인을 싫어하는 것을 반대하는 견해가 강해지지는 않고 오히려 외국인을 더 많이 싫어하게 되었다. 그러나 이런 경향성이 통계적으로 유의미하지는 않았다. 외국인을 싫어하는 관점을 표현하는 이단적 자료를 제시받은 피험자들은 어떠한가? 그들의 반응은 거의 반대다. 전적으로 외국인을 싫어하는 집단을 보여주려고 쓰인 이단적 자료를 읽는 피험자들은, 외국인을 싫어하는 태도를 보이게 되었다. 반대로, '머뭇거리는' 이단적 소책자를 읽은 피험자들은 외국인을 싫어하는 것에 반대하는 견지를 그 이

전보다 더 많이 가지게 되었기 때문에, 제시된 메시지의 반대방향으로 태도를 변화시켰다(t=1.77, p<0.05).

두 개의 독립적 요인에 대한 변량 분석은, '굳건한' 메시지와 '유연한' 메시지 사이에서 유의미한 차이를 보여주었다(F=9.13, p<0.005). 이는 주장의 형태와 조직화가 중요한 역할을 한다는 사실을 알려준다. 그러나 '굳건한' 메시지는 그것이 이단적일 때보다는 정통적일 때 더 큰 변화를 일으키는 것으로 나타났다(F=5.645, p<0.05). 그러므로 정설이라는 것은 이단보다 더 큰 영향력을 가지기는 하지만, 단지 그 견해가 일관성 있는 방법으로 제시될 때만 그러하다고 볼 수 있다.

엄격하게 말해, 성인 집단이 교실이라는 환경에서 학생들에게 소책자를 주었기 때문에, 이 결과들이 소수의 영향력과 연관되지 않는다고 이의를 제기할 수도 있다. 이러한 이유 때문에, 나는 현재의 결과들이 지닌 잠정적 속성을 강조한다. 하지만 패쉴레의 실험[17]을 다시 떠올려보자. 그 실험에는 소수가 있었고, 우리가 관찰한 바와 같이 소수의 영향은, 단일한 구체적 견해에 의해 집단논의의 처음부터 끝까지 견고히 지속할 때만, 다시 말해 규범적 소수로 표현될 때만 그 영향이 유의미했다. 하지만 머릿속에 이러한 모든 제한조건을 간직한 채, 규범을 지향하는 것이든 반대하는 것이든 규범적 소수만이 사회적 환경에 대한 영향력을 발휘할 수 있는 위치에 있다고 결론을 내리도록 하자.

요약해보면 소수가 영향력을 받기도, 발휘하기도 한다는 것은 충분히 가능한 이야기다. 내적 갈등이라는 영원한 존재 때문에, 만장일치에 대한 추구 때문에, 또한 특별한 지위나 권력을 가지지 못했을 때조차도 개인이 우호적으로 인식되는 경우가 많기 때문에 그러하다. 그러나 소수, 이탈자라는 단순한 사실 그 자체로 개인이나 집단이 영향의 목표나 원천으로 변화될 수도 없고 그 집단이나 사회의 수동적/능동적 부분으로 변화될 수도 없다. 소수로 하여금 영향의 원천이나 대상이 되게 하는 것은 명확한 견해, 관점의 일관성, 자체적 규범 등이 있는지의 여부다. 중요한 것은 사회적 집단에 규범적 특성이 있느냐, 아니면 아노미적 특성이 있느냐 하는 것이지, 힘이 있느냐 아니냐, 다수를 구성할 수 있느냐 없느냐가 아니다. 결론적으로 말해, 비록 견해에 차이가 있음을 반드시 중요하게 고려해야만 하는 것은 사실이지만, 각각의 영향을 결정하는 것이 견해의 단순한 차이(다수와 소수의 판단이나 태도에서 나타나는 차이)는 아니다. 이러한 차이의 의미는 더 엄격히 검토할 만한 가치가 있다. 이런 식으로 우리는, 다수와 소수의 영향력은 상호작용의 두 극단 사이에 존재하는 서로 다른 두 개의 방향에 달렸음을 관찰할 수 있었다. 그 두 방향은 규범과 같은 방향으로 움직일 때의 **정통성**과, 규범과 상반되는 방향으로 움직일 때의 **이단성**이다. 자료를 면밀하게 검토해보면, 이탈적인 이단적 소수가 몇 가지 좋은 기회를 얻는다는 사실을 알 수 있다. 그들은 집단에 영향을 주고 집단 성원들을 유인할 기회, 집단 성원들로 하여금 자기 신념과 판단에 대해 철저히 생각하게끔 하는 기회, 심지어는 어느 정도의 존중을 얻어낼 기회를 얻는다. 그런데 또한 우리는 현상에 대해서도 검토해야 한다. 왜냐하면 논쟁적 가치 이상으로, 그러한 결론은 실제 현실과 얼마간 거리가 있기 때문이다. 이러한 현실이 우리에게 무엇을 가르칠 수 있는지를 분석하게 되면, 우리는 다른 방식으로 생각할 수밖에 없게 된다. 말하자면, 이런저런 유형의 소수가 발휘하는 영향의 본질에 대해 검토하게 될 수밖에 없다. 일반적으로 정통성이란, 집단의 의견과 신념에 더 많은 일치가 있다는 것, 소수의 관점이 전반적으로 영향을 발휘한다는 것을 의미한다. 한편, 이단성도 집단 성원 간의 의사소통과 상호작용을 가로막음으로써, 합의할 수 없게 함으로써, 집단 내에 존재하는 여러 의견 · 신념 사이에 날카로운 차이를 만들어내고 집단규범에 반대하는 방향으로 집단을 이동하게 한다. 때로는 그러한 효과가 의도적인 게 아니다. 그러나 또 어떤 때는 그러한 효과가 이단적 소수와 정통적 소수 간의 차이를 증가시키려는 분명한 목표와 일치한다. 어떤 경우든, 영향을 발휘하는 조건은 변함이 없다. 곧, 우리는 존재해야만 하고 적극적이어야만 한다.

제5장 변화의 핵심, 갈등

명제 2. 사회적 통제가 영향작용의 목표인 것처럼 사회적 변화 또한 영향작용의 목표다.

모든 사회는 본질적으로 이질적이어서, 하나의 사회 안에서도 같은 세상을 공유하지 않는다. 각 개인, 계층, 전문적 관심은 서로 갈등상태에 놓여 있으며, 이들의 목표와 행동방식은 서로 조화되지 않는다. 법, 관습, 행정적 규제는 원심력을 구심력으로 변화시키려 한다. 질서는 혼란스럽게 이리저리 마음을 바꾸는 대중을 정돈해준다. 그래서 전체로서의 사회에 적용되는 것은 마찬가지로 각각의 집단 안에도 적용된다. 사회적 통제와 사회적 변화는 때때로 서로 보완하기도, 서로 방해하기도 한다. 그러나 이러한 두 힘이 사회적 삶의 모든 영역에서 똑같은 정도로 강하지는 않다. 이 힘들은 집단적 체계 안의 모든 발달적 국면에 똑같은 정도로 영향을 미치지도 않는다. 이러한 관찰은 새로울 게 없지만, 간과된 일부의 의미에 주의를 환기시킨다.

되는 대로 생각하자면, 우리는 가족 · 교회 · 학교 · 공장 · 군대 · 특정 정치운동 등과 같은 집단이 사회적 통제를 지배적인 흐름으로 유지하려고 활동하는 집단이라고 추측해볼 수도 있다. 이러한 집단들에서 연속성에 대한 필요, 경험과 가치를 후세에 전하려는 욕구, 위계적 관계를 유지하려는 욕구는, 이탈을 예방하거나 이탈이 발생하면 언제든지 제거하려고 개인적 행동을 지속적으로 감시하고 경계하게 한다. 규범에 대한 복종, 합의, 강렬한 개인적 선호도의 억제, 지도와 승인의 필요는, 조화롭고 갈등 없는 모든 종류의 상호작용에 필수적인 선행조건인 듯하다.

이 말은 과학, 예술, 패션, 기술에는 해당하지 않는다. 이들 영역에서는 독창성, 아이디어의 충돌, 새로운 아이디어 · 기술에 대한 탐색이 최고의 보상을 받는 가치며, 실제로도 이들 영역에서 살아남는 일은 그것들에 달렸다. 이러한 활동영역에서 모든 교환과 의사소통의 목표는, 새로운 요소들을 보급하고 방법 · 개념 · 과제 · 행동을 수정하며 집단과 개인 사이에 있는 차이를 확고히 하는 것이다. **현상 유지**를 바라지 않는다. 오히려 반대로, 현상을 유지하려는 것에 대해서는 반감을 느낀다. 이러한 행동들을 추진하는 힘은 다른 사람과 가까워지고 싶은 마음에서 나오는 것도 아니고 다른 사람의 의견과 코드를 함께할 필요성에서 비롯되는 것도 아니다. 그러한 행동을 하게 되는 동기는, 이미 존재하는 것을 새롭게 하거나 바꿔놓고 각각의 기여와 각각의 견해가 지닌 개별성을 인정하려고 하는 것이다.

물론 나는 어느 정도는 사례를 과장하고 있다. 그러나 우리는 여기서 사회적 통제를 향한 경향성과 사회적 변화를 향한 경향성이 같은 방향으로 작용하지 않는다는 것을 알 수 있다. 때때로, 경향성 간의 대립은 명백하게 드러난다. 예를 들어, 과학적 · 기술적 집단에서는 조사, 평가, 문헌의 특성 그 자체를 통해 개별 요소가 형상화되고 사고방식과 작업방식이 영속화되며, 특정의 주제와 모형이 영속화된다. 어떤 경우에든 '과학적'이라고 간주하는 것은 대개는 빈틈없이 정의되며 어떤 사람이 얼마나 해당 집단의 성원으로 적합한지에 대한 척도가 된다. 회의나 심포지엄에 참여하거나 전문적 조직의 선거에서 선출되는 일, 상을 받는 일 등을 통해 과학자를 집단 안으로 통합시키는 일이 이루어진다. 이미 익숙한 규칙과 다양한 기법을 존중함으로써 그는 유능함을 인정받게 되고 집단의 성원이 되는 것을 허락받는다. 그렇게 집단의 성원이 되면 개인은 능력이나 성취에 따라 학계, 업계, 정부에서 지위를 차지할 수 있게 된다.

이와 동시에, 사람들은 경쟁할 가치가 있는 사례를 선택하려고 하고, 새로운 현상이나 기법을 발견하는 일을 중요하게 다루며, 혁신에서 성공하게 될 때는 그 대가로 명성을 얻는다. 이런 방식으로, 사람들은 용인된 아이디어들을 피하도록, 그리고 새로운 자극과 관점을 구하도록 격려받는다. 천재로 기록되는 명예, 새로운 현상의 발견자, 새로운 이론이나 기술의 창시자, 특히 새로운 과학의 창시자는 집단의식으로 들어가 확신을 만들어낸다. 이 확신은, 영원한 인정을 얻을 수 있는 가장 안전한 기초이자 최상의 목표가 바로 기존의 원리, 기법, 개념들을 뒤집는 것이라는 믿음이다. 그러나 또한 이 집단에서는, 일상적이고 상세한 실험법에 의한 아이디어의 타당화, 기존 지식의 정교화, 기법의 개선 등도 통상적으로 중요하게 다루어진다. 사실 이는 과학자들 대부분이 실제로 하는 행동이다. 과학자들의 작업은 향상이 필요한 무언가를 향상시켰는지, 또는 골치 아픈 문제를 해결했는지에 따라 특정 영역 내에서 통합되고 손쉽게 평가될 수 있다.

그러나 같은 이유로, 과학자들이 가진 기본적 오리엔테이션이 일치하고 그리하여 과학자들이 미미하고도 꾸준한 진보를 한정된 규모로 만들어가는 시대에도, 독특하고 관습적이지 않은 일이 발생한다. 지식이 지닌 일상적인 허점과 결함은 더 확대되어 드러나고, 지루함과 불만족의 감정이 퍼져 나간다. 단조롭고 판에 박힌 소규모의 일상은 의미를 상실하고, 모든 사람은 뭔가 새로운 일이 일어나기를, 누군가 정말 새롭고 흥미진진한 아이디어를 내놓기를 기다리게 되는 것 같다. 우리가 살아남게 된 오늘날의 시대와 같이 안정되고 점진적인 진보의 시기는 위기의 시기로 경험되고 판단된다. 그리고 모든 것이 재정리되고 뒤집히는, 아주 이례적이고 동요하는 시기가 성장과 성취의 시기로 경험되고 판단된다.

지속적인 변화를 향한 욕망과, 변화를 견제할 수 있는 새로운 수단을 개발할 필요 사이에서 이루어지는 미묘한 균형 잡기는, 과학 분야에 부단하게 하위영역들이 등장한다는 점, 새로운 연속간행물들이 끊임없이 이어진다는 점, 새로운 연구가 꾸준히 만들어진다는 점, 과학 공동체의 외곽에서 중심을 향해 상당히 빠른 속도로 진보가 일어난다는 점, 중심부에 있지 않은 개인이나 하위집단을 너그럽게 받아들인다는 점, 발표를 위해 제출된 연구를 엄격한 기준으로 심사한다는 점 등을 통해 설명된다. 과학적 공동체를 이처럼 기술하는 것이 정확한가 하는 점과는 무관하게, 어떤 영역의 활동에서는 사회적 변화가 사회적 통제보다 훨씬 더 중요한 것이 사실이고, 개인과 하위집단 간의 관계에 대한 조직화, 의사소통, 영향과정 등이 모두 이러한 상황에 깊은 영향을 받는 것도 사실이다.

말할 필요도 없이, 변화나 통제 중 하나가 사회에서 우위를 차지할지라도 사회의 모든 집단이 그 주도적인 힘의 바람직함에 대해 동의하지는 않는다. 사회적 통제는 대개 권위자들이나 다수가 중요시한다. 그들이 가진 이상과 실제 관심사는 평형 상태를 유지하는 것, 갈등을 고통 없이 해결하는 것, 기존의 의견과 법을 확고부동하게 지키는 것, 현실을 보는 단 하나의 관점만을 확산시키는 것 등이다. 물론 모든 사람이 어느 정도까지는 이러한 평형 상태로 이득을 보지만 그 이득의 정도에 존재하는 차이가 중요하다. 한편, 이탈자나 중요하지 않은 개인들이 사회적 변화를 열렬히 바랄 수도 있다. 그들에게 모든 종류의 차별과 '확립된 것들'에 대항하는 투쟁은 안정에 대한 욕구, 규칙에 대한 존중보다도 중요하다.

내가 사용해온 용어들은 나의 관찰이 단지 경제적 영역이나 정치적 영역에만 적용된다고 의미하는 것처럼 보일 수도 있다. 그러나 잠깐만 생각해보면 나의 관찰이 과학적 영역, 예술적 영역, 그리고 심지어는 부모자녀 관계, 부부 관계, 교사와 학생의 관계에도 동일하게 적용될 수 있음을 알 수 있다. 이러한 분석은 대학 안에서 일어나는 대치상황, 식민주의와 인종주의에 대항하는 투쟁, 그리고 세대나 성별 간에 존재하는 갈등 등에도 적용될 수 있다. 이와 같은 갈등의 예가 안정성과 결속력의 상황만큼 광범하게 퍼져 있지는 않다는 것은 사실이다. 그러나 그러한 상황들이 우리 삶과 문화에서 매우 중요하다는 것 또한 사실이다. 이러한 종류의 현상에 대한 설명이 없이는 개인적/집단적 행동의 기본적 특성을 이해하기를 바랄 수 없다. 이러한 사실은 명백히 진술되어야 할 필요가 있다. 왜냐하면 많은 사회심리학자가, 한편으로는 사회적 행동의 영역에 있는 구조적인 차이를 소홀히 하는 경향이 있었고, 다른 한편으로는 사회적 신분과 관계없이 개인과 집단이 동일한 동기나 흥미를 따라간다고 가정해왔기 때문이다.

지금까지 나는 일반적 의미에서 사회적 통제와 사회적 변화에 대해 전체적으로 파악할 수 있도록 논의해왔다. 그러나 이제 우리는 질문을 던질 필요가 있다. 사회적 영향의 관점에서 볼 때, 통제와 변화 사이에 있는 이러한 대립의 의미는 무엇인가? 이러한 대립의 의미는 변화의 원천과 목표에 대한 우리의 정의에 담겨 있다. 이는 소집단 안에서의 의사소통, 태도와 행동의 수정, 의사결정, 권력 등에 관한 연구에서 명백히 드러난다. 집단, 다수, 그리고 지도자는 개인이나 소수를 변화시키고자 압력을 가함으로써, 통제를 강화하고 자신의 목적을 달성하려고 작정한 듯이 보인다. 코흐Coch와 프렌치의 연구[1]뿐만 아니라 레빈의 연구[2]는, 행동이나 의견을 변화시키는 데에, 그리고 개인의 통합을 이루어내는 데에는 집단이 가장 효과적인 도구라는 믿음에 기초하고 있다. 커뮤니케이션에 관한 라자스펠드Lazarsfeld의 '2단계 흐름The two-step flow'이론은 유사한 구조를 이용하고 있고, 태도변화에 대한 수많은 문헌은 동일한 편파를 드러내고 있다.

변화되어야 하는 태도는 개인의 태도다. 부조화이론, 강화이론, 귀인이론 등을 포함해서, 이러한 태도에 관해 공식화된 이론들 대부분은 집단적 태도보다는 개인적 태도를 다루는 이론이다. 이런 점은 사실 불가피했다. 왜냐하면 항상 개인을 잠재적 이탈자로, 집단의 움직임에 대한 잠재적 장애물로 간주했고, 개인이 집단압력에 저항하면 환경에 적응하지 못하는 사람으로 간주했기 때문이다. 우리가 이 말을 뒤집어서 전체로서의 집단, 집단의 규범, 집단의 태도를 변화의 목표로 잡고 개인이나 소수를 그러한 변화의 원천으로 만든다면, 비로소 우리는 진정한 사회적 변화에 대해 말할 수 있을 것이다.

사회적 표명과 집단적 표명 모두에서 사회적 변화가 영향작용의 핵심과정이라는 것은 이제 명백해졌다. 내가 지금까지 너무나 강조해온, 사회적 변화와 사회적 통제 간의 대립은 영향작용의 방향, 원인, 효과와 긴밀하게 연결되어 있다. 이러한 대립의 결정적 특성은, 그 대립이 사회적 관계들이나 우리가 제기한 질문들을 향해 우리의 전체적인 접근이 이루어지도록 한다는 사실에 있다. 그것이 중요한 또 다른 이유가 있다. 그 이론들이 개인뿐만 아니라 집단에 대해서도 적용할 수 있다는 전제하에서, 그것은 우리로 하여금 태도변화에 대한 우리 이론을 수정하라고 강제한다. 사회적 변화를 만들어내는 압력에 초점을 맞춤으로써 결국 우리는 혁신에 대해 서술하고 설명할 필요를 인정하게 될 것이다.

명제 3. 영향과정은 갈등의 생성과 해결에 직접적으로 연결된다.

"전쟁이란 일종의 교환이다. 산산이 흩어진 것들을 하나로 묶어준다." —푸베르Foubert

사회적 영향이 불확실성이나 불일치 중 하나와 필연적으로 관련된 것은 아니다. 우리를 둘러싼 모든 것은, 우리의 태도에 확신을 주고 서로에 대한 동의를 강화해주는 방식으로, 그리고 이러한 상태를 동요시킬지도 모르는 그 무엇도 발생하지 않게 방지하는 방식으로 조정되어 있다. 일간신문에서 기도에 이르기까지, 날씨에 대한 무해한 대화에서 정치적 연설에 이르기까지, 모든 의사소통 수단은 호기심이라는 것을 아주 조금이라도 불러일으키지 않는 방식으로 사용되고 있다. 그러나 영향작용이 변화의 방향으로 발휘된다면 의견 불일치는 불가피하다. 불일치가 느껴지자마자 그것은 불안을 유발하는 상태이자 위협으로서 경험된다. 그것은 관계 · 신념 · 합의에 대한 깨지기 쉬운 계약이 이제 막 도전받게 된다는 것을 예고한다.

상이한 의견과 불일치를 실제로 예측하는 일은 유사한 생리적 효과를 지닌다. 기분이 언짢은 사람에게 쓰이는 흔한 표현이 있다. 그/그녀는 "곤두서 있는" 중이다. 스미스C. E. Smith는 전기피부반응galvanic skin response의 변화를 이용하여 이러한 반응을 측정하기 시작했다.[3] 그의 실험에서 피험자들은, 그들의 의견이 가공架空의 다수와 의견이 일치하거나 불일치한다는 말을 듣는다. 불일치의 사례에서는 심리-전기적 측정기psycho-galvanometer에 기록된 반응들이 더 강하다. 또한 전기피부반응도 피험자들의 확신이 아주 강하지 않을 때보다는 피험자들이 자신의 의견을 격렬하게 방어할 때 더 뚜렷하다.

버딕Burdick과 번즈Burnes는 유사한 연구를 수행했다.[4] 남자 청소년들이 한 사람의 교사와 함께하는 토론을 준비하면서 '죽음 이후의 삶'과 '징병제도'라는 두 가지 주제를 제공받았다. 토론을 진행하는 동안 교사는 어떤 한 주제에 참여한 피험자에게는 일관적으로 같은 의견을 보일 것이며, 다른 한 주제에 참여한 피험자에게는 일관적으로 다른 의견을 보일 계획이었다. 피험자의 의견이 교사의 의견과 상반될 때 더욱 뚜렷한 심리-생리적 반응이 관찰되었다.

이 실험들과, 이와 유사한 여러 다른 실험[5]은, "사람들은 일반적으로 다른 사람들이 자신에게 동의할 것으로 기대하고, 이러한 기대가 충족되지 않으면 긴장을 느끼게 될 것이며, 그들이 불일치의 존재를 인지하는 데에 다소 시간이 걸릴 것이다"라는 관념에 대해 지지했다. 애쉬는 다수의 압력에 복종해야 하는 개인들이 다수와의 갈등에 대한 개념을 받아들이기 전에 오랫동안 주저하는 것을 관찰했다.[6] 이러한 피험자 중 "그 누구도 근원적인 불일치에 대해 준비되어 있지 않다. 대신, 그 피험자들은 오해의 더 명백한 원천을 찾아 나선다. 피험자들이 아직 전적으로 갈등상황에 있는 것은 아니다. 사실 그들은 더 간단한 설명을 찾아 나섬으로써 현실적 가능성에 저항하고 있다. 그들은 초기의 불일치가 일시적이기를 바라며, 결국은 초기의 불일치가 견고한 만장일치에 무릎 꿇게 되기를 기대한다. 불일치가 지속됨에 따라 그들은 더는 이러한 희망에 매달릴 수가 없다. 그들은 이제 자신과 집단이 서로 다른 방향으로 인식하고 있다고 생각한다."

그러나 개인들이 다른 사람의 동의를 기대한다는 이러한 규칙은 예외가 있다. 스미스는, 깊은 확신을 지닌 사람이 불일치를 접하게 될 때 긴장을 알리는 그 어떤 신호도 보이지 않는다는 점을 지적하고 있다. 그는 '자신이 옳다고 확신하는 사람은 상반된 의견 때문에 도전받는다는 느낌을 받지는 않는다'는 해석을 제안한다.

후에 나는 사람들이 논쟁보다는 조화를, 증오보다는 사랑을 더 선호한다는 성급한 결론에 대해 논쟁을 벌이려고, 이러한 예외적 질문으로 다시 돌아갈 것이다. 의견이나 신념에 대한, 현재나 미래의 차이 그 자체는 관건이 아니다. 중요한 것은, 그러한 차이들이 곧이어 닥쳐오게 될 갈등의 징조라는 점이다. 이러한 통찰에 대해 우리가 신세를 진 슈타이너는 다음을 주목한다. "의견의 차이가 있을 것으로 예상할 때조차도, 사람들 사이의 논쟁은 곧 닥

쳐올 재앙의 전조가 되거나, 장차 겪게 될 어려움을 예언하거나, 그 개인에게 결함이 있음을 확증해주는 역할을 할 수 있다. 중요하게 생각하는 목표들에서 차이를 보이는 것은, 의심할 여지없이 불일치 고유의 속성이라기보다는 오히려 불일치의 **상징적 의미다.**"[7]

그러나 의견의 차이가 위협적인 이유는 결국 (1) 상이한 규범이나 반응 그 자체가 위협이고, (2) 다른 규범이나 반응을 반대하거나 수정하는 데에 필요한 자신의 능력에 확실성을 가지지 못했기 때문이다. 그 밖에도 고려의 대상이 되는 상대방의 성격도 중요할 수 있다. 생각이나 판단의 격돌이 있을 때, 용인될 만하거나 용인된 생각/판단이 하나 이상이어서는 안 된다는 믿음을 가지고 있다면, 불신감은 그 어느 때보다 강해진다. 그러면 그 개인은 자신이 알거나 생각한 것에 대해 확신을 상실한다. 그렇지 않고 여전히 확신을 갖고 있다면, 그 개인은 다른 사람들이 어떻게, 왜 자기와 다른 관점을 보이는지 이해할 수 없다. 그래서 그러한 다른 관점이 타당한 것인지, 그리고 보편적인지에 대해 관심을 두게 된다.

그 결과로 얻어진 부적절한 느낌은 지적인 뿌리뿐만 아니라 대인적 · 사회적 뿌리도 함께 가지고 있다. 앞서 우리가 보았듯이, 개인이나 집단은 영향작용의 원천인 동시에 대상이다. 곧 개인이나 집단은 자신이 취하는 견해가 어떤 것인가에 따라 어느 정도까지는 다른 사람들에게 영향을 발휘하거나 영향을 받을 것으로 기대할 수 있다. 불일치가 지속된다면 사람들의 기대는 충족되지 않으며 결국 사람들은 성공 대신 실패를 경험하게 될 것이다.

만일 실패가 발생한다면, 소수가 다수에 맞서고 있을 때에는 그 실패가 더 쉽게 받아들여질 수 있거나 덜 강렬하다. 반면, 성공은 완전무결한 승리로서 경험된다. 다수에 대해서는 그 반대의 사실이 존재한다. 영향을 미치려는 시도가 실패하는 것은 심각한 불안거리지만, 성공은 전혀 예외적이지 않다. 간단히 말해, 상이한 태도와 판단을 계속 고집하는 일은, 변화를 가져올 것으로 예측되는 힘에 대해 일격을 가하는 것이나 다름없다. 그 결과로, 사람들 고유의 능력이든 고유의 의견 · 신념이든 어느 한쪽에 대한 확신을 잃게 된다.

이리하여 불일치도 갈등의 위협과 마찬가지로, 교란시키는 효과를 가지며 불확실성을 형성한다. 쉐리프의 실험 패러다임에서, 불일치는 이러한 발달 과정에 대해 꽤 정확한 정보를 제공할 수 있다. 피험자들은 몇 차례의 시행에서 한 점의 빛을 바라보면서 빛의 이동거리를 평가하라고 요구받는다. 피험자들은 처음에는 확신이 없지만, 몇 번의 시행을 거치고 나서는 그들은 거의 확신을 갖는 하나의 의견에 도달한다. 이번에는 피험자들이 하나의 집단을 구성하며, 그들 모두 서로 다른 의견을 가졌음을 아는 상황이다. 불안의 조짐이 분명해지자, 각각의 피험자는 보편적인 판단규범을 향해 자신들의 의견을 수렴시키는 방식으로, 자신들의 불확실성을 해결하려고 한다.

애쉬의 실험은 극단적인 반대를 만들어내는 계획, 즉 그런 반대를 필요로 하는 실험계획에 근거해 있다. 애쉬의 실험은 오류가 진실을 대치하는 실험이다. 곧, 실험실에서 이루어지는 상호작용은 자기-확신의 상실, 안정적 준거틀의 파괴를 일으킨다. 사멜슨Samelson은 다음과 같이 적고 있다. "하지만 이처럼 지각적으로 명료한 상황에서 다른 관찰자들의 평가가 진짜 피험자처럼 명확하면서도 상반된다면, 그 상황의 지각적 명료함은 진짜 피험자에게 매우 불안한 상황을 유발한다. …… 시작 당시에는 과제가 매우 단순해 보였기에, 아마도 관찰자 일치도에 대한 최초의 기대가 매우 높았을 것이다. 피험자의 지각과, 자기들끼리는 만장일치를 이루는 여러 다른 피험자의 지각 사이에 존재하는 놀라운 불일치는 인지적 장 안에 갈등을 형성한다. 사회적으로 전달되는 정보를 단순히 부인하거나 무시하는 방법을 통해서는 그 갈등이 만족스럽게 해결될 수 없는 것이다."[8]

피험자들은 실제로 서로 상당히 동떨어진 듯한 느낌을 경험한다. 그래서 어느 정도 피험자들은 자신을 이탈자로 생각하기 시작하고 그에 따라 행동하기 시작한다. 이러한 진단을 피하고자 피험자들은 자기-비판을 감수하게 된다. 어쩌면 자신이 실수를 저질렀고 잘못된 평가를 했을지도 모른다고 고백하면서, 피험자들은 자신의 견해와 판단능력에 의문을 품는다. 진실은 피험자들을 따돌리는 것 같다. 크러치필드 역시 다음의 사실을 주시하고 있다. "다른 주목할 만한 효과는 개인 자신과 집단 사이에 만들어진 심리적 거리가 증가했다고 느끼는 것이다. 피험자는 자신이 기묘하거나 특이한 사람이라고 느꼈으며 집단이 자신이 생각했던 것과는 상당히 다르다고 느꼈다. 이러한 점 때문에 대부분의 피험자에게서 상당한 정도의 불안이 발생했다. 일부에서는 급성적인 불안이 나타났다."[9)]

나는 어떤 특정 상황에 대한 이러한 연구 결과들을 인용했다. 맨 처음에 확신을 가진 상황이라고 하더라도 의견의 차이가 있음을 알게 되면 그 확신이 약화될 수 있음을 상기시키기 위해서였다. 이 실험에 관심을 두는 사람이라면 누구든 다 볼 수 있듯이, 진짜 피험자의 자기-확신은 조금씩 감퇴한다. 제라드와 그린바움Greenbaum은 이러한 점을, 각각의 시행에서 피험자의 불확실성이 증가해가는 과정을 이용하여 설명했다. 다른 한편으로, 진짜 피험자가 지지적인 실험협조자를 만나게 되면 불확실성은 감소하는데, 만일 실험협조자가 시행 전체가 끝날 때까지 지지해주지 않는 사람으로 소개된다면, 그 실험협조자의 지지는 한층 더 확신적인 것으로 경험될 것이다.

제라드와 그린바움은 애쉬의 자료를 이용했다.[10)] 관례적인 시행 후 열두 번의 시행이 뒤따라왔다. 그 열두 번의 시행이 이루어지는 동안 진짜 피험자는 파트너(실험협조자)와 함께 있다. 실험협조자의 판단은 처음에는 피험자와 상반되어 있지만 결국에는 피험자와 일치하게 되어 있다. 이러한 최종적 합의('변경—시행'조건) 후에, 실험협조자는 남아 있는 모든 시행에서 피험자에게 동의하는데, 이를 위해 다수로부터는 떠나온다.

여기에서 중요한 조작은 변경—시행의 타이밍이다. 그 효과는 결과에서 명백히 드러난다. 실험협조자의 의견변화가 후반부에 발생할수록, 피험자가 가진 확신은 한층 더 증가하고, '파트너'에 대한 지각 또한 더 긍정적이게 된다. "다수와 상호작용을 주고받는 동안 피험자의 불확실성은 증가하지만, 누군가가 이러한 불확실성을 감소시키도록 도와준다면 이러한 감소에 이바지하는 그 사람을 향해 긍정적 반응이 유발된다"라는 저자의 추측이 확증된 것이다. 또한 다음과 같은 추측이 추가로 더해질 수 있다. "실험협조자를 향한 피험자의 태도 역시, 실험협조자가 피험자 자신에게 확신을 가지고 있다는 피험자의 믿음에서 비롯되는 것일 수 있다." 이러한 방향으로 더 많이 노력할수록 피험자의 자기-확신은 더욱 증가하며, 그 노력의 가치를 지지하고 상징화하는 사람을 더 호의적으로 느끼는 경향이 있다.

판단이나 불확실성의 다양성은 그다지 문제가 되지 않는다. 개인에게 중요한 것은 불확실성을 감소시키는 것이라기보다는, 그 바탕에 있는 불일치를 감소시키거나 자신의 옳음을 다른 사람에게 설득하는 것이다. 후자는 그가 다른 사람들의 지지를 얻어낼 때 성취되며, 전자는 굴복으로 성취될 수 있다. 브로드벡Brodbeck의 실험 중 하나[11]에서는, 자신의 의견에 확신을 잃은 피험자들이 집단 내 다른 성원과 의견을 교환할 기회를 얻는다면 자신의 생각을 바꾸지 않지만, 그러한 기회를 얻지 못하면 생각을 바꾼다.

그러므로 불확실성은 갈등이라는 뿌리에서 나온다. 우리는 우리를 믿으라고 누군가를 설득하기에 앞서, 먼저 그 사람으로 하여금 자신의 의견에 확신을 느끼지 못하게끔 시도한다. 레빈은 이를 '인지적인 해빙'이라고 불렀다. 불일치이론의 옹호자들은, 피험자들에게 피험자 자신과 모순된 말을 하라고 요구할 때, 자신의 것이 아닌 관점을 옹호하라고 요구할 때, 또는 대개 하기를 주저하는 무언가를 하라고 요구할 때, 바로 그런 식으로 시도한다. 갈등이 불확실성을 만들어낸다면, 갈등이 영향작용의 선행요건이 된다면, 갈등이 클수록 그 영향력은 더더욱 깊숙이 미친다.

이 명제는 아직 직접적으로 검증되지는 않았지만 나는 이것이 옳다고 믿고 싶다. 이 명제를 지지하는 여러 가지 간접적인 단서가 있다. 동조에 대한 실험에서, 합의된 다수는 대개 고립된 개인과 대립한다. 물리적인 자극이 논쟁의 대상일 때 갈등은 가장 강렬하다. 특정 조건들에서 실험협조자가 정확한 반응과 관련해 만장일치를 깨면, 그로 말미암아 갈등이 줄어든다. 그러한 상황에서는 영향작용이 감소하는 것으로 관찰된다. 그러므로 "갈등이라는 것은 변화반응을 불러내는 사회적 행위다"라고 보는 미드Mead의 관찰은 설득력이 있다. 그러나 변화는 다양한 방법으로 발생할 수 있다. 다른 사람들의 다양한 의견을 접하는 사람을 상상해보자. 그는 자신의 판단이 도전받고 있고 어쩔 수 없이 선택을 해야만 하는 상황에 있기 때문에, 개인 간에는 갈등이 존재할 수밖에 없다. 동시에 그 갈등은 개인 내적이다. 왜냐하면 양보한다는 것은 다른 사람에게 굴복하는 것을 뜻하며, 결국 정체감이나 자존감의 측면에서 볼 때는 상실을 겪게 되기 때문이다. 이러한 갈등에 대한 대안은 어떤 것이 있을 수 있겠는가? 첫 번째 갈등(개인 간 갈등)은 다른 사람과 합리적인 타협을 구할 때만 해결될 수 있다. 그러나 두 번째 갈등(개인 내적 갈등)은 자신만의 견해를 한층 더 강하게 유지하려고 결심하자마자 해결된다. 달리 말해, 자기 고유의 반응과는 다른 반응을 모두 억누르기로 결정할 때 해결된다. 이러한 형태의 해결은 일상의 특정 상황을 생각나게 한다. 혁신자가 현존하는 동안에는 새로운 아이디어가 인정되지 않거나, 그가 죽은 후라야 중요한 영향을 가질 수 있는 상황이다.

모스코비치Moscovici와 네브Nève는 이러한 문제를 실험적으로 탐색하려고 시도했다.[12] 저자들이 보여주려고 한 것은, 다른 사람이 실제로 곁에 있지 않다면 사람들은 다른 사람의 의견을 더 쉽게 받아들인다는 사실이다. 실험자료는 잘 알려진 자동운동 현상으로 구성되었다. 완전한 어둠의 방 안에서, 피험자는 광점의 이동 강도를 말하라고 요구받는다. 광점은 몇 미터 정도며 몇 초 동안 나타난다. 실험의 첫 번째 단계에서는, 과제와 친숙해지고 나면 피험자와 실험협조자가 25번의 시행에 대해 자신만의 판단을 개별적으로 적는다. 두 번째 단계에서는, 일단 피험자가 먼저 50번의 시행에 관해 자기 반응을 구두로 말하고 그다음은 실험협조자가 그렇게 한다. 실험협조자는 광점의 위치 변동에 대해 진짜 피험자보다 10~15cm가량 더 많게 본다고 일관적으로 말한다. 이 실험집단에서, 실험협조자에게 40번째 시행 후 방을 떠나라고 인터폰 시스템의 방송으로 요청하지만 실험협조자는 나머지 10번의 시행 동안 방에 남는다. 세 번째 단계에서 피험자는 25번의 시행에 대해 자신의 반응을 혼자 말한다. 통제집단에서 실험협조자는 실험이 끝날 때까지 방안에 머무른다. 결과는 '영향의 원천이 옆에 존재하는지 그렇지 않은지'에 따른 효과에 관해 우리가 한 예언을 확증한다. 통제집단의 추정치는 두 번째 단계보다는 세 번째 단계(실험협조자가 나가고 나서)에서 실험협조자의 추정치와 더 큰 차이를 보인다(윌콕슨Wilcoxon의 일방향 검증, $p<0.008$). 그러므로 피험자들은 영향의 원천이 곁에 있을 때 더 극화되는 경향이 있다. 실험집단의 피험자들은 반대의 경향성을 드러냈다. 그들은 두 번째 단계보다는 세 번째 단계에서 실험협조자의 추정치와 유의미하게 덜 달랐다(위와 동일한 검증, $p<0.05$). 집단을 비교하면서, 우리는 두 번째 단계와 세 번째 단계 사이에서 두 집단 간 추정치가 상반된 방향으로 발전해가는 것을 발견한다($t=4.77$, $p<0.001$). 실험집단에서는 열두 명의 피험자 중 열 명이 실험협조자가 **없을 때** 실험협조자의 추정치와 더 **가까운** 추정치를 보였으나, 통제집단에서는 열두 명의 피험자 중 열한 명이 항상 **곁에 있는** 실험협조자와 **다르다.** 그러므로 예측된 바와 같이, '눈에서 멀어진다'는 것은 '마음에서 멀어지지' **않기** 위한 필요조건일 수 있다.

실험 후 질문지도 우리 가설과 일치하는 결과를 보여주었다. "당신이 다른 사람에게 도움받았다고 생각하는 것은 어느 정도까지인가?"와 "다른 사람에게 방해받았다고 생각하는 것은 어느 정도까지인가?"라는 질문에 대한 반응에서, 통제집단의 피험자들은 실험집단의 피험자들보다 더욱 빈번하게 자신의 판단 방향이 다른 사람들에게 의존했다고 답했다(이 질문 각각에 대해, 정확한 확률에 대한 피셔Fisher의 검사는 0.026과 0.08에서 유의미했다). 최종적으로, "당신의 판단이 다른 사람에게 영향받는다고 생각하는 것은 어느 정도까지인가?"라는 더 직접적인 질문에 대한 반응에서, 통제집단 피험자들은 자신이 영향받았다는 보고를 실험집단 피험자들보다 더욱 빈번하게 했다(피셔의 확률 검사는 0.05 수준에서 유의미했다).

요약하자면, 실험협조자가 없을 때는 영향의 원천이 제시하는 수치와 더 가까웠고 실험협조자가 있을 때는 덜 가까웠다. 그러나 우리가 지적했듯이, 만약 다른 사람의 판단이 부인되더라도 그 판단이 '내적으로' 존재하는 것을 그치는 것은 아니기 때문에 머지않아 영향을 미치게 된다. 파트너의 부재는 피험자로 하여금 피험자 자신을 영향작용의 목표로 여기는 것을 멈추게 하여 해당 상황을 수정한다. 그런 다음 피험자는 대상과 자극에 관한 인지적 대안들을 더 '객관적으로' 검토함으로써, 그의 안에 있는 개인 내적 갈등을 해결할 수 있다.

대개 굴종은 갈등을 피하려는 경향성 때문에 관찰되는 것인가? 물론 이러한 경향성이 어떠한 역할을 담당하긴 한다. 하지만 이는 다수나 소수의 규범적/아노미적 특성에 전적으로 달렸다. 자신의 판단을 확신하는 사람이라면 누구나 기꺼이 갈등에 맞서는 경향이 있거나 최소한 갈등에 대한 탐색을 시작한다. 일치압력에 대한 샤흐터의 실험[13]에서, 다수는 소수를 집단의 관점으로 바꾸려고 기꺼이 소수와 일전을 벌인다. 스미스의 실험[14]과 슈타이너의 실험[15]에서, 극단적 확신이나 견고한 반응을 보인 개인은 상이함이라는 위협과 마주했을 때 불안을 거의 보이지 않는다. 분명히 그러한 개인들은 갈등을 피해야 할 만큼 불안하지가 않다.

이에 대한 정밀한 논증은 고든Gordon에 의해 이루어졌다.[16] 그는 일군의 개인들로 하여금 그들 자신의 판단이 옳지 않다고 믿게 하고 나서, 다른 의견을 가진 집단에 참여하기를 희망하는지를 질문했다. 고든이 관찰해낸 것은, 자기 판단에 대해 더 많이 확신한 피험자가 불확실한 피험자보다 더 기꺼이 그런 행동을 한다는 사실이다. 중요한 차이를 보이는 관점을 접했을 때, 자신의 판단이 옳다고 확신하는 사람은 공공연하게 자신의 의견을 말하는 식으로 다른 사람에게 영향을 발휘할 필요를 느끼는 것처럼 보인다. 역으로, 자신의 판단이 옳지 않다고 여기는 사람은 자신의 의견을 확신할 수가 없다. 그들은 다른 사람들에게 영향을 미치고 싶은 마음이 전혀 없다. 그래서 집단 성원들과 의견을 공유하고 각 성원의 견해에 힘을 불어넣어 줄 집단 안에 여전히 남아 있기를 더 선호한다. 새로운 전향자가 다른 사람을 전향시키려는 욕망으로 불타오른다는 것은 아주 확실하게 잘 알려진 현상이다.

그러므로 갈등이 영향작용의 필요조건이라는 것을 되풀이해서 말하겠다. 갈등은, 다른 사람을 변화시키고 새로운 관계를 확립하거나 오래된 관계를 공고히 하는 데에 출발점이자 수단이다. **불확실성과 모호함은 갈등에서 파생된 개념이자 상태다.** 의심은 나와는 다른 사람과의 만남에서 생기며, 실험들 대부분에서 의심은 주어진 것이 아니라 영향작용의 산물로 생각되고 있다. 물론 물리적 세상에 속해 있는 확실한 대상들은 다른 것들보다 더 구조화되어 있다. 그렇다고 하더라도, 알려지지 않았거나 간과된 차원을 명확히 함으로써, 그리고 판단의 다양성을 일으킴으로써, 고도로 구조화된 대상을 심리적으로 모호하게 하는 것도 여전히 가능하다. 예를 들어, 주저하지 않고 색깔들의 이름을 말할 수 있는 한 사람이 여기 있다. 그는 슬라이드를 파랑으로 보고 파랑이라고 말한다. 다른 사람은 그에게 그것이 초록이라고 말한다. 처음에는 그 슬라이드에 실제로 초록이 조금이라도 있는지 확인하려고 다시 한번 보고 싶다고 느끼게 될 것이다. 그리고 실제로 그는 초록의 흔적을 발견할 것이다. 파랑은 청록색이 되어버린다.

그러므로 모든 것은 상호작용의 맥락에서 조망되어야만 한다. 갈등을 강조하면 당연히 이렇게 될 수밖에 없다. 불확실성이나 모호함을 감소시키는 문제로서 영향작용을 다루는 한에는, 영향작용의 원천인 타인들이 환경에 관해 **사실의 매개자** 역할을 했다. 달리 말하면, 사람을 이용하거나 사람에 의지하는 것은 결과적으로, '물리적 대상을 활용하거나 물리적 대상에 의존하는 것'의 대안적 방법이나 마찬가지였다. 말하자면, 다른 사람들은 일종의 원격감지기 역할을 하며, 피험자는 물질적 세상을 다루는 데에 필요한 자원을 그들을 통해 확장한다. 그러나 타인이라는 존재는 영향작용의 원천이기 때문에 '자기 자신의 이익을 충족하려고 사람을 이용하거나 사람에 의지하게 하는 욕구'를 조장하는 경향이 있다는 점을 반드시 인식해야만 한다. 그 사람은 피험자로 하여금 자신한테 의존하게끔 하는 상황을 유발하려 할 것이다. 왜냐하면 그에게 피험자는 타협해야만 하는 **반대파**이기 때문이다. 그렇다면 확실히 우리는 타인을 단지 '사실의 매개자'로만 계속 생각할 수는 없다. 상대적인 장점, 느낌, 의도, 성실성, 용기 등 모든 것이 고려되어야만 한다. 그러나 우리가 다루는 대상이 사람이 아니거나 사회적인 것이 아닐 때는 그러한 장점, 느낌 등이 매우 쉽게 간과된다.

이러한 요소들이 인정되면서, 다양한 해법들이 존재한다는 사실은 합의에 관해 일종의 갈등이 있음을 나타낸다. 우리에게 합의가 관건이 된다면, 특히 합의에 도달할 마땅한 방법이 없다면 그러한 갈등은 불가피하다. **간단히 말해, 사회적 영향작용에서 다른 사람과의 관계는 대상과의 관계보다 우선적이고, 개인 간의 역동은 개인 내적 역동보다 우선시된다. 이는 지금까지 받아들여온 것과는 정확히 반대가 된다.**

이러한 수준에서, 상호작용은 차이와 적대감으로 특징지어진다. 다른 사람들이나 하위집단들과 관계될 때, 각각의 개인이나 하위집단은 그 자신만의 독특한 가치체계와 특성적 반응을 발휘한다. 반대파의 가치체계나 반응을 받아들이거나 거부하는 데에는 일정한 한도가 있다. 자신의 사고방식을 우선시하고 반대파의 관점에 대항하는 자기 관점만을 긍정하려 드는 한에는, 양립할 수 없는 때가 잦은 체계끼리 대면하게 되면 교환이 급속히 종결될 위험이 수반된다. 그러한 직면 때문에 생긴 긴장은 순식간에 의사소통의 붕괴, 참여자들의 고립이라는 상황으로, 그리고 참여 중인 사회적 교환의 목적을 성취하지 못하게 되는 상황으로 이어진다. 더구나 자기-확신이 흔들리게 되며 불안이 생성된다.

이러한 상황들을 피하려면, 당사자들 간에 체제의 재조정을 시도하지 않을 수 없게 된다. 체제가 재조정되면 대립이 감소하고 해결이 될 것이며 이는 얼마간의 양보로 이루어진다. 영향작용이 그러한 갈등의 맥락에서 발생한다는 점에서, 영향과정이 재적응 절차들에 이르게 되는 경향을 보인다는 점에서, 영향작용은 협상의 과정과 밀접하게 관련된 듯하다. 지금까지 영향과 협상 사이의 관련성은 인정되지 않았다. 이러한 부분이 빠졌다는 사실은 조금도 놀랍지 않다. 왜냐하면 합의가 부차적인 현상으로 보였고, 사회나 다른 사람들과의 유대가 물리적 실재와의 연결과 동일시되었기 때문이다. 그러나 모든 것을 정보—수집의 관점에서 보는 것은 적어도 두 가지 이유로 잘못이다. 첫째로 모든 정보교환은 궁극적으로 관련된 의미, 의견, 가치 등에 대한 구조화와 작업의 특정 과정에서 발생하기 때문이다. 정보적인 사회적 영향력에 대한 모든 아이디어는 매우 불완전하고 피상적인데, 놀라운 것은 그 아이디어가 성공을 거두었다는 사실이다.

앨런Allen은 이 점을 아주 명확히 하는 실험을 보고하고 있다.[17] 대학생들은 하나씩 차례로 스크린에 제시되는 여섯 개의 진술문에 대한 해석을 명확히 말하라고 요구받았다. 예비연구의 결과에 기초해, 이미 알려진 의미들이 각 진술문에 대해 제공되었다. 이 실험의 첫 번째 조건에서, 피험자들은 태도 진술문과 더불어 한 집단의 견해를 제공받았는데, 그 견해는 진위가 의심스러울 만큼 극단적이었으며 집단은 보편성 없는 그 답변에 만장일치를 보였다. 두 번째 조건에서, 집단은 동일한 극단적 견해를 보여주었으나, 그 대신 집단의 구성원 중 한 명이 보편적인 답변을 했다. 세 번째 조건에서, 집단은 만장일치로 보편적인 답변을 했다. 통제조건에서, 진술문은 집단에서 나온 그 어떤 해답도 첨부되지 않은 채 제시되었다. 물론 피험자들은 자신만의 태도를 절대로 표현하지 않았다. 따라서 단지 자신이 그 진술문의 의미라고 생각한 것을 가리켰다. 그럼에도 중요하게 기억해 둘 것은, 여러 가지 상황에서 피험자들이 다른 사람들의 반응들에 대한 정보를 들으면서 반응했다는 점이다. 결과가 보여주듯, 집단이 대중적이지 않은 의견에 만장일치를 보이는 정황에서 피험자가 진술문을 제시받게 되면, 진술들 대부분에서 의미가 유의미하게 이동하는 현상이 발생했다. 집단이 만장일치를 보이지 않는 조건에서는 피험자들이 선택한 진술문의 의미가, 집단의 태도에 대해 알지 못한 채 답변했을 때와 유사했다. 그러므로 의견이나 판단에 대한 정보를 받아들이는 것은 단지 개인으로 하여금 그 자신의 의견이나 판단보다 더 나은 아이디어를 얻게 하거나, 다른 사람의 판단과 자신의 판단을 더 정확히 비교하도록 허용하는 게 아니다. 실제로는 그러한 정보는 지적 요소와 태도에 관한 요소를 내적으로 재구조화하는 과정을 불러일으킨다. 이러한 재구조화과정은 피험자들에게는 해석의 새로운 맥락을, 대상에게는 새로운 의미를 만들어낸다. 이 실험에서 우리는 집단이 만장일치를 이룰 때만 의미 진술의 변화과정이 조장될 수 있음을 알 수 있다. 그렇지 않으면 아무 일도 발생하지 않는다. 그러므로 당연한 결과로, 정보 **그 자체**는 영향작용과 관련된 모든 종류의 현상에서 오히려 부차적인 요인이다.

두 번째 이유는, 가장 순수한 판단마저도 순수한 정보—처리의 문제가 절대 아니며, 또한 외부 세계로부터 직접적/간접적으로 오는 자극들에 대한 개인적 · 자기중심적 평가도 절대로 아니라는 점이다. 게다가 언제나 대화나 토론이 존재한다. 처치먼Churchman은 다음과 같이 적고 있다.

> 본질적으로 판단이란 집단의 의견이다. '집단'은 성찰적인 삶의 여러 국면에 처한 한 개인으로 구성될 수도 있다. 그러나 실용적 목적을 위해, 우리가 질문에서 언급하는 집단이 여러 명의 구성원을 가진 것처럼 말할 수 있다. 우리는 판단이 집단 성원 간에 견해차가 있을 때 발생하는 집단 신념이라고 주장할 것이다. 왜냐하면 초반의 논조에서, 판단이 불일치의 맥락에서 '합의'를 확립하는 것일 때 집단 신념으로서의 판단이 발생한다고 말하고 싶어하기 때문이다. 판단은 일종의 협상이다.[18]

다른 사람을 설득하려 할 때, 새로운 반응의 위계를 확립하려는 의도, 또는 우리 자신의 반응과 양립하지 않는 반응을 제거하려는 의도, 다시 말해 부조화나 갈등을 없애려는 의도 이외에 어떠한 것을 마음에 두어야 하는가? 신념, 판단, 태도 등의 문제이든 아니든 영향작용은 사람들이나 집단들 사이에서 발생하는 과정으로 이해되어야만 한다. 이러한 영향과정에서 합의는 편안한 교류를 허락하는 계약(규범)을 확립한다. 다시 말해, 이때 합의는 특정 반응과 특정 선택이 다른 것보다 더 개연성 있게끔 하는 체제를 확립한다. 사회심리학의 실험들 대부분에서는, 각각의 참여자가 자신의 관점이 유력해지도록 애쓰는 동안, 또는 자신이 잠정적으로 용인한 것이 어떤 의미인지 알려고 노력하는 동안에는 무언의 협상이 계속되고 있다. 사실 이러한 일이 실제로 발생하는 것이라면, 각 유형의 영향작용은 사회적 갈등을 다루는 특정 유형의 협상이나 방법에 해당한다. 그리고 갈등이 상이한 방법으로 다뤄질 수 있는 것처럼, 갈등을 다루는 방법에 상응하는 여러 가지 서로 다른 영향작용의 양상이 존재한다. 우리는 이 부분을 나중에 정의하게 될 것이다.

제6장 행동양식

명제 4. 개인이나 하위집단이 한 집단에 영향을 발휘할 때 성공의 주요 요인은 행동양식이다.

앞에서 이미 지적했듯이, 사회적 영향이라는 것은 무언의 협상, 관점 간의 격한 대치, 모두가 받아들일 만한 해결책을 끝까지 추구하는 것 등을 다 포함한다. 그러나 최종적 성과를 결정하는 것은 무엇인가?

현재 통용되는 개념과 실험을 결정하는 '권력관계의 관점'에서 이 질문을 고찰하는 한, '의존'이 결정적인 요소인 듯하다. 격차가 있는 사회적 지위나 사회적으로 인정되는 유능성이 드러나는 한, 보상과 처벌의 배분을 통제하는 사람, 더욱 해박한 지식을 가진 사람, 주어진 분야에서 더 많은 경험을 가진 사람들에 대해 일정한 동조가 발생하는 것 같다. 다수 혹은 지도자라는 존재양식은, 개인이나 하위집단의 행동을 지도하고 변화시킬 수 있는 권리를 만들어낸다. 그러한 상황에서는 개인의 지위가 낮을수록, 또는 인정되는 유능성 정도가 낮을수록 사람들은 소수의 위치, 다시 말해 다른 사람의 평가에 의해 좌우될 수밖에 없는 위치에 있는 듯한 느낌을 더 많이 받게 될 것이다. 지위가 낮거나 유능성 정도가 낮은 개인들이 아주 확실하게 소수라는 처지에 처하게 되면서 다른 사람의 평가에 의존적일 수밖에 없다면, 그만큼 그들은 더욱더 자신의 관점을 포기하게 될 것이며 더는 자신의 관점을 방어하지 않게 될 것이다.

사회적 영향에 관해 논한다면 이는 타당한 접근이 아니다. 사회적 영향작용은 권력과정과는 독립적으로 연구되어야만 한다. 지도력, 유능성, 다수 등이 의존의 외적 변수로서 어느 정도 역할을 할 수는 있다. 그러나 이러한 역할이 영향과정에서 결정적이지는 않다. 결정적인 것은 사회적 파트너 각각의 **행동양식**이다. 왜 행동양식이라는 변인이 의존성 변인을 대신해야만 하는가? 내가 이미 강조해왔듯이, 무엇보다도 행동양식은 **특히** 영향 현상과 관련되지만, 의존은 사회적 관계의 권력 차원과 더 밀접하게 관련되기 때문이다. 두 번째로, 혁신과정에서 발생하는 개인이나 하위집단에 대한 의존은 영향과정의 원인이라기보다는 오히려 영향과정의 결과일 수 있다. 예를 들어, 비디오테이프나 컴퓨터의 사용법에 관해 전문가의 조언을 따라야 할 필요는 그것들을 활용하려는 결정에서 나온다. 마지막으로, 진정한 혁신을 불러일으키는 소수라면 그가 누구든지 간에 권력이나 지위, 자원, 유능성 등에 대해 그 어떤 유리한 점도 갖추지 않은 상태로 출발해서 그 상태가 일정시간 동안 계속되어야만 한다.

그러므로 의존이란, 내가 언급하는 종류의 영향을 설명할 수 있는 **독립적** 변인이나 **보편적** 변인이 아니다. 내가 보기에, 설명력이 있는 유일한 변인은 행동양식이며, 행동양식은 영향작용의 결정에서 다수, 소수, 또는 권위와 전혀 상관이 없다.

행동양식은 새로우면서도 친근한 개념이다. 이는 행동과 의견의 조직화, 행동과 의견을 표현하는 타이밍과 강도를 말한다. 간단히 말해, 이는 행동과 의견에 대한 '수사학'이다. 한 언어를 구성하는 개별적 소리와 마찬가지로, 행동 **그 자체**는 고유의 의미가 없다. 행동은 오로지 다른 것들과 결합할 때만, 다시 말해 개인/집단이 결정한 것이자 그 행동들을 접한 개인/집단이 해석하는 것으로서만 의미가 있으며 반응을 일으킬 수 있다. 똑같은 몸짓이나 단어를 반복하는 것은 어떤 때는 고집스러움과 경직성을 반영하는 것일 수도 있지만, 또 어떤 때는 확신을 반영한다. 거꾸로 말하면, 고집스러움과 확실성은 여러 가지 다른 방법(반복, 거절, 몸짓이나 단어의 강도 등)으로 표현될 수 있다.

이러한 각각의 행동양식은 주관적 상태가 사회적 환경으로 투영된 것으로서의 역할을 한다. 말하자면, 행동양식은 주관적 경험과 주관적 정체감의 구조에 대한 실재적 대응물이다. 같은 논리로, 행동은 직접적으로 주어지는 것이 아니라 오히려 숨어 있는 근원적 내용의 부호화된 조각들이라고 생각된다. 그러므로 이 근원적인 내용은 추론이 되어야만 하며, 눈으로 확인할 수 있는 조각들은 해독되어 그 의미를 부여받아야만 한다. 사회적 교환에서 참여자의 역할은 추측 정도만이 가능할 뿐이고 일시적으로만 원인을 추정해볼 수 있으며, 이른바 표면적 가치로 직접 파악될 수 있는 것은 절대로 아니다. 이 때문에 역할행동은 언제나 임의적이어서 교환과정 내내 지속적으로 검증된다. 모든 것이 명백하게, 즉각적으로, 결정적으로 설명되는 것은 예외적인 상황에서뿐이다. 통상적으로, 이러한 복잡한 상호작용을 통해서 다른 사람이나 집단에 대해 점점 더 많이 알아가게 된다.

이러한 일들의 함의는 무엇인가? 간단히 말해, 일련의 행동에는 모두 두 가지 측면이 있다는 것이다. 하나는 도구적 측면이고 다른 하나는 상징적 측면이다. 도구적 측면은 도구의 대상에 관한 정보를 정의하고 제공하며, 상징적 측면은 행동의 원천이기도 한 행위자의 상태에 관해 정보를 제공하고 그 상태를 규정한다. 그리하여 실험실에 있는 진짜 피험자가 "선A는 선B와 길이가 같다"고 누군가 스무 번 반복해서 말하는 것을 들을 때, 또는 피험자가 보기에는 파랑인 슬라이드를 초록이라고 말하는 것을 들을 때, 그 피험자는 두 가지 서로 다른 상황을 추론한다. 하나는 실제로 선A가 선B와 길이가 같거나 파랑 슬라이드가 초록일 가능성이 있다는 것이다. 다른 하나는 그러한 말을 하는 사람이 자기 말에 확신을 가졌든 그렇지 않든, 피험자에게 영향을 발휘하려는 중일지도 모른다는 것이다.

일반적으로 행동양식에는 상징적 측면과 도구적 측면이 모두 있다. 형태를 통해 행위자와 연결되고, 내용을 통해 행동의 대상과 연결된다. 그래서 행동양식은 그것의 의미가 가진 그 두 측면에 대해 추론을 불러일으킨다. 행동양식은 의미를 전달하는 일과 반응을 일으키는 일 모두를 한다. 의미가 변화하면 그에 따라 반응도 변화한다. 행동의 의미에 대한 이러한 주장은 많은 독자에게는 하찮게 보일 것이다. 그러나 실제로는 매우 중요하다. 지금까지는 행동이 얼마나 의미 없는가 하는 점만이 전적으로 강조되어왔기 때문이다.

우리는 이제 행동양식에 대해 더 구체적인 사항들을 고려하게 될 것이다. 그 양식이 사회적으로 인정되고 확인되는 것이라면, 이러한 행동양식 중 하나를 택한 개인이나 집단은 반드시 다음의 세 조건을 충족해야만 한다.

(a) 그들이 사용하는 외적 신호들과 내적 상태 사이의 관계를 의식하라. 확실성은, 강력하고 확신에 찬 톤으로 표현된다. 예를 들어, 적절한 행동을 일관성 있게 하는 것은 그 무엇도 양보하지 않으려는 의도를 표현하는 것이다.

(b) 수신자의 오해를 사지 않도록, 체계적이고 일관적으로 신호들을 사용하라.

(c) 모든 상호작용과정 동안 행동과 의미 사이의 관계를 동일하게 유지하라. 다시 말해, 상호작용의 과정 내내 단어가 그 의미를 변화시키지 않도록 하라.

눈이 대상을 보려면, 공간적 관계들은 시신경을 따라 전달되는 신경충격 간의 시간적 관계로 정확하게 변형되어야만 한다. 이와 비슷하게, 설득적인 의사소통을 하려거나 또는 신뢰할 만하고 믿음직스러운 사람으로 인식되려면 표현방법에 진실성과 신뢰성을 느끼게 할 만한 요소들이 있어야만 한다.

휴질Hewgil과 밀러Miller가 실시한 너무나도 흥미로운 한 실험[1]에서, 그들은 피험자들에게 믿을 만한 사람으로서 메시지 송신자를 제시했다. 동시에 그들은 메시지 송신자가 연설을 하면서 다양한 정도의 비유창성과 중복성을 보이도록 했다. 그들의 가설은, 메시지 송신자의 연설에서 비유창성과 중복성의 정도가 크면 클수록 메시지에 대한 신뢰성이 떨어진다는 것이었다. 이러한 기대는 결과를 통해 확증되었다. 그러므로 메시지 송신자가 묘사되는 방식과, 메시지 송신자가 행동할 거라고 기대되는 방식 사이에는 중요한 관계가 있다. 사회적 수준에서 유능성과 계급우월성 등의 요인들을 가진 것으로 당초에 정의된 관계가, 연설행동에서 드러나는 행동양식을 통해 다시 확증되지 않는다면, 처음에 정의된 대로 그 관계가 존속되지는 않을 것이다.

사회적 상호작용에서는 이런 식의 전형적인 행동조직방식들을 통해, 상호작용을 개시하는 집단이나 개인이 가진 견해 · 동기부여에 관한 정보를 다른 집단이나 다른 개인에게 제공하게 되어 있다. 예컨대, 그 방식들은 개방성과 확실성의 정도, 또는 개입의 정도를 나타내주며, 영향을 미치려는 욕구가 있음을 알려줄 것이다. 결국 행동양식은, 목적을 갖고 언어적/비언어적 신호들을 배열해놓은 것이라 할 수 있다. 이 언어적/비언어적 신호들은 이 신호들을 보여주는 사람이 의도하는 전개방식이나 현 상태의 의미가 무엇인지를 보여준다.

비유창성의 예로 돌아가서, 비유창성의 빈도가 정상적 수준이라면 이는 연설 주제에 관해 연설자가 전문적 지식과 확신을 가졌음을 청자에게 보여주는 게 될 것이다. 그러나 비유창성이 정상 빈도를 넘거나 부적절한 순간에 발생한다면, 그 의미는 달라져 불확실성이나 불성실성 등의 증상으로 해석될 것이다. '정상적이다', '과도하다', '부적절하다' 등은 모두, 다양한 종류의 행동양식, 동기, 의도를 구별해내는 수단을 모든 참여자에게 제공해주는 공통의 사회적 코드에 의해 명확하게 정의된다.

왜 행동양식은 사람들에게 영향을 미치는 데에 효과적인가? 나는 아직도 이 질문에 관한 충분한 대답을 발견하지 못했다. 행동양식들은 단지 긍정적/부정적 태도를 자극하는 역할을 할 뿐이라고 가정할 수도 있다. 그러나 이런 가정은 우리를 아주 멀리까지 이끌지는 않는다. 아마도 이 행동양식들은 정보 항목들에 대해 서로 다른 가중치를 주거나 환경 내에서 특정 사건이나 사물을 강조하는 방법을 이용해, 심리적 장場들을 결정짓거나 주의를 집중시킬 수도 있다.

예를 들어, 비폭력적 저항은 목적이 가진 평온함의 힘 자체에 의해, 그리고 물리적 억압의 하찮음을 보여줌으로써, 그런 저항의 원인에 대해 흥미를 불러일으키고, 동시에 그 원인을 다루는 방법에서도 변화를 강제할 수 있다. 왜냐하면 관습적인 낡은 방법은 이 방법과 비교하면 효과가 없다는 사실이 드러날 것이기 때문이다. 같은 논리로, 아이가 울거나 소리를 지르는 식으로 특정 장난감에 대한 갈망을 표현하고 대용품이나 위로를 거부하면, 부모는 아이의 관점이나 선호도를 다만 얼마만이라도 고려하지 않을 수가 없다. 그러나 행동양식의 근원적 기제에 관해서는 실제로 알려진 것이 거의 없다. 결국 우리의 생각은 새로운 것이다. 사회심리학에서 우리가 현상을 이해하는 일의 중요성은 이제 겨우 인식되기 시작했을 뿐이다.

객관적으로 서술될 수 있는 다섯 가지 행동양식이 있다. (a) 투자 (b) 자율성 (c) 일관성 (d) 경직성 (e) 공정성, 이 다섯 가지 행동양식 중 진지하게 주목받아온 것은 일관성이 유일하다. 일관성은 아마도 가장 근본적인 것이다.

투자

인지부조화에 대한 연구[2]와 사회학습에 대한 연구[3]는 노력, 즉 '심리적 투자'의 역할을 중시했다. 심리적 투자는 행동을 정당화하고 변화시키는 데에 발휘된다. 개인이나 집단이 특정 목표를 성취하려고 커다란 고통을 감수한다면, 다른 사람들에게는 두 가지 의미가 전달될 것이다. 첫째, 그들은 자신의 선택에 강한 확신을 느꼈다. 둘째, 그들은 자기 강화에 대해 대단한 능력을 지녔다.

강력한 투자를 반영하는 행동이 결정적 영향을 발휘하게 된 예는 많다. 과학과 예술의 거장들을 둘러싼 신화들을 떠올려보기만 하더라도, 자신의 끈기와 헌신에 대해, 그리고 특별한 계획과 자신을 동일시할 수 있는 능력에 대해 스스로 안다는 것이 작업의 성공과 영향력에 얼마나 이바지했는지를 깨달을 수 있다.

가상의 예를 하나 들자면, 기금이 조성되는 상황을 고려해보자. 이미 알려졌듯이, 대부분 개인기부자의 기부액은 '평균치' 쪽으로 수렴되고, 그리하여 모두에게 대략 적절한 규범을 확립한다. 각각의 기부자는 다른 사람들이 자신과 비슷한 정도로 희생하거나 자신처럼 재력에 비례해 희생한다고 가정한다. 대개 기금조성자가 이전의 기부자 명단을 제시하는데 이때 가난한 개인이 예외적인 희생을 했다는 정보가 드러난다면, 이러한 정보는 기부자들 대부분에게 영향을 미칠 것이고, 그리하여 그 희생은 기부액을 결정하는 준거점으로 고려될 게 당연하다.

하인Hain과 그의 동료는 탄원서에 서명하도록 결정하는 조건을 주제로 연구했다.[4] 그들은 이미 공개된 서명인의 숫자가 결정적인 요인이 아님을 관찰해냈다. 가장 중요한 것은 서명에 대한 호소를 만들어내는 확신과 긴급성이다. 그들은 다음과 같이 적고 있다. "연구의 결과는, '탄원에 대한 서명의 수가 많으면 많을수록 탄원이 제안하는 변화를 지지하는 감정이 더 많이 확산될 것'이라는 엉성한 주장의 타당성에 의심을 던지고 있다."[5)]

대체로, 행동양식은 사회적 교환에서 영향력을 가질 것이라고 우리는 말할 수 있다. 왜냐하면 행동양식은, 관련된 개인이나 집단이 그들의 자유 선택에 의해 강하게 개입하고 있다는 점과, 이때 추구되는 목표가 이미 개인적 희생이 이루어진 바로 그 지점에 높은 가치를 부여하고 있다는 점을 나타내 보여주기 때문이다.

자율성

자율성은 바깥으로 표현되었을 때 긍정적 반응을 불러일으키는 자산이다. 자율성은 따라 하고 싶은 마음이 들게 하는 모범적 태도로 여겨진다. 자율성은 어떻게 정의될 수 있는가? 자율성은 여러 가지 면을 가진다. 무엇보다도 판단과 태도의 독립성을 들 수 있다. 판단과 태도의 독립성은 자신만의 원칙에 따라 행동하려는 결의를 나타낸다. 객관성도 깊이 관련되어 있다. 다시 말해, 주관적 관심에 의해 편향되는 일이 없이, 엄격한 방식으로 모든 유관 요소를 고려하여 그 요소들에서 결론을 끌어내는 능력이 관련되어 있다. 극단론이 일관적인 비타협적 태도를 함축하는 한, 극단론도 자율성의 한 요소가 될 수 있다.

드 몽쇼와 심민은 샤흐터가 영국에서 시행한 한 연구를 분석하면서 독립성의 효과를 증명해냈다.[6)] 이 연구에서 여러 개의 집단은 비행기 모형을 선택하라는 요구를 받았다. 그들은 선택한 모형에 대해 모의 생산도 하게 되어 있었다. 실험협조자는 집단이 가장 거부하는 모형을 일관성 있게 택하라는 지시를 받았다. 한편, 집단은 만장일치의 결정에 도달하라는 지시를 받았다. 32개 집단 중에서, 12개의 집단은 실험협조자의 선택을 무시하고 합의에 도달했고, 6개의 집단은 실험협조자의 선택을 받아들였다. 나머지 14개의 집단은 합의에 실패했다. 저자는 결론에서 다음과 같이 적고 있다.

우리의 가정은, 논의가 진행됨에 따라 하나의 집단적 결정에 도달하려는 욕구가 개인의 요구를 억누른다는 것이었다. 그러나 과격하지 않고 차분하게 자기 선택을 유지하는 이탈자의 행동은 개인적인 선호도를 강화할 수 있다("저 사람이 자기 선택을 포기하지 않는데, 나는 왜 포기해야만 하는가?"). 그러므로 우리가 여기서 고려해야 할 것은, 이탈자의 존재가 집단의 만장일치보다는 선택의 개별성 쪽을 향하는 압력으로 기능하게 될 가능성이다.[7]

이 연구에서 드러났듯이, 독립적인 것으로 인식되는 행동은 집단결정에 영향을 미치거나(6개의 집단은 실험협조자가 선택한 모형을 선택했다), 또는 집단 내 개인들의 독립적 태도를 고무시킬 수 있다. 어느 쪽이든 실험협조자가 영향을 발휘하고 있음을 나타내고 있다. 한 개인이 자율적인 의견과 판단을 가진 것처럼 보인다면, 그리고 그가 권력을 휘두르고 있지도 않고 아직은 타협하려 드는 상태도 아니라면, 그 개인은 아마도 특정 모형이나 특정 가치체계의 옹호자처럼 반응했을 테고 또한 그런 식으로 인식되고 특성화될 것이다. 그 결과로 그는 자기 행동에 대한 통제를 스스로 갖췄다는 인상을 줄 것이다. 보기에 따라서는, 그는 하나의 행동체계에 대한 주창자다. 그러한 개인(또는 하위집단)은 발언할 기회를 얻을 뿐만 아니라, 이 정도 자율성을 가지지 못한 다른 개인들에 비해 상당한 힘을 갖게 될 것이다. 자율적인 행동은 투자를 나타내는 행동과 마찬가지로, 외관상으로는 영향을 미치려는 행동으로 인식되지 않는다.

예술적 · 문화적 · 과학적 영역에서, 그리고 패션계에서는 십중팔구 자율적인 개인들이 혁신을 시작한다. 그런 사람들은 집단이 채택한 집단적, 순종적 행동을 거부한다. 그들의 주도적인 모습은 대담해 보이며 그들의 해결은 신선하고 독창적인 것으로 보인다. 그래서 이러한 모습이나 행동은 타인의 행동에 제한을 가하는 관행에서 그들 자신을 해방한다. 새로움이라는 것이 가진 본질적인 가치와는 별개로, 새로움에는 거부할 수 없는 매력이 있다. 그래서 새로움은 언젠가는 모방을 유발해낸다. 사람들은 생각지도 않은 가능성을 언뜻 보고 나면, 관습적인 세상에서 살고 싶어하지 않는다. 새로운 것을 접하고 나면, 오래된 것은 참을 수 없을 만큼 지루해진다. 고전적인 초상화 옆에 놓여 있는 피카소 작품을 상상해보라. 피카소의 작품은 충격적일 수 있으나, 그림 자체뿐만 아니라 그림의 대상에 대해서도 새로운 통찰을 제공한다. 반대로, 실재의 정확한 복제, 모형의 독창성 없는 모방은 부족해 보인다. 이런 식으로 예술은 자신의 영향을 넓혀나간다.

한 집단 안에 있는 개인들은 타인에게 영향을 미치려는 의도에 대해 늘 의심한다. 정직함과 진솔함을 당연시하는 개인들에게는 그러한 의도가 있지도 않고 있을 수도 없다. 그래서 그러한 개인은 다른 사람들보다 우선적 위치를 확보하며 그의 의견이나 판단은 더 많은 영향을 미친다. 예를 들어 회의나 협동작업에서 합의가 도달되어야 하거나 논쟁적인 문제에 의견을 내야 할 때, 그가 참석하여 여러 개의 적절하고도 숙고한 사실적 정보들을 능숙하게 활용하는 모습을 보이면서 행동한다면, 아마도 그는 집단적 결과에 높은 수준의 영향력을 발휘할 것이다. 그가 행동으로 표현하는 신중함과 독립성은 존경을 불러일으키며 지지를 이끌어낸다.

덧붙여 말하자면, 이러한 점은 우리가 과학자들, 종교적 지도자들, 전문가 위원들의 주장을 쉽사리, 너무나도 쉽사리 받아들이는 이유를 설명한다. 종종 올바르게, 그러나 때로는 잘못되게, 우리는 그들의 의견에 주의 깊게 가중치를 부과하며, 그들이 제안하는 해결책에 그 어떤 개인적 이익이나 숨은 동기도 없다고 가정한다.

마이어스Myers와 골드버그Goldberg가 수행한 연구는 내 분석을 지지하는 경향이 있다.[8] 337명의 학생이 대기오염에 관한 짧은 '잡지 기사'를 읽도록 요구받았다. 피험자들은 몰랐지만, 이 기사는 실험자가 조작한 것이었다.

그 기사에 표현된 의견은 대기오염이 위험하지 않다는 것이었다. 대기오염이 주제로 선택된 이유는, 대기오염이 위험하다는 것은 널리 알려졌기에 피험자들도 그렇게 생각할 것으로 가정했기 때문이다. 그러므로 설득적 메시지가 제안하는 방향으로 피험자들이 자신들의 의견을 변화시키게 될 가능성이 있었다.

우리의 목적과 관련해 여기서는 실험조건 중 오직 세 개의 결과만이 보고될 것이다. 첫 번째 조건인 '윤리의식이 높은 **집단**'조건에서 피험자들은 기사의 견해가 전문가 위원회가 세 시간의 토론을 거쳐 도달한 결론을 대표한다고 들었다. 두 번째 조건인 '윤리의식이 높은 **개인들**'조건에서는, 피험자들은 그 기사가 소수의 선도적 과학자 집단에서 시행된 투표에 바탕을 두었다고 들었다. 세 번째 조건인 '윤리의식이 높은 **개인**'조건에서 피험자들은 그 기사가 미국의 가장 저명한 과학자 중 한 명이 내린 결론을 대표한다고 들었다.

세 조건에 등장하는 전문가의 지위에는 차이가 없다고 가정할 수 있다. 그러나 최대의 영향력은 '윤리의식이 높은 **집단**'조건에서 관찰되었다. 이 조건에서 피험자들은 그 기사가 여러 사람의 숙고 끝에 나온 결과를 의미한다고 믿었다. 또한 아마도 피험자들은 질문에 관해 예외적으로 세심한 재검토가 이루어졌을 것으로 생각했다.

그러나 숙고는 충분하지 않은 게 분명하다. 자율성이 감지되려면 더 많은 것이 요구된다. 관건이 된 생각을 표현하는 개인이나 집단이 특정한 사회적 견지를 가져야 하고, 그들이 그런 생각을 처음으로 제안했어야 하며, 자유로운 선택으로 그러한 견지를 취했다는 확신이 있어야만 한다. 네메스와 와틀러가 행한 실험은 특히 이 부분과 관련되어 있다.[9]

그들은 실험에서 5명으로 마치 모의 배심원처럼 집단을 구성했다. 각 집단은 읽어야 할 사례연구를 받았다. 사례연구에서는, 어느 한 사람이 작업 중 상해를 입은 것에 대해 손해배상을 주장했다. 그 사람은 세탁기를 수리하다가 발판에서 떨어져서 무릎 연골이 찢어졌다. 법으로 허용되는 최대의 보상금액은 25,000달러였다. 사적인 상황에서 개별적으로 질문하면, 피험자들 대부분은 큰 금액의 보상금이 지급되어야 한다고 생각하고 있었다. 이때 피험자들이 제안한 보상금액의 평균은 14,560달러였다.

그러나 실험조건에서 피험자들은 3,000달러의 보상을 일관성 있게 주장하는 실험협조자에게 노출되었다. 각 배심원 집단에 속한 5명(4명의 피험자와 1명의 실험협조자)은 45분 동안 사례에 대해 논의했다. 그 과정에서 실험협조자는 미리 암기해 온 7가지 주장을 펼쳤다. 그 7가지 주장에서는 상해의 강도에 대해 의문스러워하는 것, 보험회사가 감당할 수 있다고 해서 최대치의 보험금을 허락하기보다는 어느 정도가 정말로 공정한 보상금액인지를 배심이 고려해야 한다고 제안하는 것, 3,000달러는 실제로 꽤 큰 금액이라는 것을 지적하는 것 등이 포함되어 있었다. 통제조건에서는 실험협조자가 없는 상태로 5명의 피험자가 그 사례에 관해 서로 생각을 나누었다.

실험의 변형판도 있었다. 그 변형판은 특별한 관심의 대상이기도 하다(소배심에 관한 일부 연구가 '우리 문화에서, 앉은 자리의 위치는 영향을 미치는 힘과 신분을 반영한다'는 믿음을 지지한 바 있다. 특히 테이블의 상단 쪽 위치는 대개 힘과 명성에 관련되어 있다. 그러므로 그 자리에 앉는 사람은 자신의 리더십 능력과 유능성, 그리고 지도자로 행동하려는 자신의 의도를 주장하면서, 자신에 대한 주의를 환기시킬 수 있을 것이다. 상석에 앉는다는 것이 다른 사람들로 하여금 그에게 리더십 특성이 있다고 생각**하게 한다면**, 그 자리에 앉는 사람은 그러한 행동양식을 채택하여, 영향력을 발휘하는 데에 더 유리한 위치에 자신을 놓을 수 있다). 실험에서 네메스와 와틀러는 그림2에 보이는 좌석 배열의 테이블을 사용했다. 상석은 S이며, 측면 자리는 Q와 R이다. 실험조건에 따라 실험협조자는 상석에 앉기도 하고 측면 자리 중 하나에 앉기도 했다. 중요한 차이는, 어떤 조건에서는 실험협조자가 자리를 **선택했지만**, 다른 조건에서는 그 자리를 **배정받았다**는 점이다. 모든 조건에서 실험협조자는 45분간의 사례 논의에서 정확하게 동일한 주장(이탈적 관점을 옹호하는 주장)을 펼쳤다. 여기서는 모든 조건에서 동일한 주장을 했다는 점이 중요하다.

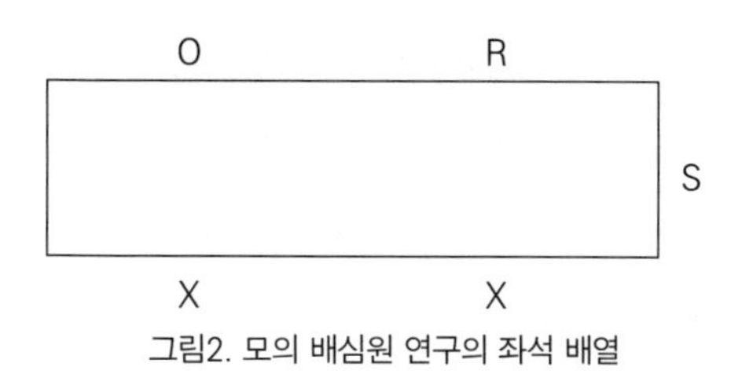

그림2. 모의 배심원 연구의 좌석 배열

자리를 선택하느냐 배정받느냐의 차이는, 전자는 자율성을 나타내지만 후자는 시스템의 규칙과 권위에 대한 순응을 반영한다는 점이다. 그러므로 다른 조건들이 동일하면 우리는 실험협조자 스스로 자기 자리를 택하는 조건에서 그 영향력이 가장 강력해질 것으로 기대할 수 있다. 이러한 기대는 실험결과에 의해 지지되었다. 실험협조자의 효과성을 분석한 결과, 영향력을 발휘할 수 있는 상단 자리를 실험협조자 스스로 **선택했던** 때에만 그 효과성이 있었던 것으로 나타났다. 상석에 배정받았을 때나 측면 자리에 앉게 되었을 때는(선택에 의해서든 배정에 의해서든), 실험협조자가 영향력을 발휘하지 않았다(t=1.53, p<0.07).

"행동양식의 하나로서 상석을 택하는 것은, 다른 사람들에게는 확신의 신호로 해석될 수 있고, 그런 식의 귀인은 결국에 가서는 개인의 효과성을 만들어낸다. 선택이 아닌 방법으로 그런 자리를 차지한다면 그 속성에 관해서는 행위자에 대해 그 어떤 정보도 드러내지 않는다."[10] 그러나 이 이상의 것이 있다. 다른 사람들의 적대감이나 주저함에 대해 단호한 방법으로 반응하면, 다른 사람들은 그러한 특성이 반응자에게서 나온 것으로 생각하게 되며, 반응자는 자신의 특성에 대한 신뢰를 확보하게 된다. 네메스와 와틀러는 "이 연구에서 다수는 실험협조자의 관점에 대해 상당히 주저하고 망설였다. 수많은 예에서 다수는 실험협조자가 이탈적 견해를 가졌다는 이유로 실험협조자를 괴롭혔고 조롱했다. 심지어 어떤 사람은, 그런 부상의 아픔과 괴로움을 실제로 겪어볼 수 있도록 실험이 끝나고 나서 실험협조자의 다리를 부러뜨리겠다며 위협하기까지 했다. 그러므로 우리는 다수가 쉽사리 동의한 것은 아니었음을 알 수 있다. 그럼에도 그들은 실험협조자의 행동양식이 특별한 확신을 포함하고 있을 때(상석에 앉았을 때)에는, 동일한 주장을 하는 동일한 실험협조자로부터 영향을 받았다."[11]

자율성과 객관성의 효과를 보여주는 또 다른 방식은 다음과 같다. 사회는 개인이 관심과 동기를 감추어왔다고 늘 가정한다. 그렇기 때문에 우리는 개인의 판단과 의견이 외적 편파(어떤 계층에 속하는지, 가족 배경은 어떠한지 등)나 내적 편파(질투, 야심 등) 때문이라고 생각한다. 그 결과로, 행동은 실제로는 내용과 목적 그 어느 면에서도 자유롭지 않다고도 가정된다. 그러나 '개인들 대부분은 외부적 개체나 내부적 동기에 대해 독립적인 것처럼 보이는 사람의 반응을 쉽게 받아들일 것'이라고 예측하는 것이 무난하다.

의사소통 분야에는 의존성 패러다임에 기초한 연구가 많다. 그 연구들은 성공적으로 그들의 가정을 입증해왔다. 그들은 메시지 송신자의 명망이나 신뢰성이 의사소통의 효과성에서 주요한 요인이라고 가정한다. 더 정확하게 말하면, 다른 모든 조건이 동일할 때는 신뢰성이 클수록 수신자의 의견에 더 큰 변화가 발생한다. 더욱이 항상 메시지는 메시지 송신자나 수신자 중 어느 한 사람의 이익과도 관계없는 것으로 여겨졌다. 말하자면, 사람들은 조금이라도 그런 관계가 있을 가능성을 고려하지 않았다. 월스터Walster와 그의 동료는 메시지와 이득의 관계에 대한 지각이 있다는 점과, 그 지각이 의사소통, 태도와 판단의 형성에 영향을 미치고 있다는 점을 보여주려 했다.[12] 그들의 출발점은, 개인이 이처럼 명백히 자신의 이익과 상반되는 관점을 옹호한다면 더욱 진실하고 믿을 만한 사람으로 지각될 것이라는 가정이었다. 그들의 연구에서 피험자들은 4개의 실험집단으로 나뉘었다. 첫 번째 집단은 지위가 높은 개인(지방검사)과 의사소통을 했는데, 그 개인은 그 자신의 이익에 유리한 견해를 옹호했다. 두 번째 집단은 지위가 낮은 개인(범죄자)과 의사소통을 했는데, 그 개인도 자신의 이익에 유리한 견해를 옹호했다. 세 번째 집단은 지위가 높은 개인과 의사소통을 했는데 그 개인은 자기 이익에 유리하지 않은 쪽 견해를 옹호했다. 네 번째 집단은 지위가 낮은 개인과 의사소통을 했는데, 그 개인도 자기 이익에 유리하지 않은 쪽 견해를 옹호했다.

두 사람이 원래 그들 자신의 이익에 반대되는 관점을 옹호할 때, 지위와 무관하게 그들의 영향력은 더욱 컸다. 실제로 자신의 이익과 반대되는 견해를 취하면, 지위가 높은 사람보다 지위가 낮은 사람이 더욱 큰 영향력을 발휘했다. 그러므로 편향되지 않은 것으로 보이는 의사소통은, 더 정직하고 더 전문적이며 더 영향력 있는 것으로 해석되었다. 파웰Powell과 밀러 또한, 메시지 원천이 목표가 되는 행동에서 이득을 보지 않는 것으로 여겨질 때 더욱 믿음직스럽게 보일 것임을 명확하게 발견했다.[13] 피험자들은 녹음테이프를 통해, '대가를 받지 않고 적십자에 혈액을 기증하는 것'을 옹호하는 메시지를 들었다. 설득적 메시지는 적십자의 혈액기증 부서 책임자(익명의 사람)나 의사(알려진 사람)로 추정되었다. 더 이해관계가 있고 이기적인 사람으로 보이는 모집 책임자와 비교하면, 의사는 혈액 수집과는 무관한 쪽이기 때문에 더 신뢰할 수 있고 영향력 있게 보였다. 밀즈Mills와 젤리슨Jellison은 자신을 지방선거의 후보자라고 주장하는 사람의 연설에 학생들을 노출시켰다.[14] 그 연설은 트랙터-트레일러에 대한 면허발급 비용을 세 배로 하자는 법안을 제안하는 것이었으며, 실험에서는 이 연설이 철도노동자 집단이나 트럭운전사 집단 중 어느 한쪽의 앞에서 이루어진 것으로 피험자가 믿게끔 유도했다. 결과는 깔끔했다. 피험자들은 메시지의 원천이 덜 인기 있는 집단 앞에서 연설한 것으로 지각될 때, 다시 말해 더 객관적으로 보일 때 의사소통에 동의하는 쪽으로 자신들의 의견을 변화시켰다.

정치가들은 이러한 점을 잘 의식하고 있다. 그들은, 일반 대중의 이익을 위해 자기 이익쯤은 기꺼이 무시할 수 있다는 것을 드러낼 기회를 절대로 놓치는 법이 없다. 종종 우리는 보수적인 정치가들이 그다지 어려움을 겪지 않고 '좌파' 사회주의자 법령을 통과시키는 것을 본다. 그들은 커다란 저항에 맞닥뜨리게 되는 일이 없이, 법령 제정이 불가피한 것처럼 보이게 할 수 있다. 미국에서 민주당이 옹호해온 많은 정책을 공화당이 실행하는 것은 흔한 일이다. 식민지의 독립을 인정하는 문제와 관련해, 프랑스에서도 동일한 양상이 관찰되었다. 그 주장은 언제나 좌파가 옹호하던 것이었지만, 실제로는 우파가 더 많이 실행했다.

극단주의는 연구에서 인기 있는 주제는 아니어서, 이탈적 행동으로 정의될 때만 다뤄졌다. 이론가들은 극단주의를 중도적 행동보다 상대적으로 덜 수용되는 것으로, 특히 덜 효과적인 것으로 여기는 경향이 있다. 균형이론에서는 심지어 '극단주의에 저항하려는 편파'가 있다고까지 가정한다. 테일러Taylor의 말에 따르면 "초점의 대상이 되는 인물이 어떤 이슈나 주제에 대해 다른 사람과 이야기하고 있다면, 그 사람이나 다른 사람 둘 중 하나는 자신의 견해를 '중도'적 방법으로, 또는 더 '극단적인' 방법으로 천명할 수 있다. 일반적으로는 사람들이 강한 표현의 의사소통보다 중도적 표현의 의사소통을 더 선호하려들 것으로 가정되었다. 이는 '극단주의'에 저항하려는 편파다. 다른 사람이나 초점 인물과의 온건한 의사소통은 강한 언어를 사용한 의사소통과 비교하면, 초점 인물의 내면에 태도변화나 감정변화를 유발해낼 가능성이 더 크다."[15] 이렇게 가정하는 경향이 있음에도 몇몇 연구는(비록 극히 소수지만), 극단주의자들에게 이탈적이거나 '불균형적'인 특성이 있더라도 그들이 영향을 발휘할 가능성에 대해서는 덜 부정적으로 서술하고 있다. 멀더 Mulder가 진행한 잘 알려지지 않은 실험[16]은 균형을 회복하는 데에 도움이 된다. 도시지역의 중소사업자들을 소집해서 그 지역에 곧 슈퍼마켓이 생길 것이라는 정보를 주었다. 그들은 슈퍼마켓이 자신들의 사업을 대신하게 될 위협에 대항해 권리와 재산을 지켜내야 할 필요에 직면했다. 사업자 중의 하나는 실제로는 실험협조자였는데, 모든 타협을 거부하고는 공동체를 조직할 필요를 주장하며 슈퍼마켓 건립에 적극적으로 저항하는 등 강경한 태도를 보였다. 그는 그들의 공동 방어를 위해 지역 조합의 창립을 옹호했다. 두 번째 사업자도 실험협조자였는데, 중도적 태도를 보였다. 그는 첫 번째 실험협조자의 아이디어를 지지하기는 했지만 덜 고집스러웠다. 실험참가자들은 조합을 만들 것인지, 궁극적으로는 자신들을 대표하고 옹호할 대표를 선출할 것인지, 그 여부를 결정해야 했다. 실험의 결과는 실험참가자들이 강경한 태도를 택했음을 보여준다. 급진적인 실험협조자는 그들의 대표로 가장 빈번하게 선출되었고, 중도적인 실험협조자는 가장 자주 거부되었다. 주어진 실험조건에서, 실험참가자의 개입은 어느 만화에서 점의 개수를 추정하는 과제일 때 그랬던 것보다 더 커졌음을 확인할 수 있다. 멀더 실험의 사업자들은, 명쾌하고 일관적이며 급진적인 대안으로 극화되었다. 극단적인 실험협조자의 완강한 태도가 상호작용을 막기는커녕, 그 때문에 오히려 참여자들은 굳건한 집단적 태도를 확립할 수 있었다.

얼마 전에 브렘Brehm과 립셔Lipsher는 메시지 송신자가 수신자로부터 분리된 정도와, 수신자가 송신자에게 부여한 신뢰 간의 관계에 관해 연구하는 실험을 수행했다.[17] 수신자의 확신이 상이성의 정도에 반비례할 것이라는 이론들 대부분의 예언과는 반대로, 이 실험은 메시지 송신자의 의견이나 판단에 대한 수신자의 확신이 수신자와 송신자의 상이성이 최대일 때 가장 컸음을 보여주었다.

좀 더 최근에 아이징거Eisinger와 밀즈는, 메시지를 보내는 사람이 수신자의 눈에 '같은 편'으로 보인다면(분명히 더 인기 있을 것이기 때문에) 반대'편'에 있는 송신자보다 더 믿음직스러운 것으로 판단될 것인지를 알아보려고 했다.[18] 저자들은 또한 극단적인 메시지를 보내는 사람이 중도적인 메시지를 보내는 사람보다 덜 인기 있을 것이며 덜 정직한 것으로 판단될 것이라고 가정했다. 그러나 발견들 대부분은 극단적인 개인들이 중도적인 개인들보다 더 긍정적인 반응을 유발했음을 보여주었다. 저자들은 그러한 결과를 기대한 것이 아니었다. 그래서 다음과 같이 언급했다. "반대편에 있는 의사소통자가 더 많은 사회적 불인정을 당하게 될 상황에 스스로를 맡기는 중이라는 것을 인지하게 되면, 이전의 감정이 상쇄되어 반대편 의사소통자에 대해 더 높은 호감이 발생할 수도 있다."[19] 다시 말해, 극단주의자에 관한 평판은 위험을 무릅쓰는 상황에서 보여주는 용기 때문에 향상된다. 중도파들과 비교될 때, 그는 "더 정직하고 더 유능하며 더 마음에 들고 더 믿을 만한 사람으로 평가되기"[20] 때문에 더 많은 호감을 얻는다.

미덕이 보상되지 않을 뿐만 아니라, 심지어는 올포트Allport* 이래로 내내 반감을 일으키리라 예상되던 반응의 형태와 양식이 오히려 찬탄을 불러일으키고 진지한 사고와 신뢰성의 증거로 받아들여진 것이다. 아직은 이러한 실험 중 그 어느 것도 명백한 증거를 제공하지 못했고 그 자체로 결론이 나지도 않았지만, 새로운 오리엔테이션이 필요한 때가 왔음을 알려준다. 더욱이 이 실험들은 여러 가지 실험적 증거를 통해 차별적 행동양식으로서의 자율성을 지지하는 강력한 목격자들이다.

---

* 미국의 성격심리학자. "성격이라는 것은 심리-신체적 시스템으로 이루어진 한 개인 안의 역동적 조직이어서, 특성적 행동과 생각을 결정한다."(Allport, *Pattern and Growth in Personality*, 1961, p.28)

일관성

행동적 일관성은 확신의 신호로 인식된다. 행동적 일관성은 주어진 관점을 확고부동하게 고수하려는 결정을 강하게 지지하고, 일관적이고 강경한 선택에 대해 헌신하고 있음을 보여준다. 일관성이라는 영향력 원천이 갖는 가능성은, 능력의 차이에서 비롯될 수도 없고 겉으로 드러나 있는 의존성에서 비롯될 수도 없다. '행동적 일관성'은 여러 가지 형태의 행동을 포함하는데, 어떤 말을 지속적으로 반복하는 것에서부터, 모순된 행동을 피하는 것을 거쳐, 논리적 증거체계를 정교화하려는 것에 이르기까지, 다양한 행동형태들을 포괄하는 것이 사실이다. 지금의 내 목적을 따르자면 이는 중요한 쟁점이 아니다. 직관과 실험이 행동적 일관성의 범위를 결정할 것인데, 나는 여기서 사회적 영향력의 관점에서 일관성의 함의를 분석하는 것으로 내 목적을 제한할 생각이다.

우선 "각각의 개인과 집단은 물질적 · 사회적 환경에 일종의 조직화를 부과하려 하고, 그 환경에 대한 자신들의 지식을 타당화하려 하며, 그 환경을 다루고자 개인과 집단이 채택했던 규칙을 확인하려 하고 있다"는 가정을 고쳐서 말해보자. 개인과 집단은 그들의 영구적이고 불변적인 토대에서 순간적이고 가변적인 행동/사건을 분리해냄으로써, 현실을 받아들이고 현실에 대해 예측하며 어느 정도 현실에 대한 통제를 확보한다. 그들은 모든 것이 우연적이고 임의적으로 보일 수도 있는 상황에, 시간적이고 인과적인 연쇄를 끌어들인다. 가령 두 사람이 만났을 때, 그들이 상호 간에 만족스러운 행동을 전달하고 받아들이는 유일한 방법은 의도, 느낌, 능력 등의 불완전한 인상들 덩어리에서 일부 눈에 띄는 특징을 걸러내는 것뿐이다. 물질적 대상들도 전달된 자극의 비교, 분류, 선택을 포함하는 동일한 작용을 일으킨다. 그래서 이러한 작용의 결과로, 대상의 규모, 색채, 속도 등에 대한 특성화가 발생하게 되며, 뭐가 되었든 어떤 목표에 대해 이런 특성화를 적용해볼 수 있다는 결정이 내려지게 된다. 우리와 관계된 것이 사람이든 사물이든, 이들의 기질적 속성에 대한 추론과정이 작동하게 되는 것이다.

하이더Heider는 사회적 · 물질적 실재들을 구분하는 조건들을 다음에 나열하며, 사람들이 그러한 실재들에 어떠한 방법으로 안정적이고 분명한 특성들을 부여하는지를 기술하고 있다.[21] (a) 결과는 있는데 이에 대해 추정되는 원인이 없으면, 결과의 존재가 주목된다. (b) 사람이나 사물이 취하는 형태가 무엇이 되었든, 사람이나 사물 때문에 발생한 결과에 대한 반응은 변함없이 그대로다. (c) 일어난 반응은, 동일한 결과와 관련하여 동일한 상황에 놓인 다른 개인들의 반응과 일치한다. 더 간단하게 말하자면, 독특성, 시간에 따른 일관성, 양상에서의 일관성, 합의는 우리가 이들에 관해 얻어진 정보를 타당화하도록 해줄 뿐만 아니라 '순식간에 사라지는'(표현형phenotype의) 속성과 '영구적인'(유전자형의) 속성을 구분할 수 있도록 해주는 네 가지 기준이다.[22]

이런 식의 생각이 더 추구된다면, 일관성은 환경으로부터 정보를 획득하고 조직화하는 과정에서 결정적인 역할을 하고 있음이 명백해진다. 일관성은 내적 일관성, 즉 **개인** 내적 일관성(하이더의 용어로는, 시간과 양상에서의 일관성)이나, 개인 간 일관성, 즉 **사회적** 일관성 중 어느 하나에서 중요한 역할을 한다. 이 둘은 실제로는 동일하다. 시간과 양상에서의 일관성은, 서로 다른 행동과 정보 세트를 조화시키고자 개인이 내적으로 확립한 일종의 합의에 불과하기 때문이다. 하지만 합의 그 자체는 서로 다른 개인들에게 강제되거나 서로 다른 개인들이 구하는 일관성의 한 형태다. 두 가지 일관성 형태는 모두 반응의 가변성을 감소시킨다. 반응 가변성이 이런 식으로 감소되는 것은, 행동모형이 통상적이면서 뚜렷한 방법으로 그 모습을 드러내고 있는 것이다. 이 행동모형을 통해, 바라던 특성이 드러나고 사회적, 물질적 세계의 불변적 차원들(다시 말해, 행동을 결정하는 규범들)이 타당화된다. 적어도 개인은, 이런 일이 반응 가변성의 감소 때문에 생긴 결과며 그리하여 이것이 반응 가변성 감소의 의미가 된다는 것을 **느낀다.**

이러한 의미를 명심하면, 일관성이 그토록 영향력 있는 이유를 이해하기가 쉬워진다. 한편으로 행동적 일관성은, 의견들이 대체로 매우 불안정한 환경에서 매우 강력한 확신을 표현하거나, 주도적인 의견들에 맞서는 하나의 중요한 대안을 표현한다. 다른 한편으로, 일관적인 행동을 보이는 개인은 강한 자기 확신에 차 있는 것처럼 보일 뿐만 아니라, 그에게 동의하는 일이 결국은 견실하고 영속적인 합의로 이어지게 될 것임을 보장한다. 또한 일관성은 어떤 일반적 욕구에 호소한다. 이 일반적 욕구는, 상대적으로 명확하고 단순한 의견이나 판단을 지지하려고 하며 우리가 맞닥뜨리게 되는 현실을 모호하지 않게 정의하려는 것이다. 지나친 정도의 주의를 요하는 것으로 보일 수도 있고, 행동이 극단적이거나 이상한 것으로 보일 수도 있다. 그러나 일관성은 매력적일 수도 있으며, 드러나지 않은 집단의 경향성에 대한 재집결 지점을 구성할 수도 있다. 이러한 점을 고려한다면, 원로원이 카토의 견해에 동의해 로마의 경쟁 도시인 카르타고로 원정대를 보낼 때까지, 카토가 어떤 논제에 대한 연설이든지 간에 모든 연설을 "카르타고는 멸망되어야만 한다"라는 유명한 말로 끝맺기로 한 것을 이해할 수가 있다.

행동양식으로서의 일관성에 관해 이미 내가 한 주장을 지지하는 증거가 지금 여기 있다. 모스코비치와 포쇠Faucheux가 수행한 두 개의 실험[23)]이 그 증거를 제공한다.

- 첫 번째 실험 -

· 실험절차

: 실험은 피험자들에게 응용심리학적 문제에 대한 연구 중 하나로 제시되었

다. 피험자들이 들은 지시는, 정보전달 분야에서 최근에 이루어진 발전(특히 항법 자동조종 장치)에 관해, 오퍼레이터들이 캐소드 스크린에 영사된 정보를 읽어야 한다는 것이다. 이 때문에, 전달된 정보가 더 읽기 쉽고 더 구별 가능한 것이 되도록, 여러 가지 코드에 대한 사람들의 선호도를 결정하는 것이 중요하다. 구체적인 예가 제공된다. 예를 들어, 공항관제탑 오퍼레이터들은 이륙이나 착륙을 준비하는 수많은 비행기를 동시에 탐지하고 안내해야만 한다. 공항 안정성의 관점에서 보자면, 이 오퍼레이터들의 작업은 최대한 단순화해야 한다. 그들이 사용하는 정보(고도, 위치, 속도, 선행권 등)는, 정확하고 신속한 결정을 내릴 수 있도록 가장 적절한 상징과 신호를 사용해 최대한 명확한 방법으로 제시되어야 한다.

그러고 나서 피험자들은 관제탑에서의 상황을 단순화한 실험, 그러나 동일한 종류의 선택적 주의와 의사결정을 요구하는 실험에 참여하게 될 것이라는 이야기를 듣는다. 이러한 목적을 위해, 피험자들은 **크기**(크거나 작거나), **색채**(빨갛거나 초록이거나), **형태**(둥글거나 각이 있거나), **선**(점선이거나 연속선이거나) 등의 네 가지 사항에서 차이를 보이는 일련의 그림들을 보게 된다. 피험자들에게는 각각의 형태에 대한 예를 그림으로 보여준다. 그 후 피험자들은, 많은 수의 그림을 차례로 보게 될 것이며 각각의 그림에 대해 언제나 네 개의 정답이 있다는 이야기를 듣는다. 그러나 피험자들은 단지 **하나의** 대답만, 다시 말해 주어진 그림에 대해 어떤 이유로든 가장 적절해 보이는 대답 하나만을 선택해야 한다. 대답은 구두로 하거나 글을 써서 했다. 응답의 순서는 체계적으로 변형되었다. 첫 시행에서 대답한 첫 피험자는 다음 시행에서는 마지막 시행에서 대답하는 피험자가 될 것이다.

일련의 자극들은 64개의 그림으로 구성되었으며, 한 그림에서 그다음 그림으로 넘어가는 과정에서는 단 하나의 차원만이 그대로 유지되는 방식의 순서로 그림들이 제시된다. 예를 들어, 한 그림이 크고 초록이고 둥글고 점선이라면, 다음 그림이 크고 빨갛고 각지고 실선일 것이며, 그다음 그림은 작고 빨갛고 둥글고 점선일 것이다. 4, 5명의 집단으로 이루어진 피험자들은 사각형 탁자의 세 면에 둘러앉는다. 네 번째 면은 실험자를 위해 마련해두었는데, 실험자는 피험자들이 그림을 주의 깊게 볼 수 있도록 차례대로 보여준다. 한 실험협조자는 전체 실험 내내 꾸준하게 색채반응을 한다. 통제집단에는 진짜 피험자들만 있으며 실험협조자는 없다.

· 결과

: 표5는 통제집단과 비교해 실험조건에서 '색채'반응의 수가 유의미하게 증가했음을 보여준다. 여기서 주목할 만한 것은, '색채'반응에서 보이는 이러한 증가가 '형태'반응의 수에서 유의미한 감소를 수반하고 있지만, '형태'반응에서 보이는 변화는 그 어느 특정 요소에도 귀인될 수 없다는 점이다. '형태' 차원은 통제집단이 가장 빈번히 선택한 반응이 아니며, 그 어떤 특별한 방법으로도 '색채'와 관련이 있는 것처럼 보이지는 않는다.

차원	색채	선	크기	형태
실험집단(k=8)	20.86	16.18	16.09	10.88
통제집단(k=6)	15.28	18.93	14.20	15.59
student's t	2.46	1.67	0.75	2.74
유의도 수준	p〈0.2	p〉0.10	p〉0.10	0.2〉p〉0.05

표5. 첫 번째 실험: 각 차원에서의 평균 선택 수(실험집단과 통제집단의 비교)

소수 피험자의 영향에 대한 두 번째 수치가 있다. 대체로, 선호적 선택을 표현한다면 피험자들은 일회적인 방식으로 반응하지 않는다. 오히려 피험자들은 둘이나 그 이상의 연속적 반응을 연이어 한다. 실험집단에서 '색채'판단은 둘이나 그 이상의 연속적 반응에서 더욱 빈번했다(X^2=17.84, $p<0.001$). 그러나 다른 차원에서는, 유의미한 차이가 없거나('크기') 일회적 반응의 수

가 증가했다('모양': X^2=5.45, 0.05>p>0.02, '선': X^2=22.397, p<0.001). 이리하여 소수의 일관적 행동은 다수 반응의 빈도뿐만 아니라 다수 반응에 대한 조직화도 결정한다.

－두 번째 실험－

· 실험절차

: 내면적인 규범은, 우리가 그 규범의 일반적인 속성(우리의 결정들 대부분을 내면적 규범이 결정한다는 사실)을 뚜렷하게 의식하지 않더라도 행동을 조절하는 규범이다. 그러한 규범은 패션, 음식, 언어, 취향 등 곳곳에서 보인다. 편의를 위해 우리는 이 실험에서 언어적 재료를 택했다. 언어적 습관은 그것을 공유하는 집단 안에서는 규범적 조절체로 정의될 수도 있다.

누널리Nunnally와 후섹Hussek이 수집한 목록[24)]에서 89개의 단어연상을 선택했다. 누널리와 후섹은 미국 학생들을 대상으로 특정 단어연상의 빈도를 측정했다. 각각의 자극 단어(예, '오렌지')에 대해 두 개의 상응연상이 있는데, 그중 하나는 질적인 것이고('둥근'), 다른 하나는 상위개념에 관한 것이다('과일'). 피험자들에게는 89개의 연상이 인쇄된 5쪽짜리 세트가 제공된다. 실험자가 자극 단어를 읽으면 피험자는 같은 줄에 인쇄된 두 연상 중 어느 것이든 선택하고 반복해서 말한다. 자극 단어는 자극과 가장 밀접하게 연결된 것처럼 보인다. 그리고 피험자는 자신의 반응도 계속 기록한다. 반응이 유발되는 순서는 첫 번째 실험과 마찬가지로 체계적으로 변화된다. 좌석 배열도 첫 번째 실험과 마찬가지다. 실험집단은 3명의 진짜 피험자와 한 사람의 실험협조자로 구성된다. 통제집단은 진짜 피험자로만 이루어져 있다. 실험집단의 실험협조자는 언제나 상위개념의 연상만을 선택한다.

단어연상은 일반인들이 상위개념 연상을 선택할 확률이 증가하느냐 감소하느냐에 따라 2개의 상이한 목록으로 조직되었다. 첫 번째 목록에서(목록A)

자극 단어에 대한 상위개념 연상의 확률은 시작시점이 더 컸다. 그러므로 이 자극들에 관해서는, 실험협조자가 '선택'한 연상이 규범과 일치한다. 전체적으로 상위개념 연상을 할 가능성은 점점 더 감소하는데, 실험협조자가 처음의 반응을 고수하면 그의 행동은 더욱 '보수적'으로 보인다. 그런데 보수성은 언어적 습관의 변화에 적응하는 것을 어렵게 한다. 두 번째 목록(목록B)에서 실험협조자의 반응은 '이탈적'으로 보인다. 이 목록에서 상위개념 연상의 확률은 시작시점이 더 작다.

이러한 두 목록은 다음의 내용을 보여주려고 사용되었다. (a) 영향의 진정한 원천은 소수의 행동이 가진 **일관성**이지, 이탈의 정도가 아니다. (b) 켈리와 샤피로의 발견[25]이나 홀랜더가 발견한 것[26]과는 상반되게, 소수가 보인 초반의 동조는 그 영향을 향상시킬 수는 있으나 영향의 원인은 아니다.

· 결과

: 목록이 사용되는 순서와 관계없이, 통제집단과 비교해 실험집단에서 상위개념반응이 증가하는 것은 의미가 있다. 다수의 반응에 대한 실험협조자의 영향은 그가 '보수적'으로 행동했든 '이탈적'으로 행동했든, 부인할 수가 없다(표6). **소수 개인**의 선택이 **다수 개인**의 선택에 영향을 미친 것이 전체 목록에 걸쳐 그러한 것인지, 아니면 실험협조자가 규범에 더 가까웠던 목록의 부분에 대해서만 그런 것인지에 관해서는 문제를 제기할 수 있다. 모든 반응이 영향을 받았다면 원래의 미국적 규범에서 벗어나는 쪽으로 다수가 변화될 것이다. 그러한 변화는 실제로 관찰될 수 있다. 실험집단이 선택한 상위개념 연상의 비율은 목록A의 두 번째 절반(t=3.41, v=34; 0.01>p>0.001)과 목록B의 첫 번째 절반(t=2.38, v=34; 0.01>p>0.001)에서 통제집단이 선택한 상위개념 연상의 비율보다 유의미하게 높다.

차원	색채	선
실험집단들 평균(k=8)	74.01	63.67
통제집단들 평균(k=6)	57.61	53.89
student's t	2.24	1.91
유의도 수준	p〈0.05	0.10〉p〉0.05

표6. '상위개념'반응의 평균: 실험집단과 통제집단의 비교

실험협조자가 '이탈적'인지 '보수적'인지에 따라 그의 영향력 정도에 차이가 있는가? 우리의 증거는 목록을 제시하는 순서가 연상의 방향에 영향을 미치지 않았음을 보여주었다. 통제집단에서 상위개념반응의 비율은 양쪽 목록에 대해 동일하다. 실험집단에 나타난 차이가 무엇이든 그것은 실험협조자의 태도에 기인해야만 한다. 실험협조자가 보수적 선택을 한 목록A에 대해, 상위개념반응의 빈도는 실험협조자가 이탈적 선택을 한 목록B보다 높았다 (t=1.91, v=10; $0.10>p>0.05$). 그리하여 소수의 초반 동조는 그 영향작용을 증가시키지만 그것이 영향작용의 필수조건은 아니다.

행동적 일관성의 효과를 연구한 것으로는 보고된 두 실험이 처음이었다. 이 실험들을 반복한 다른 실험들은 다른 새로운 문제를 제기하며, 원래 발견한 것들의 일반적 경향성에 대해 확증해왔다.

경직성

행동양식에 대한 이러한 실험들은 새로운 문제들을 제기했다. 그 문제 중 하나는 다루기가 쉽지 않다. 일관성이 어떻게 표현되는가? 반복에 의해 표현되는가, 행동의 양식에 의해 표현되는가? 더 직접적으로 말해, 융통성 없는 경직된 행동은 영향작용의 원인이 될 수 있지만, 때로는 영향을 발휘하는 데에 장애가 될 수도 있다는 것이 그러한 문제다. 무엇보다도 먼저, 타인의 반응에 대한 민감성, 예리한 통찰력이나 유연함 등에서 결핍을 보이는 행동은 강한 반감을 유발하게 된다. 두 번째로, 경직된 행동은 타협이나 양보에 대

한 거부의 징후며 갈등의 징후다. 또한 어떤 희생을 치르더라도 자기만의 관점을 강제하려는 의지의 징후다. 그러한 경직성은 때로는 개인이나 집단의 무능(개인이나 집단이 현실의 특정 측면을 살펴보는 능력을 갖추지 못한 것, 또는 관점에 대해 개인이나 집단 스스로 부과한 한계에서 드러나는 무능력)으로 귀인될 수 있다. 그러나 경직된 행동이 단순히, 양보와 타협이 실제로 가능하지 않은 상황의 결과일 수도 있다는 점을 잊어서는 안 된다.

일관적인 행동이 경직된 행동으로 해석되는 정도에 대한 질문과, 그러한 경직된 행동이 갖는 심리학적 의미는 반드시 함께 다루어져야 한다. 그러나 내가 우선 보여주고 싶은 것은, 그러한 경직성이 소수 행동의 기능일 뿐만 아니라, 이번에는 다른 사람들로 하여금 경직된 행동을 분류하도록 이끄는 방법의 기능이기도 하다는 점이다. 다시 말해 경직성은 개인이나 하위집단의 행동뿐만 아니라, 보는 이의 눈에도 있다.

리카토Ricateau는 자니 로코라는 어린 범죄자의 사례에 대해 토론하고자 세 사람으로 이루어진 집단을 구성하고는, 자니 로코에게 어떤 유형의 처벌이나 처치가 적절할지 그 집단이 결정하도록 요구했다.[27] 사람들 대부분은 자니 로코에게 오히려 관대했다. 그러나 소수, 즉 실험협조자는 일관성 있게 더 가혹한 처분을 제시했다. 개별적인 결정에 도달하기에 앞서, 다수와 소수는 각자의 관점으로 논쟁을 펼쳐야 했다. 결정은 관대함/엄격함에 대해 7점의 척도에 하도록 했다. 실험과정 동안 두 번의 개별적 결정이 이루어졌다. 첫 번째 결정은 그 어떤 토론도 하기 전에 이루어졌다. 두 번째 결정은 30분 동안 토론한 다음 이루어졌다(토론은 각각 10분으로 이루어진 3개의 블록으로 나뉘어 있다). '대인지각의 양상'에서 생기는 경직성 정도를 결정하고자 3개의 실험조건이 구성되었다. 대인지각 양상에서의 경직성은, 집단 성원들이 서로를 판단하고 범주화하는 방식으로 정의된다. 지각의 이러한 양상들을 우리가 어떻게 발견하고 조작할 수 있을 것인가? 피험자들이 여러 개의 범주에 따라 자신이나 타인을 판단하도록 하는 방식으로 그렇게 할 수 있다. 가령, 실제 생활에서 독단적인 개인이나 인종주의적인 개인은 극히 적은 몇 개의 범주(대개는 두 개)에 따라 자신을 판단하며 특히 타인들을 판단한다. 하지만 더 개방적인 사고를 지닌 개인은 더 많은 범주를 사용할 것이다.

리카토는 피험자들이 오스굿Osgood의 의미미분법semantic differential에서 가져온 척도에 따라 자신과 다른 집단 성원들을 판단하도록 했다. 피험자들은 서로 적극적/수동적, 현실적/감상적 등과 같은 대립개념으로 판단하게 되어 있었다. 그러한 대립개념들은 6점 척도의 양극단에 자리하고 있었는데, 피험자들은 집단의 각 성원을 가장 잘 묘사했다고 판단한 견해에 알파벳 글자로 차례대로 표시했다. 첫 번째 실험조건(I)에서 피험자들은 그들의 판단을 표시할 수 있는 단 2개의 대립개념 척도만을 받았다. 두 번째 조건(II)에서 피험자들은 다섯 개의 척도를 사용했고, 세 번째 조건(III)에서는 여덟 개의 척도를 사용했다. 피험자들은 어린 비행청소년 자니 로코에 대한 토론과정에서 일정한 시간 간격(매 10분)을 두고 그 척도들에 기재하게끔 되어 있었다.

이미 내가 밝혔듯이, 2개, 5개, 또는 8개의 척도를 사용한 이러한 판단 활동은 다른 사람을 지각하는 특별한 코드를 피험자들에게 제공하려는 것이었는데, 실험조건에 따라 가능한 차원의 수가 달랐다. 그러므로 이는 여러 개의 차원에서 소수의 이미지(이는 토론이 진행되는 동안 정교화되었다)가 구축되는 방식을 통해, 범주화를 위한 어떤 준비를 유발하고 있다고 볼 수 있다. 판단 척도의 내용은 토론 자체의 내용과 조금도 직접적으로 상응하지 않는 방식으로 선택되었다. 실험자는 실험조건마다 지각적 코드의 범위를 달리하는 방법을 통해, 다른 사람의 행동이 가진 실제 이미지가 어느 정도 차별적으로 유발되기를 바랐으며, 또한 이러한 방법으로 특정 차원의 상대적 부각(이탈적 개인이 가진 영향력)을 조절하기를 바랐다. 실험협조자가 여러 가지 차원을 통해 지각될 때 더 큰 영향을 발휘할 것으로 가정되었다.

리카토는 조건II(X^2=4.99, $0.02 < p < 0.05$)나 조건III(X^2=3.92, $p < 0.05$)의 피험자보다 조건I의 피험자가 소수의 규범을 향해 유의미할 만큼 덜 이동함을 확인했다. 또한 조건III(X^2=2.72, $p < 0.10$)의 피험자들보다는 조건II의 피험자들이 소수의 규범을 향해 덜 이동했다. 등급순으로 배열되었을 때, 이동을 나타내는 지표들은 소수가 발휘하는 영향력의 정도가 '대인지각의 양상들' 유발에 사용된 범주 개수에 반비례한다는 것을 보여주었다(표7). 이러한 점에서 우리가 내릴 수 있는 결론은, 다수와 소수의 상호작용이 '독단적인 것'(달리 말해, 소수의 일관적인 행동이 더 경직된 것으로 보이는 상황)으로 인식되면, 다수가 소수의 관점을 받아들일 가능성은 그만큼 덜하리라는 것이다. 반대로, 동일한 행동이 덜 독단적인 다수에 대해서는 부인할 수 없는 영향력을 발휘할 것이다.

일치성 증가의 함수로서 확립된 순서	III < II < I
발휘된 영향력에 대한 복종 증가의 함수로서 확립된 순서	I < II < III

표7. 영향력의 정도와 범주결정의 폭

네메스와 그의 동료가 수행한 연구[28]는, 덜 '독단적이고' 더 '유연한' 행동이 반응의 반복보다는 반응의 '유형화patterning'에 더 효과적일 수 있음을 보여주었다. 실험에 사용된 자극은 여러 개의 파란색 슬라이드다. 6명으로 이루어진 집단은, 2명의 실험협조자와 4명의 진짜 피험자로 구성되었다. 실험의 한 부분에서 실험협조자들은, 시행 중 50%에서 '초록'을 보았고 나머지 시행에서는 '녹청'을 보았다고 주장했다. 첫 번째 조건에서, '초록'반응과 '녹청'반응은 무작위로 주어졌다. 두 번째 조건에서 실험협조자들은, 밝기가 가장 약한 12개의 슬라이드에서 '초록'을 보았고 밝기가 가장 강한 12개의 슬라이드에서(상관된 조건I) '녹청'을 보았다고 말했다. 세 번째 조건에서는 반대로 진행되었다. 실험협조자들은 가장 흐린 슬라이드들에서 '녹청'을 보았고, 가장 밝은 슬라이드들에서 '파랑'을 보았다고 답했다(상관된 조건II). 이런 방식으로 뒤쪽의 두 조건에서 실험협조자들은 자극의 밝기에 따라 그들의 반응을 유형화했다. 통제조건도 진행되었는데, 거기에는 실험협조자가 없었다.

영향력을 보여준 첫 번째 종속 변인은, '초록'반응을 한 평균 시행수였다. 두 번째 종속 변인은 전체 반응에서 '초록'반응이 차지하는 비율이었다. 표8은 양쪽 변인의 모든 조건에 대해 평균을 보여준다. '무작위'조건과 '상관'조건(실험협조자의 50%가 '초록'이었고 50%가 '녹청'이었던 조건)을 비교해보면, 유형화된 반응 세트를 줄 때 소수가 영향을 발휘하지만, 그 반응이 무작위적일 때는 전혀 영향을 미치지 않은 것이 명백하다. 차이는 모두 통계적으로 유의미하다($t=1.94$, $p<0.05$). 그뿐만 아니라, 실험협조자들이 반복을 통해 일관되게 행동한 조건과 비교하면, '유형화된'조건은 '반복적인''녹청'조건과 동등한 효과를 발휘하는 것 같다($t=1.883$, $p<0.05$). 자료에도 명백히 나오듯이, '유형화된'(상관된)조건은 통제조건(실험협조자들이 없는 상황)과 비교해, 유의미한 소수 영향력을 보여주었다. '반복적인''녹청'조건은 통제조건과 비교할 때 부분적으로 효과가 있었다($t=1.3$, $p<0.10$). 반대로 '반복적인''초록'조건은 전혀 효과가 없었다. 저자들은 "소수의 유형화된 반응은, 적어도 단순히 견해를 반복하는 것이 가지는 효과만큼은 다수 의견의 수정에 효과가 있었다"[29]고 결론지었다.

반복적인 '초록'반응들	반복적인 '청록'반응	유형화되거나 상관된 반응(I과 II)	무작위반응	통제 조건
0.69	4.00	5.84	0.06	0.00

표8. 피험자가 '초록'이라고 반응한 평균 시행수

이 실험을 통해 우리가 배울 수 있는 것은 무엇인가? 무엇보다도 우선, 행동양식(여기서는 일관성)은 일정한 정도의 경직성에 의해 정의된다는 점, 그리고 이러한 경직성이 두드러져 보일 때 행동양식이 영향을 발휘할 수 있다는 점이다. 이론적으로는, 덜 경직된 행동양식이 더 경직된 행동양식보다 더 큰 효과를 가져야만 했다. 그러나 두 번째로 우리가 알게 된 것은, 다수가 소수의 경직성에 어떤 사회적 의미를 부여하고 있는가에 따라 소수의 경직성이 하는 역할도 달라진다는 것이다. 이 생각은 이탈적 소수의 행동에서 도출된 추론 중의 하나다. 유연성이라는 것이 집단의 압력에 대한 타협과 항복을 상징한다면, 유연성 때문에 집단이 자기 의견을 바꿀 가능성은 확실히 감소한다. 이 점은 최근에 키슬러와 팔락Pallak이 입증했다.[30] 이 실험은 내가 여기서 제시하려는 실험보다 실제로는 더 복잡하고 미묘한데, 이 실험에서 저자들은 피험자들에게 집단의사결정 연구에 참여해달라고 요청한다. 피험자들은 사례를 읽고, 자신들의 개인적인 견해를 사적으로 주고받는다. 사례는 조니 폴리타노라는 이름의 15세 소년에 관한 것이다. 그 소년의 개인적 역사는 읽는 사람들로 하여금 그 소년에 대해 부정적인 마음을 갖게 하는 방식으로 쓰여 있었다. 소년은 골칫거리고 공격적이며, 다른 사람들에게서 따뜻하고 너그러운 대접을 받았음에도 다른 사람들을 해치는 이기적인 성격으로 소개되어 있었다. 개인적인 견해를 제시하고 나서 각 피험자는 6명의 다수와 2명의 소수로 구성된 의견 분포를 보여주었다. 그 분포를 보면 각 피험자는 자신이 다수에 속한 것으로 지각할 수 있는 상황이었다. 이 상황에서 실험자는, 완전한 정보의 결핍과 관련된 기술적 오차 때문에 피험자들에게 다시 투표해야 한다고 요구했고, 각각의 피험자는 의견 분포의 일부가 변화했음을 보았다. 6개의 실험조건은 다음과 같다.

(a) 통제조건에 있는 피험자들은 '기술적 오차' 이전과 동일 분포를 봤다.

(b) '소수타협'조건에 있는 피험자들은, 소수인 두 사람 모두 자신의 견해

를 두 단위만큼 바꾸었음을 보았다.

(c) '반응적 조건'의 피험자들은, 다수 중 한 성원이 더욱더 부정적으로 되고 소수 견해에 맞서 반대쪽 극단으로 향하는 것을 지켜보았다.

(d) '혼합된 조건'에 있는 피험자들은, 소수에 맞선 대립적 극화polarization 움직임과 함께 이탈적 소수에 의한 타협의 움직임에 주목했다.

(e) '다수타협'조건의 피험자들은, 전에 다수 견해를 가졌던 다수 성원 중의 한 명이 이탈적 소수 쪽으로 자기 견해를 두 단위만큼 변화시켰음을 보았다.

(f) '다수변절자조건'의 피험자들은 새로운 의견 분포, 즉 다수 중 한 명이 소수 견해를 전적으로 받아들이는 식으로 이탈해가는 것을 지켜보았다.

이리하여 두 조건에서는 소수가 다수를 향해 움직여가는 것처럼 보였고, 다른 두 조건에서는 소수를 향해 다수가 움직여 나가는 것을 볼 수 있었으며, 남아 있는 다른 두 조건에서는 소수에 대항하는 대립적 극화가 있었다. 덧붙여, 더 많은 변화를 유발하고자 각각의 피험자는 소수 성원 중 한 명한테서 짧은 편지를 한 통 '받았다.' 그 편지는 비행소년을 향한 더 개방적이고 긍정적인 태도를 옹호했고, 그 소년이 보호관찰 기간에 더 나아질 게 확실하다고 알렸다. 그 편지를 읽고 나서, 피험자는 3종류의 태도 척도에 답했다. (a) 피험자가 생각하기에, 집단이 해야만 하는 것. 이 판단은 집단 내 다른 성원에게도 공개되었으며, 집단논의에 대한 출발점으로 이용되었다. (b) 행해져서는 안 된다고 피험자가 절대적으로 생각하는 것. (c) 집단의 최종적인 처분결정에 관한 피험자의 추측. 다른 측정방법도 사용되었으나, 여기서는 우리의 직접적 관심이 아니다.

결과를 보면, 소수가 다수 성원을 타협으로 유도해낼 수 있었던 경우('다수타협')와 변절시킬 수 있었던 경우('다수 변절자')에서 다수 성원이 자기 의견을 변화시켰다. 두 가지 모두에서 이탈적 소수의 영향은 통제조건과 비교해 유의미하게 달랐다(t=2.24 & 5.63, p<0.001). 더욱이 다수 성원 중 한 명의 변절은 '타협'조건보다 더 다수 의견을 분산시켰다(t=3.39, p<0.0002). 그리고 예상했던 바와 같이 소수 타협은 다수 태도에서 그 어떤 변화도 유발하지 못했다. 또한 다수의 '반응'('반응적 조건')은 그 어떤 큰 효과도 없었다. 곧, 일관적인(비타협적인) 소수는 집단에 영향을 미칠 수 있으나, 비일관적인(타협적) 소수는 그러한 힘을 가지지 않는다. 실제로, 세 개의 태도측정 척도는 우리에게 차별적 영향력을 보여준다. 가장 강력한 영향력, 달리 말해 소수 견해를 향한 가장 큰 움직임은 피험자가 최종적인 집단결정을 예측할 때 관찰되었다. 가장 약한 영향력은 피험자의 개인적인 의견에서 나타났다. 이탈적 소수가 표현한 의견을 향한 피험자 자신의 변화는 그 둘 사이에 자리한다.

이 실험은 소수의 행동양식이 지닌 효과를 독창적인 방법으로 입증하고 있다. 그러나 그것이 비록 필요조건이기는 하지만 항상 충분조건은 아니라는 점도 지적하고 있다. 통제조건에서 소수는 일관적이었으나, 비일관적이면서 타협적인 소수보다 더 큰 변화를 만들어내지는 못했다. 소수가 다수에 대해 의견변화를 일으킬 수 있을 때에만, 행동양식과 관련된 차별적이고 전면적인 효과가 뚜렷해졌다. 이는 전혀 놀라운 것이 아니다. 과학적, 종교적, 또는 정치적 소수들은 자기 관점의 정당성을 지적하기 위해 전향방법들을 사용해왔다. 전향자들은 다른 사람들이 따라야만 하는 하나의 예로 활용될 수 있고, 그 소수 자신의 견해를 정당화하는 수단으로도 활용될 수 있다. 혁신은 언제나 '시범효과'라 불리는 것을 요한다. 그것은 다수 성원 중 하나를 새로운 견해로 이동해 가도록 하여 소수가 침입을 시작하고 다수가 위치 변동을 하는 것이다. 더 놀라운 점은, 소수의 중도성과 타협은 좀처럼 보상되지 않으며, 중도성과 타협이 보이는 '합리적인' 태도가 중도성과 타협을 그 이상으로 영향력 있게 하지는 않는다는 사실이다. 그러나 소수의 움직임이 그들 자신의 견해가 옳다는 것을 입증한다면, 무슨 이유로 다수가 변화하는가? 상식적 관점이나, 상식적 관점의 원칙을 포함하기를 원하는 모든 이론에 대해 이는 놀라운 일이다. 그러나 내가 여기서 제시하려고 애쓰는 사회적 · 정치적 **관례**와 관점에 대해서는 덜 그러하다.

그러나 일단 이 실험의 핵심적 교훈은, 경직성에만 한계가 있는 것이 아니라 유연성, 즉 다수에 대한 양보나 복종으로서 나타나는 유연성에도 한계가 있다는 점이다. 하지만 확실히 이 말은 모호하다. 사실 우리는 "어떤 한 개인이나 집단이 타인이나 타 집단과 거리를 두려고 한다거나, 타인이나 타 집단으로 하여금 그들의 원래 견해와는 극단적으로 반대되는 위치에 있는 견해를 받아들이게 하고 싶다면, 경직된 행동양식을 취해야 한다"고 말해야 한다. 반대로, 개인이나 집단이 다른 개인이나 집단과의 사이에서 의견 수렴을 하고자 한다면, 이론적으로는 다음과 같이 말할 수 있다. "집단의 두 부분(다수와 소수) 사이에 어느 정도의 거리가 유지되고 있고 유연성이 외적 압력에 대한 굴종의 결과로 보이지 않는 상황이라면, 덜 경직된 행동양식이 더욱 영향력 있을 것이다." 여러 측면에서 볼 때 이러는 것이 바람직하기는 하지만, 물론 성취하기는 어렵다.

경직된 행동양식이 직접적인 영향작용에 대해 여러 가지 부정적인 효과를 가질 수 있다는 것은 확실하다.

(1) 첫 번째로, 특히 상대방 개인이 할 수 있는 가능한 반응의 수가 제한되어 있다면 경직성은 일종의 폭력이나 받아들이기 어려운 압박으로 인식될 수도 있기에, 거부의 태도를 유발할 수 있다. 이는 패쉴레와 부셰Bouchet의 실험[31)]에서 아주 잘 설명되어 있다.

실험은 프랑스의 5월 학생폭동에 뒤이어 행해졌다. 피험자들은 모두 학생이었으며, 학생운동이 제기한 이슈들의 여러 다양한 측면을 포괄하는 쟁점들을 토론하려고 초대되었다. 그런 종류의 모든 실험에서 그러하듯, 피험자들은 먼저 개별적으로 그들의 의견을 표현했다. 두 번째로, 피험자들은 4명의 집단으로 구성되어 토론하고 각 쟁점에 대한 합의에 도달하게 되어 있었다. 최종적으로 피험자들은 다시 동일 쟁점에 관해 자신의 의견을 개별적으로 표현했다. 합의-이전, 합의, 합의-이후, 이렇게 세 종류의 측정치가 있었다. 집단 중 일부는 극단적인 성원을 하나 또는 둘 포함하고 있었지만 다른 집단들은 그렇지 않았다.

이 두 종류의 집단을 비교해보면, 실험결과는 온건한 집단들의 합의 내용이 집단 성원들의 개별적 판단보다 더 극단적임을 보여준다. 그래서 합의에 도달하고 나서는, 개인들은 자신들이 보인 이전의 개별적 판단으로 되돌아가려는 그 어떤 경향성도 없이 집단규범을 받아들였다. 반대로, 하나나 그 이상의 극단주의자(급진주의자)를 포함하는 집단들에서는, 합의 단계에서는 강력한 극단주의가 발생하지만, 합의-이후 단계에서는 이전의 개별적 판단으로 다시 돌아가는 경향이 뚜렷했다.

후자의 과정에서는, 합의규범의 강도 때문에 집단토의의 과정에서의 강력한 반대가 발생하지 못하게 된 것임이 분명한 것 같다. 소수는 다른 집단 성원들이 마지못해 그 규범에 동의할 수밖에 없도록 하는 데에 성공했다. 자료가 보여주듯, 여기서 얻은 한 가지 결과는 극단주의자가 집단 상호작용 이후 오히려 더 극단적이었다는 점이다. 이와 비교해서 중도주의자들은 토론 전보다 더 보수적으로 되었다(23%). 그러므로 일부 피험자들은 자신에게 발휘되어왔다고 느낀 다소 부당한 압력에 대해 반항적인 반응을 했다고 가정할 수 있다.

(2) 그러므로 경직된 행동양식이 그 영향작용에 대해 가질 수 있는 두 번째 부정적인 효과는 **사람들을 쫓아내는** 효과, 즉 사람들이 영향을 받으려 들지 않게 할 수 있다. 왜냐하면, 비록 한 개인이 특정 주제에 관해 다른 개인/하위

단계들 / 집단들	합의-이전	합의	합의-이후
가장 극단적임	1.37	2.22	1.73
가장 극단적이지 않음	0.75	1.17	1.07

표9. 가장 극단적인 집단과 가장 극단적이지 않은 집단에서 얻어진 평균들의 비교

집단과 서로 합의하기를 원한다고 하더라도, 다른 개인/하위집단의 행동이 지닌 경직성은 그가 그렇게 하려는 것을 못하게 할 만큼 충분히 불쾌할 것이기 때문이다. 머그니의 한 실험[32]은 이 점이 실제로도 그러하다는 것을 보여준다. 예비조사 동안 머그니가 발견한 것은, 중학생들이 환경오염에 관해 업계가 무거운 책임을 져야 한다고 생각하고 있었지만, 그 책임을 어떻게 귀인시킬 것인가에 관해서는 결단을 내리지 못하고 있음을 발견했다. 이러한 조사에 기초해 머그니는 오염의 책임을 묻는 것을 목적으로 하는, 피험자의 태도를 측정하는 질문지를 만들었다. 리커트Likert 형의 질문지는 20개의 문장으로 구성되었는데, 그중에서 8개는 업계를 고발하거나 변호하고 있었다. 다른 8개는 개인과 '모든 쓰레기 조각이 다 관건이 된다'는 생각을 고발하거나 변호했으며, 나머지 4개는 개인과 업계를 모두 고발하거나 변호했다. 실험은 교실에서 시행되었다. 피험자들은 먼저 각 항목에 대한 견해를 나타내게 되어 있는 질문지에 답했다. 그러고 나서 그들은 오염 문제에 관해 일부 가능한 해결책을 다루는 짧은 글을 읽도록 요구받았다. 두 가지 유형의 글이 있었다. 글 하나(F)는 오염에 관한 견해를 밝히며 '합리적인' 해결책(공장 생산에 대한 규제, 벌금 등)을 제시했지만, 다른 글(R)은 저자들을 비타협적인 인상으로 그리고 있었다. 그 글의 저자는 매우 굳건한 방책들(환경을 오염시키는 공장을 폐쇄하고, 자연환경으로 소풍 가는 것을 금하는 것 등)을 옹호했다. 피험자들은 두 가지 글 중 하나를 읽고 나서 두 번째로 질문지에 답하라고 요구받았다. 결과에 관한 분석에서 머그니는 영향의 원천과 관련된 항목 간의 변화를

구분해냈다. 곧, 그 내용이 글에서 다루어진 항목(D)에서의 변화와, 글에서 다루어지지 않은 항목(ND)에서의 변화를 구분했다. 변량 분석은 직접적인 항목(D)보다 간접적인 항목들(ND)에서 더 많은 변화가 있었음을 보여준다. 그러나 실제로는 표10에서 볼 수 있듯이, 피험자가 경직되어 있지 않으면서 이치에 닿는 글을 받으면, 영향작용은 두 가지 형태의 항목 모두에 대해 골고루 미치고 있었다. 하지만 글을 쓴 사람을 경직된 사람으로 묘사한 글을 받으면($F=5.761$, $p<0.025$), 직접적인 항목에 대해서는 사실상 영향작용이 없었지만 간접적인 항목에 대해서는 영향작용이 매우 강했다.

행동양식	항목들	
	직접적	간접적
일관적이지만 경직되지 않음	+3.52	+3.40
일관적이면서 경직됨	−0.84	+6.04

표10. 직접적 항목과 간접적 항목에서의 변화, 그리고 행동양식

이는 경직된 행동양식이 변화를 유발해낼 때조차 그 영향작용이 간접적임을 보여준다. 그러나 이러한 경직성이 항상 걸림돌로 경험되는가? 우리는 지각된 불일치, 또는 실제적 불일치가 영향작용의 송신자와 수신자 사이에 있을 때에만 이 점이 맞을 것으로 가정해볼 수 있다. 그러므로 기본적 태도에 대해 서로 일치한다는 생각은 영향작용 시도의 거부감과 방해받는 느낌을 줄이는 경향이 있을 것이다. 머그니는 새로운 실험[33]에서, 이전 실험과 동일한 질문지와 글을 사용하면서 단지 실험의 절차만을 변화시켰다. 우선 피험자들에게 질문지를 완성하라고 요구했다. 피험자들이 질문지를 완성하고 나면, 실험자는 자신이 일주일 후에 돌아올 것이며 그동안 환경주의자 집단(가상의 존재다)에 속한 유능한 사람들에게 피험자들의 반응을 보여줄 것이라고 밝혔다. 그리고 실험자는 피험자들에게, "이 환경주의자 집단에는 각각의 피험자에 대해 개별적으로 반응하라고 요구했다"고 말해주었다. 실험

자는 자신을 의견조사와 관련 있는 연구모임의 한 성원으로 소개하고, 그래서 자신은 오염 문제에 관심 있는 조직과는 완전히 독립적인 것으로 묘사했다. 실험의 두 번째 단계에서 피험자들은 두 장의 종이를 받았다. 첫 번째 장은 피험자에게 피험자 자신의 반응이 가상의 환경주의자 연구팀 의견과 일치하는지를 알려주었다. 두 번째 장은 오염에 관한 글이었다. 그 글은 이미 기술된 실험의 글 F나 R 중 하나였다. 이 글들을 읽은 직후, 피험자들은 질문지에 답할 것을 다시 요구받았다. 결과를 분석하면서, 머그니는 이전 실험에서 그랬던 것처럼 직접적 항목들(D)과 간접적 항목들(ND)을 구분했다. 관찰된 변화는 다음과 같다. 대부분은, '경직된' 글로 메시지를 받은 피험자들이 다른 방식의 글로 메시지를 받은 피험자들보다 덜 영향을 받았다($F=6.74$, $p<0.025$). 여기서, 지각된 의견 일치/불일치는 매우 뚜렷한 효과를 보였다. 피험자가 영향작용의 원천과 자신 사이에 합치가 있다고 믿었다면, 첫 번째 메시지 유형(R)은 간접적 항목(ND)에 대해서만 변화를 유발했고 직접적 항목들(D)에 대해서는 그 어떤 변화도 가져오지 않았다. 하지만 두 번째 메시지 유형(F)은 직접적인 항목(D)과 간접적인 항목(ND) 모두에 대해 동일한 영향을 미쳤다. 다시 말해, 피험자가 압박감을 느낀다면 영향작용의 원천에 대한 저항이 수반되었다. 이때 저항은 자신이 기꺼이 하려고 하는 양보의 무게중심을 아주 완전히 다른 곳으로 옮겨버리는 행동으로 나타났다. 다른 한편으로, 피험자가 영향작용의 출처와 합치하지 않는다면, 유연한 메시지(F)는 메시지의 내용과는 관련되지 않은 간접적인 의견(ND)을 특히 더 강하게, 오히려 더 강하게 변경했다. 반면, 경직된 메시지(R)도 이러한 의견들(ND)에 영향을 미치기는 했으나 훨씬 적게 영향을 미쳤다. 그러므로 동의의 여부는 영향작용의 출처가 유연해 보일 때보다는 경직되어 보일 때 더 확연한 영향을 갖는다(표11).

메시지 송신자와 수신자의 관계에 대한 지각	행동양식			
	유연함(F)		경직됨(R)	
	직접적 항목들	간접적 항목들	직접적 항목들	간접적 항목들
일치	4.07	4.57	0.89	9.14
불일치	3.85	10.39	1.60	4.142

표11. 영향 출처와의 관계에 대한 지각에 따른 태도변화

이런 현상들이 발생하는 이유는 아직 불명확하다. 우리가 그러한 상황에서 일어나는 상호작용의 근원적 기제들에 대해 훨씬 더 많이 알기 전에는 그 현상들에 관해 과감히 억측해서는 안 된다. 행동양식들이 갖는 영향과 그 유형은 행동양식이 발생하는 사회적 맥락에 따라 엄청나게 좌우된다는 사실을 보여주는 것으로 충분하다.

이러한 결론이 우리를 아주 멀리까지 이끌고 가지 않는 것은 분명하다. 그러나 우리가 사회적 맥락에 대한 이러한 의존을 심각하게 고려한다면 '행동의 문법'이 가진 미묘한 작용과, 그러한 미묘한 작용들이 영향과정에서 하는 역할을 더 잘 이해할 수 있다. 행동의 문법은 규칙과 의미의 그물을 넓혀나가면서, 모든 정보, 모든 태도, 모든 신호를, '누군가(또는 무언가)를 향한(또는 반대하는) **행동**'으로 변환시킨다. 이 점을 명심하면 일관성은 상호작용의 특성도, 기적적 해결도 아니라고 단언할 수 있다. 그래서 일관성이 가지는 주요한 기능은 명료한 관점에 대해, 강력한 무언가에 대해, 그리고 물론 규범에 대해 주의를 환기시키는 것이다. 한마디로 말해, 일관성은 한 개인이나 집단이 가진 규범적 속성을 효과적으로 나타내 보여준다. 여기에 덧붙여, 우리는 일관성이 수천 가지 상이한 방법으로, 즉 해당 개인/집단에 대해 얼마간은 생산적이고 또 얼마간은 비생산적인 그런 방법으로 나타날 수 있음을 알고 있다. 이러한 관찰이 그다지 놀랍지는 않다. 그러나 실험적 근거를 마련하는 것이 좋다. '어떤 상황이든 상관없이 행동양식은 늘 효과적'이라는 꽤 극단

적인 생각에 다소의 제약을 받아들인 때였기 때문이다.

공정성

두 사람, 두 집단, 다수와 소수가 서로 맞닥뜨리고 있을 때, 굳건하고 일관적이며 반복적인 행동의 결과는 무엇인가? 앞서 보았던 것처럼, 그 결과로는 다른 사람이나 다른 집단의 흥미나 의견, 관점 등을 거부하는 것, 즉 의사소통의 실패가 있을 것이다. 이것은 심각한 문제다. 왜냐하면, 우리가 제안했듯, 각각의 사회적 행위자가 비록 자기 자신을 얼마간 변화시킬 생각을 하더라도, 자신이 다른 사람들을 변화시킬 수 있다는 생각도 하기 때문이다. 사람들은 자신이 때때로 틀리기도 한다는 것을 상당히 기꺼이 받아들일 테지만, 자신이 언제나 틀린다고 하는 것은 받아들이려고 하지 않는다. 사람들은 다른 사람이 옳기를 바랄 수는 있지만, 옳은 것이 **항상** 다른 사람이라는 것을 믿어야만 한다는 것은 고통스러운 일이다. 그래서 한쪽 시각, 곧 자율성의 관점에서 보자면, 소수의 일관적 행동은 다수에 대해 굳건하고 단호하게 보일 것이다. 그러나 다른 쪽에서 보자면, 바로 그 행동은 고집스럽고 현실에 어두운 행동으로 보일지도 모른다.

그러나 어떤 행동양식이 경직성이라는 오명에서 벗어날 수 있는가? 하나가 있다. 나는 그것을 두 가지 이유에서 '공정성'의 상태라고 정의했다. 한 가지 이유는, 공정성이라는 행동양식이 확실한 견실성, 다시 말해 개인적 행위자나 집단적 행위자의 견해를 사회적 상호작용의 장에서 손쉽게 눈에 띄게 해주는 확실한 특성을 나타낸다는 점이다. 이러한 관점에서 그 방식은 일관성에 가까우며 또 그렇게 인식된다. 두 번째 이유로, 공정성은 타인의 견해를 고려하려는 관심을 표현한다는 점이다. 공정성은 다른 사람과의 상호작용에서 상호성과 상호의존도에 대한 욕구, 달리 말해 진실한 대화를 시작하려는 의지를 느끼게 한다. 그런 개인이나 집단은 편견이 없는 사람으로 보인다. 그래서 그들은 어느 정도 영향을 받을 수 있고, 마찬가지로 다른 사람에게 영향을 미칠 수도 있다. 그들과 생각이 같지 않다고 해서, 증오심이나 낭패감을 일으키지는 않으며 그들과의 계속적인 교제가 불가능해지는 것도 아니다. 선호도, 신념, 의견을 명백히 밝히더라도, 그것을 강제하려는 그 어떤 시도도 없다. 그들은 무관심하지도 않고 반드시 타협하려고도, 억지로 타협하려고도 하지 않는다. 그러나 그들은 모든 가능성을 고려할 준비가 되어 있다. 다시 말해, 모든 사람은 이해받을 기회를 얻으며 게임은 상당한 정도까지 열려 있다. 그러한 상황에서, 사람들은 자기 혼자만 영향작용, 변화에 굴복하는 것은 아니라고 느끼기 때문에 더욱 기꺼이 굴복한다.

근대 역사에서 이러한 방식의 가장 현저한 사례는, 교황 요한 23세다. 그는 비오 12세를 계승했다. 우리식으로 말하면 비오 12세는 다른 기독교 집단과의 대화에 대해서도, 다른 사회적 · 정치적 운동 대표들과의 대화에 대해서도 폐쇄적이었다. 많은 사람은 근대 역사에 대한 요한 23세의 태도가 경직된 것으로 판단했으며, 그가 전통적 교리를 전적으로 고수하는 데에서 그런 태도가 나온다고 보았다. 요한 23세는 가톨릭교회의 가르침에 대해 정말 대단히 성실했으며, 교회의 이익이나 교황의 권위에 대해서도 무척 신중했다. 그러나 이 모든 것에 더해서(그리고 여기에 그의 역사적 중요성이 있다) 그는 자신이 수 세기 동안 가톨릭의 논의에서 공개되지 않았던 이슈들을 재개할 준비가 되어 있다고 선언했다. 이는 곧, 다른 기독교적 종교들과의 대화를 시작하고 주교들이 교회 정치에 직접적으로 참여하게 하며, 사회주의 국가들과 교회의 관계를 재검토하고 서구와 그 밖의 사회에서 일어난 사회적 관행과 심리구조의 진화를 고려할 준비가 되어 있음을 선언하는 것이다. 다시 말해, 세속적 권력이나 전통을 꼭 포기하지는 않으면서도 그는 그 자신을, 필요하다면 변화할 준비가 되어 있는 사람, 세속의 의견이나 제도를 수정할 필요를 확신한 사람으로 보이게 했다. 반면, 이와 동시에 다른 사람에게도 그에 상응하는 변화를 기대하고 요구했다. 궁극적으로 그의 목표는, 교회를 너무나 고립된 처지에서 데리고 나와서 그 시대의 조건에 더 올바르게 적응하는 방법으로 그 영향을 확대하는 것이었다.

공정성은 정확하게 "특정 관점과 '관점들이 표현되는 관계의 상호성에 대한 관심'의 **동시적** 표현"을 의미한다. 이러한 행동양식에 관한 실험적 증거는 드물긴 하지만 있기는 하다. 머그니, 윔베르Humbert, 쥐벨Zubel의 연구[34]와 머그니의 연구[35]는 소수와 다수 간의 상호작용에 관한 일련의 실험에서 비교적 상세한 방법으로 이러한 양식을 연구했다. 그들이 처음에 다룬 문제는 이미 우리에게 익숙한 것이다. 소수는 다수의 규범에 거부하는 태도를 일관성 있게 취하여, 그 자신을 다수와의 갈등상황에 놓는다. 그러므로 시작부터 다수는 소수의 규범을 향해 움직이려는 그 어떤 경향성도 갖지 않는다. 소수의 규범들이 다수에게 이득이 되는 방향에 있을 때조차 그러하다. 변화를 향한 모든 접근과 모든 가능성을 거부하는 것은 갈등을 최고조로 유지하려는 의도를 의미한다. 이는 그 공동체의 나머지 부분에 대해 의사소통이나 협상을 하려는 시도를 모두 봉쇄하려는 의도다. 소수는 독단적이고 적대적인 것으로 인지될 것이다. 그리하여 이는 소수의 성공가능성을 감소시키는 경향이 있다.

저자들이 세운 가설은, 행동의 이런 극단적 형태(경직된 관점, 과도한 요구와 함께)가 공정한 방식보다 덜 효율적인 행동양식이라는 것이다. 공정한 방식은 다수가 소수에게 어느 정도는 영향을 발휘하게 한다. 공정한 방식은 일관성을 유지함과 동시에 관용의 정신으로 양보를 허용한다. 다수가 양보에 반응한다면, 이윽고 그러한 양보는 이탈자들의 일관적 행동을 더 수용할 만한 것으로 만들어줄 것이다. 소수가 영향력을 발휘하려면, 유연함과 함께 규범적 상태를 유지해야만 하며, 아노미로 이어질 수도 있는 불일치를 피해야만 한다. 적어도 발생학적 관점이 옳다면 이는 사실이다.

다음의 실험절차들은 우리가 계속 연구해야 하는 사실들을 제공한다. 세 개의 단계가 있다.

사전-검사 단계

피험자들은 우선 3명(2명의 진짜 피험자와 1명의 실험협조자)으로 이루어진 집단에서 서로 소개를 나누었다. 그러고 나서 그들은 개별적으로 다음의 사전-검사를 받았다. 토론의 주제는 스위스의 병역 문제였고 피험자에게는 8점 척도상에서 하나의 견해를 선택하는 식으로 이 주제에 관한 의견을 표명해달라고 요구했다. 반면, 표면으로 드러나지 않은 의견을 측정하려고, 피험자들에게는 형용사에 관한 40문항짜리 '예/아니오' 질문지에 응답해달라고 요구했다. 피험자들은 해당 형용사들이 스위스 군대를 기술하고 있는지 그렇지 않는지를 판단해야 했다.

8점 척도로 이루어진 용지에는, (이 점이 중요한데) 나중에 피험자들이 그들의 의견을 구두로 표현하라는 요구를 받게 될 것이라고 쓰여 있었다. 그러나 예/아니오 질문지에는 그러한 정보가 전혀 없었다. 그리하여 하나는 바깥으로 드러나는 태도, 다른 하나는 드러나지 않는 의견, 이렇게 두 가지 측정치가 있었다고 볼 수 있다.

상호작용 단계

이 단계는 피험자들로 하여금 자신의 의견을 표현하게 하면서 시작된다. 이러한 의견 공개가 갖는 '공개적' 특성을 강조하려고 전광게시판을 방안에서 눈에 잘 띄는 곳에 놓았다. 각 피험자의 각 질문지 문항에 대한 반응은 게시판에 A, B, C(C는 언제나 실험협조자를 나타냈다)로 표시되었다. 그다음에는 토론이 시작되었다. 피험자들은 6가지의 질문을 포함하는 소책자를 하나 받았다. "국제무대에서 현재 병력과 정치적 세력을 염두에 둔다면, 당신은 스위스의 국방예산이 조정되어야 한다고 생각하는가? 당신의 의견은, 군대 예산이 '중단되어야 한다' / '큰 폭으로 삭감되어야 한다' / '두 배로 증가해야 한다'이다." 각각의 질문에 관해, 피험자들은 8개의 가능한 반응 중 하나를 선택해서 구두로 표현했다. 그러고 나서 토론이 시작되었다. 토론이 이루어지는 동안 피험자들은 자기 견해를 방어해야 했다. 실험협조자는 미리 준비된 논지(이는 양심적 병역거부자의 사례에 관한 군사법정의 결정에 기초를 두었다)를 이용해 자기 견해를 옹호했다.

실험협조자들은 자기 견해를 두 가지 방법으로 옹호했다. 특정 실험조건(R)에서 실험협조자들은 경직되어 있어서 시종일관 동일한 극단적 견해를 고수했다. 다른 실험조건(F)에서 실험협조자들은 처음 세 질문에는 극단적인 견해를 취했으나, 나머지 세 질문에 관해서는 다소 덜 극단적이었다. 스위스 학생 전체는 대개 스위스 군대에 우호적이지 않기 때문에, 이탈적인 견해는 스위스 군대에 우호적인 견해였다.

사후-검사 단계

토론 이후 피험자들은 다시 한번 질문지에 답하라고 요구받았다. 그다음에 순진한 피험자들은 개별적으로 면접을 받았다. 개별 면접에서는 다른 피험자들을 어떻게 지각하고 있는지, 자기 의견에 대한 확신은 어느 정도인지 등이 다루어졌다.

이 실험의 결과는 다음과 같다. 외현적인 태도의 수준에서는 두 실험조건 간에 아무런 차이도 없었다. 실험협조자가 '경직'되어 있는가, 또는 '공정'한가의 여부는 아무런 차이도 만들어내지 않았다. 그러나 외부로 드러나 있지 않은 의견을 살펴보면 상황은 다르다. 기대했던 대로, '공정한' 실험협조자는 더 많은 의견을 자기 쪽으로 유리하게 변화시켰다. 그리고 '경직된' 실험협조자보다 부정적 반응을 덜 일으켰다(표12).

	소수에 대한 우호적 변화(%)	변화 없음	소수에 대한 비우호적 변화 (%)
조건R	11	28	61
조건F	39	28	33

표12. '경직된', 또는 '공정한' 소수와의 상호작용 이후 내면적 의견의 변화
(맨-휘트니 검정에 의해 0.04 수준에서 유의미함)

가장 흥미로운 결과는 실험조건에 따른 두 가지 반응형태 사이의 **관계**에 관한 것이며, 그 관계의 분석 결과는 두 반응형태의 심리학적 중요성을 명백하게 드러낸다. 여기에서 다음의 관계가 발견되었다. 조건R에서는 외현적 태도의 변화와 내면적 태도의 변화 사이에 강한 부정적 상관관계가 있었다. 소수에서 가장 멀리 떨어진 내면적 태도를 지닌 피험자들은 외현적 태도에서는 소수의 견해와 가장 가까웠다. 조건F에서는 상관관계가 긍정적이었다. 이때 외현적 변화는 내면적 의견변화와는 방향이나 정도가 동일했다.

처음에는, 다수 견해에 대한 인정을 거부하는 소수가 발휘하는 영향이, 개인들에게는 따라야만 하는 일종의 압력으로 작용한다. 단지 그 어떤 대안도 없는 것으로 보이기 때문이라면 말이다. 그러나 개인이 소수를 따르게 되면 될수록 그 개인은 소수에 더욱 적대적이게 되며 그의 의식은 점점 더 소수에 반대하게 된다. 반대로, '공정한' 소수는 개인들에게 적대감과 저항 등이 뒤따라오게 하지 않으면서 자신을 따르게 할 수 있다. 적어도 공정함에는 어느 정도의 이점을 가진 것으로 보인다.

그러나 상황은 우리가 바라듯 그렇게 단순하지는 않다. 머그니는 모든 행동양식이 유사한 효과를 얼마나 발휘하는지를 고려해 자신의 실험절차를 단순화했다.[36] 첫 번째 단계에서 피험자들은 스위스 군대에 대한 태도, 다른 피험자들에 대한 태도에 관해 질문지에 답했다. 두 번째 단계에서 피험자들은 스위스 군대에 관한 연설을 들었는데, 이 연설은 극단적인 좌익 반反군국주의자 집단의 견해를 대표하고 있었다. 이때는 피험자들이 군대에 대해 오히

려 우호적이었다. 실험협조자가 읽은 연설은 세 가지 공격적 주장으로 구성되어 있었다.

(a) 경제적 주장: 군대는 권력층을 위한 경제적 버팀목이다.

(b) 이념적 주장: 군대는 이념적 '몽둥이'다. 자본주의적 노동분업에서 계급적 위계를 조직화하고 강화한다.

(c) 정치적 주장: 군대는 부르주아계급이 통제하는 도구로, 진보적 투쟁을 억압한다.

이런 주장과 함께 연설은 군대에 대한 탄핵으로 끝이 난다.

(a)와 (b) 사이, 그리고 (b)와 (c) 사이에는 양심적 병역거부자라는 문제에 관해 짧은 토론이 있었다. 일반적으로 양심적 병역거부자는 군대에 대립하는 이념적 견해를 취하는 것으로 인식되고 있다. 극단적 좌파의 태도를 나타낸 이 토론은 양심적 병역거부를, 군대제도의 본질에 근본적인 변화를 일으키는 방법이 아니라, 개인적이고 개별적인 해결책으로 받아들인다. 실험조건R와 F 간의 주요한 차이는 토론 내용의 차이였다.

(1) (a)와 (b) 사이, 양쪽 조건 둘 다에서 동일한 토론이 있었다. "우리 생각에는, 군대를 약화시키는 유일하게 효과적인 방법은 군대 안에서 군대를 반대하는 혁신적인 활동을 수행하는 것이다. 양심적 병역거부는 너무 개인주의적이어서, 군대를 약화시키는 수단으로 성공할 수 없다고 생각한다."

(2) (b)와 (c) 사이, 조건R에 있는 사람들은 같은 생각이지만 조금 더 강력한 의견을 들었다. "이념적 조직화에 반대하는 투쟁에서 우리는 양심적 병역거부가 위선적이고 개인주의적인 방법, 프티부르주아적이며 유사-보수주의적인 방법이라고 믿는다. 우리는 군대 안에서, 또한 군대 바깥에서도 반대투쟁을 해야만 한다." 조건F에서 실험협조자는 (b)와 (c) 중간의 토론에서 자신의 견해를 약간 더 타협적으로 보이게 했다. "나는 양심적 병역거부에 관한 질문으로 되돌아가고 싶다. 나는 그 질문에 대해 아주 잘 대처하지는 못했다.

제대로 조직화한다면 집단적인 양심적 병역거부는 군대에 대항하는 투쟁에서 유용하고 귀중한 방법이라는 것이 우리의 견해다. 그러나 우리는 또한 군대라는 바로 그 조직 안에서 투쟁을 수행하는 것도 중요하다고 믿는다."

이 두 조건에서 기본적인 이념적 견해는 동일하다. 조건을 구분하는 것은, R에서는 소수가 청중이 가질 수 있는 의견들을 전혀 고려하지 않았고 굽힘 없는 태도를 고수했다는 점이고, F에서는 소수가 청중이 가질 수 있는 관점들을 인정하는 방법을 취했다는 점이다. "나는 이 문제에 관한 당신들의 관점을 알고 있으며, 그 관점들을 인정하고 고려할 준비가 되어 있다." 물론 두 소수는 같은 정도의 일관성을 갖고 행동한다.

이 실험에서 '공정'하다고 명명된 행동양식은 변화를 유발해내는 면에서는 경직된 행동양식보다 더 효과적이었다(t=1.821, p<0.05). 그러나 각각의 행동양식은 어느 정도 그 자체의 고유한 영향력을 가졌다. 조건F에 있는 피험자의 70%는 실험협조자 쪽으로 자신들의 의견을 변화시켰고, 조건R에 있는 피험자의 57%도 그러했다.

머그니는 극단적 좌파의 글을 이용한 다른 두 개의 미발표 실험에서도 유사한 결과를 얻었는데, 그 실험들에서는 피험자들이 개별적으로 자료를 읽었다. 그러나 그가 또한 관찰한 것은, 경직되고 독단적인 소수가, 소수에서 더 먼 견해를 가진 피험자들보다는 이미 소수에 가까운 견해를 가진 피험자들에게 영향을 미칠 가능성이 더 크다는 점이다. 한편, '공정한' 방식으로 자신을 연출하는 소수는, 모든 피험자에게 폭넓고 고르게 영향을 발휘할 가능성을 더 많이 얻는다. 그러므로 메시지를 보내는 사람과 받는 사람 사이의 초기 견해차는 상황을 상당히 복잡하게 한다.

이는 사회적 영향의 연구 분야에서 오래된 문제다. 예컨대, 우리가 알듯이, 차이의 어떤 적정지점까지는 영향작용이 견해차에 정비례하고, 그 지점 이후에는 영향작용이 감소한다. 극단적인 이탈자는 아주 큰 영향이나 아주 작은 영향 중 하나를 발휘하지만, '중도적' 이탈자들은 집단 전체에 걸쳐 더 균일한 효과를 가진다는 사실 또한 이미 여러 가지 방법으로 입증된 바 있다. 이는 아마도, 역사의 종말이나 최후 심판의 날을 기다리는 동안, 그 많은 혁명적 정당과 교회가 더욱더 존경받으며 추종자들을 늘리고자, 와인에 물을 타듯 표현을 약화시켜 사용하는 이유일 것이다.

메시지 유형과 수신자 유형 사이에 존재하는 이러한 관계는 의사소통의 영향에 관한 여러 연구에서도 관찰된 바 있다. 제2차 세계대전 동안 어느 군대 훈련캠프에 있던 사람들은 일본과의 전쟁이 끝나는 시점을 추정하는 일방향적 주장과 양방향적 주장에 노출되었다. 결과는 다음과 같다. 제시된 관점을 이미 확신한 사람들에게는 양방향적 주장보다 일방향적 주장이 더 효과적이었다.[37] 오늘날 우리는 이러한 현상들에 대해 더 정확한 지식을 가지고 있으며, 이 현상들이 단순히 메시지 안에 나타나는 대안의 수, 차이의 정도와 유관한 게 아니라, 그 현상을 나타내는 행동양식의 특정 측면들과 유관하다는 것을 안다.

이 모든 발견은 한 가지 생각과 일치한다. 독단적으로 행동함으로써 소수는 이미 얼마간 소수의 관점에 확신을 느낀 사람들의 의견에 영향을 미치기는 하지만, 다른 사람들로 하여금 그들이 원래 가지고 있던 자기 견해를 굳히게끔 하기도 한다. 한편, '공정한' 소수는 이미 상당히 소수를 향해 기운 사람들의 의견뿐만 아니라, 처음에는 소수에 반대하던 사람들의 의견에도 영향을 미친다.

때로는 실험실이 현실을 망각하기도 하므로, 우리는 지금 잠깐 실험실을 잊고 현실을 고려하려고 시도할 것이다. '조건R'과 '조건F'를 말하는 대신에 '좌파'와 공산주의자라는 말을 사용할 것이다. 적어도 유럽에서는, 현대 역사의 가장 순진한 관찰자마저도 이들 두 마르크스주의 조류가 어느 정도 동일한 지적 기원과 어법을 가지고 있음을 안다. 그러나 그 둘은 사회의 나머지 부분과의 관계와 방법론에서 차이가 있다. 좌파 집단들은 자신을 매우 급진적이고 혁명적이라고 여기며, 자신의 일에서 순응이나 타협 등으로 해석될 수 있는 그 어떤 것이라도 무척 경계한다. 좌파집단들은 '순응'과 '타협'을 공산주의자의 나쁜 경향성으로 보며, 공산주의자를 개량주의자로 간주한다. 한편으로, 공산주의자들은 그들이 일컫는 전술과 전략 사이에 구분을 둔다. 공산주의자들은 동맹, 동의 등으로 들어가려고, 자신들의 정치적 목표 일부를 일시적으로 기꺼이 미룬다. 공산주의자들은 이러한 방법이 궁극적으로는 자신들의 입지를 더욱 강력하게 만들어줄 것으로 믿는다.

머그니의 발견들은 "좌파 집단들은 이미 마르크스주의 사고방식에 호감을 느끼는 사람들에 대해서는, 공산주의자들이 미치는 영향과 똑같은 정도의 영향을 미칠 것이다"라고 제안하려는 경향이 있다. 그러나 동전의 다른 면은 다음과 같다. 좌파 집단들은 심지어 그들 분파 내부에서도, 여러 다른 의견이 있을 가능성을 꺼리는 마음과 자신들의 독단주의 탓에 적개심을 일으킬 것이다. 공산주의자들의 방법은, 이미 좌파에 공감하는 사람들이 아닌 사람들에 대해서도 부인할 수 없을 만큼 더 효과적이다. 이러한 방법들은 20세기 초기 레닌이 시작했으며, 실제로는 그 시기의 '좌파'에 반대하려고 고안되었다. 특히 전제정치에 맞서는 투쟁에서, 레닌은 농민계급의 지지, 농민계급과의 연대를 지시했다. 물론 이 방법은 즉각적 공영화라는 정통적 교리와 상반된다. 레닌은 다음과 같이 썼다. "민주주의를 원하는 농민 유산계급에게, 사회주의를 원하는 도시 무산계급에게, 그리고 비참한 농촌 빈민들에게, 이러한 지시는 단지 인민주의적인 사회주의-혁명론자들의 공허한 찬란함보다는 더 잘 이해될 것이다."

상이한 정치적 집단들이나 방법들 사이에서 결정을 내리는 것은 나를 위해서가 아니며, 그 누구를 위해서도 아니다. 모든 사람은 자신만의 길을 선택하며, 전향자들의 마음을 사로잡는 능력이 역사적 진실의 유일한 기준은 아니다. 나는 실험적 연구들의 발견을 고찰하면서, 어떤 집단이 왜 다른 집단보다 더 즉각적인 영향을 미치는지 그 이유를 탐색하는 데에 몰두하려고 했다. 나는 이 실험적 발견들의 중요성을 더욱더 잘 이해하고자 좀 더 심도 있게 탐색해보려 한다.

머그니가 빈번히 지적한 것은, 행동의 두 가지 양식들('경직성'과 '공정함')이 동일한 정도의 일관성을 보여주며, 이 사실을 피험자가 인지하고 있다는 점이다. 그 둘을 구분하고 그들에게 상이한 의미들을 부여하며 다수 청중과의 상이한 관계를 유발하게 하는 것은 오직 행동양식이 가진 역동성뿐이다. 더욱 깊이 추론해보면, 원래 자신의 집단이 소수라면 소수 집단에서는 독단적 행동양식이 적절한 것이라고 말할 수도 있다. '공정한' 행동양식은 다수와 소수 간에 접촉이 있을 때만, 또는 다른 집단과 접촉이 있을 때만 중요해진다. 다시 말해 첫 번째 행동양식은 집단 '내' 관계와 잘 맞고, 두 번째 행동양식은 집단 '간' 관계에 잘 맞는다. 간단히 말해, 집단 안에서는 경직성이 효과적이다. 따라서 일부 예외들은 별개로 하고, 행동양식이 경직될수록 그 영향력은 더 커질 것이다. 그러나 외부와의 관계에서는 사회적 환경에 영향을 미치려면, 굳건하면서도 일관적인 '공정한' 행동양식이 사용되어야만 한다.

달리 말하면, 우리는 한 집단의 안과 밖에서 동일한 방법으로 행동할 수 없다. 이는 연구자들, 그리고 때로는 사회적 상호작용의 참여자들이 늘 생각해온 것과는 다르다. 그러나 '내적' 행동과 '외적' 행동이 다르려면, 조직화 정도와 능력 수준에서 내적 환경과 외적 환경 사이에 구분이 있어야만 한다. 이러한 필요에서 하나의 집단은 살아 있는 하나의 유기체를 닮았다. 집단 간의 관계는 이러한 구분을 만드는 데에 성공하느냐 실패하느냐, 그리고 관련된 집단들이 내적 환경을 가졌는지 그렇지 않은지에 따라 주로 결정된다.

이러한 결론은 이전에 이미 사용된 적 있는 동일한 역사적 사례(좌파와 공산주의자)로 설명할 수 있다. 좌파 집단은 외부의 세계가 그들 고유의 내적 세계이기라도 한 것처럼 외부 세계에 말을 건다. 그들은 내부인들에게 행동한 것과 동일한 방식으로 외부인들에게 행동하는 것이다. 그들이 사회의 특정 부분에서 이룬 성공은 정확하게 여기서 발생한다. 동시에 그들의 경직성은 보이지 않는 적개심을 불러일으킨다. 지나치게 강한 강압과 웅변술은 곳곳에 저항을 만들어낸다.

예를 들어, 다음에 나와 있는 것은 『민중을 위한 과학』이라는 급진적 출판물의 독자들이 그 행동양식에 대해 반응하는 방법이다.[38]

> …… 나는 SftP*에 대한 내 동료의 반응을 느껴보는 중이다(그리고 나 자신에 대해 생각하는 중이다). 나는 그 출판물이 정보적이며 생각을 유발한다는 것(물론, 논쟁도 유발한다. 그래도 상관없다)에 대해서는 만장일치의 동의가 있다고 생각한다. 그러나 내게서 잡지를 받은 모든 사람은 진부하면서도 급진적인 문체에 관해 언급했다. 나도 같은 견해다. 나는 학부생(1965~1969) 시절 내 시간을 SDS**에 바쳤지만, 터무니없이 과장된 그들의 메시지 전달방식에 귀 기울이는 데에 지쳐 점점 더 그 집단에서 떨어져 나오게 되었다. 나는 SftP에 대해 동일한 방식으로 반응해야 할 것 같다. 나는 당신들에게, 인쇄될 모든 것을 다시 읽어보고 감정적으로 치우친 모든 단어를 없애버리는 편집자가 있기를 바란다. (유감스럽게도) 항상 급진적 좌파들은 SftP가 손을 뻗치려고 하는 바로 그 사람들 대부분을 그런 단어들로 모독해왔다. 예를 들어, 대학살이라는 단어가 당신이 원하는 바로 그 단어인지는 중요하지 않다. 그런 것은 사전이나 UN의 서류 등에서 확인될 수 있다. 그 말은 더럽혀져 있다. 제목에서 대

* 『민중을 위한 과학*Science for the People*』의 약칭.
** 미국의 학생운동 단체인 '민주 사회를 위한 학생연합Students for Democratic Society'의 약칭.

학살이라는 단어를 보았을 때, 나는 속이 메스꺼워졌다. 대학살이라는 행위를 떠올렸기 때문이 아니라, 그 단어가 사용된 10번 중 9번은 반사적인 급진주의자들이 잘못 사용했기 때문이다. 그 단어는 그 행위를 한 사람이 아니라 그 글을 쓴 사람에 대해 강한 반응을 유발한다. 아마도 나만 그런 것은 아닐 것이다. …… 당신들 잡지의 내용은 너무나 훌륭하다. 그러나 감정적인 허식이 그것을 망치고 있다.

아무튼 나는 내가 할 수 있는 모든 방법으로 당신들 집단을 계속 지지할 것이다.

이에 대한 편집자의 반응은 상당히 흥미롭다. 독자가 문체의 변화를 요구할 때, 편집자는 반드시 채워져야 할 지적 간극을 발견한다.

…… 어조나 수사에 대한 비난은 급진주의자들에 대한 반대와 관련해 꽤 빈번하게 이루어지는데, 대개는 근거도 있기 때문에 우리는 위의 비평이 합당하다고 생각한다. 미국과 세계 대부분을 통치하는 자들은 의도적으로 민중에 반하는 일들을 한다. 더욱이 많은 정치가는 '자유'와 '민주' 등과 같은 말로 이러한 활동들을 정당화한다. 수사학의 문제는, 현실에 대한 자신의 지각을 공유하려는 사람이 타인들에게 그 현실을 입증해내지 못하거나, 진정한 대안이 있음을 보여주지 못할 때 발생한다. 그런 괴상한 상황은 그저 원래부터 부패한 세계의 부득이한 특성은 아니다. 단어들이 '더럽혀졌다면', 대개는 우리가 그런 단어들을 정당화하는 사전작업을 완수하지 않았기 때문이다. 이 때문에, '급진적 분석'이 바탕을 두는 증거의 완전한 효과에 맞닥뜨리지 않은 사람들은, 여느 때 같으면 충격적일 수 있는 결론으로부터 뒷걸음치게 된다. 우리는 이러한 일이 일어나도록 내버려두어서는 안 된다. 우리 중 많은 이는 진실에서 화려한 수사를 제거하고자, 투쟁을 통해 말하기와 쓰기에 이바지해야만 한다. ……

누가 옳은가? 나는 결정하려 하지는 않을 것이다. 그러나 이들 둘이 서로 관점을 놓쳤다는 점은 꽤 명확하다. 그들은 문제를 각기 다른 수준에서 조망한다. 독자는 출판물의 내용과 '급진적' 운동의 목적에는 동의하지만, 문체를 바꾸는 것과 같은 식의 변화를 소망한다. 이 독자는 행동양식이 과장되고 경직되어 있다고 판단하며, 이러한 행동양식이 나타내는 강압성에 반대하는 반응을 보이고 있다. 반면, 편집자는 이러한 문체를 고수하고 정당화하며, 그것을 바꿔야 할 타당한 이유를 발견하지 못한다. 그 대신, 그 편집자는 더 견고한 사실적 기초에 바탕을 둔 의견을 실으려는 조치, 내용의 향상이 이뤄지면 그 어떤 부정적, 자의적, 강압적 측면도 제거될 것으로 믿는다.

실제로, 독자가 편집자에게 '발행인이 받아보는 이를 위해 조정할 것'을 요구했을 때, 편집자는 독자에게 '편집자를 위해 받아보는 이가 변화할 것'을 요구한다. 독자는 문체를 중요하고도 변화할 수 있는 것으로 보지만, 편집자는 부차적이자 변경할 수 없는 것으로 여긴다. 이러한 논쟁은 실험실에서 관찰된 과정들을 반영할 뿐만 아니라, 전달되고 있는 메시지의 내용에 대해 이미 상당한 정도의 공감이 있을 때조차 '경직된 행동양식'의 영향력을 방해할 수도 있는 주관적 요소들도 통찰할 수 있게 한다.

또한 이러한 구체적 예는 더 넓은 범주의 현상에 대해서도 빛을 비춘다. 우리가 아는 것처럼, 이러한 종류의 집단은 '문을 여는 것'을 전적으로 거부하며, 집단 내에서 이렇게 문을 열려는 모든 움직임을 배반, 포기나 변절 등으로 해석한다. 그 움직임이 아무리 중요하지 않은 상황과 관련되었다고 하더라도 그렇다. 이것이 확실히 의미하는 바는, 그러한 집단들이 자신들에게 반대하는(반대가 심하지는 않더라도) 사회의 영역들에 영향을 미칠 수단을 가지지 못했다는 것이다.

무엇 때문에 '문을 연다는 것'이 그토록 심한 위협으로 보이는가? 유연성은 왜 그리 불가능한가? 그러한 집단들이 내적 환경을 결여하고 있다는 점이 그 주요한 이유라고 말할 수 있다. '폐쇄성'이야말로 그들의 결속을 보장하는 유일한 방법이며 해체와 외적 환경의 위험에 대항하는 유일한 보호책이다. 그들의 경쟁자이자 적인 공산주의자들은 두 가지 행동양식을 받아들였다. 그중 하나는 집단 그 자체에 대한 응집력과 안정성을 유지하는 것이며 다른 하나는 다른 집단들과 사회계급들을 향하게 된다. 전자는 내적 환경에, 후자는 외적 환경에 맞게 조정된다.

또한 우리가 알 수 있듯이, 정치적 · 경제적 양보는 종종 이념적 규율에 대한 강화를 동반하며, 공존(서로 다른 사회적 집단의 화합까지도)의 의지는 전통적인 정책 · 이념에 대한 충성, 집단의 결속을 주장함과 동시에 발생하는 경향이 있다. 이는 외부의 관점에서는 역설적으로 보일 수 있으며, 다른 관점에서 보면 이러한 이원성은 우리가 이미 기술한 실험들로 드러나는 심리-사회학적 절박함에 정확히 합치한다. 한 단계 더 깊이 들어가면 우리는 일종의 발달적 형태를 인식할 수 있다. 발달적 형태의 시작 단계에서 이탈적 소수 집단은 경직된 행동을 보이는데, 그러한 행동은 소수 집단 스스로를 폐쇄된 통일체와 내적 환경의 보호 안으로 통합하도록 허용한다. 이는 분리와 조성의 국면이다. 진화의 특정한 단계 이후 소수 집단은 상이한 행동양식을 발달시키려고 준비하는데, 이때 이러한 상이한 행동양식은 필수적인 일부 부속물들이 더해진 정교한 내적 기초에서 비롯된다. 이 새로운 '공정한' 행동양식은 동맹을 만들고 영향력의 범위를 넓히는 동시에, 소수 집단이 일관성을 가지도록 해준다.

사회적 집단에 관한 발생학은 아직 유아기에 있다. 그 이유는 무엇인가? 아마도 이러한 추측들은 사회적 집단의 발생학이 지금 갖고 있지 못한 추진력을 줄 것이다. 내 생각에는 사회적 집단의 발생학에 접근하는 한 가지 방법은 행동양식들에 대한 분석이다. 사회적 집단의 발생학은 매우 흥미로운 단서들을 제공한다. 그러나 현재 활용할 수 있는 실험적 증거들로는, '공정한' 행동이 사회적 영향을 발휘하는 데에 효과적인 방식이라는 조심스러운 결론만을 허용할 뿐이다.

행동양식의 결정적 요인과 기능은 최근 들어서야 비로소 고찰되기 시작했다. 우선은 단지 행동양식과 그 효과들을 기술하는 것으로만 만족해야 한다. 최선의 행동양식은 어느 것인가? 가장 효과적인 행동양식은 어느 것인가? 이러한 질문은 문제에 대한, 과학적이지 않은 마법적 접근일 뿐이다. 최고의 무기라는 것도 없고 절대적으로 안전한 영향작용방법이라는 것도 없다. 모든 것은 상황들, 즉 소수/다수의 내적 상태, 그들이 사회적 환경과 맺는 관계 등에 달렸다. 행동양식 중 어느 것인가를 사용하려는 결정과 능력은, 영향작용을 원하는 이유에 따라 그것이 달라지는 것만큼 딱 그 정도로 내적 상태와 외적 환경이 결정하는 것이다.

그러나 나는 영향작용의 원천으로서 행동양식을 고려할 때 얻게 되는 한 가지 중요한 결과를 다시 한번 강조하고 싶다. 상식은 영향작용이 가진 효과의 원인을 사회적 지위, 리더십, 다수의 압력, 여러 형태의 의존성 등에서 찾는다. 여기서 내가 주장하려는 것은, 그러한 여러 형태의 의존성(즉 권력적 의존, 관습적 의존 등)이 사회적 영향에서 결정적인 요인은 아니라는 것이다. 소수는 자신의 상대적 권력이나 사회적 지위와 무관하게 다수의 의견과 규범을 변화시킬 수 있는데, 이는 소수 행동의 조직화, 소수 의견 · 목적의 표현이 앞에서 내가 일관성/자율성/투자/공정성 등에서 약술한 조건들을 따르는 동안에는 그러하다.

'외적' 변인들(지위, 리더십, 유능성 등)에 대한 거의 배타적인 몰두는 사회적 영향과정이 제기한 진짜 문제들을 흐려버려서, 가장 자명한 특징들(정확히 말하자면, 설명이 필요 없는 것들)에 대해서만 집중하게 되는 상황을 만들었다. 많은 사회심리학자는 권력과 영향작용을 호환적인 개념이라고 주장하고 의존성에만 초점을 맞추고 행동양식은 경시했다. 그러면서 그들은 우리가 아는 한 그 어떤 문제도 제기하지 않는, 그 어떤 설명도 요구하지 않는 현상들 주변에 과학적 지식을 구축하려고 열심히 연구해왔다. 적어도 그들은 논쟁거리가 되지 않을 만한 관점을 출발점으로 택했다. 그리하여 그 어떤 답도 필요하지 않은 질문들을 제기했다.

제7장 사회적 규범과 사회적 영향

명제 5. 영향과정의 추이는 객관성 규범과 선호 규범, 독창성 규범 등에 의해 결정된다.

서로 다른 세 사람에게 동일한 그림을 보여주는 상황을 상상해보라. 그중 한 사람은 그 그림의 리얼리즘에 대해 비평하고 다른 한 사람은 그림에 대해 단순히 호감을 표현하는 반면, 세 번째 사람은 그 그림 속에 담긴 흥미진진한 속성들을 볼 수도 있다. 첫 번째 사람은 그림의 대상을 묘사하는 데에 사용된 정확성에 대한 비평을 표현하고 있다. 두 번째 사람은 자발적인 호감반응을 표현하고 있다. 세 번째 사람은 다른 것들과 비교되는 그 그림의 특성에 대해 평가하고 있음을 표현하고 있다. 우리는 그 세 사람이 그 그림에 관해 합의에 이르기를 바란다고 가정하자. 무엇보다도 우리는 그림의 어느 측면에 합의가 필요한지를 결정해야만 한다. 리얼리즘, 그림이 불러일으키는 취향의 반응, 또는 기교적 · 심미적 속성들, 이 세 측면 중 어느 것이 선택되는가에 따라 결과는 매우 판이해질 수 있다는 게 확연하다. 결과의 차이는 꼭 합의 정도에 따른 것이라기보다는 합의를 구하는 방법에 따른 것일 수 있다. 왜 이러해야 하는가?

일반적으로 말해, 합의에는 두 가지 심리-사회적 기능이 있다. 의견과 판단을 표현하는 사람에게는 그 기능들이, 한편으로는 의견과 판단을 타당화하게 하며 다른 한편으로는 자기-고양, 정체감의 재확인을 제공한다. 객관적 정확성을 의미하는 '맞음correct'에 사회적 중요성이 부과되는 것에는 의심의 여지도 없다. 그러나 누군가의 판단과 의견을 다른 사람들이 받아들이도록 하는, 즉 그 사람의 개별성을 지지하게 하는 '옳음right'도 그만큼 중요하다. 전자는 진실에 대한 개인적 지각과 이해가 사회적으로 보증된 진실에 들어맞는지를 확인하려는 사람에 관한 질문이다. 후자는 진실에 대한 그 개인 고유의 지각(곧, 사적 진실)을 정당화 · 옹호하는 문제에 관한 질문이다. 달리 말해 후자는 사적 진실이 공적 진실이 될 수 있게 하고자 그러한 사적 진실을 공유하려는 시도에 관해 묻고 있다. **우리** 생각에 참인 것은 다른 사람에게도 마찬가지로 참으로 보여야만 한다. 우리는 **우리가** 좋아하는 것을 다른 사람들도 좋아하기를 바란다. 합의가 가진 이 두 가지 기능('맞음'과 '옳음')은 모두 영향과정에 관여하는데, 어느 것이 더 우세하든 결국 그것은 사회적 상호작용과 영향작용의 교환을 구체화하며 사회적 규범들에 의해 결정된다.

이들 규범에는 어떤 것들이 있는가? 우선 **객관성** 규범이 있다. 이 규범은 어떤 결정이 보편적으로 받아들여지는지에 따라 그 결정을 내릴 수 있도록, 객관적 정확성이라는 기준으로 의견과 판단을 검증할 필요와 관련되어 있다. 두 번째로는 **선호도** 규범이 있다. 이 규범은 서로 다른 취향을 반영하는, 어느 정도 바람직한 의견들의 존재를 가정한다. 이 규범은 합의를, 이 의견들 사이에서 일련의 비교가 행해진 결과라고 본다. 마지막으로 **독창성** 규범이 있다. 이 규범은 판단과 의견이 나타내는 색다름의 정도에 따라, 또한 판단과 의견이 유발할 수 있는 놀라움의 정도에 따라, 판단과 의견을 결정한다. 이 규범에 따르면 합의는, 가장 적절하면서도 가장 특이한 것으로 보이는 판단이나 의견을 선택한다. 처음에 우리가 한 상상의 실험에 나오는 리얼리즘, 호감, 흥분 등은 각각 이 세 규범 중 하나에 해당한다. 그러므로 세 사람이 합의에 도달할 것을 요구받았다면, 그들은 마치 규범이 외현적인 실험적 지시들로 변환되기라도 한 것처럼 아주 정확하게 이 규범 중 하나를 무의식적으로 따랐을 것이다.

한쪽 극단에서, 객관성 규범은 합의가 지닌 타당화 기능에 우선순위를 둔다고 볼 수 있다. 하지만 다른 쪽 극단에서, 개별적인 편차와 선택을 허용하는 선호도 규범은 자기-고양 기능에 우선순위를 둔다. 독창성 규범은 가장 주의 깊게 고려되는 가장 비범한 가능성이므로, 이 둘 사이의 중간쯤에서, 객관적 정확성에 대한 존중을 요구하고 자기-고양도 촉진한다. 동시에 이 규범은 일상성, 익숙함, 평범함을 피하라고 요구한다.

대인관계, 개인과 집단 간의 관계에 이 규범들은 어떠한 효과를 발휘하는가? 오직 하나의 정正반응만이 가능하고 모든 이탈적 반응은 필연적으로 오誤반응이기 때문에, 객관성 규범이 동조압력을 수반하는 것은 꽤 확실하다. 동의가 발생하려면 이탈은 견딜 수 없는 것, 반드시 해결되어야만 하는 것이어야 한다. 더욱이 객관성 규범이 지배하는 교환은 대상을 중심으로 한다. 객관성이란, 제안되는 모든 주장의 가치를 결정하는 대상의 속성과 차원이기 때문이다. 총체적으로 볼 때, 사진은 하나의 대상을 묘사하거나 또는 묘사하지 않는다. 그 사진이 그 대상을 묘사하는지는 사진과 대상을 나란히 옆에 놓아야 확인될 수 있다.

반대로, 몇몇 사례를 보면 선호도 규범은 모든 사람에게 반응이 허락된다고 가정하며 개인 의견의 독특성을 추구하는 경향성과 함께 압력의 부재를 전제로 한다. 판단은 가치에 대한 개별적 · 개인적 척도들에 따른다. 개인이나 집단이 자신의 반응을 비교할 기회를 얻게 된다면, 그 출발점은 가치에 대한 주관적 척도다. 이 출발점은 모든 것이 고려되고 결정되는 이러한 기초에 근거하고 있다. 이때 합의는 취향들의 수렴(우연히 모든 사람이 유사한 반응과 취향을 보인다는 사실)을 나타낸다.

다시 한 번, 독창성 규범은 나머지 두 규범의 중간에 놓인다. 이 규범은 원심력 압박을 만들어낸다. 이는 곧, 집단의 각 성원으로 하여금 독특한 견해를 보이도록 유도하며 타인의 반응을 따라 하지 않게 이끈다. 동시에 이 규범은 외적 대상이나 전문적 · 예술적 · 과학적 활동의 영역과 관련해, 독특한 견해를 정당화한다. 그러므로 합의의 가능성은 특정한 견해가 가진 예외적 관심이나 새로움 때문에 증가한다. 하지만 합의는, 합의가 자기발견적 힘heuristic power을 가지고 있다는 것, 그리고 현실과 일치하고 있다는 것, 이 모두를 보여줄 때만 달성될 수 있다. 논의의 중심에 있는 것은 바로 **대상**(관찰된 현상, 예술작품, 색채 등)이다. 그러나 보이고 인식되는 것은 바로 '어떤 사람의 대상으로서'이며, 논쟁을 유발하는 것은 바로 이러한 잠재적 능력이다. 예를 들어, 우리가 카르티에 브레송의 사진, 자이가르닉효과Zeigarnik effect, 피카소의 블루, 드 브로이의 물질파 등에 관해 말한다고 하자. 그렇다면 우리는 누군가가 그 대상을 발견하거나 발명하거나 만들어냈다는 사실과, 그것이 개인적 특이성을 대표한다는 사실 덕분에, 그 누군가가 의해 '특징지어진' 대상이나 현상을 언급하는 것이다. 마찬가지로 더 친숙한 수준에서는, 일상생활에서 특정 색깔, 가구의 배열, 아이디어, 풍경 등은 특정 친구나 동료, 또는 특정 사회적 계층의 행동과 의견에 연관될 수 있다는 것 또한 사실이다. 사실, 대상은 특정 인물에 의해 특성화될 수는 있지만, 성격 그 자체를 가질 수 있는 것은 아니다. 카르티에 브레송의 사진도 그저 사진일 뿐이며 피카소의 블루 역시 그저 또 하나의 파란색일 뿐이다.

최종적으로 분석해보면, 사회적 상호작용의 과정에서 객관성 규범은 모든 사람이 공적 진실과 관련해 생각하고 행동하라고 요구한다. 이러한 진실은 모든 이가 조사할 수 있고 모두에게 동일하며, 볼 수 있는 눈과 들을 수 있는 귀를 가진 모든 이가 손쉽게 해석할 수 있다. 세 개의 직선은 단지 세 개의 직선일 뿐이고 파랑은 파랑일 뿐이며 집은 집일 뿐이다. 이 모두는 피할 수 없는 사실이다. 제정신인 사람이라면 이러한 문제에서 실수를 저지를 수 없다. 그들은 '명백'하고 '자명'하며 '즉각적'이다. 한 사람이 세 개의 곡선을 보는데 다른 사람들은 세 개의 직선을 본다면, 한 사람이 초록을 보는데 다른 사람들은 파랑을 본다면, 한 사람이 분홍 코끼리를 보는데 다른 사람들은 집을 본다면, 그 한 사람은 뭔가 잘못된 것이다. 말하자면 그는 진실과는 거리가 있는 사람이다.

반대로, 선호도 규범은 개인과 집단의 사적 진실 영역에서 일어나는 모든 교환을 체계화한다. 이 영역에서의 확산성divergence은 사진, 경치, 예술작품, 요리 등에 관한 관점과 취향의 차이(진실성의 판단에 관련되지 않은 것들)에서 명백해진다. 이러한 확산성은 경험, 동기, 문화, 그리고 관련된 개인/집단의 역사를 구성하는 선택 등에 의해 정당화된다. 물론 합의는 이러한 영역에서도 만들어지며, 이는 영향작용이 발생할 수 있는 이유다. 그러나 다양한 사적 진실(예컨대 주식시세에 대한 태도와 선거행위 등으로 대표되는)에서 공통분모 이상의 것을 찾아내는 것은 그게 어떠한 것이든 어려울 것이다. 여러 사적 진실은 한 개인이 하나의 사적 관점이나 선호도를 포기하지 않았음을 의미한다. 그러나 만일 이러한 영역에서 필요한 합의가, 동일한 상황에서, 동일한 이유로, 동일한 정도로, 동일한 대상에 대한 동일한 취향을 낳는다면, 이는 더는 선호도의 문제가 아니라 의견과 선택에 대한 동조의 문제가 된다.

독창성 규범은 공적 진실과 사적 진실 모두를 겸비한다. 독창성 규범은 개인이나 집단 안에 있는 사적 진실의 존재를 전제로 하거나 그러한 사적 진실의 형성을 요구한다. 예술, 과학, 테크놀로지, 문화에서는 모든 것이 한 사람의 예술가, 한 사람의 과학자, 한 사람의 엔지니어, 또는 그냥 한 사람에게 유일무이한 광경이나 활동의 출현으로 시작한다. 이러한 '하나'는 오랫동안 따로 떨어진 채로 남아 있었을 수도 있다. 그러나 이렇게 '하나'라는 점은 사적 진실을 고립시키고 강화시킬 것이다. 사회적으로 고립되었더라도 규범은 각각의 개인에게 여전히 영향을 미치지만, 사적 진실이 다른 사람들한테도 그럴듯한 공적 진실로 변환되는 것은 바로 다른 사람들과의 상호작용을 통해서다. 역설적이게도 하나의 아이디어, 독자적 표현, 신념, 이론, 또는 그 밖의 것들이 가진 특이성은 그러한 변환이 성공할 때만 명백해진다. 아무리 평범한 영역의 창작자라 하더라도, 자기 창작물의 가치를 다른 사람들이 평가하는 것을 보지 못하는 상황이라면 그다음에는 자기-회의가 시작된다.

그러한 상황에서 '행동양식'이 출현하게 되면, 이는 회의에 대항하는 일시적 방어 역할을 하고, 몇몇 사적 진실을 공적 진실로 바꾸는 방법도 명확히 해준다. 그리하여 바우하우스*를 보더라도 처음에는 단지 독창적인 예술가들과 디자이너들로 하여금 만나서 작업하고 자신들의 아이디어를 학생들을 통해 전파하도록 허용해주었을 뿐이었지만, 나중에는 환경 속의 모든 시각적 대상을 조형하려고 시도했으며 그렇게 함으로써 무수한 일상적 진실에 영향을 미쳤다. 독창성에 대한 추구는 더욱더 타인의 진실을 변화시키려는 갈망이다.

이러한 비평들은 대부분 추상적이다. 그러나 철저한 이론적 · 경험적 검토를 거치기도 전에 그러한 비평들이 잊혀서는 안 된다. 한 가지는 확실하다. 지금까지 영향과정은 이 과정이 지닌 기능, 바로 객관성 규범이 요구하는 타당화 기능에 관해서만 배타적으로 분석되어왔다. 마치 영향작용이 한 개인, 하나의 사회적 계층, 하나의 학파, 또는 하나의 나라 등의 자기-고양과 얼마나 밀접하게 관련되어 있는지를 우리가 모르기라도 한 것처럼! 혁신은 대개 그러한 지배적 동조와는 다른 규범, 바로 독창성 규범에 호소한다. 곧, 사람들은 전형적인 대상, 진실하고 정확한 판단을 원할 뿐만 아니라 새

* 건축가 발터 그로피우스가 1919년에 독일 바이마르에 세운 건축 · 조형 학교.

로운 대상과 판단도 원한다. 과학 · 예술 · 경제 영역에서는 새로움과 독창성을 끊임없이 추구한다. 예술가나 과학자에게는 새롭지 못했다거나 모방했다고 비난받는 것 이상으로 체면이 깎이는 일도 없을 것이다. 바로 여기서 내가 의도하는 것은, 선호도 규범과 마찬가지로 독창성 규범도 영향과정에서 중요한 역할을 한다는 사실을 보여주는 것이다. 이는 광범한 테두리 안에서 이루어질 것이다. 상세한 개념적 작업도 물론 필요한 일이기는 하지만 당장은 유보해두자.

나는 이미 크러치필드의 발견("피험자가 선호도를 표현하라고 요구받았을 때 그 어떤 동조도 발견되지 않았다")에 대해 언급한 바 있다. 이는 선호도라는 것이 사회적 압력의 영향을 받지 않는다는 증거로 해석되어왔다. 그러나 이러한 해석은 지금 거부되어야만 한다. 앨런과 레빈levine은 다수의 압력하에 놓인 피험자들에게 유명 인사의 이름(휘트먼, 트웨인 등), 성격특성(충동적임, 신중함 등), 직선 등의 세 가지 형태로 이루어진 20개의 자극을 판단하라고 요구했다.[1] 실험조건 중 하나에서는, 그 어떤 정답도 없다는 점이 강조되었으며 피험자들에게 개인적 선호도를 표현하라고 재촉했다. 집단압력에 노출되면, 피험자들은 그들이 사적인 상황에서 내렸을 결정보다 더 많이 자신의 반응을 수정했다. 이는 "선호도 판단이 집단압력의 영향을 받지 않는 것은 아니다"[2]라는 저자들의 결론을 타당화한다.

독창성에 대한 수요가 많은 사회적 상황에서 소수가 영향을 발휘하려고 한다면 어떠한 일이 일어나는가? 이 질문을 철저히 다루는 것은 기대하지도 않지만, 나는 이 질문에 답하여 몇 가지 제안을 하고 싶다. 첫 번째 제안은, 동조를 향한 압력이 대개 매우 강력하기 때문에(객관성 규범이 가장 빈번히 통용되고 있기 때문에) 차별화하라는 압력을 독창성 규범이 발휘하기도 전에 이미, 극복해야 하는 장애물을 많이 안고 있다는 것이다. 두 번째로, 집단이 '새로움'이라는 기준을 인정했을 때 반응 안에 요구되는 행동적 일관성은, 객관성 규범이 지배적일 때 요구되는 정도로 크지는 않다. 세 번째 제안은 매우 명백하면서도 오히려 복잡하기까지 하다. 소수의 반응이 '새롭고' '놀라우며' '자극적'이라면, 이는 확실히 상당한 관심을 불러일으킬 것이다. 동시에 이는 규범의 요구를 객관화하는 하나의 예로 작용한다. 규범은 독창적인 반응을 각각의 개인에게 요구하며, 그렇게 해서 우선 '반응'을 요구한다. 소수는 적어도 이 첫 번째 요구에 대한 예를 제공한다. 그러나 어느 한 사람이 소수 반응을 모방하자마자, 그 사람은 오로지 소수 반응을 타당화시켰다는 점 덕분에 다른 사람들과 차별화된다. 이러한 두 번째 반응이 독창적이지 않고 모방적이기 때문에, 자기-고양은 상실되었으며 규범의 요구는 충족되지 않았다. 그러므로 새로운 반응들이 일어나야만 한다. 그렇게 되면 우리가 기대할 수 있듯, 소수의 효과는 독창성을 주장하는 집단에서 처음에는 소수 반응에 대한 모방을 낳을 것이고, 그다음으로 그 집단 안에 독창적 반응을 낳게 될 것이다. 네 번째이자 마지막으로 내 제안은, 독창성을 요구하는 상황에 있는 소수는 정상에서 벗어나 있기는 하지만 그럼에도 그 소수의 행동은 규범에 순응하고 있다는 사실과 관련되어 있다. 그러므로 독창성은 지도적 역할을 할 권리를 얻어내기까지 하면서, 집단이 중요하게 여기는 분야에서 탁월성을 드러내며 우호적 태도를 유발한다.

모스코비치와 라주Lage가 수행한 일련의 실험들은 이러한 네 가지 가능성을 알아보고자 다음의 실험적 패러다임을 사용했다. 6개 집단에 속한 피험자들은 일련의 슬라이드 36개에 대해 색채와 밝기를 판단하라고 요구받았다. 모든 슬라이드는 동일한 색이었으나(파란색), 밝기는 달랐다. 두 사람의 실험협조자로 이루어진 소수는 그 슬라이드들을 '초록'이라고 판단했다. 그러한 판단은 '독창적'이라거나 '틀렸다'고 간주할 수 있었다. 실험자들은 지시를 주면서 독창성을 강조했다. 5개의 실험조건이 있었다. '단순 독창성 지시'라고 불리는 조건1에서 과제는 매우 객관적인 방식으로 기술되었다. 유일한 조작은 피험자들에게 말한 실험목표와 관련되어 있었다. 피험자들은 실험이 색채 지각의 독창성과 관련되어 있다고 들었다.

조건2는 '논의조건'이었는데, 여기서는 진정한 실험이 발생하기 이전에 피험자들이 독창성의 정의와 의미에 관해 논의했다. 그 논의는 독창적 행동에 대한 피험자들의 관점뿐만 아니라 독창성에 대해 그들이 가진 모든 저항도 드러내주었다. 사실 독창성이라는 개념은 모호하다. 한편으로는, 창의력이 풍부하고 흥미 있는 행동으로 다른 사람들과 자기 자신을 구분하는 개인은 '독창적'이라고 분류된다. 그러나 다른 한편으로, 이 '독창적'이라는 말은 기이하고 이해할 수 없는 병리적 행동을 의미할 수 있으며, 게다가 단순한 판단 부정확을 나타낼 수도 있다. 논의는 합의에 도달하지 않고 이러한 두 가지 해석 사이에서 동요했다.

조건3은 '규범적 조건'이었다. 이 조건에서는 독창성 규범이 강조되었으며, 피험자의 눈에는 독창적 행동의 긍정적 측면이 중요해졌다. 실험자의 지시는 새로운 방식의 보기, 형태의 새로운 이용, 현대적인 회화 · 건축 · 디자인을 변화시킨 색채와 선 등을 지적했다. 우리는 어떤 단순화된 상황("이 상황에서는 색채 지각의 독창성을 연구할 것이다")에서 그러한 혁신들과 관련된 예술의 발생을 연구하기를 원한다고 피험자들에게 말해주었다. 물론 과제 자체는 이전과 마찬가지로 정확하게 제시되었다. 이 조건의 지시들은, 이전의 지시와 비교해 독창적 반응을 추구하게끔 피험자들을 더 많이 격려하였으며 소수 반응을 규범에 대한 동조행위로 보이게 했다.

조건4는 '자기-고양조건'이었다. 여기서는 '상이한' 반응을 생성하고 전달하는 능력과 독창성에 대해 피험자가 지니는 믿음을 강화시키려 했다. 진짜 실험 전에 피험자들은 가상의 '창의력 검사'를 받았다. '검사'는 개별적으로 실시되었으며, 나중에 각 피험자는 평균보다 더 높게 적힌 '점수'를 받았다. 곧바로 다른 실험자로 진짜 실험이 이어졌는데, 첫 번째 조건과 마찬가지로

'단순한 독창성' 지시들이 사용되었다. 이러한 상황에 의해 일깨워진 아주 강렬한 감정들은, 피험자들에게 실험의 진짜 목적을 말해주는 특별한 결과 보고와 논의 시간을 가질 필요가 있게 했다.

조건5인 '규범-저항조건'은 객관성 규범에 익숙해졌던 피험자들이 독창성 규범을 받아들이는 데에 어려움을 느끼기 때문에 포함되었다. 이러한 어려움은 피험자들 상호 간에 가하는 획일성으로의 암묵적 압력에 의해, 그리고 '상이한' 반응을 하고 나서 객관적으로 '정확한' 반응들로 곧바로 되돌아가려는 경향성에 의해 명백해진다. 이러한 압력과 경향성은 최종 논의에서도 드러나고 목소리 톤, 몸짓 등과 같은 다른 지표들에서도 드러난다. 이전의 실험(조건3)에서 독창성 규범은 상호작용조건 이전에 곧바로 부과되었다. 이는 피험자들 스스로 규범에 익숙해지는 것도, 실험 자극(이 실험 자극에서 이들은 객관성 판단을 강력하게 일으켰다)에서 그들 자신을 떼어놓는 것도 허용하지 않는다. 그러므로 우리는 피험자들로 하여금 새로운 상황에 처한 자신을 상상해보도록 하는 방법을 통해, 독창성 규범에 스스로 익숙해지게 하는 시간적 차이time-lag를 조건5에 포함했다. 절차에 익숙해지게 하려고 피험자들에게는 실험 하루 전에 오라고 요구했다. 그들은 글로 된 실험지시문 개요를 받았고, 탐색하게 될 독창적 반응이 색채 지각과 관련되어 있다는 것을 그 개요로 알게 되었다.

그러므로 조건들은 다음과 같다.

- 조건1 : 단순 독창성 지시들
- 조건2 : 독창성의 의미에 관한 피험자들 간의 논의
- 조건3 : 독창성 규범의 강화
- 조건4 : 피험자들에 대한 자기-고양('창의력 검사')
- 조건5 : 규범—저항의 극복(시간적 차이)

처음 두 조건은 독창성을 색채 지각에서의 유일한 대안적 기준으로 소개했

다. 객관성은 여전히 우세한 규범이었다. 세 번째 조건은 독창성 규범을 강조했다. 네 번째 조건은 피험자가 새로운 방식으로 자극을 경험하는 능력과 주관성을 강조했다. 다섯 번째 조건은 독창성 규범을 여전히 더욱 우세하게 함으로써, 피험자를 구분해내는 것에 대한 저항과 객관성 규범을 약화시켰다.

결과들을 논의하면서 이러한 조건들은 소수가 발휘하는 영향력 정도와 비교될 것인데, 이때 이 소수가 처한 조건에서는 피험자들에게 객관적으로 정확한 판단을 내리라고 요구했다. 다음의 항목들이 관련되어 있다.

- '초록'반응의 백분율.
- 전체 반응의 수에서 독창적 반응(초록을 포함하는 황옥, 회색)의 백분율.
- 집단의 총 숫자에 대한 백분율로서, 이 두 유형의 반응이 일어나는 집단의 수(단순히 '초록' 독창적 반응을 하는 집단은 다른 독창적 반응을 하는 집단들과는 구분되었다).
- 전체 피험자 수에서 독창적 반응을 하는 피험자의 백분율.

다음의 표는 반응 분포를 보여주고 있다.

	조건Ⅰ 6집단	조건Ⅱ 6집단	조건Ⅲ 6집단	조건Ⅳ 7집단	조건Ⅴ 6집단
모든 독창적 반응의 비율	8.10	13.08	17.59	21.63	28.58
'초록'반응의 비율	7.87	11.69	10.76	13.19	15.04
영향을 받은 집단(모든 독창적 반응)의 비율	67	83	100	100	100
'초록'이라고 반응하는 집단의 비율	67	83	100	100	100
영향을 받은 개인(모든 독창적 반응)의 비율	37.50	62.50	67	86	92
'초록'이라고 반응한 개인의 비율	37.50	46	42	68	62.50

표13. 판단에 대한 독창성을 요구하는 상황에서 일관적 소수가 발휘하는 영향(단위는 %)

5개의 조건 중 오직 세 조건(조건3, 4, 5)만이 높은 수준의 독창적 반응을 일으켰다. 백분율은 17.59%에서 28.58% 사이에 있었으며, 피험자의 상당수(67%에서 92%)가 그러한 반응을 보였다. 모든 집단이 영향을 받았다.

결과에서 볼 수 있듯, 소수 영향의 특성은 실험조건에 따라 달라진다. 처음 두 조건에서 독창성 규범의 소개는, 객관성 규범과 비교되는 것으로서는 그 어떤 특별한 효과도 일으키지 않는다. 그러나 높은 수준의 독창적 반응이 유지되기 때문에, 우리는 남아 있는 세 조건에서 두드러진 효과를 발견한다. 그러므로 일관적인 소수는 독창성이 명백하게 강화된다면 더 큰 영향을 아주 확실하게 발휘한다.

더 구체적으로 말해, '규범적 조건'에서는 독창적 반응의 17.59% 중에서 6.37%가 초록의 음영을 터키석 색, 청록색 등으로 불렀다. 그러한 '음영반응'은 피험자가 타협적 태도(눈에 띄게 비전형적인 반응을 하는 일 없이 슬라이드 안에서 초록색의 존재를 확인하는 태도)를 보이게 했다. 이러한 결과는 무엇을 의미하는가? 우리는 피험자들이 특징 방식으로 상황을 구조화하지 않은 채로 독창적 판단을 하게 했다. 그들이 한 일은, 그들이 판단한 슬라이드 색깔에서의 작은 차이를 통해 자신과 다른 사람들을 구별하게 해주는 해결을 채택하는 것이었다. 이러한 해결은 그들이 독창적이라는 '환상'을 유지한 채로 갈등을 피하게끔 해주었다.

반대로 '자기-고양조건'은 훨씬 더 구조화된 조건이어서, 독창적 태도를 보이는 피험자들에게 더 많은 압력을 가했다. 우리는 '초록'반응 13.19%, '음영'반응 3.67%, 다른 색들(회색, 노랑 등)을 가리키는 반응 4.76%로 이루어진 21.63%의 독창적 반응을 얻었다. 그리하여 소수 반응으로의 수렴, 완전한 독창성, 타협이라는 세 가지 태도가 관찰되었다. 피험자들이 영향작용을 받는 일 없이 창의력 검사만 받는 통제조건에서는, 동일한 세 가지 태도가 나타났으나 그 정도는 낮았다. 2.94%의 '초록'반응, 2.45%의 '음영'반응, 그리고 다른 색들을 가리키는 3.27%의 반응이 있었다. 소수는 기존의 경향성을 상당히 강조하여 피험자들로 하여금 동시에 '초록'반응들을 선호하도록 이끄는 게 분명하다. 이 반응은 통제조건보다는 실험조건에서 더욱 빈번히 주어지기 때문이다. 이러한 결과들을 좀 더 자세하게 검토해보면, 세 가지 형태의 반응은 상이한 피험자들에게서 왔다기보다는 **동일한 피험자들로부터** 왔다는 점을 알 수 있다. 우리는 이 점이 어쩌면 창의력 검사의 감정적 효과에서 기인할지도 모르는, 지각과 불확실성에 대한 확실한 파괴행동을 나타내고 있다고 간주한다. 더구나 창의력 검사를 하고 나서 바로 영향 상황이 이어졌는데, 피험자들은 객관적 반응을 포기하도록 심하게 강요받으면서, 새로운 태도를 견고히 할 만한 시간을 충분히 갖지 못했다.

'규범-저항'조건에서는, 인성 수준에서 그 어떤 조작도 시도하지 않았다. 피험자들은 실험의 독창성 요구에 자신들이 익숙해지게 하고 그에 상응하는 행동전략을 채택할 수 있도록, 그저 일정 시간만을 허용받았을 뿐이다. 이 조건에서 반응의 28.58%는 독창적이었다. 이들 중에는 15.04%의 '초록' 반응, 0.69%의 '음영'반응, 12.84%의 다른 색채반응(회색, 노란색, 흰색 등)이 있었다. 이 조건에서는 완전히 새로운 반응의 출현이 가장 강했다. 자료를 자세히 검토해보면, 이때 영향작용의 상이한 효과들은 **상이한** 개인들에 의해 입증된다. 다시 말해, 어떤 개인은 원래 '초록'이라고 반응했지만, 다른 개인은 주로 '초록'이라고 반응했다. 독창적 반응의 선택을 위해 어떠한 기준들이 선택되었는가? 올바르게 색채의 이름을 말하는 유일한 반응인 '노랑' 반응은 어느 정도 합리적인 정당화를 할 수 있었을지도 모른다. 일부 피험자들이 '파랑'이라고 응답했고 다른 피험자들은 '초록'이라고 응답했다는 사실은, 그 둘 사이 어느 곳엔가 노랑이 있을 수 있음을 나타냈다. 그러므로 '노랑'이라고 반응하는 피험자들은 두 가지 다른 갈등적 반응에 수반되는 반응을 선택했다. 그러나 이러한 반응 범주를 압도적으로 지배한 것은 바로 '회색'이었고 주로 슬라이드의 **밝기**를 표현했다. 그러므로 독창성의 탐색은 피험자 중 일부가 자극의 제약적 측면에도 상관없이 영향력 압박하에서 **반응 차원**을 변화시키게 했다. 자극은 색채와 밝기라는 두 개의 차원을 가졌으며, 일부가 색채에 관해 혁신을 일으키는 동안 다른 사람들은 유일한 다른 대안인 밝기 차원을 선택했다.

르메인Lemaine은 유사한 결과를 얻었다.[3] 그는 집단 중 하나가 불리한 처지에 놓일 때 집단들이 보이는 창의성을 연구했다. 어려움에 부닥친 집단은 반응 평가의 새로운 기준을 선택했다. 새로운 평가 기준은 이 집단을 다른 집단과 비교될 수 없게 한다. 연구 결과의 이 두 부분이 보여주듯, 피험자들에게 닥친 제약들은 이들을 하나의 유사한 반응으로 이끌어, 다른 사람들이 무시하는 차원에 피험자들이 근거하게 한다. 더 구체적으로 말해, 우리 실험에서는 이것이 **소수에 대한 반대**를 의미한다. 그러므로 우리가 여기서 다루는 것이 집단 내 반反규범의 형성은 아닌지 그 여부에 관해 질문을 제기해볼 수 있다. 새로운 반응을 일관성 있게 제안하는 하위집단에 대해, 반규범의 형성은 혁신의 압박을 의미한다(여기서 논의된 결과들은 규범에 기인되지 시간적 차이에 기인되지는 않는다. 각각 여섯 명의 피험자로 이루어진 여섯 개의 집단인 통제조건에서 우리는 동일한 실험절차를 이용했지만, 우리는 객관성 규범에 호소했다. 그 결과는 다음과 같다. '초록'반응: 8.24%, '영향받은' 집단: 50%, '영향받은' 개인: 12.50%). 그러므로 독창성 규범을 강화하게 되면 집단들 안에서 의견이 다양해지게 된다. 그러나 이 연구가 얼마간 암시를 던지고는 있지만 이 암시들만으로는 한층 더 심화된 함의로 나아갈 수 없다. 이를 가능하게 하려면 새로운 연구가 필요할 것이다.

이전의 연구를 통해 이미 우리는 규범적 맥락이 개인과 집단의 행동을 결정한다는 것을 알고 있다. 객관성 규범은 의견과 판단의 타당성을 주장하기 때문에, 사회적 통제에서는 원래부터 있는 부분이다. 관심이 동조에 초점을 두는 한에는, 서로 다른 규범들로 말미암은 문제가 일어나지 않는다. 사실 사회심리학자들은 마치 규범들이 존재하지 않았거나 전혀 중요하지 않았던 것처럼 영향과정들을 바라봐왔다. 그들의 연구, 특히 소수 · 이탈의 존재와 관계 있는 독창성 규범의 연구는 가장 우선하는 것이 되어야만 한다.

이는 우리 연구에서 이 규범에 관한 두드러진 관심으로 이어진다. 이제 막 기술된 모든 실험에서 소수는 새로운 판단의 채택으로 이끄는 변화과정을 시작하면서, 방아쇠와 같은 기능을 했다. 피험자들은 객관성에 대한 수요가 많을 때 그랬을 정도보다도 더 자발적으로 '명백한' 판단을 포기했다. 피험자들은 자기 자신을 위해 소수 판단을 채택했을 뿐만 아니라 새로운 판단들을 만들어냈다. 여기에 덧붙여, 종종 피험자들의 반응은 영향작용에 의해 유발된 갈등을 피하려는 경향성을 나타냈다. 다시 말해 정말로 독창적인 '음영'반응, 심지어는 실험적 지시들조차도 격려하지 않은 음영반응을 선택하려 했다. 그러므로 독창성 규범이 있음에도 이 피험자들은 자신을 객관성 규범에서 자유롭게 하는 데에 어려움을 겪고 있었던 것 같다(독창성 상황에서 다수는 영향력이 없다. 규범-저항조건은 이 점을 보여주는 데에 가장 적절한 것 같다. 6개의 집단이 있고, 지시들을 건네주려고 실험보다 하루 앞서서 피험자들을 개별적으로 실험실에 데려온다. 상호작용 내내 일관성 있게 '초록'반응을 하는 네 명의 동료와 대면했을 때, 진짜 피험자들은 3번 견지와 6번 견지를 차지한다. 결과는 다음과 같다. 독창적 반응: 28.70%, 독창적 반응 범주 내의 '초록'반응: 17.36%, '영향받은' 집단: 67.00%, '영향받은' 개인: 80.00%).

소수가 주장하든 다수가 주장하든, 독창적인 반응은 대개 동일한 효과가 있다. 일반적으로 피험자들은 한편으로는 영향력 있는 행위주체의 반응('초록')을 채택했으며, 다른 한편으로는 완전히 새롭고 독창적인 반응들 그 자체를 제안했다. 덧붙여 말하자면, 그들의 반응은 영향작용이 야기한 갈등을 피하려는 경향성을 자주 드러냈다. 다시 말해, 진정으로 독창적이지는 않으며 심지어 실험적 지시들도 격려한 적이 없는 그러한 '음영'반응을 선택하려는 경향성을 보였다. 그러므로 독창성 규범이 있음에도 이 피험자들은 자신을 다수의 압력에서 벗어나게 하는 데에 어려움을 겪고 있었던 것 같다.

독창성-요구 상황에서 소수가 발휘하는 영향이 커질수록, 예컨대 다수가 채택하는 '초록'반응의 수치가 커질수록, '개별적인' 반응이나 '각각의' 반응 간에 편차도 커지는 것은 무엇 때문인가? 객관성 규범이 지배하는 상황들에서는 피험자들이 오직 '소수'와 '다수'(우리 실험들에서는 '초록'이나 '파랑') 반응 사이에서 선택해야만 한다. 그러나 우리가 이미 애써 지적했듯이, 독창성은 자극이나 대상의 속성들(특히 물리적 속성들)을 판단하는 기준으로서만 소개된다면 전혀 효과가 없다. 반대로, 독창성이 규범으로서 소개된다면 다수 성원으로 하여금 소수 반응을 더 쉽게 받아들이도록 허락해주는 것 같다. 이는 그 자체가 다수를 활동적이거나 혁신적이게끔 하는 것은 아니다. 오로지 행동의 주관적, 개인적 측면이 강화될 때만 동조를 향한 압력이 효과적으로 저지되고 활동과 혁신이 발생한다. 달리 말해, 다수에 속한 각 개인은 이탈적 소수처럼 행동하며, 그 자신이 이탈적이게 된다. 이는 규범으로 정해진 갈등의 결과다. 결국 소수 반응을 받아들이는 것은 독창적인 게 아니다. 이러한 갈등을 피하려고(조건4에서처럼) 피험자들은 자신을 소수 반응과 다수 반응 양쪽 모두에서 분리하면서 망설인다. 그들은 타협의 길을 취하고, 색채가 아니라 '음영'에 따라 반응을 다시 분류한다. 갈등이 이보다 더 크다면(조건5에서처럼), 피험자들은 하나의 상이한 차원(이는 그들을 소수와 구분하여 독창적이고 상이하게 보이도록 한다)에 따라 반응들을 체계적으로 생성해낸다. 내친김에 말하면 이 조건에서는 그 어떤 도피반응이나 무작위반응도 없었다는 점을 주목할 수도 있다. 피험자들은 분명히 객관적 자극과 비교적 밀접한 관련이 있었던 반응을 보이려고 했다. 이번 장의 초반에서 내가 지적했듯, 판단에 대한 타당화를 희생해서는 자기-고양이 얻어지지 않는다.

그렇다면 소수의 효과는 피험자들 스스로 자신의 특이성을 강화하게 하는 것이다. 소수는 자극이 가진 물리적 속박들로부터 어느 정도까지는 피험자들을 자유롭게 하지만, 피험자들이 객관적 진실 전부를 포기하도록 이끌지는 않는다.

소수의 일관성은 독창성-요구 상황에서 관건이 되는가? 이제 막 보고된 실험과 상당히 유사한 어느 실험에서, 실험협조자는 전체 시행의 67%에서 '초록'반응을 했고, 전체 시행 중 33%에서 '파랑'반응을 했다. 피험자 중 '초록'반응의 백분율은 소수 영향을 드러내면서 8.45%였다. 그러나 객관성 규범이 통용되고 있고 객관적으로 정확한 반응들이 구해질 때는, 비非일관적인 소수는 아무런 효과도 갖지 못했다. 그러므로 독창성을 요구하는 상황에서 강력한 소수 반응의 존재는, 아무리 덜 일관적인 소수라고 하더라도 영향을 발휘하기에 충분하다.

내가 논해온 결과들은 필연적으로 임시적이다. 그러나 그 결과들이 암시하는 바는 다음과 같다. 영향작용의 기제는, 정확하지만 **독창적인** 판단을 추구하는 상황에서 **객관적으로** 정확한 판단을 추구하는 것과는 꽤 다르다. 이러한 기제가 고려된다면 이론적 · 실험적인 틀은 변화하며, 해결되어야 할 문제들은 더 복잡해진다. 여기에 또 다른 논점이 있다. 우리는 규범을 오로지 영향과정의 산물로만 생각하는 경향이 있다. 그러나 규범 자체는 이러한 과정들의 추이에 어떤 역할을 하는 듯하다. 나는 이들 기능 중에서, 내가 보기에는 분명하면서도 핵심적인 세 가지 기능인 객관성, 선호도, 독창성을 지적했다. 나는 다른 것들이 있을 가능성이나 세 가지 기능이 단 하나의 기능으로 축소될 가능성을 배제하지 않는다. 그러나 그 기능들을 고려하지 않고 의견변화와 집단행동에 관해 명료한 개념을 얻는 게 가능하다는 사실에 대해서는 상당히 많이 의심하고 있다.

제8장 동조, 평균화, 혁신

명제 6. 영향의 방식에는 동조뿐만 아니라 평균화와 혁신도 포함된다.

"지금까지 이론 속에 갇혀 있던 영향과정은 이제는 이론 안에 존재하는 한계를 뛰어넘어 뻗어나가고 있다"고 무조건 말할 수 있다. 동조에 대한 연구만으로는 영향과정 전반을 평가할 수 없다. 영향작용에는 동조뿐만 아니라 **평균화와 혁신**이라는 서로 다른 두 가지 사회적 영향방식도 있다. 평균화와 혁신과 같은 영향방식이 존재하는 이유는 사회적 갈등이 어떠한 형태를 취하고 있는지, 그리고 이러한 사회적 갈등을 배출해주는 역할을 하거나 그러한 갈등의 결과물인 규범들이 어떠한 형태를 취하고 있는지에서 찾아야 한다.

동조

동조는, 자신의 의견이 집단과는 다른 상황에 직면한 개인이 "내가 집단과 일치하지 않는 상황을 어떻게 피할 수 있을까? 집단이나 집단의 지도자가 내 관점에 동의하지 않는다면, 나는 계속해서 내 관점을 지켜내야만 하는가?" 하는 문제로 고민하며 마음을 졸일 때 그 힘을 발휘한다. 이 질문들이 그 사람에게 대두하고 있다는 바로 그 사실은 그가 자신의 견해를 유지하는 게 불가능하다는 것을 보여준다. 말하자면 포기가 불가피할 수밖에 없는 상황인 것이다. 일단 자신이 옳다는 확신이 사라졌고 맨 처음 자기 관점에 대해 느꼈던 확신을 되찾을 수 없는 상황이라면, 혼자서 다른 관점을 유지하기에는 치러야 할 대가가 너무나 커 보인다.

이때 그 집단을 대표하는 다수는 소수, 다시 말해 자신이 고립된 위치에 처해 있음을 아는 하위집단이나 개인과 맞닥뜨리게 된다. 다수는 규범과 현실을 대표하는 반면, 소수는 예외, 비정상적인 사람들, 약간의 비현실성 등을 대표한다. 물론 이런 식으로 인간을, 속한 사람과 속하지 않는 사람으로 나누는 것은 매우 편리한 방법이다. 그러나 다수니 소수니 하는 말을 사용하며 관계를 조직화하는 이러한 방법에는 부수적인 문제들이 있다. 예컨대, 다수가 자신을 규범과 동일시할 수 있는 권리를 객관적으로 부여받는지 그 여부를 아는 것은 어렵다. 형법뿐만 아니라 도덕률로도 도둑질이 금지되어 있음은 우리 모두 동의할 것이다. 그러나 이 사실이 우리 시민의 많은 수가 최소한의 양심도 없이 도둑질하는 것을 막지는 못한다. 더구나 학생은 시험에서 속임수를 사용하고 장사치는 저울의 눈금을 속이며 납세자는 수입을 위조한다. 그러면서도 아무도 이를 걱정하지 않는다. 이러한 위반이 수없이 벌어지지만, 모든 사람은 사회에서 선언된 규칙들이 마치 엄격하게 집행되고 있기라도 하는 양 생각하고 행동한다. 영향작용이 발생할 수 있도록 하려면 이런 것들은 반드시 관행적으로 받아들여져야만 한다. 그러한 관행의 틀 안에서는 동조가 개인이나 하위집단의 행동을 규정한다. 그러므로 정당성을 가진 집단의 규범과 기대가 개인이나 하위집단의 행동을 결정한다. 이러한 상황에서는, 개인이나 하위집단은 처음에 집단과 일치를 했든 불일치를 했든 이와는 상관없이, 실제적/이상적 집단의 판단과 의견을 자신의 판단과 의견으로 동화시킨다. 동조의 기능은 전체 사회의 통합을 영구히 위협하는 이탈을 제거하는 것이다. 이러한 기능은 다음의 상황에서 완전하게, 성공적으로 작동된다. (a) 집단의 다수가 태도와 판단에 대해 완전히 합의하고 있을 때. 다시 말해 집단의 다수가 명확하게 잘 정의된 반응 세트, 규범 등을 가질 때. (b) 그 어떤 대안적 문화, 뚜렷한 반응 세트, 규범 등만이 아니라 이러한 것들을 가능케 하는 그 어떤 수단도 가지지 못한(최소한 이론적으로라도) 개인/하위집단을 향해, 또는 집단문화에 '갇혀 있는' 개인/하위집단을 향해 사회적 영향이 발휘될 때.

동조의 현상학 안에서는 외적 동의(또는 행동적 동의)와 내적 동의(곧, 가치와 신념의 수용을 함축하는 동의)를 구분하는 것이 통상적이고 유용하다. 그러한 구분은 실용적 중요성이 있긴 하지만 이 특정 영향방식의 기본적 특성들을 그저 조금 수정할 뿐이다. 동조에 대한 이러한 게임을 좀 더 자세히 살펴보자. 관계자 중의 하나인 다수에게는 특성적으로 사회적 · 물질적 환경에 대한 그들만의 정의, 그들만의 코드가 있다. 다수는 상식과 인간 본성에 일치하는 것이 무엇인지, 의견과 판단의 방식에서 올바른 것이 무엇인지를 결정한다. 집단이 가진 매력이나 응집성은 모든 사람이 이전에 학습된 규칙이나 규범을 존중하게 한다. 문화적으로 판에 박힌 이치들을 격려하는 것에 대한 즐거운 찬양, 통일성, 만장일치 등, 이 모든 것은 이전의 선택과 결정이 가지는 지혜, 전통의 건전함을 확증하는 데에 도움이 된다. 또한 다수는 현재 통용되고 있는 규범이 아닌 다른 새로운 규칙이나 규범, 즉 대개는 '미개하다', '원시적이다', '낯설다', '기묘하다', '비현실적이다' 등의 명칭이 붙게 될 규칙이나 규범을 받아들일 가능성도 봉쇄시킨다.

소수 개인이나 하위집단 스스로 집단에 도전하고자 집단에서 나오기로 결정하든 그렇지 않든, 또는 소수 개인이나 하위집단을 '상이하다', '이해할 수 없다', '의무를 다하지 않는다' 등으로 간주해온 것이 바로 집단이든 아니든 이런 것들과는 상관없이, 다수 외의 다른 관계자(소수 개인이나 하위집단)가 집단 내부에서 새로운 규범적 제안이나 인지적 제안을 해서 호응을 얻게 될 가능성은 전혀 없다. 소수 개인은 자신의 행동에 대해 집단으로부터 도덕적 보상을 획득하는 그 어떤 방법도 없으며, 자신의 의견과 판단에 호의적인 합의를 일으켜보겠다는 그 어떤 희망도 품을 수 없다. 물론 그런 가능성을 가질 수 없는 상황에서는 소수는 내적 불확실성으로 고통을 겪는데, 이 내적 불확실성은 소수와 다수를 갈라놓는 명백한 '오해' 때문에 생긴다. 다수와 소수 간의 불일치가 더욱 현저해지고 모두가 이미 받아들인 기존 코드에 관해 '정상적' 개인과 '이탈적' 개인 간에 차이가 생길 때, 다수는 자신들이 상황을 통제하기 바란다면 갈등을 어떤 특정 방향으로 이끌거나 제거한다. 소수도 또한 행동을 강요받는다. 기존 규범에 관해 확실성을 보이지 못하는 소수의 모습은 그 자신을 힘든 심리적 위치에 처하게 한다. 그 어느 쪽도 갈등을 피할 수는 없다. 집단은 집단 성원과 외부세계 사이에서 합의와 안정적 관계를 재확립하려고 시도해야만 하기 때문에, 그리고 개인은 내적 일관성이 상실되었기 때문에 갈등을 피할 수 없다. 따라서 이리되면 소수는 상황에 대처하는 것도, 심지어는 사회적으로 생존하는 것조차도 불가능해진다. 다수와 소수 두 관계자 중에서 다수는 관습적 위치에서 이탈하는 것에 대해 매우 한정된 여지만을 가졌으며 양보하려는 그 어떤 동기도 없는 반면, 소수는 집단에 굴복하거나 집단을 떠나는 것처럼 어려운 선택 외에는 달리 선택의 여지가 없다. 다수는 만장일치에 가까워지고 일관성이 커질수록, 자신들의 관점을 유지하려고 시도하게 되기 때문에, 그 어떤 타협이나 대화도 배제하거나 배제하는 척함으로써 '반대'를 더더욱 단호히 다루게 될 것이다. 소수가 깨닫게 되는 것은, 자신이 고립될 수밖에 없으며 이와 동시에 함께 공유하던 현실도 상실하게 될 것이고 자신이 사회에서 버림받은 자의 처지에 놓이게 될 것이며, 그렇지 않으면 소수의 저항을 무너뜨려 소수로 하여금 다수에 다시 합류하게끔 내몰게 될 내적 갈등에 굴복하게 되기 쉬울 것이라는 사실이다. 소수가 집단의 견해를 전적으로 받아들이고자 일시적으로든 영구적으로든 자기 견해를 포기하거나, 항복에 의해서건 내적 분열(하위집단의 분열이거나, 개인이라면 성격의 내적 분열)에 의해서건 간에, 이의를 말하려는 시도를 포기하게 되면 소수는 굴복하는 것이 된다.

물론 그러한 묘사는 사활이 걸린 이슈에 직면한 '폐쇄집단'에 더 정확하게 들어맞는다. 상황들 대부분은 그렇게 극적이지도 않으며 갈등의 과정도 그보다는 덜 격렬하고 더 미묘하다. 그러나 그렇다고 해서 적어도 지금까지 말해온 것들이 무효로 되지는 않는다. 그 이유는 첫 번째로, 현실이라는 것이 많은 폐쇄집단을 만들어내고 사활이 걸린 막중한 이슈도 많이 공급해주기 때문이며, 두 번째로는 막스 베버Max Weber식으로 보자면 구체적 현상을 개념적으로 표상한 것이 '이념'형ideal type을 형성해야만 하고, 끝도 없이 다양한 현실을 그저 반영하기만 하는 것은 피해야만 하기 때문이다. 그러나 여기서 요점은, 새로운 규범을 제안하든 그저 기존의 규범을 무시하는 것이든, 그런 것들 때문에 일탈하게 되는 개인이나 소수가 집단 안에 불러일으킨 갈등을 줄이거나 흡수하는 게 동조압력의 목적이라는 것이다. 상호작용과 의사소통의 전체적 역동은 그에 따라 조형된다.

평균화

개인이나 하위집단의 상호작용은 어떤 방법을 통해 타협, 즉 각 견해의 평균을 만들어내는가? 그리고 타협은 왜 발생하는가? 집단 내 상호적 영향작용이 집단 성원으로 하여금 타협을 만들어내거나 받아들이게 할 때, 우리는 평균화normalization라는 말을 사용한다. 사실 이 개념으로 말미암아, 모든 사람에게 받아들여질 만한 표준적 판단이나 의견을 확립하는 것을 목적으로 하는 상호작용과정에서 서로에게 발휘되는 압력이 구체적으로 드러난다. 이러한 현상을 주제로 가장 면밀하게 연구한 쉐리프는 우리가 여기서 동조나 이전 집단의 견지를 다루는 것이 아님을 강조했다. 그래서 거기에는 다수도 없고 소수도 없으며, 진짜 이탈도 잠재적 이탈도 없다. 이는 모두 동치同値관계에 있는 것으로 간주되는 규범 · 판단 · 반응의 **다의성**plurality에 관한 문제다. 이러한 상황의 결과물은 왜 평균으로 만드는 작업, 곧 타협인가? 이것은 첫째, 모두와 상호작용 중인 사람들은 똑같은 정도의 능력과 유능성을 가졌고 그 결과 그들의 의견은 모든 사람의 눈에 똑같은 정도의 영향력을 행사하기 때문이다. 다른 사람에게 어떤 의견을 강요하는 것은 그 누구도 정당성을 가지고 할 수 있는 일이 아니다.[1] 두 번째로, 모두와 상호작용 중인 개인은 동일한 행동양식을 갖기 때문이다. 가령, 그 개인들은 그 어떤 특별한 자신감도 느끼지 않으며 양보를 거절하는 데에 그 어떤 특별한 동기도 가지지 않는다. 마지막으로, 어떻든 개인의 반응이 그 어떤 강화도 받지 못한 까닭에 개인들의 개입이 매우 사소하기 때문이다.

마우스너는 이에 관해 대단히 설득력 있는 실험을 진행했다.[2] 그는 피험자들에게 선의 길이를 추정해보라고 했는데, 처음에는 개별적으로 물었고 그 다음에는 두 명으로 이루어진 쌍에게 물었다. 각 집단은 개별적으로는 아주 상이한 반응을 보인 피험자 두 사람으로 구성된다. 피험자의 절반은 자신의 개별적 추정치가 새로운 상황에서는 부정확한 것 같다는 말을 듣는다. 결국 세 가지 유형의 피험자 쌍이 생겨났는데, 둘 다 정적 강화正的 强化를 받아온 쌍, 둘 중 하나만 정적으로 강화를 받고 다른 하나는 부적 강화否的 强化를 받아온 쌍, 둘 다 부적 강화를 받아온 쌍이다. 실험 결과를 보면, 집단 상황에 처했을 때 두 피험자 모두 부적으로 강화를 받아온 쌍만이 평균적 견해를 향해 수렴하려는 경향이 있다. 개인적 규범을 포기하는 것은 피험자로서는 확신과 확고부동함의 결여와 관련된 것임이 분명하다. 두 피험자 모두 부적으로 강화를 받는 상황에서는 파트너 역시 같은 처지에 있기 때문에, 사람들은 자신의 판단을 유지하려는 동기도 없으며, 또는 파트너를 이기려고 상이한 판단을 내리는 위험을 무릅쓸 만한 동기도 없다. 그러므로 가장 적절한 행동은, 극단적인 반응을 피하고 자신의 반응에 가장 가까운 반응을 선택하는 것인 듯하다. 그렇지 않다면, 동의에 도달할 기회는 훨씬 더 적을 것이며 긴장상태가 유지될 가능성은 훨씬 더 클 것이다.

더구나 개인 내적 반응 갈등의 감소(곧, 개인 내적 일관성의 유지)는 개인 간 반응 갈등의 감소에 달렸기 때문에, 각기 다른 판단들을 그냥 그대로 존재하게 두는 것은 바람직하지 않거나 위험한 일이다. 하나의 자극에 대해 여러 규범이 존재하게 내버려두면 결국 이는 각각의 규범을 없애려는 것으로 이어지게 된다. 그 결과 높은 수준의 불확실성과 불안이 지속된다. 반응들을 통합하려는 열망이 생기며, 결국 그 누구도 승자가 될 수 없는 갈등을 피하려고 무언의 협상이 발생한다. 또한, 서로 양보의 필요성을 느끼게 되고 그 결과로 판단이나 의견이 수렴되며, 마침내는 차이가 사라지고 평준화된다. 이는, 자동운동 현상에 대한 실험에서 왜 개별적 판단들이 처음에는 매우 다르다가 몇 번의 시행 후에는 공통의 값을 향해 수렴하게 되는지 그 이유를 설명해준다. 사실상 이러한 상호적 양보를 통해 각각의 개인은 자기 판단의 타당성을 어느 정도까지는 확증받을 수 있게 되고, 자신과는 다른 어떤 관점에 대해 전적으로 복종해야 하는 일도 겪지 않게 된다. 합의는, 극단적이고 날카롭게 정의된 판단들을 흐리게 함으로써, 그리고 선택을 해야만 하는 상황을 피함으로써 도달된다. 이는 가장 논쟁적이지 않은 견해를 택하는 방법으로 간단히 달성될 수 있다. 협상의 황금률, "진실은 중용의 길에 놓여 있다"라는 법칙은 여기서 효과적으로 적용되며, 그리하여 난국을 피하게 된다.

"사람들은 다른 사람들과 서로 반응을 주고받는 과정에서, 자신이 다른 사람들과 극단적으로 달라질 가능성을 피할 수 있도록 자신의 판단을 적당히 조절하는 방법으로 다른 사람들에게 반응한다"[3)]라는 켈리와 티보의 관찰은 이처럼 확증된다. 우리가 이미 관찰했듯, 그렇게 해서 얻어진 반응들은 모든 사람에 대해 하나의 재집결지로 기능할 수 있는 특성을 가지며, 그래서 그런 반응들은 개인이나 하위집단의 반응이 다른 사람들의 반박을 받게 될 위험을 감소시켜주는 역할을 한다. 개인들은 때때로 의견 간에 일어날 수 있는 충돌을 피하기를 바라는 소망에 지배되는데, 이때 이러한 소망에 의해 지배되는 행동이 윤리적인 행동인지 옳은 행동인지에 관한 문제는 해결되지도 않은 채로 남는다. 리켄Riecken이 관찰했듯, "도달되는 합의는 대개 불일치하지 않으려는 합의에 불과하다."[4]

요약하자면, 위에서 언급한 집단의 산물(의견, 규범 등)이 나타내는 바는, 상이함을 유발하는 것도, 사회적 파트너 중 하나를 위해 조금의 이견이라도 모조리 없애는 것도, 모두 집단이 받아들이지 않고 있다는 점이다. 그러나 이렇게 되면 갈등을 계속하는 것 외엔 선택할 여지가 없게 될 것이다. 그러므로 **이 상황에서는 평균화의 형식으로 영향작용이 발휘되는데, 이 영향작용에는 갈등을 피하려는 욕구, 그리고 준거틀을 이용하여 불일치를 막아보려는 욕구가 작용한다.** 파트너는 옳은 것보다는 오히려 '합리적인' 것을 발견하려고 한다. 그러한 상황은 상호적 이해와 협동을 향한 긍정적 움직임을 유발할 뿐만 아니라, 양립할 수 없는 조건 사이에서 선택하는 일을 벗어날 수 있게 한다. 본질적으로 그 과정은 차이의 억압, 최소공분모의 수용으로 이루어져 있다. 법정, 정치, 노동조합 등에서 일어나는 일상적 계약 중 많은 수는 우리의 사회적·이념적 체계 안에 깊숙이 뿌리박힌 이러한 교리에 기초해 만들어진다.

혁신

한 집단이나 사회 속에서 변화가 발생할 방법은 많다. 이러한 변화들은 때로 중요하고 극적일 수도 있지만, 부차적이고 다른 사람들이 거의 알아차리지 못할 수도 있다. 이러한 변화들을 다룬 이론적 서술 중에 아직은 우리가 그다지 만족할 만한 게 없으며, 변화의 결과를 다룬 연구 중에서도 신뢰할 만한 게 없다. 그러므로 나는 몇몇 특수한 사례를 따를 수밖에 없다. 예를 들어, 우리는 '위로부터의' 혁신과 '아래로부터의' 혁신을 구분하는 데에서 시작할 수 있다. 전자는 지도자에 의해 시작되는 변화와 관련된다. 이 지도자는 추종자들에게 새로운 행동을 강제하거나 이탈적 행동을 받아들이게 하는 강제적 권위를 가진 사람이다. 홀랜더는 그러한 위로부터의 혁신에 대한 연구를 개관했다.[5] 여기서 나는 '아래로부터의' 혁신과 변화의 과정에 집중할 것이다. 그 과정에서 변화는, 사회적 지위나 유능성의 측면 중 그 어느 쪽에 관해서도 특권적 지위를 부여받지 못한 소수의 행동에서 나온다. 더 구체적으로, 나는 적극적이고 일관적인 소수의 사례를 검토할 것이다. 그러한 소수가 대응해야만 하는 두 가지 전형적인 상황을 예상할 수 있다.

- 다수에게는 특정 문제에 대한 선험적 규범이나 명확한 접근이 없다.
- 다수에게는 위에서 말한 규범이나 접근이 있고 이에 대해 암묵적 합의를 해왔다.

혁신은 첫 번째 사례에서는 새로운 태도의 형성과 유사하며, 두 번째 사례에서는 기존 태도나 판단의 변화를 의미한다. 우리는 이제 이 두 사례와 그 사례들이 지닌 심리학적 의미를 살펴볼 것이다.

첫 번째 사례: 갈등의 회피를 피하기

일군의 개인들이 자신들의 판단을 요하는 일련의 대상이나 자극들과 맞닥뜨리게 되었는데, 그들이 반응하는 데에서 방향을 잡아줄 규칙이나 규범이 하나도 없다면, 개인들은 주저하는 경향이 있으며 비교적 비일관적이게 되는 경향이 있다. 개인들은 자신의 판단을 겉으로 드러내어 말하는 순간 곧바로 그들 자신의 판단과 다른 사람들의 판단 사이에 차이가 있음을 알게 된다. 불확실성을 증가시키려 하거나 갈등을 시작하려는 동기, 다시 말해 다른 사람들과 자신의 차이를 명확히 하려는 그 어떤 동기도 없으므로, 그들은 자발적으로 타협하는 경향을 보이게 될 것이다. 이런 식의 타협은 대상물의 여러 특성 차원 중 하나를 선택해서 결정해야 하는 때, 무엇이 되었든 하나의 특성 차원이 선택되고 이에 대해 여러 개의 값이 주어지는 상황에서 평균을 이루어내는 행동에도 반영되어 있다. 이 상황에는 평균화과정이 작동 중이다. 그러나 만약 개인 중 하나가 개인적 관점을 표현하며 집단의 타협을 따르기를 거부하고 분명한 선택을 하겠다는 결정을 보여준다면, 이러한 과정, 이러한 일련의 상호적 양보는 방해를 받게 될 것이다. 이런 행동을 보임으로써, 그 개인은 개별 판단의 평균이 될 규범이 무엇이 되든 간에 그 규범에 대해 도전장을 던질 뿐만 아니라, 그 규범의 가치를 약화시킨다. 동시에 다른 사람들이 타협규범을 적절히 구성하는 시간을 갖기 전에, 이 개인은 일관성 있는 반응을 하면서 집단의 결과물에 영향을 미친다. 이때 이 개인은 집단 내의 여러 반응 중 특정 반응을 더 강조하며 해당 대상에 대한 정의에 영향을 미친다. 그러나 이 개인은 타협을 방해하는 이런 부정적 측면의 역할만 하는 것이 아니라 긍정적인 역할도 한다. 곧, 집단 내, 다른 사람들이 제안한 것과 동일한 정도의 타당성을 이론적으로 갖춘 해결책을 하나 제안하고 있다는 점에서는 이 개인이 긍정적인 역할을 하는 것이다. 더구나 그 개인의 행동은 집단 내 다른 성원들의 행동보다 더 일관적이기 때문에, 합의에 대해 더 확실성 있는 초점을 제공한다. 이 모든 이유로, 단호하고 일관성 있는 소수는 다수 반응의 방향을 이끌고 공통의 규범에 영향을 발휘한다. 이러한 관찰 결과는 외견상 단순하지만, 주의 깊게 자세히 조사되어야만 한다. 대체로, 그러한 관찰 결과들은 우리 의도에 맞는 경험적 증거들에 의해 확증되는 경향이 있다.

거니Gurnee는 모두가 잘 알고 있을 만한 현상으로 주의를 돌리게 했다.[6] 한 집단이 하나의 문제를 해결해야만 할 때, 집단의 성원 각각은 하나의 판단이나 결정에 도달하기에 앞서, 주저하고 동요하는 일이 많다. 그러나 맨 처음부터 적절한 가설을 제안하며 빠른 반응을 보이는 개인이 있는 경우도 간

혹 있다. 거니가 지적한 것은, 그 사람이 바로 그 이후의 의사-결정과정 전체를 이끄는 사람인 때가 잦다는 점이다.

쇼Shaw는 그러한 현상에 관해 몇 가지 연구자료를 제시했다.[7] 쇼는 집단이 이용할 수 있는 정보의 특성이 집단의 행동과 수행에 미치는 영향을 연구하고자 했다. 그의 실험에서는, 하나의 집단을 세 명의 피험자로 구성했고, 각각의 집단에는 두 개의 사례를 주제로 토론하라고 요구했다. 그리고 집단 성원 중 한 명을 골라, 첫 번째 실험조건에서는 두 가지 선택안을 주었고 두 번째 실험조건에서는 네 개의 선택안을 주었으며, 세 번째 실험조건에서는 여섯 개의 선택안을 주었다. 그 집단의 다른 두 성원은 선택안에 관해 그 어떤 정보도 갖고 있지 않았다. 쇼가 발견한 것은, 미리 선택안을 받았던 집단 성원에게 이용할 수 있는 선택안의 수가 적으면 적을수록, 미리 선택안을 받지 않았던 다른 집단 성원들에 비해 이 사람이 토론을 시작하게 되는 것도 그만큼 더 빨라졌다는 점이다. 또한 쇼는, 개인에게 주어지는 선택안이 적으면 적을수록, 토론도 그만큼 더 빨리 시작했고, 그 사람이 내놓는 해결책도 그만큼 더 빨리 채택이 되었으며 그 사람의 기여도 또한 더더욱 높이 평가를 받았다는 점도 강조했다. 그뿐만 아니라 그 개인은 지도자로 더 많이 선택되는 경향이 있었다. 이러한 발견들은, 더 적은 수의 해결책을 제시하는 피험자는 그런 만큼 명쾌한 선택안들을 제공할 능력이 되는, 더 조리 있고 유능한 사람으로 보이게 된다는 것을 나타내고 있다. 그 피험자는 가장 유능하며, 그래서 지도자로 선택될 가능성이 가장 큰 사람이다. 이 주장의 논리를 좀 더 깊이 끌고 가면, 한 명의 개인은 세 명의 개인보다 더욱 일관적이리라고(세 사람이 사전에 예비적인 합의에 도달하지 않은 한) 추정될 수 있을 것이다. 한 사람의 개인은 하나의 명제에 집단의 주의를 집중시키는 데에 더욱 유능할 수 있다.

이러한 가정을 지지하는 증거가 있다. 토런스Torrance는 집단 앞에서 개인이 한 진술이 갖는 효과를 관찰했다.[8] 토런스의 실험에서 한 집단은 6~12명의 개인으로 구성되었으며, 이들은 휴대용 보존식품인 '페미컨'의 성격을 가진 한 음식을 맛보라고 요구받았다. 진술자 중 일부는 음식에 대해 우호적 인상을 받았으나, 다른 사람들은 그렇지 않았다. 이 연구의 결과 중 하나는, **한 명의** 개인이 비우호적 인상에 대해 증언하면, 두 사람이나 그 이상의 진술자가 비우호적 인상을 표현할 때보다 같은 쪽에서 더 영향력을 발휘한다는 점이다. 한 사람의 개인은 본질적으로 만장일치기 때문에, 이 사람의 진술은 여러 사람으로 이루어진 다른 개인들의 진술보다 더 효과적이라는 것은 의심의 여지가 없다. 일군의 개인들은 서로 만장일치 정도가 낮을 수밖에 없다. 그 한 사람의 개인이 내놓은 판단은 매우 일관적이었던 덕분에 이 개인은 주의의 초점이 된다. 토런스는 이를 다음과 같이 설명하고 있다.

> 어떤 한 개인이 집단에서 그 대상을 경험한 유일한 성원이라면, 분명히 이 개인은 필적할 사람이 없는 유일한 '스타'다. 모든 사람이 그의 판단에 의지하며, 그는 반박당할 걱정 없이 말할 수 있다. 만일 그 태도 대상을 경험한 다른 사람이 한 명이라도 있다면, 그의 역할은 어쨌든 조연의 역할로 축소된다. 비록 그 대상을 경험한 다른 실험성원들과 그의 판단이 일치할 수는 있을지 몰라도, 그 개인 혼자만이 그 대상을 경험했던 때 느꼈던 것만큼 반박에서 자유롭다는 느낌을 가지지는 않을 것이다. 물론, 그 대상을 경험한 집단 성원들이 그들의 '이야기들'을 공고히 하려고 연합을 형성할 것을 결정한다면, 그들의 영향작용은 그것 때문에 뚜렷해질 수 있다.[9]

이 말이 시사하는 바는, 한 사람의 개인이 일관성 있고 단호하게 하나의 태도를 표현하게 되면 이로 말미암아 이 사람은 그 자신에게 주의의 초점을 모을 수 있다는 것이다. 이러한 모습 때문에 그 개인은 다수의 다른 집단 성원들을 그의 견해로 모여들게 할 수 있다. 이때 이 사람의 견해는 합의를 향한 초점 역할을 한다. 그러나 소수가 하나 이상의 성원으로 구성된다면, '연합 전선'을 보여줄 수 있도록 이들 소수는 자신들의 견지를 굳건히 통합시켜야만 한다.

두 번째 사례: 도전을 받아들이고 갈등을 만들어내라

이제 우리가 고찰할 것은, 확립된 규칙, 전통 등을 고치려고 의식적으로 행동하는 소수가 발휘한 영향력에 관한 사례다. 우리의 생각을 명확히 하려면, 우선 사회적 상호작용이 어떻게 발생하는지를 고찰해보자. 규범의 존재는 그 규범을 공유하는 모든 사람의 자발적 동조에 의해 드러난다. 이 규범은 한 집단이나 '문화'에 속해 있는 각각의 성원으로 하여금 특정 방식의 옷 입기나 말하기를 주저함 없이 받아들이게 하며 무엇이 유용한지 등에 대해 합의하게 한다. 무엇이 허용되는지, 무엇이 금지되는지를 보여주는 범주들의 목록이 있는 한에는, '좋은 시민', '좋은 아버지' 등은 잘못된 행동에서 옳은 행동을, 나쁜 것에서 좋은 것을 신속하게 분류해낼 수 있다. 고립된 한 개인이나 하위집단이 이러한 합의의 선으로부터, 그리고 이렇게 일반적으로 받아들여지는 분류로부터 물러서게 되면, 하나하나의 개별 반응들이 하나의 규범을 향해 수렴되어가는 일은 방해를 받게 되며, 어쩌면 영구히 존재했을지도 모르는 동조압력에 이탈이라는 예외가 발생했다는 것이 표면으로 드러나게 된다. 더구나 이 소수는 다른 집단 성원들과 똑같은 목적을 달성하고 똑같은 현상을 설명하는 데에 그들과는 다른 모형을 고려함으로써, 다수의 판단이 가진 무오류성에 대해 의심을 던진다. 이렇게 다양성이 일치를 대신하게 되는 것은 두 가지 방식으로 집단의 불확실성을 높인다. 첫 번째로, 다양성으로의 대치는 사회체계의 각 성원에게 가해지는 사회적 압력의 견고성에 영향을 미치며, 만장일치의 사회적 합의를 위협한다. 이전에는 오직 하나의

'문화'가 지배했던 곳에 지금은 두 개의 '문화'가 서로 맞서고 있으며, 새로운 문화는 오래된 문화가 제안했던 대안에 대해 다른 대안을 제공한다. 두 번째로, 다양성으로의 이러한 대치는 전적으로 새로운 차원을 소개함으로써, 또는 원래의 차원을 재조합해서 전에는 존재하지 않는 것으로 보이던 차이나 부분적 일치를 확인시킴으로써, 내적(개인 내적) 일관성을 방해한다. 예를 들어, 프랑스에서 1968년 학생혁명 당시 학생들이 노동자들의 주장을 받아들였기 때문에, 많은 사람은 자신의 판단기준과 가치 척도가 혼돈 속으로 던져지는 것을 보았다. 그때까지 상호 배타적인 두 계급(중산계급과 프롤레타리아 계급)을 상징한다고 여겨진 두 집단이 하나의 집단 속에서 연합했다는 사실은 상당한 긴장을 유발하게 했다. 왜냐하면 이러한 반응들은 그 이전에 적절하다고 생각되었던 반응들과 서로 양립될 수 없기 때문이다. 경찰과 정치적 조직이 보인 혼란스럽고 불명확한 반응은 사회적 차원들 간의 이러한 새로운 조합 때문에 발생했다.

기존 차원의 재조합은 예술적 · 과학적 · 경제적 생활에서 예기치 않게 일어나는 변화를 설명한다. 사회적(외적) 일관성 측면과 개인적(내적) 일관성 측면 모두에서, 다수는 점점 더 많은 수의 경쟁 해법과 맞닥뜨리게 되며, 이전에는 거의 날 때부터 정해진 필요성, 확실성, 절대성으로 생각하던 것을, 이제는 그저 단순한 하나의 선택안, 선호도나 독단적 관습으로 해석하지 않을 수 없게 된다. 지동설에 관한 코페르니쿠스의 연구가 발표되기 전에는, 천문학자와 신학자는 지구가 중심에 있고 행성들이 지구 주위를 돈다고 생각하며 우주는 프톨레마이오스가 기술했던 것과 같은 것이라고 믿었다. 코페르니쿠스의 연구가 발표되자 그들은 두 가설 모두 다 똑같은 정도로 있음직한 것이라고 주장하려 했다. 우주의 견고성을 용해해 인간의 독단성을 피하게 된 것이다. 레빈의 용어로 말하면, 규범과 인지의 '해빙'이 발생했다. 더구나 그 규범들은 상호 모순적이게 되었다. 진정한 해빙은, 소수가 일관된 관점과 굳건한 확신을 보여주고 지속적인 압력을 발휘하며, 마침내는 자신의 관점을 현재 받아들여지는 관점만큼 설득적인 것으로 만들었을 때만 발생할 수 있다.

위의 예에 나온 코페르니쿠스, 또는 걸출한 예술가, 작가 등과 같은 소수들이 왜 그 어떤 조그만 타협도 다 끔찍이 싫어하며, 왜 가장 단언적인 방식으로 자신의 관점을 표현하려는 경향이 있는지, 우리는 쉽게 이해할 수 있다. 이렇게 하는 과정에서, 현실에 대한 그들의 시각은 더욱 날카롭게 정의되며 그 시각의 가장 지속성 있는 특성들은 가치가 향상된다. 그러고 나면, 집단은 대안으로서 거의 똑같은 정도의 가치와 힘을 가진 조건들 사이에서 선택하지 않을 수 없게 된다. 동시에, 진실한 것과 객관적인 것을 인정해야 한다는 욕구는 소수를 무시하는 것을 더더욱 어렵게 함으로써 갈등의 과정에 영향을 미친다.

하나의 반응이 좋은 것임이 틀림없다면, 불일치는 이상한 것이며, 동일 대상에 대한 두 개의 상반된 평가 사이에서 발생하는 그 어떤 갈등도 타협으로는 해결될 수 없다. 왜 소수는 진실, 아름다움, 역사 등과 같이 더 상위의 실체, 계층이나 범주에 호소하는가? 그 이유 중 하나는, 적어도 부분적으로는, 자신들이 제시하는 대안이 필수불가결한 것임을 보여주려는 바람, 그리고 긴장을 증가시키려는 바람 때문이다. 사실 그런 긴장이 소수로 하여금 그들만의 대안을 형성하게 했다. 그런 바람들 때문이 아니라면, 상위의 실체를 향한 그러한 호소가 의미하는 바는 무엇인가? 대개 우리는 오로지 개인 내적/개인 간 관계들만을, 그리고 집단 내적/집단 간 관계들만을 주시하기 때문에, 그 배경 속에는 항상 '제삼자'가 존재한다는 점을 잊는다. 그 제삼자는 제도, 준거틀, 규범을 통해 자신의 모습을 드러낸다. 사회학자 시쿠렐Cicourel은, "더 큰 공동체 안의 ('자아ego'와 '다른 자아alter'가 관련된) 사회적 네트워크 속 '제삼자들' 간의 광범한 합의가 존재하는 규범(즉시적 상호

작용의 외부에 있는 규범)에 지위 관계가 기초하고 있다는 것은 분명해졌다" 라고 적고 있다.[10)]

우리는 앞선 장의 실험에서, 과학이나 대학, 또는 그러한 어떤 권위를 대표하는 '제삼자'가 규범들을 지지하는 상황에서는 규범들이 얼마나 효과적인지를 보았다. 대개 다수는 그러한 '제삼자'를 당연한 우방으로 간주하며, 종종 보이지 않는 파트너의 명성을 내세워 말한다. 소수는 다수가 가진 것과 똑같은 정도의 확신을 갖고 더 높은 권위에 호소함으로써, 세상과 사회에 대한 자신들의 선택, 견지, 이미지를 정당화한다. 동시에, 소수는 세상과 다수 사회의 선택, 견지, 이미지가 가진 정당성에 대해 의심을 품는다. 심지어 소수는 뻔뻔한 모순도 들추어낸다. 지난 몇 년간 우리는 학생운동에서, 대학과 일반적인 성인 세계가 가르친 이념들과, 실제 행동의 특징인 타협 사이에 존재하는 '차이'를 강조하는 것을 지켜보지 않았던가. 소수 관점의 정당성은 이런 식으로 긍정되는 반면, 다수 관점의 정당성에 대해서는 이의가 제기된다면, 소수와 다수 사이에는 일종의 동등성이 발생한다. 이들 모두 호소해온 더 높은 도덕적 권위에 관해서는 이들이 더는 '다수' 와 '소수'로 규정될 수 없기 때문에 결국 복수複數의 인상이 형성된다. 바로 이러한 대립적 다의성의 기초가 있을 때 비로소 선택이 가능해진다.

이런 식으로 소수는 확립된 일치 대신에 독창적인 사회적 정체성이나 진실을 인정받으려는 자신들의 목표를 이룬다. 이것이 의미하는 바는, 소수가 가정하는 심리학이, 이미 차이가 있거나 아니면 기꺼이 차이를 인정하려 하는 개인/집단의 심리학이라는 것이다. 이러한 다름의 심리학은 반대를 받아들일 수 있고, 지속적인 긴장뿐만 아니라 신체적 · 심리적 적대감에도 손상받지 않는다. 다수의 관심사인 일치를 강조하는 대신, 이탈적 소수는 통합하기보다는 나눌 것을 주장하면서 개별성을 강조한다. 그들은 다수의 관점에 대한 부정, 말하자면 진실의 전통적 개념에 대한 부정으로만 보일 수 있는 것을 진실에 대한 새로운 원칙이나 개념으로, 즉 대안적 해법을 제공하는 원칙이나 개념으로 변화시킨다.

그리하여 종교개혁을 통해 나온 개신교는 로마 가톨릭의 일부에 의해 일종의 비非종교, 또는 이교도적이고 열등한 종교로 심판받았고 계속해서 심판받고 있다. 모든 이가 다 알듯이, 그것은 사회의 수많은 갈등과 변화 덕택에 다른 종교가 되었다. 자신과 다른 사람은 사람이 아니라는 가정에 따라 개인과 집단이 행동한다. 우리는 '비非자아non-ego'가 '또 다른 자아alter-ego'라는 것을 단지 아주 점진적으로만 깨닫는다. 이것은 부모와 아이의 관계, 심지어는 계급과 국가의 관계가 빈번히 발달해나가는 방식이다. 이렇게 상이함이 격화되는 것은 하나의 사회적 질서, 하나의 관점, 또는 하나의 진실에서 또 다른 것으로 향하는 데에 필수불가결한 조건이다. 혁신을 일으키는 집단이나 개인은 그러한 의미에서 갈등의 창조자라고 말할 수도 있다. 그러므로 혁신에 관해 다수와 소수 간에 발생하는 협상은, 전에는 전혀 존재하지 않았던 갈등의 형성에 초점을 맞춘다. 여기서 우리는 그러한 영향방식의 특징적 속성을 파악할 수 있다. **마치 평균화가 회피에 초점을 두듯이, 동조가 통제나 갈등의 해결에 초점을 두듯이, 혁신의 특징적 속성은 갈등의 형성에 초점을 둔다.**

그러한 틀 안에서는, 소수가 발휘하는 일관성 있는 사회적 압력이 성공의 선행조건 중 하나다. 왜냐하면 가장 중요하게는 그러한 압력이 집단의 제도 안에, 그리고 다수가 지지하는 규범을 적용하는 데에 방해와 와해를 발생시키기 때문이다. 이는 로젠탈Rosenthal과 코퍼Cofer의 실험[11]처럼 비교적 간접적으로 관련된 실험에서도 나타난다. 그들은 '어떤 집단 성원들이 보이는 무관심 증상이 집단의 성공에 관한 포부수준the level of aspiration, 집단목표와 관련하여 다른 집단 성원의 태도에 중요한 효과를 가질 수 있는지'에 관한 문제를 연구했다. 포부수준에서는 그 어떤 주목할 만한 효과도 탐지될 수 없었다. 하지만 집단목표의 달성 가능성과, 이 일에 대한 다른 집단 성원들의 성실성에 관련해서는 집단 성원들의 태도가 의미 있게 변화했다.

다른 요인은, 수용되고 있는 관점에서 소수가 실질적으로 이탈함과 동시에 자신의 견지를 체계적인 방식으로 나타낼 때, 소수는 그 자신만의 고유한 설득 축을 만들어내면서 집단 내 세력과 의사소통의 장을 재조정한다는 점이다. 페스팅거와 그 동료의 연구를 보면, 이탈자가 되는 것, 그리고 동시에 이탈적 견지를 주장하는 일은, 사회적 응집을 다시 회복하려고 하는 의사소통들 대부분을 끌어들인다는 것이 충분히 입증되었다. 소수는 이러한 의사소통방식을 활용함으로써, 수동적이게 되는 대신 그 스스로가 이런 방식의 과정에서 집단을 향한 능동적 · 직접적 반대압력이 되어갈 수 있다. 이러한 의사소통방식은 소수로 하여금 소수의 해법과 집단의 해법 중에서 선택하도록 강제한다. 소수의 주장과 행동은 집단 매력의 중심이 되었기 때문에, 집단 내 동조적 성원들의 주장과 행동보다 아주 많은 주의를 얻는다. 논할 여지도 없이, 집단이 이탈을 흡수하고 갈등을 해소하려고 상이함이 유발한 압력에 의존하는 것과 똑같은 정도로, 적극적인 소수는 자기 쪽 메시지들에서 최대의 효력을 얻고자 상이함과 갈등을 강조할 것이다. 주의를 극화하는 이러한 책략은 종종 영향과정을 시작하는 데에 사용되곤 한다. 더욱이 그 책략은, 획일성에 의지하는 다수를 붕괴시키는 효과가 있으며, 자신이 정말로 다르다는 것을 장담해야 할 필요가 있는 소수를 일시적으로 강화할 수도 있다. 어떤 경우든, 이런 식으로 의사소통방식을 시작하여 이탈적 소수의 방향으로 채널을 전환하는 것은 소수가 다수를 변화시킬 기회를 증가시킨다.

이는 샤흐터의 실험[12]에 대한 에머슨Emerson의 반복연구[13]에서 매우 명확히 나타난다. 비공식적 의사소통에 관한 페스팅거의 이론과 맥을 같이하여 샤흐터는 다음과 같이 예언했다. 과제 관련성과 집단 응집성의 증가는 이탈적 소수의 방향으로 의사소통 수를 증가시키는 방법으로, 이탈적 소수를 동료의 곁으로 다시 돌아오게 하려는 노력을 그만큼 증가시킨다. 이탈적 소수가 이러한 압력을 계속해서 무시하면, 집단의 경계를 다시 긋고 이탈자를 거부하며 그에게 보내는 의사소통의 수를 줄이려는 경향성을 보이게 될 것이다. 그러므로 집단이 더 응집성 있고 과제가 더 관련성 있을수록 이러한 경향도 그만큼 더욱 커질 것이다. 이러한 예언은 대체로 확증되었다. 그러나 에머슨의 중등학교 학생들은 자기 의견을 덜 확신하게 되었고 이탈자와 변절자에게서 영향을 받았다. 결과적으로, 이탈자를 거부하는 사례는 거의 없었으며 이탈자에게 말을 거는 의사소통의 수는 끝까지 일정하게 유지되었다. 저자가 결론을 내렸듯이, 이는 "획일성을 향한 압력들이 자기self를 변화시키는 쪽의 방향을 취했다"[14]라는 것을 의미한다. 말하자면, 그 압력들이 다수의견에 변화를 만들어낸 것이다. 피험자들이 소수에게 굴복하는 것 외에는, 소수가 피험자들에게 강요한 반응들과의 갈등을 피할 다른 방도가 없는 것 같았다. 일반적으로 집단은 진정한 분리과정이나 거부과정을 작동하는 데에 주저하기 때문에, 그러한 환경에서는 소수가 협상에서 큰 이점을 가진다는 점이 인식되어야만 한다. 이러한 유형의 소수는 기존 규칙에 저항하거나 도전함으로써, 우리가 사회적 제약에서 스스로 해방할 수 있음을 입증한다.

대개 사회생활에서 사람들은 관습적인 방식 이외에는 다른 행동방식이 가능하지 않다고 믿는다. 비록 확립된 삶의 방식에 만족하지 않는다고 하더라도, 사람들은 변화를 일으킬 가능성, 뭐가 되었든 대안의 가능성, 또는 적어도 자신에 대한 위험을 무릅쓰는 일 없이 어떤 변화를 유발할 수 있다는 가능성을 믿지 않는다. 동시에 사람들은 종종 다원적 무지pluralistic ignorance의 상태에 있곤 한다. 다시 말해 사람들은 같은 공동체 내의 다른 사람들이 같은 생각과 욕구를 공유하고 있다는 것을 모른다. 소수가 기존의 질서를 거부하거나, 이전에는 '금지된 것', 또는 '불법적인 것'으로 생각되었던 뭔가를 제안할 만큼 충분히 용감하다면, 이는 수용할 수 있는 다른 행동이나 삶의 방식이 있다는 것, 그리고 그런 행동이나 방식이 직접적인 결과를 필연적으로 가져오지는 않는다는 것을 입증하게 된다. 그렇게 함으로써 소수는, 비록 거절이 거부, 적개심 등과 같은 결과를 수반하게 될지라도, 거절이라는 것이 가능하고 이러한 거부의 전적인 부담을 견뎌낼 수 있다는 것을 입증함으로써 규범과 제도의 권위를 벗겨낸다.

이러한 주장을 지지하는 실험적 발견이 많지는 않다. 하지만 그중의 몇몇은 상당히 믿음직스러우며, 조금 전에 말한 것에 대해 얼마간의 지지를 제공한다. 우리는 이미 포쇠와 모스코비치[15], 네메스와 와틀러[16], 비너와 그 동료[17] 등이 수행한 실험의 결과를 언급한 바 있다. 1969년 모스코비치와 그의 동료는, 여러 가지 대안적 가능성 사이에서 갈등이 벌어지는 상황을 놓고 소수가 가지는 영향을 측정하고자 했다.[18] 그들은 다음의 실험 패러다임을 사용했다. (a) 이러한 갈등은 소수의 일관성과 합의로 말미암아 격렬해진다. (b) 판단은 암묵적으로 객관성을 요구한다. (c) 두 개의 같은 선이 같지 않다고 말해질 때처럼 소수와 다수의 반응은, 한쪽이 다른 쪽에 대한 부정은 아닐지라도 상호 배타적이다. (d) 판단 상의 차이는 개인적 기질의 차이로 귀속될 수 없다. (e) 실험실 다수의 판단은 실험실 바깥의 전형적인 개인의 판단과 정확히 일치하지만, 소수의 판단은 사람들이 통상적으로 기대하는 것과는 정확히 반대다. 일련의 실험이 수행되었는데 각각의 실험은 영향작용의 각기 다른 부분을 밝혀냈다. 첫 번째 실험에서는 반응에 대해서만(곧, 피험자들이 자극을 특성화하는 방식으로) 변화를 유발하려는 시도가 이루어졌다. 두 번째 실험에서는 지각적 코드에서 변화를 일으키는 것이 목표였다. 여기서는, 소수 영향을 경험한 피험자가 영향 상황 후에 수행되는 지각적 변별에서 소수 영향의 효과를 보여줄 것으로 가정되었다.

피험자들은 인문학, 법, 사회과학 분야의 학생이다. 컬러 슬라이드라는 실험재료의 특성과, 일반적으로 여성이 남성보다 색에 더 관심이 있다는 이유로, 피험자로는 여학생이 더욱 선호되었다. 자극은 슬라이드였고, 슬라이드 위에는 (1) 파랑 영역의 주파장(λ=483.5) 광선이 통과하는 것을 허용하는 사진 필터들, (2) 빛의 강도를 감소시킨 중립 필터들, 이렇게 두 가지 서로 다른 형태의 필터가 놓여 있었다. 전체 세트 6개 슬라이드에서 3개는 나머지보다 더 밝았다. 빛의 강도에 이러한 변화를 주는 것은 과제를 더 사실적이고 덜 지루하게 하려고 도입되었다.

각각의 실험집단은 4명의 순진한 피험자와 2명의 실험협조자로 구성되었다. 피험자들은 슬라이드가 투영되는 스크린을 향해 일렬로 앉자마자, 실험이 색채 지각과 관련된 것이라는 설명을 들었다. 그들은 또한 슬라이드 세트의 색채와 빛의 강도에서 생기는 변화를 판단하라고 요구받을 것이라고 들었다. 판단을 하기 전에, 각 참여자의 '색채 변별'이 정상인지를 표면상 확인하려고 그들은 팔락 테스트Palack test를 집단적으로 받으라고 요구받았다.

사실 이 테스트의 실행에는 두 가지 목적이 있었다. 무엇보다도 마침 시각적 이상이 있는 피험자를 제거해내려는 것이며, 두 번째로는 실험협조자의 반응이 시각적 이상에 귀인하지 않을 수 있도록, 모든 집단 성원이 정상적인 시력을 가졌다는 사실을 피험자들에게 강조하려는 것이다.

테스트의 결과가 알려지고 모두 정상 시력이라고 확인되고 나서, 피험자들은 해야 할 반응의 종류와, 실험이 어떻게 수행될 것인지에 관해 들었다. 피험자들은 슬라이드의 색에 이름을 붙이고 5점 척도(가장 어두울 때 0, 가장 밝을 때 5)로 슬라이드 빛의 강도를 평가하는 식으로, 소리 내어 반응을 하라고 요구받았다. 또한 빛의 강도만을 판단하게 되는 연습시행이 있을 것이라고 들었다. 그러한 사전연습시행 후에 6개의 서로 다른 슬라이드로 이루어진 세트가 6번 제시되었다. 제시 순서는 시행마다 체계적으로 변화되었다. 이러한 절차는 총 36시행으로 끝났는데, 각 슬라이드는 15초 동안 제시되었고 각 시행은 약 5초간의 암전으로 구분되었다. 각 시행에서 실험협조자는 모든 슬라이드를 '초록'이라고 일컫는 방법으로 영향을 발휘했다. 실험협조자들은 협조자 내적으로도 일관되었고 상호 간에도 일치했다.

실험이 끝날 때 피험자들은 자극과 집단 내 다른 성원들에 관한 질문지에 응답했다. 대체로 그 실험의 진짜 목적은 피험자들이 실험실을 떠나기 전에 밝혔다.

실험과정 동안, 비록 이 실험의 피험자들이 외현적 반응에서는 그 어떤 변화도 보이지 않았을지라도, 그들이 지각적 코드에서는 변화를 겪었을 수도 있음을 묻는 것이 합리적인 듯하다. 이 실험의 가설에 의하면, 파랑—초록 지각 역치에서 변화가 있게 될 것이며, 이러한 변화에 의해 실제 사회적 상호작용 동안에는 억압된 반응이 나타나게 될 것이다. 일부 피험자들은 아마도 소수 반응을 공개적으로 받아들이는 것을 내켜 하지 않았을 것이며, 그래서 일반적 규범에 여전히 충성스러워야만 한다고 느꼈지만, 그럼에도 일반적 규범의 타당성에 대해 의문을 제기하기 시작했다. 우리는 "보이지 않는 영향작용이 작동하게 돼서, 그 영향작용은 통제집단이 '파랑'이라고 부르는 부분에 있는 자극에까지 '초록'이라고 말하게 하면서 그 자신을 드러낼 것이다"라고 생각할 수 있다. 반대반응(초록 부분에 있는 자극에 대해서까지 파랑 개념을 확장시키는 것)은 극화의 결과일 것이다.

두 번째 실험의 첫 번째 부분은 첫 번째 실험과 동일하여, 다수로 하여금 소수의 영향에 굴복하게 했다. 이 단계의 끝에서, 실험자는 피험자들에게 감사를 표하며 그들에게 "학과의 다른 과학자도 시각 현상에 관심을 두고 있어서, 지금 막 참여했던 실험 프로젝트와는 무관한 다른 연구 프로젝트에 피험자들이 참여해달라고 요청하고 싶어할 것"이라고 말해주었다. 그러고 나서 실험자는 그 방을 떠났으며, 두 번째 실험자가 곧바로 들어와 그 요구를 되풀이해서 말했다. 피험자들의 동의를 얻은 다음, 실험자는 피험자들에게 "실험은 연습이 시각 현상에 미치는 효과와 관련되어 있다"고 설명했다. 그러고 나서 실험재료에 대해 설명하고는 마분지 스크린으로 피험자를 분리시킨 후, 피험자들에게 그들의 반응을 종이 위에 개별적으로 쓰라고 요구했다. 실험재료는 색상분별법인 '판워스Farnworth 100색상지각 검사'에서 파랑—초록 지대에 있는 16개의 디스크로 구성되어 있었다. 파랑—초록 척도들의 양쪽 끝에 있는 디스크 3개는 절대적으로 명백한 것이었지만 다른 열 개의 자극은 모호해 보였다. 실험자는 피험자들이 실험의 지시를 이해하는지를 확인하고 난 뒤, 테스트가 시작될 것임을 알렸다. 각각의 디스크는 모든 피험자의 시야 안에 있는 한 테이블 중앙에, 뚜렷하지 않은 색을 배경으로 하여 약 5초간 제시되었다. 16개의 디스크 세트는 쉬는 시간 없이 10차례 제시되었으며, 제시의 순서는 무작위로 이루어졌다. 이 검사 후에 첫 번째 실험자가 돌아와서 피험자에게 실험 후 질문지를 완성하라고 요구했고, 실험은 이전과 같은 방식으로 마무리되었다.

세 번째 실험은 소수가 자신의 관점을 굳건하고도 일관적인 방식으로 표현하지 않는다면 중요한 영향을 발휘하지 않을 것이라는 가설을 검증하려고 고안되었다. 실험협조자가 각각 1/3과 2/3의 비율로 때로는 '초록', 때로는 '파랑'이라고 반응한 점을 제외하면, 절차는 이전의 실험과 동일했다. 한 조건에서는 실험협조자 중 한 사람이 다른 실험협조자가 '파랑'이라고 반응할 때 '초록'이라고 반응할 것이며(통시적 비일관성), 다른 조건에서는 먼저 정해진 비율에 따라 '초록'이나 '파랑'이라고 반응하게 될 것이지만 상호 간에는 무관했다(통시적 · 공시적 비일관성). 세 실험 모두 동일한 통제집단이 사용되었다.

이 실험들의 결과는 다음과 같다. '초록'반응(소수가 발휘하는 영향의 정도를 표시해준다)은 처음 두 실험에서 피험자 128명의 반응 중 8.42%에 상당한다. 두 세트의 집단 간에 그 어떤 유의미한 차이도 없었다. 반대로, 세 번째 실험에서는 단지 1.25%의 '초록'반응만이 있었다. 통제집단 피험자 22

명 중에서 오로지 한 사람만이 '초록'반응을 했으며(모두 합해 둘) 이는 영향받지 않은 반응의 0.25%를 구성했다. 이는, 통제집단이 자극을 파랑으로 지각했으며 이러한 규범이 굳건히 사회적으로 뿌리박혀 있음을 의미한다. 통제집단과 실험집단 간의 이러한 차이는 맨-휘트니 검정Mann-Whitney U test(z=2.10, 일방향적 p=0.019)에 의해 유의미하다. 실험집단 중 43.75%의 피험자는 4개 또는 그 이상의 '초록'반응을 보였다(이 집단들에서 실제로는 14~18의 '초록'반응이 있었음이 발견되었다). 이는 적어도 한 명의 개인이 두 번 이상의 '초록'반응을 했다는 의미다. 모든 집단의 피험자 중 32%는 굴복했다. 그리하여 두 가지 형태의 집단이 있었으며, 한 집단에서는 피험자 중 누구도 영향받지 않았고 다른 집단에서는 피험자 중 일부가 영향받았다. 후자의 집단에서는 피험자의 57%, 즉 평균적으로 집단당 두 사람이 실험협조자와 같은 반응을 보였다. 이들 집단에서 반응의 18.75%는 '초록'이었다.

'초록'반응의 수는 실험협조자에 전적으로 굴복한 고립된 개인보다는 집단 내에서 발생한 전반적인 판단 수정 때문에 생긴다.

세 번째 실험의 결과는 소수가 다수에게 그 어떤 영향도 발휘하지 않았음을 의미한다. 다음의 표를 보도록 하자. 모든 경우에 '초록'반응의 비율은 통제집단 내의 비율과 매우 가깝다.

	조건I (통시적 비일관성)	조건II (통시적 · 공시적 비일관성)
'초록'반응	0.35%	1.25%
영향받은 집단	17.0%	40.0%
영향받은 개인	4.0%	20.0%

바탕에 깔린 가설, 곧 '소수는 다수만큼 효과적일 수 있다'는 것은 어느 정도까지 지지가 되었는가? 라주와 내가 수행한 어떤 실험에서, 두 명의 진짜

피험자로 이루어진 소수는, 파랑 슬라이드가 초록이라고 말하는 4명의 실험협조자로 이루어진 다수와 대면했다. 다음의 표로 제시된 결과가 보여주듯, 물론 통제집단과 비교해 이들 실험협조자는 매우 영향력이 있었지만, 이들이 소수 이상으로 더 중요하지는 않았다. 우리는 소수의 영향이 실험협조자들로 이루어진 다수의 영향만큼 중요하다고 말할 수 있다. 그러므로 영향 출처의 숫자상 크기는, 발휘되는 영향의 정도에 직접적으로 비례하지는 않는다.

	소수	다수
'초록'반응	10.07%	12.07%
영향받은 집단	50.0%	30.77%
영향받은 개인	42.50%	34.61%

여기서 변별검사 결과들을 고려하면 이 검사의 목적은, 일관적인 소수의 영향 아래에서 자신의 반응을 변화시킨 그 피험자들이 자신의 지각적 코드도 변화시켰는지를 결정하는 것이었다. 검사의 다른 가설은 "자신의 사회적 반응을 변화시키지 않은 피험자들은 자신의 지각적 코드를, **심지어는 다수의 외현적인 반응에 대해 소수의 효과가 존재하지 않는 집단 안에서조차** 이미 어느 정도는 변화시켰을 수도 있다"는 것이다. 사용된 측정 단위는 변별검사반응 중 '파랑' 지대에서 '초록' 개념을 인식하는 빈도다.

역치 숫자들의 비교는 그 가설을 가장 잘 점검할 수 있게 해준다. 각 실험조건에 대해, 다음의 개별자료에서 얻은 평균 역치 값이 있다. 50% 역치 자극들(같은 정도로 '초록'과 '파랑'으로 판단된 자극), 하방 역치 자극(75%의 '초록'반응과 25%의 '파랑'반응을 일으키는 자극), 상방 한계 자극(75%의 '파랑'반응과 25%의 '초록'반응을 일으키는 자극). 영향의 효과는 실험집단의 역치 숫자와 통제집단(실험의 첫 번째 단계 내내 영향에 굴복하지 않았던 통제집단)의 역치 숫자를 비교해 추론된다.

우리는 (a) 통제집단과 비교해 실험집단 내에서 일어나는 이러한 세 역치의 이동을 평가할 것이다. 또한 (b) 집단의 각 형태에서 발생하는 반응의 분산, 그리고 영향받은 피험자가 사회적 상호작용 동안 하는 반응과, 영향받지 않은 피험자가 사회적 상호작용 동안 하는 반응을 비교해 평가할 것이다.

첫 번째 비교는, 사회적 상호작용 단계 동안 경험한 영향작용이 피험자의 지각적 코드를 수정했는지 그 여부를 보여준다. 이는 이번 장에서 주어지는 질문의 해답을 제공할 것이다.

두 번째 비교는 동일 실험조건 내 역치 이동의 방향과 정도를 보여줄 것이다. 반응의 광범한 분산은 다음의 두 반응효과 중 하나를 나타낼 수 있다. 그 반응효과는 통제집단이 파랑으로 간주하는 자극에 대해 '초록'반응이 확장되거나, 또는 통제집단이 초록으로 간주하는 자극에 대해 '파랑'반응이 확장되는 효과다. 반응의 구체적 방향이 무엇이든, 그러한 역치 이동은 사회적 상호작용 단계 이후에도 반응 갈등이 지속되고 있음을 나타낸다.

세 번째 비교의 목적은, 피험자들이 영향작용 단계 동안 보인 특정 반응에 따라 이 변별검사에서도 상이한 반응을 보이게 되는지 그 여부를 결정하는 것이다. 달리 말해, 지각적 역치의 이동은 사회적 상호작용 단계 동안 자신의 외현적 반응을 변화시킨 피험자들에게만 일어나는가, 또는 이전 반응이 무엇이었든 관계없이 모든 피험자에게 발생하는가? 무엇보다 중요한 점은, 일반적 관점에서 보았을 때 이러한 비교가 영향작용의 효과가 내밀한 수준에서는 어느 정도로 존속되고 있는가 하는 정보를 제공한다는 것이다.

기대했던 대로, 실험의 피험자들은 영향의 효과 아래에서 자신의 지각적 코드가 수정되도록 했다. 다음의 표가 보여주듯이 세 척도(차이 역치, 하방 역치, 상방 역치)는 실험집단과 통제집단 사이에서 유의미하게 다르다.

	* 일방향적 p
하방 역치	t=1.68, p〈0.05*
차이 역치	t=1.78, p〈0.04*
상방 역치	t=2.33, p〈0.01*

그러므로 소수의 영향은 외현적 판단뿐 아니라, 그러한 외현적 판단들의 기초가 되는 내밀한 과정에 대해서도 효과를 발휘했다. 전반적으로, 통제집단은 파랑이라고 판단한 자극에 대해서도 '초록' 판단을 확대시킨 경향이 있었다.

이러한 반응은 사회적 상호작용 단계 동안 외현적으로 영향을 받던 피험자에게만 국한된 것이 아니었다. 이는 '초록'반응을 한 피험자들과 '파랑'반응을 고수한 피험자들에게서 동일하게 발생했다. 이러한 점에서는 이 두 하위집단 간에 그 어떤 유의미한 차이도 없었다. 따라서 잠재적 효과에 대한 분석은 외현적 효과만을 분석했을 때 나타나는 것보다 훨씬 더 중요한 영향작용의 측면을 드러내고 있음이 명백해졌다. 달리 말하면, 사회적 상호작용 단계 동안 피험자들이 했던 특정 반응과는 무관하게, 그들이 소수에 의해 실제로 영향을 받았다고 결론지을 수 있다.

외현적 반응이 영향받은 행동의 총체는 아니라는 사실을 명확히 입증해내는 한에는, 결과의 이러한 측면이 우리에게 특별히 중요한 것 같다. 그러나 결과 안에 나타나는 산포도散布度는 역치 이동의 정도가 피험자 간에 상당히 다르다는 것을 표시한다(변별 역치: $t=1.88$, 양방향적 $p<0.10$, 일방향적 $p<0.05$. 상방 한계 자극: $t=1.71$, $p<0.10$).

이탈적 소수가 비일관적일 때도 같은 현상이 발생하는가? 우리가 이미 알고 있듯이 자신의 견지에 대해 비일관적이고 불명확한 소수는 다수의 외현적 판단에 그 어떤 효과도 발휘하지 않는다. 그들은 다수가 자기 의견을 수정하는 데에 필요한 갈등을 만들어낼 수 없다. 실험 후 변별검사에서 얻은 자료는 비일관적인 소수가 잠재적 판단에 대해서도 전혀 효과를 발휘하지 못함을 보여주었다. 변별 역치의 이동에서나 반응의 산포에서나 실험집단과 통제집단 간에는 차이가 없었다. 그러므로 비일관적인 소수는 그 어떤 수준에서도 영향을 발휘할 수 없는 것처럼 여겨진다.

이러한 발견들은 영향작용 출처가 갖는 일관적 행동양식의 중요성과 관련된 부가적 증거를 제공한다. 일관적인 소수는 외현적 반응의 수준보다는 겉으로 드러나지 않는 내밀한 반응의 수준에서 더 효과적이지만, 비일관적인 소수는 두 수준 모두에서 효과가 없는 듯하다.

그러나 영향 출처가 다수일 때는 어떤 일이 일어나는가? 사회적 상호작용의 과정에서 만들어진 반응은 표면적인 동의를 의미하는가, 아니면 다수 관점을 진정으로 지지하고 있음을 암시하는가? 첫 번째 답안이 정답이라면 우리는 영향 상황 이후 행한 변별검사에서 변화를 기대할 수 없을 테지만, 두 번째 가능성이 우세하다면 우리는 그러한 변화를 기대해야만 한다.

사실 지각적 코드에 대해서는 그 어떤 효과도 없다. 비록 실험집단의 반응 범위가 넓었을지라도, 통제집단 피험자의 역치와 비교해 실험집단 피험자의 변별 역치에서는 그 어떤 이동도 관찰할 수 없었다. 이러한 결과는 통제집단이 초록이라고 판단한 자극에 대해서까지도 일부 피험자들이 '파랑'으로 반응하는 것을 고집했다는 사실에 기인하는 것 같다. 불행하게도, 그 어떤 체계적인 방식으로도 이러한 경향성을 분석하는 것은 가능하지 않다. 왜냐하면, 이것은 판단의 극화를 나타내는 것 같기 때문이다. 사회적 상호작용 단계 동안 영향받은 피험자들의 변별검사 결과는 영향을 받지 않은 피험자들의 변별검사 결과와 차이가 없었다. 그러므로 만장일치가 아닌 다수는 소수의 내밀한 판단에 그 어떤 주主효과도 발휘하지 못한다고 볼 수 있다. 다수의 영향은 표면적인 동의만을 이끌어내는 것 같지만, 소수 영향의 효과는 외견상으로도 뚜렷했고, 판단상의 더 심오한 변화에서도 뚜렷했다. 이러한 차이는 아마도 주관적으로 겪는 갈등의 강도 차이에 기인할 것이다. 사실 영향 시도에서 발생하는 갈등은 소수가 관련되는 때와 다수가 관건이 되는 때가 다르다. 판단이 가진 이탈적 특성은 극소수의 개인이 그 특성을 공유할 때 훨씬 더 또렷하다. 또한 그 특성이 한결같이 일관성 있는 방식으로 확신 있게 제시된다면, 그때는 집단의 다른 성원들이 그것을 고려하지 않을 수가 없다. 그런 결과로 말미암아 발생한 갈등은 판단의 출처가 되는 지각적-인지적 체계의 재구조화를 선도하는 것 같다. 그러므로 비록 다수에 속한 피험자들이 소수의 관점과는 상반된 다수의 규범을 자명한 것으로 받아들였을지라도, 소수의 관점은 다수에 속한 피험자의 현실 판단에서 필수적인 부분이 된다.

그러나 이러한 차이는 또 다른 관련 현상들에 달린 듯하다. 소수에게는 다수의 내밀한 반응인 지각적 코드를 변화시키는 게 더 쉽지만, 다수에게는 개인의 내밀한 반응인 지각적 코드보다는 공개적인 사회적 반응을 변화시키는 게 더 쉽다고 생각하는 것이 옳을 듯하다. 몇 년 전에 귀납적으로 형성된 이러한 가설[19]은 적어도 부분적으로는 머그니에 의해 최근에 확증되었다. 머그니는 그의 실험에서 뮐러-라이어Müller-Lyer 착시현상을 만들어내려고 고안된 장치를 이용했다.[20] 이 유명한 착시는, 객관적으로는 동일한 길이를 가진 두 개의 선을 서로 다른 지각 맥락에 놓아 길이가 다르게 보이도록 구성되어 있다. 두 수평선 중 하나의 끝 부분에서 두 갈래 분기가 선을 늘이는 것처럼 보이지만, 다른 직선의 끝 부분에서는 그 분기가 반대 방향으로 되어 있어 수평선 부분이 더 짧아 보이게 한다.

머그니가 사용한 절차는 간단하다. 피험자들에게는 지각에 관한 과학적 연구라고 상황을 소개한다. 일단 그렇게 설명하고 나면, 실험 자체는 지각적 코드에 대한 측정으로 시작한다. 이는 두 선이 주관적으로 같아 보이는 지점을 평가하는 방식으로 '조작된다.' 달리 말해, 피험자는 두 선의 길이가 같은 지점을 판단했다. 실험은 사회적 반응 전의 측정, 영향 단계, 사회적/언어적 반응 후의 측정이라는 세 단계에 걸쳐 계속된다. 각 단계는 다음과 같은 방식으로 시행된다. 세 단계 모두 동일한 프로그램을 사용했는데, 실험자 자신이 프로그램에 따라 움직일 수 있는 선을 조작했다. 피험자들은 왼쪽의 선이 오른쪽의 선보다 더 긴지, 더 짧은지, 또는 똑같은지를 말하게 되어 있었다. 게다가 피험자들은 시행마다 두 선의 차이를 센티미터로 평가하게 되어 있었다. 각 단계는 다섯 개의 시행으로 이루어졌다. 시행마다 두 선 간의 진짜 차이는 다음과 같았다(+표시는 왼쪽 부분이 그만큼 몇 센티미터 더 길다는 것을 표시한다). 항목1 : +5, 항목2 : 0, 항목3 : +3, 항목4 : +7, 항목5 : -1. 다섯 항목에서 보인 차이의 총합은 +14다. 각각의 시행에서는 피험자들이 3.5초 동안 장치를 볼 수 있었다.

피험자가 다섯 시행에 개별적으로 반응하고 나서, 피험자들은 사회적 영향에 노출되었다. 피험자들에게는, 다른 사람의 반응 내용을 아는 것이 차이를 평가할 때 평가에 도움이 되는지를 아는 데에 실험자의 관심이 있다고 말했다. 두 실험조건에서 피험자들에게는, '당신이 하는 것과 똑같은 것'을 다른 25명에게도 이미 요구했다고 말해주었다.

다수조건에서 실험자는 계속해서 다음과 같이 말했다. "나는 조금 전에 언급한 25명의 사람 중 일부의 반응을 당신에게 알려주기로 했습니다. 동일한 방식으로 체계적으로 답한 20명의 사람이 보인 반응을 당신에게 알려줄 것입니다. 하지만 다른 5명의 답변은 알려주지 않을 것입니다."

소수조건에서, '20'과 '5'라는 숫자들이 거꾸로 사용되는 점만 달랐을 뿐 다수조건과 똑같은 프로토콜을 사용했다. "…… 동일한 방식으로 체계적으로 답한 5명의 반응을 당신에게 알려줄 것입니다. 하지만 다른 20명의 답변은 알려주지 않을 것입니다."

피험자들은 처음에는 장치를 보았고, 그다음에는 20명, 또는 5명의 반응을 제공받았으며, 그러고 나서는 두 개의 선에 대해 자신만의 평가를 내렸다.

실험자가 알려준 '실험협조자'의 반응은 실제 차이보다 체계적으로 네 단위만큼 더 컸다. 다섯 항목에 대한 총합은 +34였다(항목1: +9, 항목2: +4, 항목3: +7, 항목4: +11, 항목5: +3).

이러한 영향 단계 이후에는 구두로 보고하는 '사후' 측정이 있었다. 선 길이의 동등성에 대한 주관적 느낌을 평가하는 '사후' 측정으로 실험은 끝이 났다.

결과로는 다음에 대한 측정들이 분석되었다.

(a) 언어적 반응: 실험의 단계마다 다섯 항목에 대한 각 피험자의 반응을 더했다. 사전검사에 대한 측정치와 집단 단계에서의 측정치 간의 차이, 그리고 사전검사와 사후검사 간의 차이, 이 두 지표를 영향작용의 지표로 사용했다.

(b) '지각적 코드': 두 선의 길이가 진짜로 같은 지점과 주관적으로 같은 지점 간의 차이에 대해 '사전'측정과 '사후'측정을 실시했다. 두 측정치 간의 차이는 '코드'와 관련된 영향작용의 지표다.

"다수는 언어적 수준에서, 소수는 지각적 수준에서 더 많은 영향을 발휘하는가?" 여기서 얻어진 결과는 이 말이 실제로도 맞는다는 점을 보여주는 것 같다. 표14의 통계적 분석에서 우리는 상호작용 전에 평가에 나타나는 변화와, 영향 단계 동안 평가에 나타나는 변화 간의 차이가 꽤 유의미함을 알 수 있다 (t=3.32, p<0.005). 비록 소수가 얼마간의 효과를 발휘했을지라도(t=1.992, p<0.05), 다수는 사회적 반응에 소수보다 더 많이 영향을 미쳤다(표14).

실험의 두 조건 모두에서 이러한 영향작용은 영향작용 출처의 반응에 대한 정보 없이도 그 스스로를 유지하는가? 상호작용 이전의 차이와 상호작용 이후의 차이에 대한 비교는, 다수의 반대편에 섰던 피험자들에게도 영향작용의 효과가 꽤 높은 정도로 유지되었음을 보여준다(t=2.041, p<0.03). 소수조

* 평균은 다섯 항목에 대한 총합을 말한다.
진짜 차이는 총 +14고, 영향의 출처에 기인하는 차이는 +34다. 각 경우는 n=15다.

조건	단계들		
	개인적인 '이전'	상호작용 '동안'	개인적인 '이후'
다수	6.73	24.86	17.06
소수	7.20	12.60	8.13

표14. 언어적 반응의 수준에 대한 평가치 평균*

건에서는 그러한 차이가 유의미하지 않다. 말하자면, 피험자들은 소수의 방식을 따라 반응하지는 않았다. 그리하여 다수는 언어적 수준에서는 소수보다 더 큰 영향을 발휘한다는 게 아주 명확하다. 그러나 지각적 코드에서는 소수가 다수보다 더 큰 영향을 발휘하는가? 사전검사에서 주관적으로 판단하기에 두 선의 길이가 동일하다고 판단되는 지점과, 사후검사에서 두 선의 길이가 동일하다고 판단되는 지점 간의 차이에 대한 통계적 분석(표15)은 지각적 코드에는 소수가 다수보다 더 많은 영향을 발휘하고 있음을 보여준다 (t=1.882, p<0.05). 우리가 관찰할 수 있듯이, 소수조건에서 얻어지는 변화들은 유의미하지만 다수조건에서는 이러한 변화들이 유의미하지 않다. 지각적 코드를 조작하기 너무나 어렵기는 하지만, 대체로 '소수의 효과성과 다수의 효과성이 보이는 이런 식의 상호 역전된 모습과 관련된 가설에는 상당한 진실이 담겨 있다'고 생각할 만한 강력한 이유는 여전히 존재한다.

* 평균은 시행 양쪽의 차이에 해당하는 것이다.

조건	단계들:	
	상호작용 '이전'	상호작용 '이후'
다수	+1.80	+1.70
소수	+1.83	+2.63

표15. 선의 길이가 주관적으로 같은 지점과 실제로 같은 지점 사이의 차이에 대한 평균 (지각적인 코드 수준)*

앞서 말한 내용 모두는 지각적 코드의 수정과 관련된 소수—다수 관계의 효과에 관한 것이다. 하지만 일군의 자료는 그 점에서 특히 흥미롭다. 모스코비치와 그의 동료가 수행한 연구[21]에서 파랑—초록 경계의 이동displacement은, 진짜 피험자인 다수가 외현적으로 영향을 **받았던** 집단보다는, 다수가 '초록'반응을 채택하지 **않은** 집단에서 더욱 두드러졌다(t=1.50, 양방향 검증에 의해 0.01 유의도 수준에서 1.68 값에 가까운 수치). 외현적인 영향이 없었던 집단이나, '초록'반응이 어떤 식으로든 억제되어온 것으로 가정될 수 있는 집단에서는 사후-실험적 변별 검사에서 더 많은 수의 '초록'반응을 하게 될 것으로 예측되었다. 이는 실제로도 그러했다. 다수가 외현적으로 영향받지 않은 집단과, 다수가 외현적으로 영향받은 집단 간의 차이는 유의미하다(X^2=14.94, p<0.002). 우리는 일관적인 소수가 다수의 외현적 반응보다는 지각적 코드에 훨씬 더 큰 영향을 미치는 것으로 결론을 내릴 수 있다. 색채 명명 규범에 부합되도록 자발적으로 반응하는 피험자들은 소수의 압력을 경험한 후 자신의 지각적 코드를 변화시킨다. 이때 이 피험자들이 자신의 언어적 반응을 변화시켰는지 그 여부는 상관이 없다.

일반적인 규범(색채를 지각하는 것, 그리고/또는 색채의 이름을 명명하는 것에 대한 일반적 규범)을 공유하는 피험자들이 소수의 압력을 받게 되면, 다음의 두 상황 중 하나가 가능하다. 첫째, 자신들의 반응을 변화시켜 사람들 대부분이라면 '파랑'이라고 부르는 자극을 '초록'으로 진술한다. 둘째, 소수의 압력으로 말미암아 '초록'으로 보기 시작한 자극에 대해 피험자들이 여전히 '파랑'반응을 계속한다. 둘 중 어느 경우든 변화는 개인에 의한 강렬한 인지적 활동의 결과인 듯하다. 소수의 견해를 거부할 만한 강력한 이유를 가지지 못한 피험자들(다수에 속한 피험자들)이, 상이한 관점을 강력히 옹호하는 소수와 맞닥뜨리게 되면, 그들은 그 견해를 이해하고 소수의 눈으로 보려고 시도하게 된다. 그들은 수동적인 채로 남아 있지도 않으며, 자신들에 반대되는 규범을 그냥 받아들이거나 맹목적으로 반대할 마음도 없다. 지각적 전환에 대한 설명 중 개연성 있는 것은, 자신들(실험협조자들)의 반응이 지닌 타당성에 대해 명백히 확신하는 사람들 때문에 유발된, 바로 그러한 인지적 노력이다.

이러한 자료가 신뢰할 만하고 그 해석이 옳다면, 그다음에는 몇 가지 더 일반적인 함의에 관해 고려해야 한다. '지각적 코드'의 개념은 정의하기가 어렵다. 그러나 우리는 '지각적 코드'란, 우리가 사물을 분류하고 이름 붙이는 방식과 관련된 '언어학적 코드'와 대비해, 우리가 실제로 볼 수 있고 만질 수 있는 내용을 가리킨다고 가정할 것이다. 그렇게 되면 우리는 이탈적 소수가 언어학적 코드보다는 지각적 코드에서, 다시 말해 이름 붙여지고 표현되는 방식보다는 눈에 보이고 생각되는 것에서 더 쉽게 유의미한 변화를 만들어 낼 수 있음을 알 수 있다. 역으로, 다수는 지각적 코드보다는 언어학적 코드에 영향을 미치는 것으로 여겨진다. 이것이 정말 사실이라면, 우리는 "실제 반응이 변화하기도 전에, 보이지 않는 수준에서는, 사물을 보는 방식과 반응을 소수가 이미 변화시키며, 때로는 사람들이 자신의 그러한 변화를 알아차리지도 못한다"고 추측할 수 있다. 동조에 관한 연구는 우리를 이와 상반된 현상, "개인들은 자신들이 그 이전에 사적으로 가졌던 판단과 의견을 계속 유지하면서도, **외적으로는** 집단이나 권위가 가진 의견 · 판단을 받아들인다"는 현상에 익숙해지게 해왔다. 혁신이 발생할 때 그 영향은 공적인 수준보다는 사적인 수준에 대해 더욱 효과적이다. 공적인 판단 · 의견과 사적인 판단 · 의견 사이에 현저한 차이가 발생하는 것은 두 가지 현상 모두의 특징이지만, 이 현상들은 서로 반대 방향으로 움직인다. 한쪽에서 우리는 **응종**을 목격하고 다른 쪽에서는 **전향**을 목격한다.

이러한 대조들을 더 엄밀히 검토하려고 노력해보자. 동조의 상황에서는, 개인이 다수가 정의하는 특정 방식으로 반응하도록 하는 압력, 그리고 보편적인 준거틀을 받아들이도록 하는 압력이 항상 명확하다. 이런 식으로 유발되는 변화는 적어도 얼마 동안은 전적으로 외적이다. 무관심 때문이든, 집단에서 고립되고 거부되는 것에 대한 두려움 때문이든, 개인은 **강요된 응종**의 상태에 놓인다. 그래서 개인은 자신이 말하고 싶지 않은 것을 말하고, 하고 싶지 않은 것을 해야만 한다. 집단은 처음에는 그러한 형태의 복종을 받아들인다. 왜냐하면 집단은 이탈을 싫어하고, 시간이 흐르다 보면 자신이 말하는 것을 믿게 되고 자신이 행동하는 것을 원하는 것이 가능하다는 점을 경험상으로 알고 있기 때문이다. 파스칼은 3세기 전에 이 점을 이해했다. 그래서 그는 기독교인에게 믿든 안 믿든 기도하라고 조언했고 그리하여 결국에는 신앙이 성공을 거두게 될 것이라고 주장했다. 이러한 변화는 왜 발생하는가? 간단히 말해, 사적 의견 · 판단과 공적 의견 · 판단 사이에 갈등이 있기 때문이다. 갈등을 해소하려고 후자를 수정할 수는 없으므로, 갈등을 해결하기 위해 사적인 측면을 변화시킨다. 이 때문에 특별한 이유도 없이 개인이 다수의 압력에 굴복한 것은 정당화된다.

변화에 대한 압력이 내면적으로 계속 지속되는 혁신의 상황에서는, 새로운 반응이 기존 반응의 대안으로 등장하며, 새로운 것을 받아들이는 것이 강제의 결과는 아니다. 다수 중 하나가 그러한 새 반응에 관심을 두거나 매력을 느낀다면, 또한 그가 그런 방향으로 변화하고 있다면, 변화는 종종 간접적이거나 무의식적이거나, 한마디로 말해 사적이다. 사람들은 순전히 관습적인 이유로 뭔가를 말하고 행하기 때문에, 그 뭔가에 담긴 내용에 관한 판단은 종종 결여된다. 그 뭔가에 더는 그 어떤 진실한 의미도 없다는 게 명백해지면, 외부적인 갈등이 나타나게 된다. 그런데 이러한 갈등은 우리가 믿기 시작하는 것, 즉 새롭게 받아들인 생각과, 우리가 여전히 공유하는 척하는 '다른 사람들'의 생각 · 신념 사이에서 벌어진다. 소수에게 이러한 외적 갈등은 이 갈등이 일으킨 변화에 편승할 수 있는 상황으로 작용한다. 그리고 이 갈등은 그 변화를, 소수가 이미 시작한 사회운동으로 연결한다. 역사는 우리에게 소수가 두 가지 방법 중 하나로 성공을 거둘 수 있음을 가르쳐준다. (1) 소수는 자신의 관점이 더 널리 수용되도록 하는 방법과, 외현적 행동을 자신에게 유리한 쪽으로 바꿔놓는 방법을 이용해 더욱 유연해질 수 있다. 또는 (2) 그들은 사회적 관계에 대한 그 이전의 구조와 결별할 것을 강조하는 방법과, 사람들로 하여금 말하는 것과 생각하는 것을, 행동하는 것과 원하는 것을 일치시키게 하는 방법을 사용해, 어떤 특정 행동(곧, 특정 이슈에 대한 투표, 탄원, 파업 등)에 사람들을 개입시킬 수 있다.

이탈적 소수는 자신들이 발휘하는 영향을 활용할 더 많은 방법과 수단을 고안해야만 할 것이다. 그 점은 명백하다. 왜냐하면 이탈적 소수가 자신 탓이건 외적인 원인 탓이건 방법론에 실패하는 상황이 되면 그들을 대신하여 다수가 이득을 거둬들이기 때문이다. 이는 지난 몇 년간 '회복recuperation'이라고 불려온 현상이다. 수많은 주변적 집단과 소수의 비판, 본보기, 행동은 정치적 · 사회적 영역뿐만 아니라, 가치, 언어, 옷 입는 습관 등에서도 중요한 변화를 만들어냈다. 그러나 그 주변적 집단들은 그러한 새로운 언어와 행동을 정당화할 수도 없었고, 그렇게 할 수 있는 위치에 있지도 않았다. 하지만 새로운 사회적 · 심리학적 공간은 늘 만들어져왔으며, 그 공간은 이러한 새로운 것을 정당화할 수 있었던 다른 재정적 · 지적 · 정치적 집단이 점거해버렸다. 갑자기 장발, 학생과 인종적 소수의 요구, 예전에는 입에 담을 수도 없었고 오명이 씌워져 있던 성性적 관행 등은 상당히 보수적인 정당의 프로그램 속으로 통합되었고, 그런 새로움들이 반감을 느끼던 사회 집단에 의해서도 받아들여졌다. 또한 그것들은 산업과 상업화의 대상이 되었다. 소수는 이제는 그 목표가 수정되어버린 그 변화의 뿌리에 있었지만, 그 변화를 이용해 사회 변용을 이루어내지는 못했다.

물론 언제나 그러한 것은 아니다. 종교개혁이나 사회주의 정당과 같은 사례는 우리를 그 반대의 경우에 관해 충분히 이해시켜야만 한다. 성공적인 전향은 우리가 흔히 믿는 것보다도 더 흔하다.

요약하자면, 혁신의 상황에서 우리는 언제나 스스로 묻는다. "소수가 사람들을 이해시키면 사람들은 왜 일단 저항부터 하는가?" 우리도 알듯이, 동조의 상황에서는 항상 반대의 질문을 던진다. "다수가 사람들을 이해시키면 사람들은 왜 저항하지 않는가?" 소수가 전향자를 만들어내긴 하지만, 그 전향자들은 자신이 진정으로 제휴했음을 표현하는 데에서 외적 장애물과 부닥치게 되는 게 분명하다. 다수는 응종자를 만들며, 그래서 겉으로는 전적인 지지를 표현하면서도 그 아래로는 자기 비밀을 숨기는 많은 사람의 어쩔 수 없는 동의를 얻는다. 소수와 다수의 이 두 경우에서 발생하는 실제적 문제들은 비슷하게 다르다. 소수는 개인적인 태도와 신념을 공적인 행동으로 변화시키려고 하지만, 다수는 공적인 행동과 선언을 개인적 태도와 신념으로 변화시키려 하는 데에 자신의 에너지를 집중한다. 그러나 양쪽 모두에서, 집단과 개인 사이의 균열, 우리가 말하는 것과 우리가 생각하는 것 사이의 균열, 우리가 하는 것과 우리가 원하는 것 사이의 균열은 충분히 가능한 답안이다. 그러한 균열들 덕분에 우리 모두는 정신분열적 세상을 살아가고 분열된 인격을 갖게 되었다.

개인으로 이루어진 하나의 다수가 처음에는 '초록'으로 본 것을 '파랑'이라고도 부를 수 있다는 사실 또한 다른 함축적 의미를 지닌다. 그러한 현상은 더 정확한 묘사가 가능해지도록 실험적으로 증명할 만했지만, 사실 이러한 입증에는 그 이상의 가치가 있다. 이 입증은, 글자 그대로 '이름붙일 수 없었던' 어떤 변화의 특성을 드러낸다. 객관적 사실들은 더는 같은 게 아니다. 말하자면, 이탈적 소수는 자신의 효과를 발휘했으며 혁신은 발생했다. 그러나 그 어떤 언어학적인 조정accommodation도 발생하지 않았다. 다시 말해, 마치 소수가 그 어떤 효과도 발휘하지 못한 것처럼, 그 어떤 혁신도 발생하지 않은 것처럼, 객관적 사실과 관련된 대사와 상투적 문구는 변화되지 않은 채로 남아 있다. 사람들은 동일한 언어를 계속 사용하고 동일한 행위를 계속 수행하면서, 자신들이 여전히 마찬가지로 동일한 현실을 다루고 있다고 믿는다. 그러나 그들의 믿음은 잘못된 것이다. 보수당에 투표한 어느 영국인의 예를 보자. 간략히 보자면, 중도 우파인 이 당은 사적 소유, 자유방임 경제정책, 부르주아의 이익을 대표하는 것으로 보인다. 30년 동안 이 정당에 투표하면서 그 영국인은 보수당의 가치와 이익, 사회적 · 정치적 철학에 대한 자신의 지지를 표현해왔다. 그러나 더 가까이에서 보면 실제로 보수당이 일련의 경제적 · 법적 정책들을 받아들이고 흡수했음을 발견할 수 있는데, 이 정책들은 솔직히 말해 사회주의적이며(사회보장, 국영화 등), 보수당의 공식 정책과 전통으로 가정되고 있는 것과는 상반된다. 이는 역사, 상황적 영향력, 계급 관계의 진화에 의해 설명될 수 있다. 우리의 피험자들이 사실은 '초록'이라고 보기 시작했던 것을 겉으로는 계속 '파랑'으로 해석해서 부르는 것과 똑같이, 자신을 여전히 '보수'라고 칭하는 그 사람은 이 '보수'라는 말을 이용해, 그 말이 과거에 나타내던 것과는 아주 다른 정치적 내용을 드러내고 있다. 우리는 여기서 사회적 착각의 창조를 지켜보고 있다. 이는 모든 사실이 변화하고 있는데도 착각적으로 안정성을 지각하는 것을 말한다. 그 반대의 효과는 드문 것이 아니다. 가령, 단어와 언어학적 형태는 변화하지만 행위와 그 내용은 동일하게 유지될 수 있다. 이러한 현상들의 중요성은 명확하다. 이 현상들은 사회적 착각을 만들어내는 기제인 두 영향 유형 간의 차이를 보여준다. 그러한 기제 중 가장 강력한 것은 혁신을 유발하는 기제다. 이 기제는 마치 동조로 말미암아 발생하는 듯 보인다. '낡은 병에 들어 있는 새 술', '태양 아래 새로운 것은 없다', '바뀔수록 그대로다' 등의 속담은 그러한 효과를 그리고 있다. 거꾸로 말하면, 살롱 혁명, 급진적 유행, 예술과 과학에서의 모방이 충분히 입증하듯이 혁신은 아주 빠른 속도로 동조로 전환될 수 있다.

모든 과학자는 자신이 중요하다고 배워왔고 생각해온 연구방법과 관념이 조만간 폐물이 되고 잊히게 된다는 것을 안다. 심지어 그들은 이러한 퇴화와 혁신의 순환고리에 적극적으로 이바지하기까지 한다. 왜냐하면 그들은 진실에 대해 끊임없는 호기심을 가지기 때문이다. 이는 그러한 기괴한 행동에 대해 과학자들이 가질 수 있는 유일한 정당화다. 그러나 여기서 제시되는 생각들은 개인 수준이나 개인 간 수준에만 관련 있는 것은 아니다. 모든 종류의 동조는 내가 지금까지 언급해온 특성들을 다 갖추고 있다. 모든 조직, 모든 사회는 만장일치의 인상을 만들어내려고 한다. 정치가들이 혼란과 무질서에 맞서 법과 질서를 옹호하는 발언을 할 때, 그들은 침묵하는 다수를 위해 말하는 중이라고 주장한다. 적어도 그들은 그런 인상을 전달하고 싶어한다. 그렇게 함으로써 정치가들은 침묵을 지키지 않는 사람들이 이탈자임을 암시한다. 말하자면, "그 이탈자들은 침묵의 한가운데에 '소음'을 만드는 사람이고, 품위 있는 평화 속에서 자신이 추구하는 바를 따를 수 있도록 누구도 자신을 건드리지 않기만을 바랄 뿐인, 방심하면 안 될 집단이다." 어느 경우든 집단은 변화에 대해 그 어떤 심오한 동기도 갖고 있지 않다. 집단은 기껏해야 실수나 지나침에 관해 여기저기를 수정할 것이다. 이 모든 것이 동조의 명백한 특성이다. 따라서 전체 사회는 '법과 질서'처럼 높은 정도로 간원되는 개념들에 호소하여, 사회를 구성하는 다양한 부분들에 대해 통제를 유지하려고 한다.

평균화는 제도가 지닌 보편적 특성이다. 의회 위원회를 예로 들자. 의회 위원회는 모든 분야의 대표들로 구성되어 있는데, 이들은 종종 당면문제에 관해 이념상의 대립과 의견 차이를 보인다. 그들의 일은 동의와는 아주 거리가 먼 상태에 있는 전문가들의 의견을 듣고, 노동자와 경영자, 공업과 농업 등 이해관계로 서로 갈등관계에 있는 여러 집단의 대표들이 제시하는 관점들을 고려하는 일로 이루어져 있다. 모든 참여자(이익집단의 대표, 정치적 정당의 대표, 더 작게는 전문가)는 자기 관점이 수용되고 자신들에게 유리한 결정이 얻어지도록 노력한다. 비록 그렇다고 하더라도, 모두 한 가지 점에 대해서는 동의한다. 바로 위원회가 열리는 이유인 갈등이 공개적인 대결로 분출되어서는 안 된다는 것이다. 모든 영향 시도는 '공정한' 타협의 달성뿐만 아니라 이러한 목적을 향하고 있다. 이 위원회들이 만든 보고서는, 이러한 두 가지 동기(관련집단 각각의 견지에 가장 근접하게 될 타협의 탐색과 갈등의 감소)가 진행과정 동안의 상호작용을 얼마나 지배하고 있는지 그 정도를 명확히 보여준다.

나는 다음과 같이 생각한다. "정치체계를 연구해온 학자들은 (a) 영향방식으로서의 **평균화**와, 정치집단들 사이에 이루어지는 관계의 규범으로서의 **타협**에 기반을 두는 체계들(예컨대 앵글로색슨체계), (b) 프랑스체계와 같이 정통적 대안과 이단적 대안 중에서 **선택**을 해야만 하는 압력과 동조에 근거한 체계들, 이들 두 체계를 중요하게 구분했어야만 한다." 이는 전자에 동조와 선택이 없고 후자에는 평균화와 타협이 없다는 의미가 아니라, 그것들이 그 체계의 독특한 특징이 아니라는 의미다. 의회 위원회가 평균화의 지표나 영향작용의 방식으로서 받아들여진다면, 의회 위원회가 영국과 미국에는 있고 프랑스에는 없다는 것이 대비된다. 나는 이러한 대비가 비위에 거슬리는 정치적 비교의 척도가 된다고 말하려는 것도 아니며, 그 체계 중 어느 것이 더 위대한 민주주의를 만들어낸다고 말하려는 것도 아니다. 단지 나는, 사회적 집단의 수준에서는 이러한 구분이 실험실 속의 소집단들과 개인들에서 관찰되는 현상과 일치하기 때문에 이를 지적한 것이다.

나는 여기서 혁신에 관해 더 많은 것을 말하지는 않으려 한다. 나는 실험으로 드러나는 과정과, 실제 세상에서 관찰되는 과정 간의 비교를 반복적으로 강조해왔다. 행동양식이 순수하게 개인적이라거나 단지 개인 간 상황에만 효과가 있다고 말할 수 있을까? 나는 필요한 시간적 원근법을 활용하는 방법으로, 프랑스 내의 알제리전쟁 반대운동, 미국 내 베트남전쟁 반대운동 등에 대한 역사가 쓰일 때가 오기를 바란다. 두 운동 중 어느 하나를 근거리에서 관찰하든 원거리에서 관찰하든, 아무튼 우리는 이 두 운동의 성원들이 지닌 태도의 유사성, 그들이 보여준 도덕적 · 신체적 용기 때문에 감동하지 않을 수가 없다. 유리한 기회를 제공하며 전략적 타협을 제시하는 사람들에 맞서 그들은 민주주의, 고문, 대량학살 등의 이슈들에 대한 타협을 단호히 거부했다. 증거와 정면으로 마주하려는 의지, 자신의 사회적 · 직업적 집단에서 제재 · 추방 · 고립을 감수하는 용기 너머에는, 수백 수천의 사람이 명백히 보여준, 일관성 있고 자율적인 행동들이 있다. 미국 안의 연쇄적 토론집회*와 연좌데모, 프랑스 내의 비밀회합과 클럽, '지식인의 시위' 등으로부터 시가행진과 대중시위에 이르기까지, 이견이라는 것이 가진 기묘하고 고립적이며 작은 흐름은 항의의 홍수로 점차 바뀌어나갔다. 일단 표현의 기회가 제공되자마자 이러한 운동은 꾸준히 성장했고 각자의 정부에 대한 압력을 증가시켰다. 이는 그런 운동 때문에 알제리전쟁과 베트남전쟁이 종전했다는 말은 아니다. 이들 운동이 결정적으로 이바지한 것은 맞지만 그렇다고 해서 과대평가하기는 어렵다. 비록 과학을 통해 그 운동을 그 정도로 큰 규모로 재현할 수 없는 게 당연할지라도, 그 운동이 사회에 미친 영향뿐만 아니라 그 운동의 형성에서도, 사회심리학자들이 연구한 현상 중 일부는 효력을 발했다. 이는 우리가 살아가는 세상 속에서 일어나는 대규모 사회운동을 자연실험으로 생각해야만 하는 이유다. 만일 그렇지 않다면, 사회심리학적 주장들이 지닌 일반성을 제한하려 하거나, 우리가 살아가는 현실을 해석하는 사회심리학적 개념 · 이론의 힘을 제한하려는 주장이 많아질 것이다.

나는 이 장에서 우리가 잘 아는 몇몇 사실과 관계, 그리고 그만큼은 잘 알

* teach-in. 사회적 항의의 한 방법으로, 대학에서 학생과 교수 간에 장시간 토론하는 집회.

지 못하는 다른 것 등에 주의를 이끌어내면서, 폭넓은 관점을 취했다. 나는 내 연구와 다른 사람들의 연구를 통해, 흩어져 있는 생각과 자료를 한데 결합시키려고 했다. 나는 "우리가 사회적 영향작용을 이해하려면 갈등의 역할에 대한 이해를 포함해야만 한다"는 견지에서 시작해, 동조, 평균화, 혁신을 갈등의 감소 · 회피 · 형성에 따라 결정되는 영향방식이라고 정의했다. 이는 이러한 방식의 구체적 속성을 설명할 수 있는 유일하게 적절한 출발점이었다. 그래서 이 출발점을 통해 그러한 영향 기제들을 연구해 볼 수도 있다. 그 지점에서, 우리는 사회적 영향에 대해 정말로 총괄적인 이론을 제안할 수 있는 도구를 가지게 될 것이다.

그러나 우리가 먼저 동의해야만 하는 것은, 내가 이 책에서 제안해온 생각이다. 다시 말해, 각각의 영향방식은 (a) 갈등의 형성과 관련된 행동유형, (b) 사회적 규범과 코드를 확립시키는 구체적 방식, 이 둘을 설명하고 있다는 점에 대해 먼저 동의해야만 한다. 규범과 코드는 그 목적과 내용물뿐만 아니라 그들이 확립되어온 방식에서도 차이가 난다는 것을 기억하는 게 중요하다.

제9장 이탈적 소수에 대한 다수의 반응

당신이 비록 나, 내 형제와 다르다 하더라도,
내게 해가 되기는커녕,
당신의 존재는 나를 풍요롭게 한다.
–생텍쥐페리

다르다는 것이 갖는 불리함

우리는 지금까지, 이탈적이지만 적극적인 소수가 어떤 방법으로 다수에게 영향을 발휘할 수 있는 위치에 서게 되는지를 검토해왔다. 다른 사람들은 그 소수들을 어떤 식으로 지각하는가? 소수의 영향에 굴복하는 사람들은 소수에 대해 어떤 태도를 선택하는가? 현재의 사회심리학은 매력의 공식에 바탕을 둔 답을 제공한다. 사람들이 서로 의존하게 되는 이유와 방식은 매력의 역동과 관련이 있다는 게 널리 받아들여지는 생각이다. 구체적으로, 사회적 유대와 개인 간 유대는, 그 관계에 관련된 각 개인의 지적 · 주관적 특성에 관해 서로 어떤 느낌과 의견을 가지는가에 따라 형성된다. 그러한 유대를 만들어내고 강화하는 요인 중에는 사회적 승인에 대한 기본적 욕구가 있다. 이 욕구는 개인으로 하여금 자신을 거부하는 사람을 피하게 하며, 자신의 사고방식과 행동방식을 받아들이고 보답을 해줄 사람을 찾아내게 한다. 또한 사회적 비교의 욕구는 사람들로 하여금 그 자신의 능력과 의견에 대한 정확한 판단을 손에 넣을 수 있도록, 자신과 타인들에 관한 정보를 얻는 데에 힘쓰라고 재촉한다.

그러한 욕구들을 채우려는 노력을 통해, 개인은 적당한 사회적 네트워크 속에서 적절한 입지를 발견해내고 그 자신의 사회적 정체성을 정의하는 데에 성공한다. 그러나 사회적 승인을 제공하고 사회적 비교의 근거를 제공하려면, 다른 사람들은 어떠한 특성들이 있어야만 하는가? 안심을 주고 득이 되는 역할을 하려면, 그리고 피험자의 자기-이해를 더욱 쉽게 하려면, 다른 사람들은 그 대상과 유사한(적어도 익숙한) 기초 위에 있어야만 하는 것 같다. '자기'와 '다른 사람들' 간의 틈이 너무 넓으면, 원래 있던 긴장과 불확실성이 증가하기 쉽고, 그러는 와중에 개인들이 기대하는 보상을 그만큼 더 문젯거리로 만든다. 그러므로 대인 간 유대가 형성되는 것은, 같은 집단에 속해 있고 현실에 관해 유사한 관점과 공통적인 배경을 공유하는 서로 가까운 사람들 사이에서뿐이다. 그 어떤 오해가 발생한다고 하더라도, 또는 그때까지 유지되어온 균형이 뒤집힌다고 하더라도, 개인은 기존의 사회적 비교 수단들뿐 아니라 그때까지 달성되었던 사회적 승인의 수준을 다시 회복하려고 자신의 의견을 바꾸고 행동을 변화시킬 만반의 준비가 되어 있다. 그것이 바로 자신이 영향의 대상이 되는 것을 개인이 허용하는 이유며, 그러한 영향의 진정한 출처를 향해 그 개인이 매력을 느끼게 되는 이유다. 사실 사람들은 자신과 비슷한 사람과는 접촉을 유지하고 싶어하며, 소원해지거나 달라지는 것은 피하고 싶어한다. 이러한 관점에서 보면, '자기'와 유사한 것에 대한 추구는 집단 성원 간 관계뿐만 아니라 개인 간 관계 대부분에서도 기본이 되는 특성이다.

우리는 우리와 유사한 사람들에게 이끌린다. 아주 간단히 말해, 그것이 바로 기존의 모든 이론 · 실험의 바탕이 되는 지혜다.

대인 매력과 사회적 영향작용은 너무나 깊이 관련되어서, 우리가 각 과정을 이해한다면 그 둘 간의 관계를 아마도 직관적으로 알 수 있을 것이다. 그래서 많은 독자는, 매력과 영향이 관련되는 많은 방식에 대해 자신들이 예측할 수 있다는 것을 이미 느낄 것이다. 거의 모든 이론가는, 호감을 살 만한 사람이 반감을 살 만한 사람보다는 사회적 영향을 발휘하는 데에 더 효과적일 것이라는 점에 동의한다.[1]

그러므로 호감과 반감의 거리는, 사람들이 서로 판단하고 영향을 미치는 방법과 지각방식을 평가할 수 있는 하나의 강력한 차원이다.

또한 이러한 차원은 우리가 제안한 두 질문에 대한 답변도 제공한다. 소수는 자신의 독특성 때문에 비교의 기준이 될 수도 없고 사회적 승인을 제공해주는 사람이 될 수도 없다. 말하자면 소수에게는 매력이 지닌 힘이 조금도 없다. 한편, '호감'은 매력과 관련되어 있다. 결과적으로 소수는 거부되게끔 되어 있고 반감을 사게끔 되어 있다. 앨런의 실험[2]이 보여주듯, 모든 잠재적인 이탈자는 이미 그 사실을 알고 있다. 집단토론에 사용된 재료는 청소년 비행에 관한 고전적인 사례인 자니 로코의 사례였다. 집단의 각 피험자에게는 자니 로코의 처분과 관련된 그 자신의 판단이 해당 집단의 판단과 다르다고 믿게끔 했다. 실험에서는 토론의 그다음 단계에서 피험자 중의 하나를 배제하기 위한 비밀투표를 하라고 요구하기로 예정되어 있었다. 예측된 대로, 대학생 피험자의 69%는 각 경우에서 집단과 불일치하는 유일한 성원이라는 이유로 자신이 거부되리라 생각했다. 샤흐터의 초기 연구[3]는, 소수가 염려할 만한 이유가 충분히 있음을 명확히 보여줌으로써 그 상황에 대한 이해를 완결한다. 사실, 소수는 실제로 거부되고 미움을 산다. 그 실험 동안 각 피험자가 자니 로코의 사례를 개별적으로 읽고 나서, 피험자 집단들은 그 사례를 주제로 토론했다. 전형적인 집단은 9명의 참여자로 이루어졌는데, 그중 6명은 진짜 피험자였고 3명은 실험협조자였다. 실험협조자는 각각 다음의 세 역할 중 하나를 맡았다. **평균적인 사람**, 평균적인 진짜 피험자와 똑같은 태도를 보인다. **이탈자**, 집단의 전반적인 의견에 반대되는 태도를 보인다. **변절자**, 처음에는 이탈자와 같은 의견이었다가 상호작용과정을 거치며 점차 평균적 태도로 이동해간다. 그런 식으로, 일관적인 소수도 있고 비일관적인 소수도 있게 되었다. 실험의 결과는, 평균적인 사람이 가장 호감을 사고 일관적인 이탈자는 가장 반감을 산다는 것을 명백히 입증했다. 이러한 발견들이 여러 차례 반복되었고, 특히 실험의 결과는 그러한 과정에 관해 일반적으로 이미 알려진 것과 일치하기 때문에, 더더욱 의심의 여지가 없다. 그러므로 우리는, 이탈적 소수가 자신의 영향을 다수에게 발휘하려고 하는 과정에서, 다른 실험들에서도 유사한 결과를 확실히 발견하게 될 것임을 확신한다. 그러나 새로운 문제를 제기하는 것은 바로 이러한 예측된 결과, 기대된 결과다. 반감을 사고 있음에도, 또는 특히 호감을 사지 못함에도, 소수는 어떠한 방법으로 영향을 발휘하는가? 소수가 다수와 맺는 관계의 성격은 무엇인가? 동의 외에도 소수가 다수로부터 구하고 얻고자 하는 것은 무엇인가? 그러한 문제들을 명확히 하려는 과정에서, 우리는 대인적 · 사회적 매력의 영역보다도 더 넓은 대인적 · 사회적 관계의 영역을 발견하게 될 것이다.

미움을 받는 사람과 찬탄을 받는 사람

이탈적 소수가 지각되는 방식, 이탈적 소수가 환기시킨 태도 등과 관련된 경험적 증거는, 진짜 피험자들이 하나 혹은 두 명의 실험협조자에 노출되고 나서 그다음에는 개별적으로 실험 후 질문지에 반응하게 되는 그런 실험들에서 주로 얻어졌다. 절차는 잘 알려진 것이므로 상세히 기술할 필요는 없다. 다양한 유형의 질문지들이 사용되는데, 모든 질문지에는 한편으로는 다수 피험자가 이탈적 소수를 좋아하는지, 어느 정도 좋아하는지를 묻고, 다른 한편으로는 다수가 그 소수의 행동과 특성을 어떻게 평가하는지를 묻는 등 평가를 목적으로 하는 질문들이 포함된다. 우리는 이제 그러한 질문지에서 얻은 결과들을 체계적으로 설명할 것이다.

'초록—파랑' 실험[4]

이 실험에서 이탈적 소수는 두 사람의 개인으로 구성되었는데, 이들은 객관적으로 파랑인 슬라이드가 초록이라는 주장을 일관성 있게 유지했다. 이 실험의 의도는, 피험자들이 일관적 소수가 유능하다고도, 힘을 가졌다고도 생각하지 않는다는 것을 입증하는 것이었다. 실제로, 유일하게 중요한 귀인은 소수의 판단에 대한 '지각된 확신'이었다. 일관적 행동으로부터 이런 식의 지각된 확신을 추론하게 된다면, 사람들은 '비일관적으로 행동하는 소수는 확신이 없는 사람들이라고 지각될 것이다'라고 생각할 것이다. 그러한 결과는 행동양식이 혁신의 성공을 결정하는 요인임을 확실히 입증할 것이다. 행위주체에 귀인될 수 있는 자원이나 확신의 측면 모두에서, 피험자들이 영향작용의 행위주체를 각기 다른 여러 실험조건에서 어떤 식으로 지각하는지를 연구하고자 우리는 질문을 유능성, 확신, 리더십이라는 세 특성에 초점을 맞추었다.

그러므로 우리는 피험자들에게, 밝기와 색채를 판단하는 집단 성원 각각의 유능성을 11점 척도 상에 평가하라고 요구했다. 그런 다음에 피험자들은 각 성원이 반응하면서 보인 확신의 정도에 따라 각 성원을 범주화했다. 범주화는 피험자의 수에 따라 4점이나 6점 척도 상에서 이루어졌다. 마지막으로 피험자들은 임명된 리더를 받아들일 것인지, 아니면 거부할 것인지, 그리고 미래의 실험에서는 누구를 리더로 지목할 것인지 등을 집단적으로 결정했다.

우리는 소수가 색채 판단에서 유능하지 못한 것으로 판단되었다는 사실을 발견하였다. 진짜 피험자들은 상호작용과정에서 자신이 '초록'이라고 반응했든 그렇지 않았든, 자신이 실험협조자보다 더 유능한 것으로 판단했다.

각 실험협조자에게 유능성을 귀인하는 정도에서도 차이가 있었다. 처음 반응한 실험협조자는 다른 실험협조자보다 덜 유능한 것으로 판단되었다. 비록 두 실험협조자 모두 동일한 판단을 내렸다고 하더라도, 마치 예기치 못한 반응의 책임이 첫 번째 실험협조자에게 있기라도 한 것처럼 그러했다. 우리는 나중에 이 점에 관해 다시 알아볼 것이다.

이 모든 결과는, 색채 명명에서 소수가 영향을 발휘하는 이유가 소수에게 더 높은 정도의 유능성이 있을 것으로 생각하기 때문은 아니라는 사실을 명확히 보여준다. 그러나 비록 피험자들이 일관적인 소수에 대해 그 어떤 특별한 유능성도 인정하지 않지만, 적어도 우리는 피험자들이 소수에게 더 많은 확신을 귀인하리라고 기대할 것이다.

우리는 진짜 피험자가 자신보다는 소수에게 더 많은 확신을 귀인한다는 것을 발견했다. 두 명의 소수 개인은 똑같이 확신이 있는 것으로 판단되지 않았다. 처음으로 반응한 사람이 가장 확신 있는 것으로 판단되었다. 그리하여 그는 덜 유능하지만 더 많이 확신이 있는 것으로 판단되었다. 두 판단 모두 첫 실험협조자가 그 반응의 주창자로 믿어지고 있음을 나타내고 있다. 실험협조자에게 귀인되는 확신은 그가 보인 행동의 일관성과 밀접한 관련이 있다. 사실 일관적인 행동에서 비일관적인 행동으로 변화하는 것은, 실험협조자가 더는 특별히 확신이 있는 것으로 판단되지 않기에는 충분하다. 그러므로 소수의 영향은 본질적으로 행동의 일관성, 피험자가 소수에게 귀인하는 확신에 기인한다. 이때 이 확신은 피험자의 일관적 행동에서 추론한 것이다. 영향작용이 실험협조자가 보인 일관성의 함수라는 게 옳다고 하더라도, 피험자들이 특권적인 사회측정적 지위를 실험협조자에게 부여하는 것도 맞는가? 반드시 그렇지는 않다. 우리는 이미 일관적 소수의 영향이 그 어떤 특별한 힘에 기인하는 게 아니라는 점을 지적한 바 있다. 결과적으로 우리는 영향력 있는 소수 개인이 리더의 지위를 부여받으리라고 꼭 기대하지는 않을 것이다. 우리의 결과가 보여주는 것은, 소수 개인들이 리더십 척도 상에서 진짜 피험자들과는 다른 점수를 기록하지는 않는다는 사실이다. 소수 개인들은 진짜 피험자들보다 더 빈번하게 수용되지도, 거부되지도 않았으며 리더로 거명되지도 않았다. 그러므로 소수의 영향과 관련된 그 어떤 우월한 지위도 없다. 다른 한편으로, 소수 성원들이 비일관적일 때는 집단의 다른 성원들보다 더 빈번하게 리더로서 유의미하게 거부된다.

이러한 결과들에서 드러나듯이, 일관적 소수는 진짜 피험자들이 더 높은 확신을 소수에게 귀인하는 정도까지 영향을 발휘한다. 소수의 성원들이 일관적이라면, 그들은 리더로서 거부되지는 않지만 리더로서 특히 추구되는 것도 아니다.

두 실험협조자에 대한 지각은 왜 그리 차이가 나는가? 그들 각각은 다수와 소수 사이에서 벌어지는 갈등의 역학에서 상이한 역할을 하는 듯하다. 처음에 '초록'이라고 반응하는 사람은 혁신자의 역할을 맡지만, 같은 관점에 동의하는 두 번째 사람은 추종자로 보인다. 그러나 변화를 시작하게 된 것이 혁신자 때문이라고 가정하더라도, 그러한 영향을 가능하게 하는 것은 추종자다. 추종자의 행동은 소수의 반응에 하나의 사회적 차원을 부여한다.

이러한 관찰들은 혁신 상황에서 영향작용을 둘러싼 갈등에 대해, 또한 그 상황에서 발생하는 대인적 관계에 대해 통찰을 제공한다. 그 관찰들은 우리로 하여금, 다수가 명시적·객관적 규범을 공유하고 있을 때조차도 일관적 소수가 그 다수에게 영향을 발휘하는 방법에 대해 더 잘 이해하게 한다. 무엇보다도 소수 개인들은 그 어떤 특별한 전문성 덕분이 아니라, 그들 자신의 관점을 일관되고 굳건하게 주장하고 있기 때문에 자신들의 관점을 다수가 고려하게끔 하는 것 같다. 그런 특성들은 소수를 반드시 매력적으로 만들지는 않는다. 여전히, 소수에게 매력이 없다면 소수가 거부되는 것은 확실하다.

'유형화/반복' 실험

네메스와 그의 동료는 이 실험[5]에서 두 세트의 비교를 시행했다. 그들은 한편으로는 일관적으로 반응하는 개인의 영향력과 무선random적으로 반응하는(무선조건) 개인의 영향력을 비교했고, 다른 한편으로는 반응이 특정 유형을 따르는 실험협조자의 영향력과, 동일한 반응('초록'이나 '청록')을 늘 반복하는 실험협조자의 영향력을 비교했다. 피험자들에게 제시되는 자극은 파랑이었다.

이미 서술되었던 실험의 결과들에서 예측되듯, 실험협조자들에게 귀인되는 확신은 무선적(비일관적인) 조건일 때보다는 유형화된(일관적인) 조건일 때 더 높았다. 실험협조자는 또한 유형화된 조건에서 더욱 조직화된 것으로도 판단되었다. 진짜 피험자들은 무선조건보다는 유형화된 조건에서 실험협조자를 더 신뢰한다고 말했다.

두 가지 형태의 일관적 소수(유형화된 소수와 반복적인 소수) 간에 관찰되는 대비는 똑같은 정도로 교훈적이다. 이 실험에서 소수가 그저 계속 '초록'이라고 반응했을 때 소수는 영향력이 없었다. 소수가 '청록'이라고만 반응할 때, 소수는 약간의 영향력만 가졌다. 실험 후 질문지는 유형화된 반응을 한 실험협조자가 특히 우호적으로 보인다는 사실을 보여주었다. 유형화된 반응을 하는 실험협조자들은 진짜 피험자들과 비교하면 자기 판단에 대해 더 확신하는 것으로, 그리고 색채 지각에서 '더 유능한 것'으로 지각되었다. 오직 '청록'반응만을 했을 때, 확신이나 유능성 항목들에 대해서는 유형화된 반응과 반복적인 반응 사이에 유의미한 차이가 조금도 없었다. 그러나 '녹청'반응을 하는 실험협조자는 그들의 반응이 반복적일 때보다는 유형화될 때 더욱 찬탄을 받고 호감을 사며 신뢰받았다. 반응이 전적으로 '초록'이었을 때는 유형화된 반응과 반복적인 반응 사이에는 그러한 차이가 전혀 없었다.

이 점은 우리의 이해를 완성한다. 일관적인 소수는 행동과 명백한 태도를 통해 찬탄 받을 뿐만 아니라 그 자신이 확실하고 믿을 만한 존재로 고려된다. 이는 집단 내에서 소수의 입지가 확실한 사회적 인정social recognition을 얻었음을 나타낸다. 소수는 또한 호감을 사며, 어느 정도는 집단 내 다른 성원들보다도 사회적 승인을 더 받을 만한 사람으로 고려된다. 실제로 발휘되는 영향의 정도와 관계없이 이는 사실이다. 일관적인 소수가 이러한 긍정적인 이미지를 획득하려면, 소수는 그저 능동적이 되고 자신의 존재를 알리는 것만으로도 충분하다.

'그림' 실험[6]

전에 상세히 서술했던 이 실험에서, 네 명의 진짜 피험자는 한 명의 실험협조자와 더불어 집단으로 편성되었다. 진짜 피험자들에게는 실험협조자가 독일인, 이탈리아인, 또는 알려지지 않은 인종의 사람인 것으로 소개했다. 각 시행에서 피험자들은 '이탈리아인'이나 '독일인'으로 이름이 붙여진 두 그림 중 하나에 대한 선호를 표현하라고 요구받았다. 결과가 보여주듯, 실험협조자가 보여준 견지가 친이탈리아적이든 친독일적이든, 그 견지를 일관적으로 보여주게 되면 이는 진짜 피험자들로 하여금 통제집단보다 더더욱 친독일적이게 하는 효과를 가졌다. 물론 실험협조자는 편파되어 있었다. 실험협조자들은 어떻게 지각되었는가?

대체로 진짜 피험자들은 실험협조자들이 '자기 결정에 대한 확신'을 집단의 다른 성원들보다 더 많이 가진 것으로 평가했다. 변량 분석의 결과는 '추정된 실험협조자의 국적'과 '확신성 척도에서 실험협조자가 얻은 평정치rating' 사이에서 상호작용이 발생했음을 보여주었다. 실험협조자가 이탈리아인('Angelo')이나 알려지지 않은 인종('Bob')으로 제시될 때, 실험협조자는 그가 독일인('Fritz')으로 제시될 때보다 훨씬 더 확신 있는 것으로 평정되었다. 더구나 Angelo와 Bob은 피험자가 원래 속해 있는 집단 내의 다른 진짜 피험자보다 더 확신이 있는 것으로 판단되었으나, Fritz는 그렇지 않았다. 피험자들이 그림 선택에서의 편파에 대해 서로 평정하라고 요구받았을 때, 실험협조자는 다른 진짜 피험자들보다 더욱 편파되게 판단되었다. 마지막으로 피험자들은 자신들이 다른 피험자들보다는 Fritz, Angelo, 또는 Bob에게 더 많이 영향받는 것을 느꼈다고 보고했다.

이러한 결과들은 전적으로 예측되었던 것이며, 우리가 이미 논의했던 것들과 일치한다. 소수 개인은 다른 집단 성원보다 더 확신 있고 더 일관성 있는 것으로 보인다. 그가 편파되었다는 사실은 그가 영향력을 가지는 것을 막지 못했다. 도리어 그런 환경에서는 소수 개인이 보이는 편파가 다른 피험자들에게 이해할 만한 것으로 된다. 다른 피험자들은 이들의 편파를 긍정적인 것으로 보며, 긍정적인 개인들에게라면 당연히 가질 수 있는 강한 선호를 표현한다. 그러나 편파는 또한 어느 정도의 용기도 표현한다. 편파를 입증하는 데, 특히 Angelo의 사례에서는 확실히 용기를 요구했다. 그러나 Fritz가 자신이 속한 집단이 가진 친이탈리아적 규범에 반대하는 데에는 더더욱 많은 용기가 요구됐다. 그의 지속적인 친독일적 태도는 정직의 신호로 해석되는 것 같았다. 이 실험은 소수 개인이 여러 방식으로 집단의 중심적 인물이 됨을 보여준다.

'배심원 재판' 실험

네메스와 와틀러는 실험실에서 모의 배심원 재판을 했다.[7] 한 조건에서는 이탈적 견지를 가진 실험협조자가 수석 의장을 직접 선택한 것처럼 보이게 했다. 다른 조건에서는 실험협조자가 그 자리에 임명되었다. 실험협조자는 첫 번째 조건에서 영향력이 있었지만, 두 번째 조건에서는 그렇지 않았다. 진짜 피험자들이 실험협조자를 어떻게 지각하고 있는지를 평가하고자, 다른 집단 성원에 대한 의견을 실험 후 질문지에 표현하라고 요구했다. 실험협조자는 다른 피험자들보다 더 일관적 · 독립적이며 더욱 강한 의지를 갖춘 것으로 판단되었다. 또한 다른 피험자들보다는 실험협조자가 진짜 피험자들로 하여금 더 많이 생각하게 하고 피험자들 자신의 견지를 더 많이 재평가하게 한 것으로 판단되었다. 이와 동시에, 실험협조자는 진짜 피험자들보다 덜 통찰력 있고, 덜 따뜻하고, 덜 호감 가고, 덜 합리적이고, 덜 공평하고…… 등으로 여겨졌다. 통계적으로 이 모든 차이는 유의미하다. 여기서 다시 한 번 우리가 보게 되는 것은, 다른 피험자들로 하여금 새로움과 변화의 가능성을 깨달을 수 있도록 자극하는 능력, 적극성, 독립성 등 소수 집단이나 소수 개인에게 귀인되는 일련의 긍정적 특질들이다. 그러므로 소수 개인은 집단의 자원에 확실하게 이바지한다. 그러나 또한 우리는 다른 실험에서 논의된 것보다도 더 명확하게 일련의 부정적 평가도 발견하게 된다. 이처럼 객관적 수준에서는 긍정적인 태도들이, 주관적 수준에서는 상당히 부정적인 태도로 반작용된다. 하이더가 지적했듯, "우리가 누군가에 대해 찬탄하되 그를 아주 많이 좋아하지는 않는다면, 그 사람에 대해 차가운 찬탄을 하는 것이다."[8]

독창성 실험

이때의 실험 패러다임은 '초록/파랑' 실험에서 사용된 것과 동일했다. 피험자는 독창적인 반응을 해야만 하도록 정해져 있었다. 우리는 소수가 이 경우에 매우 영향력이 있음을 발견했다. 대체로, 다섯 실험조건 모두에서 두 명의 이탈적 실험협조자는 진짜 피험자들 자신보다 덜 유능한 것으로 여겨졌다. 이와 달리, 실험협조자들은 자신들의 반응에 대해 더 많은 확신을 가진 것으로 판단됐으며, 특히 처음으로 반응한 실험협조자들은 더욱 그렇게 판단됐다. 그러므로 이탈적 소수의 역할은 독창성의 맥락에서도 차이가 있다. 독창적 반응의 배후를 차지한 주도성은, 조건에 따라 더욱더 뚜렷하기도 했고 덜 뚜렷하기도 했지만, 대체로 매우 뚜렷하게 첫 번째 실험협조자에 귀인된다.

이 실험은 집단규범이 객관적이었던 먼저의 실험('초록/파랑' 실험)과 비교될 때, 흥미 있는 차이를 드러낸다. 독창성 실험에서 실험협조자들은 더욱 매력적인 것으로 지각되었다. 여러 실험조건에서, 실험협조자들은 진짜 피험자들보다 더 많은 사회측정적인 선택을 받았다. 그러므로 진짜 피험자들은 소수에 대해 더 긍정적인 이미지를 가지는 듯했다. 실험협조자는 객관적으로 옳은 뭔가를 발견하는 임무를 가진 집단 안에서보다는, 뭔가 새로운 것을 발견하는 임무를 가진 집단 안에서 많은 신뢰를 받았다. 이런 식으로 실험협조자는 리더십에 접근해갔다.

이제 우리는 이 모든 발견을 평가할 수 있는 상황에 있다. 지금까지 우리의 논의는 약 1,500명(이 정도 숫자면 소홀히 할 수 없다)의 반응에서 얻어진 증거에 기초를 두어왔다. 프랑스와 미국에서 유사한 반응이 관찰되었다는 사실은 어느 정도의 일반성을 우리에게 확신시킨다(이러한 일반성은 분명히 얼마간의 한계가 있다. 이 실험의 피험자가 모두 학생이라는 점을 보더라도 그러하다). 그 발견 때문에 우리는 사회심리학자들 대부분이 "이탈적 소수는 거부되거나 반감을 사기 쉽고, 또는 적어도 다수에게 중요하지 않게 여겨지기 쉽다"고 단언하는 것이 옳았다고 말할 수밖에 없다. 그러나 사회심리학자들은 "비동조주의자가 역사가들에게 찬사를 받을 수도 있고 영화에서 이상화될 수도 있다. 그러나 그가 동조를 거부했던 사람들로부터는 대체로 높은 평가를 받지 못한다"[9]고 추론하는 오류를 범해왔다. 이러한 두 측면은 서로 아주 독립적이며, 때때로 이 두 측면은 소수에 대한 진짜 선택을 대표한다. 다른 사람들을 기쁘게 할 것인지, 또는 진실을 말하고 반대를 겪을 것인지는 종종 집단이나 개인이 직면해야만 하는 양자택일이다. 그리고 이러한 점은 또한 많은 수의 예술가와 심지어 과학자에게도 해당한다. 그들이 대중이나 동료에게 승인을 받을 때까지 말이다. 이 모든 경우에서 존경과 존중은 흔히 '호감', 애정, 따뜻함을 희생하여 얻어진다.

우리는 지금까지 얻어진 결과들을 정교화하고 다듬을 필요가 있다. 그러나 그 결과들에서 "소수에 대한 다수의 관계는 양가적이다"라는 간단한 경향성은 이미 나타났다. 긍정적 측면은 이탈적 개인이나 하위집단이 집단과 사회의 변화를 이끄는 한 축이라는 것이다. 부정적 측면은 사람들이 이탈자들에게 거리를 두며 그래서 이탈자들이 사회의 외곽에 남아 있을 수밖에 없게 한다는 것이다. 그러므로 그들의 특성, 장점, 기여는 공공연하게 승인되거나 찬성 받는 일 없이 그저 인정만 된다. 그것은 마치 사회가 그들을 받아들이면서도 동시에 인정하지 않는 것과 같다. 명백한 양가성ambivalence은 실험실에서도 발견된다. 예를 들어, 일부 개인이나 직업을 신성시함과 동시에 차별하는 사회도 여럿 있다. 서구사회의 유대인은 실제적 · 상징적인 위치를 점유하지만, 그들의 수와는 전혀 균형이 맞지 않는 위치에 있다. 이들은 이 문명을 세운 종족 중 하나로 여겨진다. 그들에게 능력이 있다고 생각하면서도, 많은 수의 중요 역할에서, 특히 국가 정부의 한정된 계통에서 그들을 배제하고자 다소 드러나는 방식으로 상당히 신경을 쓴다. 과학자들과 예술가들은 그 다양한 기여에 대해 존중받고 칭찬받으며, 심지어는 숭배된다. 그들을 개인적으로 알거나 그들과 연결되는 것을 그 누구도 부끄러워하지 않는다. 그리고 아직 사람들은 지능, 감수성, 호기심 등을 정신없음, 현실성 없음, 유치함, 무책임성 등과 연관시키는 경우가 많다. 사실 사람들은 그들을 그런 식으로 판단하여 격리시킨다. 무엇보다도, 책임 있는 사회적 · 정치적 지위를 이들에게 맡기는 데에는 주저함이 있다. 그런 지위들은 사업가, 공무원, 성직자, 군인을 위해 준비해둔다. 로마인들은 그 바탕에 깔린 태도를 명백한 용어로 표현했다. "작품은 찬탄하라, 예술가는 조심하라." 그때 이후로 그 언어적 공식은 닳아 헤졌을 수 있지만, 그 바탕에 있는 정신은 사라지지 않았다. 심지어 그 정신은 적절히 확장될 수도 있다. "이탈적인 행위나 생각은 찬탄하라, 그것을 만들어낸 사람은 미워하라." 이러한 양가성, 또는 **이중적 사고**는 소수를 향한 사회적 태도에서 변함이 없는 부분이다.

사회적 인정을 좇아서

소수에 대한 전망이 그렇게까지 암담하지만은 않다. 별개로 된다는 것이 늘 편한 상황인 것은 아니지만, 반드시 불이익인 것도 아니다. 반감을 사는 것은 영향력에 대한 장애물조차 아니다. 그러나 이 점이 가장 중요한 것은 아니다. 중요한 것은, 소수로 하여금 반감을 사거나 거부되는 것을 감수하게끔 하는 힘에 대해 아는 것이며, 그렇게 감수함으로써 무엇을 얻는지를 아는 것이다. 그 답변을 찾고자 우리는 사회적 관계의 속성에 관해 다시 한번 고려해야 한다. 첫 번째 요지는, 호감을 사려면 '존재'해야만 하며 존재하는 것으로 인식되어야만 한다는 것이다. 누군가의 존재가 인정된다는 것은 많은 사람에게 중요한 문제다. 민족적 · 사회적 집단, 국가, 창의력 있는 개인, 아동 등이 모두는 자신의 존재, 그리고 자신이 받아 마땅하다고 생각하는 것들을 확인받기를 바라며 또한 기대한다. 우리는 다분히, 호감을 사거나 인정을 받으려고 애쓰는 사람들에게 둘러싸여 있으며, 그들을 매력적이라거나 매력적이지 않다고 간주한다. 그러나 우리가 본받으려 하고 우리 자신을 규정하며 우리에게 중요한 판단을 하는 그 사람들은 모두 '눈에 보이는' 사람들이다. 다른 경우에는 '보이지 않는' 피조물/집단이 존재하는 영역이 어렴풋이 보이는데, 그들은 우리 시야의 안으로 좀처럼 들어오지 않으며 우리는 그들의 느낌이나 관여를 전적으로 무시한다. 우리가 그들을 때때로, 그리고 기껏해야 비인간적으로, 도구적으로 사용할 때를 제외하면, 그들은 우리 눈에는 거의 존재하지 않는다. 우리는 그들을 보지도 않고 그들에게 귀를 기울이지도, 말을 걸지도 않는다. 젊은이들 눈에 비친 나이 든 사람들, 부자들 눈에 비친 가난

한 사람들, 백인들에게는 흑인들, 문명인들에게는 미개인들, 기초가 튼튼한 과학자들이나 예술가들에게는 초보자들……, 이렇게 많은 개인이나 집단이 너무나도 다양한 방식으로 다른 개인이나 집단의 눈에는 보이지 않는다. 모든 대인관계와 사회적 관계에는 늘 **가시성**과 **매력**이라는 두 가지 측면이 있다. 전자는 후자의 필수선행조건이다. 그가 누구든지 간에 호감 받기를 원하는 사람이라면, 사회적 비교의 표준으로 선택되기를 원하는 사람이라면, 사회적 승인을 제공하는 사람들 사이에 자리 잡으려는 사람이라면, 선택을 명하는 개인이나 집단의 눈으로 볼 때 '눈에 보이는 사람'의 대열에 합류해 있어야만 한다. 사실상 사람들은 자신들이 사회적 비교의 부분으로 포함되게 하는 일과, 사회적 승인의 공급자가 되는 데에 엄청난 양의 에너지를 쓴다. 주변적이고 이탈적이지만 적극적인 소수에게는, 이것이 절대적으로 꼭 필요한 일은 아니다. 사실상 소수의 일차적 관심은, 어떤 희생을 치르더라도 가시성을 얻는 것, 즉 다수의 눈과 생각 속에서 자신의 완전한 존재를 인정받는 것이다. 우리 실험의 결과는 이탈적 개인이나 하위집단의 속성을 고려하고 있기 때문에, 다수를 겨냥한 이러한 노력을 정확히 보여준다.

이리하여 우리는 사회심리학적 관점에서 '가시성'이 정말로 무엇을 의미하는지, 여기서 가시성이 무엇을 포함하는지를 탐색하게 되었다. 가시성에 대한 추구와 관련된 사회적 · 심리적 과정은 무엇인가? 우선 어떤 가설적인 개인/하위집단의 관점에서 이 과정을 상상해보자. 이 개인/하위집단은 이전에 일관성을 가진 존재로 기술된 적이 있는 사람을 대표하며 주변적인 위치에 놓여 있다. 그는 자신의 의견과 신념을 확신하고 자신이 옳다고 느끼며, 다른 이들처럼 그 역시 인간이다. 또한 그는 정치적 · 과학적 · 사회적 영역에서 가치 있는 뭔가를 만들어왔으며 어떤 명확한 견지를 옹호한다. 그 자신은 마치 개인적/집단적 자원(그것이 지적이든 물질적이든)의 잉여분을 따로 비축해두기라도 한 것처럼 보인다. '초과이윤'에서 득을 보는 것으로 '언명하고 확신하는' 사람들에 대한 태도는, 동일한 자원에 대한 그들 자신의 평가와 다른 사람들의 평가 간에 불일치(객관적인 것이든 주관적인 것이든)가 발생할 때마다 주목된다. 그러한 간극은 대체로, 편견과 타성, 그리고 개인적 권리나 집단적 권리 때문에, 타인을 평가하면서 새로운 성취에 주목하지 않고 낡은 기준으로 새로운 이해를 평가한다는 점에서 발생한다. 실제로 부모들은 자기 아이가 성장했다는 사실에 직면해야 할 때 늘 아연실색하며, 교사들은 자기가 저평가한 학생이 사회적 · 직업적 장에서 성공을 거두면 항상 깜짝 놀란다. 인종적 소수는 자격이 없을 것으로 생각하던 영역에서 그 인종적 소수가 걸출한 모습을 보일 때마다 다수는 놀란다. 이런 종류의 놀라움이 전적으로 뜻밖의 일은 아니다. 도리어 이런 놀라움은 그 놀라운 일들을 일으키는 순간까지 끈질기게 추구되어온 오랜 노력이 정점에 달한 결과다. 그 노력 때문에, 그때까지 그 소수들을 주목하기를 거부한 사람들도 이제 주목하게 된다. 그러한 노력은, 앞서 언급한 자원들을 가졌다고 스스로 생각하는 사람들에게서 특히 두드러지며, 또한 다른 개인들이나 집단들과 상호작용해서 그들의 행동 · 신념 · 사고방식에 영향을 미칠 수 있게 되는 것만이 자신을 지킬 유일한 기회인 사람들에게서도 그러하다. 우리 자신의 가치, 뭐가 되었든 우리가 만들어낸 가치는, **행동할 수 있는** 능력, 다른 누군가에게 뭔가를 **할 수 있는** 능력에 의해 공인되며 확증된다. 간단히 말해, 이는 얼마나 '중요시되고' '신뢰를 받는가' 하는 능력이다. 이런 식으로, 인지되는 것, 경청되는 것, 개별화되는 것들이 공통으로 목표하는 바가 성취된다.

우리가 가시적이게 되고 인정받게 되는 것은 대인관계적 · 사회적 영역에서다. 우리가 속한 사회적 · 물질적 환경 내에서 변화를 행하고 시작하는 데 필요한 자원이나 권리를 우리가 어느 정도나 가지고 있는지를 평가하려는 이러한 과정에 부합되는 욕구가 바로 **사회적 인정**에 대한 욕구다.

우리 실험에서 소수는 그러한 인정을 얻었다. 대부분 경제적 · 사회적 · 정치적 · 과학적 투쟁은, 우리도 알다시피 사회적 인정을 얻는 것도 목표로 한다. 새로 독립국이 된 모든 나라, 의식을 각성한 계급, 막 발견을 한 과학자, 조각을 끝낸 예술가 등에 대한 일차적 관심은 **실제로** 존재하게 되는 것이 아니라, 그들만이 지닌 특별한 자질을 다른 국가, 계급, 과학자나 예술가, 심지어는 그 이상의 존재가 인정하게 되는 것이다. 이러한 집단에 속해 있는 사람이라면 누구든지 간에, 그 자신, 그리고 그와 유사한 사람들이 다른 국가들이나 계층에서 발생하는 어떤 변화의 주창자임을 언급할 만한 근거가 있을 때만이 인정받았다는 느낌을 받는다. 과학자나 예술가라면 그의 작업이 다른 과학자나 예술가의 작업에 어떤 영향을 발휘할 때에만 그런 느낌을 받는다. 대부분의 사회에서 모든 방식의 관습, 상징, 영예, 권리, 의식, 인사법 중 많은 수는 그러한 영향에 대한 평가를 촉진하고자 주로 의도된다.

요약하자면, 사회적 인정에 대한 욕구는 개인이나 집단이 그 자신이 지적 자원이나 물질적 자원의 잉여분을 가지고 있다고 추정하는 데에서 비롯되며, 그 개인이나 하위집단이 가진 능력, 즉 **'자신만의 경향성과 갈망에 일치하게 다른 사람들에게 영향을 미치는 능력'**에 대해 주관적으로 느껴지는 확신과 정당성으로 표현한다. 사회적 인정에 대한 이러한 욕구는 소수들이 가장 높으므로, 소수의 행동과 책략은 주로 그 욕구를 성취하려는 의도에서 이루어진다. 그러므로 가시성을 달성하고 유지하고 강화하는 일은 유발된 변화의 지표가 된다. 대인적 관계와 사회적 관계의 역동에 관한 몇몇 단순한 명제는 예컨대 이러한 가설적 분석에서 도출되었을 수 있다. 우리는 사회적 인정에 대한 욕구가 다음의 상황을 발생시킨다고 가정해볼 수 있다.

(a) 사회적 인정에 대한 욕구로 말미암아, 다른 사람들의 신념이나 의견에 영향을 미치는 것을 목표로 하는 모든 행동과 주도적 행위의 전반적인 수준이 올라간다. 규범적 집단과 개인, 특히 자기-확신이 있는 피험자, 분명한 견지를 가진 피험자, 또는(또한) 그것에 충실한 피험자는 특히 더욱 그러하다.

바스Bass는 리더십에 대한 시도의 빈도가 집단 문제에 대응하는 능력뿐만 아니라 자존감과 자기-귀인된 지위에 관련이 있음을 관찰했다.[10] 푸리에조스Fouriezos, 허트Hutt, 그루츠코프Gruetzkow는 자신의 관점에 확신을 가진 사람이 목표 성취에 더 많이 참여함에 주목했다.[11] 베롭Veroff은 투사적 검사에서 권력과 인정에 대한 동기를 측정했고, 점수가 높은 사람들은 다른 사람들의 행동에 영향을 미치는 시도와 토론에서 그들의 교사들에 의해 높은 평가를 받았다.[12] 스트릭랜드Strickland는 외적-통제 지향적인 사람들보다 내적-통제 지향적인 사람들이 시민권리운동에 관여할 가능성이 큼을 발견했다.[13] 어떤 재미있는 실험에서 레빙거Levinger는 서로 모르는 피험자 쌍들을 결합시켜, 일련의 공통적 결정을 내리도록 했다.[14] 의사-결정에 앞서 각 피험자 쌍 중의 하나는, 그 과제에 대한 자신의 정보가 파트너의 정보보다 더 낫거나 못하다고 믿도록 유도되었다. 더 나은 정보를 가졌다고 믿는 피험자들은 자기주장이 더 많았고 영향력 시도를 더 많이 했다. 린즈콜드Lindskold와 테데스키Tedeschi[15], 고어Gore와 로터Rotter[16], 그리고 리피트Lippit, 폴란스키Polansky, 레들Redl, 로젠Rosen[17] 등의 다른 연구들은, 자기 능력, 가치나 지식에 대해 확신이 있는 개인들이 동일한 경향성을 가지고 있음을 지적했다. 그 개인들은 집단 내의 다른 개인들에게 영향을 미치고자 행동을 시작하려 하고 더 자주 시도하려는 경향성이 있었다.

역으로, 다른 사람들에게 영향을 미칠 수 있다거나 변화를 만들어낼 만한 능력을 갖췄다고 느끼지 않는 개인이나 집단, 그리고 바로 그 이유 때문에 영향이나 변화를 피하고 싶어할지도 모르는 개인이나 집단은, 안심을 느끼고 자신을 보호하고자 그 자신과 유사한 개인이나 집단과의 접촉을 추구할 것이다. 번Byrne과 클로즈Close[18]가 보여줬듯, 자신에 대한 전반적 불확실감이 증가할수록, 유사한 태도를 보이는 사람을 좋아하는 경향성도 적어도 어느 지점까지는 증가한다. 쉬라우저Shrauger와 존스가 진행한 연구[19]에서는, 피험자들이 자기 의견의 정확성에 대한 정보를 획득할 수 없으면, 자신과 불일치하는 사람들보다는 자신과 일치하는 사람들에게 명백히 더 끌렸다. 전문가 의견을 접할 수 있는 상황에서는 다른 사람에 대한 그러한 차별적 선호가 없었다. 이에 덧붙여, 싱어Singer와 쇼클리Schokley는, 피험자들이 자신의 능력에 대한 객관적 규범이 가능할 때보다는 그러한 규범이 없을 때, 자기 능력을 정확히 평가하고자 동료와 연합할 가능성이 더 크다는 것을 발견했다.[20)]

(b) 사회적 인정에 대한 욕구로 말미암아, 자신과는 다른 사람들과 접촉하는 것을 추구하게 된다. 따라서 진실에 대한 자신의 생각과 개념에 다른 사람들이 어쩔 수 없이 동의하거나 전향해오는 것만이 자신을 호의적으로 인정하게 할 수 있는 유일한 방법인 한에는, 이러한 상황이 발생할 것이다.

(c) 사회적 인정에 대한 욕구로 말미암아, 자신이 동의하지 않거나 자신이 가장 다르다고 여기는 집단 · 개인과의 접촉을 택하게 된다. 종종 이러한 상황이 있음을 여러 실험이 이미 보여준 바 있다. 헤어와 베일즈Bales[21)], 코헨[22)]이 보여준 것은, 만일 다섯 명으로 이루어진 하나의 집단이 공통의 합의를 요하는 하나의 과제에 할당되어, 사각형 탁자 주위에 1-3-1-0의 배열로 자리를 배정받는다면(탁자의 한 면은 실험자의 자리다), 피험자들은 자신과 가장 거리가 먼 사람들에게 말을 걸 가능성이 더 크다는 것이다. 그러나 실험 회기들 사이의 휴식시간 동안은 피험자들이 자기 바로 옆의 이웃에게 말을 걸 가능성이 더 크다. 시걸Sigall은 하나의 이슈에 깊이 관련된 개인들이 '동의하는 사람'보다는 '동의하지 않는 사람'과 이야기하기를 선호한다는 사실을 보여주었다.[23)] '동의하지 않는 사람'에 대해서는 그를 그들의 관점으로 전향시킬 기회가 있다. 이렇게 하는 또 다른 방법은 그들이 자기 집단 안의 충성스러운 성원보다는 전향자를 선호하는 것이다.

(d) 사회적 인정에 대한 욕구로 말미암아, 흔치 않은 자원이나 독창적인

해법을 요구하는 특히나 어려운 문제들이 발생할 때, 자발적으로 다른 사람들과 비교해 자신을 평가하려고 든다. 문제가 누구나 해결할 수 있는 그런 문제라면, 그리고 자원들이 손쉽게 입수되고 가능한 행동과정들이 순조롭게 계획된다면, 자신의 능력을 입증할 기회가 없으므로 인정을 얻을 방법도 전혀 없게 된다. 과학자들이 독창적인 예언을 하려고 하고 예술가들은 비범한 성취를 향해 노력하고, 소수 집단들은 놀랍고도 굉장한 행위를 하며, 종교가 더 많이 확립될수록 그만큼 덜 빈번하게 '되는' 기적에 종교 지도자들이 자신을 의지하게 되는 것도 바로 이 때문이다.

(e) 사회적 인정에 대한 욕구로 말미암아, 사람들은 자신의 장점과 관점을 입증하고자, 궁극적으로는 자신의 목표를 달성하고자, 더 극단적인 갈등을 추구하게 된다.

(f) 사회적 인정에 대한 욕구로 말미암아 사회적 상호작용을 장기적 관점에서 인식하게 된다.

이러한 명제들은 미래의 연구로 확장될 수도, 더해질 수도 있다, 아니, 확실히 그렇게 된다. 이 명제들은, 자신의 존재와 능력에 대해 사회적 인정을 추구하는 소수가 왜 위험을 감수하고 불편한 상황 안에서도 오랫동안 버티며 나쁜 평판을 감내하는지를 대부분 설명해낸다.

이제 인정을 추구하는 타인에게 인정을 제공하는 사람의 관점을 고려해보자. 틀림없이 이 사람은 그 자신이 강력한 간원의 대상이 되고 있음을 알고 있으며, 또한 간원하고 있는 행위주체가 자신과는 매우 다른 사람이라는 점도 알고 있다. 그 행위주체가 개인이든 집단이든, 간원의 대상인 이 사람은 행위주체들의 행동을 꼼꼼히 조사할 것이다. 특히, 간원하는 사람들이 그들 자신의 일에 하는 '투자'에 관해, 그리고 이전에 그들을 배제한 사회적 분야 속으로 통합되려고, 또는 그 분야를 변화시키려고 자발적으로 자신을 희생한 점에 관해 더욱 주의하여 자세히 조사할 것이다. 그렇게 해서 그들을 동정보다는 관심의 대상으로서 멀리서 관찰되고 평가되며, 비록 여전히 어느 정도는 다를지라도, 멀리서 관찰하고 평가하게 되며, 비록 여전히 어느 정도는 다를지라도, 시간이 지나기만 하면 그들이 자신과 같은 존재라고 보게 되는 것도 가능해진다. 그들이 처음에 일으키는, 거리감 있는 존중과 관심은 나중에는 그들의 능력과 의견에 대한 긍정적 평가에 의해 증가할 것이며, 이탈자적 견지가 갖는 어려움, 그런 견지를 방어하려는 용기 등에 대한 존중에 의해 증가할 것이다. 그리하여 이탈자에 대한 찬탄은 서서히 쌓여간다. 이러한 일련의 상황을 통해, 소수는 굳건하고 일관적인 방식으로 행동하고, 자기-확신과 자신감을 가진 존재로 보이게 된다. 이는 연이어 중심집단 안에 확신을 만들어내며, 결국에는 사회적 인정을 부여받게 된다. 그러나 이 말이, 그들이 사회적 승인을 얻게 된다는 것을 반드시 의미하지는 않는다. 우리가 보아왔듯, 때때로 그들은 여전히 어떤 의미에서는 덜 유능하고 덜 공평하며(더 편향되며), 또는 덜 필요한 존재로 계속 간주될 것이다. 비록 사람들이 소수를 따르더라도, 사람들은 소수를 리더의 위치에 놓고 싶어하지는 않을 수도 있다. 이 말의 의미는, 영향을 발휘하려고 적극적으로 노력하는 소수가 (결국에는) 사회적 승인보다는 사회적 인정을 얻게 될 가능성이 더 크다는 것이다. 적극적인 소수의 영향은 사회적 승인보다는 사회적 인정과 더 많은 관련을 맺기 쉽다.

이런 식으로, 우리는 다소 상이한 견지에서 사람들 간의 관계를 보게 된다. 바꿔 말해, 적어도 호혜적인 상호작용에서 발생해서 이전에는 알려지지 않았거나 무시되던 한 개인/집단을 발견하게 하는 관계들을 보게 된다. 발견되려고 나서며 결국에는 발견되는 그 개인/집단에는 이러한 관계에 의해 새로운 가시성과 정체성이 부여된다. 그러고 나면, 유사성이나 비유사성은 관련된 파트너들의 적극성이나 수동성에 부수되는 것 같다. 이를 더 뚜렷이 보려면, 타즈펠Tajfel이 명확히 표현한 일반적 원칙, 곧 "사회적 범주화의 기능과 목적은 사회적 환경을 정돈하고 체계화하는 것이다. 말하자면 사회적 범주화는 행동에 대한 **안내서다**"[24]라는 말을 출발점으로 삼을 만하다. '유사함'과 '비유사함'의 범주라고 해서 그 규칙에서 예외는 아니다. 그래서 이 범주들은 스스로 혼자 떠돌지 않으며, 또는 어느 개인이나 집단의 복제판으로서 기능하지도 않는다. 그 범주들은 '같음'과 '다름' 간의 관계(사회적 행위주체들에 의한 호혜적 행동)를 지적하고자 그 범주들이 존재하는 바로 그 지점에 서 있다. 우리가 그 범주들을 그것들의 맥락에서 고립시킨다면, 그것들은 더는 '행동의 안내서'로 보이지 않게 된다. 그래서 그것들은 지독한 오해를 불러일으키게 되고 신뢰할 수 없는 것이 된다. 중요한 것은 어떤 한 개인이나 집단의 가진 유사한 혹은 비유사한 특성이 전혀 아니라, 현재 일어나는, 또는 일어날 수 있는 상호작용에 타인들이 관련되는 방식이다. 예를 들어, 이것이 의미하는 바는, 우리가 심리사회적 현상들을 우리 **존재의 반영**(곧 다른 사람들의 욕망과 바람에 대해 우리가 그저 반응만 하는 데에서 생기는 것)으로 보는 대신, 우리 **행위의 효과**(곧 다른 사람의 바람과 판단에 대해 우리가 행동을 보이는 데에서 결과된 것)로 볼 때, 그러한 심리사회적 현상들이 격화될 수 있다는 것이다. 달리 말하면, 우리에게 주어지는 것으로 제시되는 것이나 우리에게 존재하는 것에 대해 민감해하며 그 누구에게든 그 어떤 변화도 요구하지 않고 그 누구의 투자도 요구하지 않기보다는, 우리가 우리의 행위에 훨씬 더 민감해져서 사회적 파트너에게도 그에 상응하는 노력을 요구하는 때 말이다.

유사한 누군가에게 찬탄을 받고 사랑받는다는 것은 정말 멋진 일이다. 그러나 자신과 다른 누군가에게 사랑받고 찬탄 받는 일이 훨씬 더 멋진 일이다. 모든 사람이 직관적으로 알 듯, 자신과 유사한 누군가에게서 사랑과 매혹을 느끼는 부분은 실제로는 그 자신의 모습이다. 이때 사람들은 마치 거울처럼 다른 사람 안에서 자신의 모습도 비춰본다. 둘 중 어느 한 사람 때문에 만남이 발생한 것도 아니고 그 만남을 이루려고 투자한 사람도 없다. 사람들은 그저 사랑받을 뿐이며 그저 매력적일 뿐이다. 말하자면, 사람들은 자신을 사랑스럽게 만들거나 매력적으로 만들 필요가 없다. 하지만 상대가 나와는 다른 사람일 때 그 사람이 내게서 긍정적인 느낌을 받는다면, 우리가 그에게 그런 인상을 줄 수 있었던 게 바로 우리 자신의 힘임을 직관적으로 안다. 당신을 향한 그의 사랑, 매력은 특정한 행동의 효과, 즉 당신이 만든 어느 변화의 효과이자, 내적 저항과 외적 거리를 극복하려면 그 사람이 반드시 해야만 하는 어떤 노력의 결과로 여겨진다. 사실 당신을 따로 떨어뜨려 놓은 것은 그런 내적 저항과 외적 거리였다. 그러므로 보편적인 상황일 때보다는 훨씬 더 민감한 느낌을 갖고 훨씬 더 우호적으로 반응하는 것은 있을 법한 일이다.

이는 심지어 실험실조건에서도 그렇다. 존스와 그의 동료는 여대생 쌍들을 초대해 간단한 대화를 하게 했다.[25] 대화하는 동안, 각각의 피험자는 몇 가지 이슈에 대해 파트너와 일치하거나 일치하지 않았다. 그다음에 피험자들은 상대 여대생(실험협조자)이 제삼의 인물과 나누는 대화를 엿들을 기회가 있었다. 그 대화에서 실험협조자는 그 피험자에 대한 느낌을 표현하라는 말을 듣고 있었다. 한 조건에서는 실험협조자는 피험자를 좋아하는 것처럼 보였다. 다른 조건에서는 실험협조자는 피험자를 싫어하는 것처럼 보였다. 이것은 피험자들이 처음에 자신과 의견을 교환한 어느 개인에 대해 가지는 느낌에 어떠한 영향을 미치는가? 피험자들이 보여준 것은, 그들과 의견은 달랐으되 그들에게 호감을 느낀 사람에 대한 선호였다. 이렇게, 유사하지 않은 태도를 지닌 사람이 느낀 호감에 피험자의 호감이 부응하는 식으로, 피험자의 호감이 증가했다. 이는 아마도, 이 실험의 피험자들이 뭔가 특별하고 독특한 게 그들 자신에게 있음이 틀림없다고 생각하게 되는 이유일 것이다. 그들이 그렇게 생각하는 것은, 그들이 누군가와 공통점이 전혀(또는 거의) 없다 하더라도 그 누군가가 피험자들의 매력을 깨달았기 때문이다.

다른 실험들, 특히 아론손Aronson과 린더Linder의 실험[26]이 주목할 만한

데, 그 실험들은 우리가 우리를 늘 좋아해온 누군가보다는 우리에 대한 호감이 점차 증가하는 사람을 더 선호할 것임을 보여주었다. 반대로, 우리는 항상 우리를 싫어하는 누군가보다는 우리에 대한 호감이 점차 감소하는 사람을 더 강력하게 싫어하게 될 것이다. 말할 필요도 없이 두 경우 모두에서, 시간이 지남에 따라 호감과 반감이 발달하게 되면서, 우리는 우리 행동의 결과물, 말하자면 우리가 다른 사람에게 발휘한 효과와 마주쳐야만 하는 것이다. 이는 우리가 갖게 되는 격화된 느낌을 설명해준다.

여기서 우리는 사람들 간의 연결적 유대가 가지는 또 다른 측면을 발달시켜야만 한다. 다른 사람과 어느 정도 거리를 갖는 것은 정서적 · 지적 자율성, 개별성, 상호존중의 지표이기 때문에, 그런 거리를 반드시 피할 필요는 없다. 그런 식의 거리가 있더라도 사고, 행동, 관심에 대한 친밀성이 완벽하게 아주 잘 공존할 수 있다. 그러므로 실제관계에서는 사람들이 생각하는 것과는 반대로, 그러한 거리를 없애버릴 수도 있고 실제로 종종 없애버리는 유사성보다는, 그러한 거리를 허락하는 차이가 더 선호될 것이다. 더 깊이 생각해보지도 않고 포기할 수 있는 것은 가설이 아니다. 결국, 자신의 자아를 상실하지 않으면서 다른 개인이나 집단과 가까이 살아갈 가능성(가족, 공동체 등의 경우가 좋은 예다)은 개인적 · 사회적 관계에서 가장 큰 어려움 중 하나일 뿐만 아니라, 그런 관계들의 생존과 관련해서도 중요한 요구조건 중 하나다. 그 가능성은, 상호적 존경과 인정이 확립될 때 존재하는 듯하다. 그렇게 되면, 양쪽 중 어느 한 파트너의 발전이 상대의 발전에 대한 장애물이 아니라 다른 사람의 자산으로서 보이게 된다. 마찬가지로, 이탈자들과 괴짜들이 위협으로 여겨지기보다는, 앞으로 그 관계에 이바지할 가능성을 가진 존재로 여겨진다. 당황하거나 분개하지 않으면서 찬탄될 수도, 찬탄할 수도 있는 것은, 질투하지 않으면서 사랑하고 사랑받을 수 있는 것과 똑같이, 아주 위대한 자산이다. 그러한 능력은, 광폭하게 경쟁적이고 적당주의적인 우리

사회가 상실했거나 무시했던 능력이다. 우리 사회뿐만 아니라 다른 사회들도 그러한 능력을 발달시켜왔으며, 진척시키고 지속시켜왔다. 그래서 우리는 때때로 다른 사회의 전통적 지혜가 담긴 헝겊 주머니 안에서, 우리가 속아서 나오게 된 낙원을 보고 싶어진다.

단일-기준 관계와 두 개의 기준 관계

가시성과 매력, 찬탄과 호감은 많은 사회적 관계의 뿌리에 있으며, 반드시 다 함께 고려되어야만 한다. 이는 사회적 관계에 대한 두 가지 기본적 역설 때문에 그렇다.

비록 우리가, 유능하고 창의적이고 유별나고 용감하고 독립적인 개인과 집단에 대단한 관심이 있을지라도, 그들은 우리를 불안하게 하며, 그 결과로 우리는 그들에게서 거리를 유지하고 그들을 피한다. 종종 우리는 "그들은 접근하기가 어렵고, 냉담하며, 비인간적이거나 초인간적이다"라고 말하며 그러한 회피를 정당화한다. 그들이 앞으로도 늘 호감을 받게 된다면, 그것은 그들이 어떤 약점이나 취약성을 드러낸 이후뿐이다. 그때 주위 사람들은 그러한 주변적인 요소 속에서 자신들과의 확실한 유사성을 탐지해낼 수 있으며, 접촉의 결과를 검토해볼 수도 있다.

그 척도의 반대편 끝에서, 확신이 없고 긴장되어 있으며 괴로움을 겪는 개인이나 집단은 대개 변화하거나 변화되는 것, 판단하거나 판단되는 것, 그리고 과업-정의적이거나 과업-지향적인 상황에서 그들의 진정한 자원을 평가하는 것 등을 피한다. 그들은 자신과 유사한 감수성을 가진 사람들과는, 친화적이고 감정적인 유대를 배타적으로 확립하고자 노력한다. '호감'과 매력은 그들의 주요한 관심이자, 다른 사람들과 하는 교환의 기준이다. '호감'과 매력은, 비록 아주 중요하게 생각되고 있기는 하나, 마치 위협으로 가득 차

있는 듯한 다른 차원의 사회적 교환에 대항하는 방어 기제로서 기능하는 것 같다. 그러한 유형의 개인들은 오로지 그들이 확신을 받는 데에 성공하고 나서야, 더 큰 세트의 기준들에 근거한 사회적 교환에 관여하게 될 수 있고, 예컨대 영리함, 유능성, 기술, 용기, 위험을 무릅쓰는 태도 등의 더 객관적이고 더 침착한 차원들과 관련될 수 있게 된다. 이러한 관찰들은 사회심리학의 많은 실험으로 보강된다.

무엇보다도 우리는 이러한 역설로부터, 매력과 가시성, 호감과 찬탄 사이에는 서로 상반되는 관계가 있음을 배운다. 그리고 우리는 두 가지 유형의 사회적 유대가 존재한다는 것도 알게 된다. 첫 번째 유형은 '단일-기준 관계 one-standard relation'라고 기술될 수 있다. 이 관계에서는 그들의 관점을 변화시키려는 압력에 지배받기 쉬운 개인이나 집단은 그 압력을 주도하는 사람과 일체감을 갖는다. 그들 자신에게 압력을 가하는 사람을 매력적이고 호감 가는 사람으로 생각하게 되면, 그들은 그 사람의 판단에서 확신을 느낄 것이며 그를 리더로 고려하려들 것이다. 권위든 참여든, 또는 영향력 있는 사람과의 연계를 유지하려는 바람이든, 그 어느 부분도 타협하지 않는다. 종교와 정당은 그런 종류의 관계에 대해 수많은 예를 제공한다. 우리는 논의된 실험 중에, 일관성 있는 소수가 유형화된(그래서 결국 유연했던) 행동을 채택했던 사례에서, 혹은 집단의 과업이 독창성에 의해 규정되었을 때, 같은 종류의 관계를 보았다. 관계를 규정하는 데에 한 세트의 기준만이 필요하기 때문에, 우리는 그런 유형의 관계를 '단일-기준' 관계라고 부른다. 이때 사회적 인정은 사회적 승인과 함께 간다. 전자는 후자로부터 파생되며 후자를 강화시킨다.

두 번째 유형의 관계는 두 개의 기준 관계다. 이를 기술하고자, 우리는 실험 후 질문지에 대한 반응들과 관련해서 나온 의견들을 요약해볼 수 있다. 논의되었던 것은, 실험에서 아주 눈에 띄는 한 가지 특징이었다. 이 실험에서 진짜 피험자들은 자기 견지를 확신하는 듯한, 그래서 타협을 하려 들지 않은 소수와 같은 상황에 처해 있었다. 소수는 실제로는 다른 집단 성원들과 갈등에 빠지지는 않았지만 거의 그런 상태에 있었다. 사람들이 소수에게, 자기네에게로 합류하라고, 일종의 타협을 하라고, 영향받기를 허용하라고, '분별력'을 가지라고 호소한 것은 실패하게 되어 있었다. 소수는 그런 식으로 행동하여 다른 사람들로부터 존중과 확신을 얻어냈다. 소수는 진짜 선택을 집단에 제시하는 데 성공했고, 자신의 관점을 강요하는 데에, 그리고 그렇게 행동하는 것의 가치를 인정받는 데에 성공했다. 진짜 피험자들 대부분은 이를 의식하고 있었으며, 이에 대해 언급했다. 그들은 차이를 발견할 수 있었던 것과 자신의 관점이 변화된 것을 오히려 기뻐했다. 그러나 동시에, 그들은 일종의 속박을 느끼고 있었다. 그들이 어떤 식으로든 소수를 변화시킬 수는 없었던 대신, 갈등 속으로 뛰어들 것, 변화할 것, 그리고 소수의 의견과 판단을 받아들일 것을 강요받았다. 이는, 비록 진짜 피험자들이 소수에 대해 호의적이기는 했을지라도, 그들이 소수를 닮고 싶어하지도 않았고 소수를 더 우월하거나 사회적으로 더 선호할 만한 존재로 판단하지도 않은 이유다.

우리가 다른 사람에게 동의하고 기꺼이 그들의 관점을 받아들이며 그들을 찬탄하려고 할 때, 반드시 그들과 함께 살거나 그들과 동일시하기를 원하지는 않는다. 도리어 우리는 그들을 피하고 그들의 영향에 저항하며 일종의 장벽을 세우려들 것이다. 우리가 누군가의 작업에 대해 그 사람을 찬탄한다는 사실이, 우리가 그의 테이블에 앉거나 그의 친구가 되기를 원한다는 것을 의미하지는 않는다. 그럴 수 있다는 가능성 자체가 오히려 겁이 날 수 있으며, 우리가 그와 너무 자주는 마주치지 않으려고 많은 것을 하게 될 수도 있다. 유명한 인물 중, 예컨대 드골은 그의 용기, 판단의 정확성, 불굴의 정신 등에 대해 찬탄을 많이 자아냈다. 그러나 그의 개인적인 친구가 되려고 하는 사람은 많지 않았다. 그는 적어도 사랑과 승인approval만큼이나 미움과 반감disapproval도 일으켰다. 다른 사람들 대부분이 작은 문제에 대해 염려하는 동안 우리가 큰 질문에 관심이 있다면, 그리고 다른 사람들이 상대적인 원리들로만 행동할 때 우리가 절대적인 원리들에 의해 판단한다면, 우리는 모든 다른 사람들에게 받아들여지기는 하지만 그들에게서 멀리 떨어져 있게 되는 것이다. 무엇보다도, 다른 사람들이 틀린 것처럼 보일 때 우리가 옳기를 바란다면 반감이 일어나게 될 것이다.

이 모든 것은 개인에게만 맞는 이야기가 아니다. 집단 사이에서도 유사한 태도와 느낌을 볼 수 있다. 예를 들어, 청소년운동을 생각해보라. 오늘날 아무도 부인하지 않듯이, 청소년운동은 많은 것에 질문을 제기하고 많은 수의 확립된 가치를 전복시키는 데에 성공했다. 청소년운동은 성인, 부모, 교사, 정치적 지도자로 하여금 식민전쟁, 인종주의 등과 같은 문제들에 관여하지 않을 수 없게 했고, 또한 그들로 하여금 말하는 바와 행동하는 바 사이의 부조화를 감소시킬 수밖에 없도록 했다. "청소년운동이 성공하기는 했지만 그럼에도 이 운동이 성인들의 지지나 애착을 얻어내지는 못했다"라고 말한다면, 이는 표현을 약하게 한 것이다. 도리어 청소년운동은 비난을 받았다. 사람들은 청소년들의 어휘, 옷 입는 스타일, 저작물들은 차용하면서도, 청소년들의 생각과 방법론과는 관계를 끊고자 활발히 노력했다. 프랑스에서 너무도 많이 논의되는 청소년들에 대한 '인종주의자'적 태도는 청소년을 향한 이러한 냉담함(심지어는 증오)의 표현이다. 사람들은 한편으로는 개인이나 집단의 영향에 굴복해 변화할 수도 있다. 그러나 영향을 받을 수는 있을지라도, 영향을 받는다는 것 때문에 증오를 느낄 수 있고, 그래서 영향을 주는 개인이나 집단에 대한 친근감을 모두 피하고 거부할 수 있다.

우리는 이 책에서 사용되는 언어로, '사회적 인정의 긍정적 증가가 사회적 승인의 상관적 증가를 내포하지는 않는다'고 말함으로써 이를 다시 공식화할 수 있다. 오히려 사회적 인정의 증가가 사회적 불승인으로 이어지면서 부정적 의미가 더해질 수 있다. 그러므로 두 개의 기준이 적용된다. 하나는 영향작용을 일으키는 상호작용에 관계하며, 다른 하나는 영향작용의 송신자와 수신자 간의 연합에 관계한다. 그들 둘 간의 연결은 동일시로 연결되는 빈도만큼이나 증오와 거리감으로 연결되는 빈도가 꽤 잦다. 이 사실 때문에 우리가 놀라야만 하는 것은 아니다. 모든 변화, 모든 혁신은 익숙하던 그 무엇과의 결별, 특정한 폭력을 내포한다. 그러한 결별을 만들어내는 집단이나 개인은, 비록 모든 이가 이들이 보인 대담함을 유익하고 필요한 것으로 판단했더라도, 자신의 대담함 때문에 고초를 겪을 것이다. 진실을 발견하거나 공정치 못한 법을 부수는 사람이라면 그가 누구든지 간에, 잘못을 바로잡은 것에 대해, 또는 우리를 불의에서 구해내려고 애쓴 것에 대해, 우리는 그를 환호한다. 이와 동시에, 사람들은 또 다른 진실을 무시한 것에 대해, 즉 법을 어긴 것에 대해 그를 징계하고 싶은 억누를 수 없는 충동도 느낀다. 나쁜 소식을 가져온 전령사를 사형에 처하는 고대의 관행에는, 희생양을 만들고 싶어하는 유사한 충동이 담겨 있다. 영웅도 또한 사람들이 자신에게 어떤 책임을 부과하려 하고 있음을 재빠르게 깨닫는다. 최대의 적을 처형한 직후, 혁명은 자신들의 지도자를 해치울 것이다. 두 개의 기준 관계는 정확히 다음과 같다. 한편으로 새롭고 예외적인 것을 인정하고 찬탄하지만, 다른 한편으로는 그것에 반대하고 거부하며, 평범하고 규범적인 것을 다시 인정한다.

이러한 묘사는 극단적이다. 왜냐하면 이것은 극단적인 방식으로 행동하는 소수에 대한 반응을 다루고 있기 때문이다. 다양한 정도의 현상들이 있으며, 어떤 상황(실제로는 많은 상황)에서는 더 많은 양방향성이 기대될 수 있다. 그러나 모든 경우에서, 그러한 두 번째 유형의 관계를 맺을 수 있는 개인이나 집단은 자기중심적 견지를 포기할 준비가 되어 있어야만 하며, 분화된 사회적 장 안에서 살아야만 한다. 반대로, 첫 번째 유형의 사회적 관계는 충분한 자기중심성과 단일한 사회적 장을 요구한다. 하이더가 관찰했듯, "그리하여 처음에는 호감과 찬탄이 연결되어 있다. 어떤 누군가가 다른 사람들과의 차이가 클수록, 그리고 자기중심적일수록, 찬탄은 하더라도 호감이 더 줄어들게 될 것이지만, 그런 두 반응 간의 구별이 훨씬 더 정교하게, 더욱 명확히 정의되게 된다."[27]

간단히 말하면, 우리는 전체의 주장을 두 개의 명제로 요약할 수 있다.

(a) 매력은 수동적 측면을 대표하며, 가시성은 대인관계와 사회적 관계의 적극적 측면을 대표한다.

(b) 사회적 비교(승인)는, 스스로 의존적이라고 느끼거나 실제로 의존적인 소수나 집단의 욕구를 표현한다. 반면 사회적 인정은, 스스로 독립적이라고 느끼거나 실제로 독립적인 소수나 집단의 욕구를 표현한다.

'사회는 순전히 수동적인 적응이자 의존'이라고 보는 사람들의 눈에는 모든 것이 매력과 사회적 비교(승인)의 문제다. 반면, '사회는 능동적인 성장이자, 사람들의 독립을 주장하는 수단'이라고 보는 사람들의 눈에는 모든 것이 가시성과 사회적 인정의 문제다. 그러나 사회는 양자의 혼합이다. 다시 말해, 성장을 강제하는 것과 성장을 추구하는 것 모두의 혼합이고, 서로에 대한 독립을 긍정하는 것과 부정하는 것의 혼합이다. 이 모든 이유로, 매력과 가시성, 사회적 비교와 사회적 인정도 사회적 관계의 구조에 따라, 또한 그 구조 안에서 사람들이 점유하는 위치에 따라 함께 나타나거나 따로따로 나타난다.

앞서 서술한 실험들 대부분에서, 소수는 미움과 존중을 동시에 받는다. 어떤 때는, 특히 독창성 규범이 강조될 때는 소수가 호감과 존중을 모두 받는다. 그러므로 다수의 눈에 소수는 때로는 소원한 사회적 관계 중 하나를 자신에게 부과하고, 때로는 가깝고 친근한 사회적 관계를 부과하는 것으로 보인다. 관련된 자료와 과정의 복잡성은, 여전히 단순하고 불확실한 결과들을 통해서는 거의 지각되기도 어렵다. 이러한 결과들로부터 발달해 나온 생각 또한 단순하면서도 불확실하다. 그러나 여기서 논의된 실험들과 생각들이 아직도 언급하지 못한 문제 하나가 여전히 남아 있다.

여러 차례 지적되었듯, 이탈적 소수는 집단의 기둥 중 하나가 되었다. 집단의 나머지는 소수를 자원이라고 판단할 수도 있다. 그러므로 소수를 향해 긍정적인 태도를 보일 가능성이 있다. 사회적 인정의 수준에서의 그러한 긍정적인 태도가 다른 수준들, 특히 정서나 사회적 승인의 수준에 대한 긍정적 태도로 변환될 수 있는가? 만일 그렇다면 어떤 상황에서 그러한가? 우리는 이것이 그러해야만 한다고 느끼지만, 어떻게 해야 하는지, 또는 왜 해야 하는지는 알지 못한다. 이런 것을 아는 것은 소수와 다수 사이의 사회적 관계가 갖는 변형 기제를 이해하는 데에서 가장 중요한 것이 될 것이다. 그리되면 우리 사회에서 혁신의 과정은 더 잘 이해될 뿐만 아니라, 더 잘 다루어지게 될 것이다. 전체적으로, 우리는 지식의 힘을 심각하게 과소평가하고 있으며, 과학이 심오한 진실을 드러낼 때 그 힘이 우리가 사는 세상을 만들어가는 사람들의 생각에 영향을 미친다는 점을 보지 못하고 있다.

제10장 맺음말

사회적 영향의 심리학적 분야에는 아직도 배워야 할 것들이 너무나도 많다. 이 작업에서 내세우는 기본적 아이디어는 단순하다. "갈등을 해결하게 되면 분파(개인이나 하위집단)를 위해 그 분파 고유의 발전을 실현할 수 있을 것이고, 이러한 갈등 해결은 가장 적극적인 행위다. 또한 이는 '적절한' 행동을 받아들이는 일이라고 생각된다." 이러한 이유로 사회적 영향의 심리학은 생성과 운용 두 측면에서 보면 갈등과 차이의 심리학이다. 이러한 사회적 영향의 심리학이 가진 역동은 객관적인 게 아니라 주관적인 것이다. 그래서 이 역동은 선택된 환경 내 주체들 간의 상호작용으로 이루어져 있지, 단순히 주어진 환경 내 하나 또는 몇몇 주체에 대항하고자 대상을 조작하는 일로 이루어져 있지는 않다. 그러한 관점에서 보면, 영향작용의 기능은 이탈적 소수가 만들어낸 '오류들'을 제거하는 것이 절대로 아니다. 오히려 그러한 '오류들'을 사회체계 안으로 통합시키는 것이다. 그 결과, 사회체계는 얼마간의 변화를 겪으며, 더 분화되고 더 복잡해지며, 새로운 결과들을 받아들이게 된다. 한마디로 말해 사회적 체계가 성장하게 된다. 소수는 사회적 변화가 너무나 빠르게 발생하는 사회들 속에서 사회적 변화의 요인이며, 흔히 그 변화의 주창자다. 여기에 정확히 소수의 중요성이 있다. 이러한 사회에서, 다수의 경계는 뚜렷하게 두드러져 있지 않으며, 다수가 '말이 없는' 경우가 그렇지 않을 때보다 더 흔하다. 생각과 주도성을 아끼지 않으면서 새로운 경향성을 표현하거나 만들어내는 것은 바로 능동적인 개인이나 집단이다. 이 점은 유감스럽게 생각될 수도 있지만, 혁신과 주도성이 '법과 질서'의 기초에 대해 의문을 던지고 도전해야 한다는 것은 확실히 바람직하다. 그러므로 문제가 발생하는 것은 불가피하다. 또한 새로운 사회적 행위자들이 행동의 새로운 도식과 양상들을 제안하면서, 완전히 존재할 수 있는 자신들의 권리를 옹호하기 시작할 것이라는 사실도 불가피하다. 이 책에서는 이 점을 긍정적인 관점에서 다루었다. 그래서 연구된 현상들을 선택하고 이론을 형성하는 데에서 이 점을 분명히 밝혔다.

일반적인 관례에 따라 나는 사회적 상호작용과 영향작용의 유력한 모형인 기능주의적 모형을 가지고 상세한 설명을 시작했다. 그리고 나서 나는 그 모형의 한계를 지적했다. 모형의 한계는 그 기본적 가정과, 특정한 문제들을 적절히 설명할 수 있는 능력에 영향을 미친다. 마지막으로, 나는 발생학적 모형의 기본적 가정에 관해 개요를 말했다. 발생학적 모형은 기능주의적 모형의 한계를 피할 뿐만 아니라 사회심리학 영역의 새로운 접근들을 열어준다. 두 모형 간의 대비는 명확하다. 이러한 대비는 그림3으로 요약될 수 있다.

두 모형이 이러한 대비를 이루고는 있지만, 발생학적 모형이라는 새로운 틀을 통해 기존의 생각과 자료, 특히 이탈과 동조에 관한 생각과 자료를 해석하는 것이 가능하다. 이것이 행해질 수 있다는 사실은 모형의 일반성을 보여준다. 게다가 이 모형을 이용하면, 지금까지 거의 검토되어오지 않은 새로운 문제들에 만족스럽게 접근할 수 있고, 우리가 그 문제들의 해결을 기대할 수 있다는 징후도 현저하다. 일단 권력이 영향과 혼동되는 일이 바로잡히고 변

	기능주의적 모형	발생학적 모형
출처와 목표 간의 관계 속성	비대칭적	대칭적
상호작용의 목표	사회적 통제	사회적 변화
상호작용 요인	불확실성과, 불확실성의 감소	갈등과, 갈등의 해결
독립 변수의 유형	의존성	행동양식
상호작용을 결정하는 규범	객관성	객관성, 선호, 독창성
영향작용의 양상	동조	동조, 평균화, 혁신

그림3. 기능주의적 관점과 발생학적 관점에서 본 사회적 영향작용

화가 집단의 목표로 여겨지며 개인과 하위집단의 적극적인 특성들이 인정되었다면, 그러한 일은 이루어질 수 있다. 처음에 만들어질 때는 영향이라는 현상을 무시하던 이론들이, 이제는 그 목적을 향해 이바지할 수 있게 만들어져야만 한다. 예를 들어, 인지부조화의 이론은 우리가 갈등의 역동을 이해하는 데에, 그리고 귀인에 관한 가설들은 행동양식의 효과를 분석하는 데에 도움이 될 수 있다.

발생학적 모형은 일부 새로운 문제들도 드러낸다. 그중 하나는, 영향과정이 여러 단계를 가질지도 모른다는 것이다. 소수가 발휘하는 영향을 주제로 실험을 하는 사람들이 주목해온 것은, 가령 소수에 속한 개인들이 반드시 매력적으로 보이거나 호의적인 정서적 반응을 불러일으키거나 하지는 않아도, 그들이 찬탄 받고 긍정적으로 지각될 수 있다는 것이다. 다수의 성원들이 소수에게서 영향을 받을 때, 그 성원들이 그들 안에 발생한 변화를 공공연히 인정할 준비가 반드시 되어 있는 것은 아니라는 점도 관찰되어왔다. 소수가 관련된 한에는 전환의 문제, 즉 개인적 수용으로부터 공적인 수용으로의 의견 진행이라는 문제가 있다. 지금까지 이 문제에 관한 우리의 추측들은 기능주의적 모형에서 결정된 추론과 방법론에 의존해왔으며, 관련된 과정의 한 국면만을 다루어왔다. 그러한 추측들로 말미암아, 어쩌면 긍정적 지각이 우

호적인 느낌과 진실한 호감의 발달을 촉진할 수도 있는 나중의 단계를 소홀히 해왔다. 마치 개인적 수용이 결국에는 공적인 수용이 되고, 부조화이론이 제안하듯 압력 하에서의 응종이 최종적으로는 진정한 변화를 낳는 바로 그런 단계들 말이다.

그 중요성이 강조되어야만 하는 또 다른 도전이 있다. 그것은 방법론과 관련되어 있다. 사용된 실험절차들은 기능주의적 모형과 밀접하게 결부되어 있다. 피험자들 간의 관계는 비대칭적이고 위계적인 것으로 되어 있으며, 권력관계에 대한 가정은 지시나 실험자 개입 부분에서 명백히 드러난다. 발생학적 모형의 가정과 일치하게, 만약 사람들이 파트너들 간의 대칭적인 관계(곧, 호혜적인 영향작용)에서 파생되어 나온 현상들을 관찰하기를 원하고, 결과적으로 지위에 근거한 방해를 최소화하기를 원한다면, 그에 맞는 실험설계, 즉 현행 방법론과는 전혀 다른 실험설계를 고안할 필요가 있을 것이다. 집단의사결정에 관해 수행되어온 일부 실험들은, 이러한 방향에서 어떠한 것들이 행해질 수 있는지를 보여왔다.

그 어떤 새로운 실험설계 세트도 이 책에서는 개발된 바가 없다는 것도 인정해야만 한다. 그러나 새로운 방법론이 개발되었다는 것은 틀림없다. 모형을 정교화하는 데에 상당한 노력이 필요하지만, 단지 모형 하나만으로는 아주 멀리까지 갈 수는 없다. 모형은 흥미로울 수 있는 방향으로 연구를 안내하며, 질문을 제기하고 답변의 밑그림을 그려줄 수는 있다. 그러나 모형은 특별한 효과가 발생할 상황에 대해서는 아무런 정보도 주지 않고 그 어떤 상세한 예측도 제공하지 않으며, 엄격하게 정의된 개념을 제공하는 것조차 하지 못한다. 이론이 모형에서 솟구쳐 나올 때만 그러한 틈이 채워질 수 있으며, 모형의 풍성함도 입증될 수 있다.

이것이 가능해지도록 나는 충분히 구체적인 기술과 분석을 제공하려고 했다. 또한 나는 그 작업을 흥미롭고 가치 있는 것으로 만들고자, 지금까지 소홀히 다루어져 온 현상 간의 많은 관계에 대해 주의를 끌어오려고 했다. 그러나 무엇보다도, 나는 어떻게 해서든 인간의 진실과 사회적 진실의 어떤 측면들에 대해 새로운 인식과 감수성을 전달하려고 했다. 관념들과 사실들이 지속적으로 새로워지는 인식과 민감성에 기초하고 있을 때에만 진실한 이해, 지식과 인생의 향상을 이끌어낼 수 있다. 바로 거기에서 이 작업이 가진 야심도 정당화된다.

옮긴이의 말

파리에서부터 시작한 그 오랜 번역 작업이 이제야 끝이 났다. 적어도 내게 있어 이 책은 인생을 바꿔놓은 책이다. 파리고등사회과학원에 도착한 첫날 내 연구관심사를 들은 라주 교수에게서 이 책을 건네받았을 때만 해도 나는 그냥 세계적인 석학이 오래전에 쓴 책 중 하나인 줄만 알았다. 그러나 한 장 한 장 책장을 넘기기 시작하면서 나는 정말 놀라지 않을 수가 없었다. 당시 나는 저자의 본론이 궁금해서 1부를 건너뛰고 2부부터 읽기 시작했는데 도저히 한순간도 책에서 손을 놓을 수가 없었다. 숨이 막히는 듯한 흥분 속에서 책을 읽었다. 이런 책이 있을 수 있다니!

내가 모스코비치 교수를 직접 만난 것은 2부를 읽기 시작한 지 얼마 되지 않았을 때였다. 그로부터 편지를 받은 것도 초대를 받은 것도 전혀 예상하지 못한 일이었기에 무척 들뜨고 기쁜 마음으로 처음 모스코비치 교수를 만났는데, 고령에도 불구하고 강한 눈빛과 연구자의 예리한 시각을 그대로 간직한 모습이 꽤 인상적이었다. 이 책에 대해 막 흥분을 느끼며 읽기 시작하던 때였기 때문에 궁금한 것도 많았고 하고 싶었던 이야기도 많았던 터라 첫날부터 많은 이야기를 나누었는데, 한참 이야기를 나누고 나니 그동안 내가 당연시하며 배워온 것은 미국의 심리학일 뿐 다른 모든 세계까지 포괄하는 심리학은 아니라는 것을 깨닫게 되었다. 그건 내게 일종의 충격과도 같았다. 모스코비치의 주장만으로도 놀라움 그 자체였지만, 내가 세상에 존재하는 일면적 시각을 전체로 이해하고 받아들여왔다는 것을 깨닫고 나니 그동안 보지 못했던 많은 것이 명확히 보이기 시작했다.

그렇게 모스코비치 교수의 책을 읽고 그를 직접 만나면서 나는 내가 그동안 왜 답답했는지 내게 필요한 것은 무엇인지, 나는 앞으로 어떻게 해야 할지 이 모든 고민을 하나둘씩 정리할 수 있었다. 그동안 숱하게 읽어온 심리치료 책들도 주지 못한 위안을 이 책으로 얻을 수 있었다. 그리고 어떻게든 이 책을 우리나라에 소개해야겠다고 마음먹었다.

사실 우리나라만큼 동조에 대한 압력이 강한 나라도, 갈등을 금기시하는 나라도 없을 것이다. 우리 사회에선 많은 사람이 남들과 자신이 같을 때 심리적 편안함을 느끼며, 그걸 다른 사람에게도 강요한다. '차이'가 발생하면 금세 모두들 불안해하며 어떤 강한 압력을 행사해서든 똑같게 만들어버리고야 만다. 갈등에 대해서도 그렇다. 갈등을 드러내는 일은 일종의 패배나 다름이 없다. 드러내서 소통하고 서로 이해하기보단 갈등을 감추어서 표면적인 평온함을 가장하려 든다. 그렇기 때문에 결국은 사회의 많은 부분이 이중적인 소통을 하고 이중적인 모습을 갖는다. 나는 독자들이 이 책을 읽고 좀 더 편안해지기를 바란다.

나는 이 책에 완전히 빠져들었지만, 그렇다고 처음에 내가 접한 원서가 보통의 독자가 이 책에서 말하고자 하는 바를 금방 얻어가기가 그리 쉬운 것은 아니었다. 그래서 전체 번역을 다 마치고 나서, 원래는 독자의 편의를 위해 각 장별로 해제를 썼다. 세부적인 내용이 부담스러운 사람들은 해제만 읽어도 되게끔 하는 것을 목표로 작업을 했으나, 원고 수정 작업에도 엄청난 시간을 들인 나는 해제 수정 작업에도 역시 너무 많은 시간을 잡아먹고 말았다. 계속 더 고쳐야 할 것만 같다는 생각에 원고를 놓지 못하고 있다가 결국은 최종 편집 단계에서 해제를 덜어내기로 결정했다. 아쉬움이 남긴 하지만, 이 책을 장별로 요약하는 작업을 하면서 이 책의 내용을 더 명확히 이해할 수 있었고, 그러한 이해는 본문 원고 수정에 최대한 반영했다. 덕분에 지금의 원고는 해제 없이도 일반 독자가 쉽게 이해할 수 있으리라고 본다.

이 책은 크게 두 부분으로 구성되어 있다. 1부는 다수를 중심으로 한 기존의 시각을, 그리고 2부는 소수를 중심으로 한 저자의 새로운 시각을 다룬다. 말하자면, 1부에서는 사회적 영향이라는 것에 대해 사람들이 가진 생각이 무엇인지를 설명하고 그 한계를 지적해서 2부의 토대를 마련했고 2부에서는 그 토대에 입각해 누구도 생각해보지 못한 새롭고 매력적인 모형을 소개한다. 마음이 급했던 나는 2부부터 읽었는데, 특히 재미있게 읽은 부분은 2부에서도 4장, 5장, 6장, 9장이다. '전례에 없는 일이니 안 된다', '그냥 대세를 따르라'에 지쳐 있던 나는 4장을 읽으며 그동안 내가 느꼈던 감정이 타당하게 인정받는 듯하였고, 그런 말을 한 사람들이 왜 그런 생각을 갖고 있는지 깊숙이 이해할 수 있어 후련했다. 5장은 후에 내가 따로 번역서를 낸 『수용과 참여의 심리치료』에서 주장하는 바와도 많은 부분이 연결되어 있어서 개인적으로 더욱 흥미가 있었다. 결국 사회심리학 분야의 석학과 심리치료 분야의 거장이 하는 이야기는 같았다. 갈등을 피하지 마라. 갈등은 성장의 기폭제가 될 수 있다. 그리고 6장은 구체적인 행동강령이 수록된 장이나 다름없었기 때문에 읽자마자 바로 내 생활에 반영할 수 있었고 효과도 체험할 수 있었다. 9장은 많은 사람이 두려워하는, 말하자면 튀다가 미움받으면 어쩌나 하는 부분에 대한 이야기였기에 새롭고 흥미진진했다. 그러나 후에 책을 다 읽고 보니 1부와 2부는 대비적으로 쓰인 부분이 많아서 양쪽을 모두 이해하고 비교해야 전체적인 이해가 완성됨을 알 수 있었다. 시간은 없는데 방법론이 궁금한 사람이라면 6장부터, 획일성이 답답한 사람이라면 4장부터 읽되 가능하면 1장부터 차근차근 읽기를 바란다.

내가 이 책을 읽고 가장 도움받은 부분은 소수자의 처지에 서게 될 때 그 상황을 어떻게 이해하고 어떻게 대처해야 할지를 설명해주고 있다는 점이다. 이 책을 읽은 후 소수 의견을 낼 때 나는 이 책에서 배운 내용들을 떠올렸고, 자신이 '소수'이기에 힘이 없다고 일찌감치 체념해버리는 학생들을 실질적으로 도울 수 있었다. 내가 이 책을 통해 깊은 도움을 받았던 만큼 다른 사람들도 내가 느꼈던 흥분과 도움을 경험할 수 있었으면 하는 바람이다. 그런데도 모스코비치 교수의 주옥같은 내용을 독자들에게 충분히 전달하지 못했다면 그것은 전적으로 역자의 부족함 때문이다.

끝으로, 이 대단한 책의 번역서를 낼 수 있도록 허락해주신 뿌리와이파리 정종주 사장님과 무한반복되는 원고 작업을 함께해주신 이영호 팀장님께 진심으로 감사드린다. '다수'를 따라가기도 바쁜 세상에 무슨 '소수'냐고들 할 때 뿌리와이파리에서 용기있는 결정을 해주신 덕분에 이 책이 세상의 빛을 볼 수 있었다. 나는 차이가 존중받는 세상, 갈등마저도 성장의 잠재력으로 받아들일 수 있는 세상, 변화를 두려워하지 않고 계속 앞으로 나아가는 세상이 되기를 바라는 마음으로 이 책을 번역했다. 세상을 위해 노력하는 모든 소수와, 내 모든 작업의 뿌리이자 내가 어떤 생각을 하든 인정하고 믿어주시는 부모님, 책의 내용 전부를 하나하나 다 설명해달라며 이 책의 모든 번역 과정을 함께한 든든하고 사랑스러운 딸아이에게 이 책을 바친다.

2010년 1월

문성원

후주

제1부 합의, 통제, 동조

제1장 의존과 사회적 통제

1) Rommetweit, 1954.
2) Jones & Gerard, 1967, p. 711.
3) Freedman & Doob, 1968.
4) Asch, 1959, p. 380.
5) Hollander, p. 423.
6) Holland, p, 423.
7) Asch, 1956, p. 2.
8) Kelley & Shapiro, 1954.
9) Newcomb *et al.*, 1964, p. 286.
10) Hare, 1965, p. 23.
11) Festinger, 1950.
12) Secord & Backman, 1964, p, 351.
13) Cicourel, 1973, p. 15.
14) Deutsch & Gerard, 1955; Thibaut & Strickland, 1956.
15) Hollander, 1967, p. 57.
16) Harvey & Consalvi, 1960; Back & Davis, 1965.
17) Jones, 1965.
18) Back & Davis, 1965; Hochbaum, 1954.
19) Milgram, 1956.
20) Festinger *et al.*, 1952.
21) Jones & Gerard, 1967, p. 711.
22) Jones & Gerard, 1967, p. 714.
23) Moeller & Applezweig, 1951; Strickland & Crowne, 1962.
24) Dittes, 1959.
25) Meunier & Rule, 1967; Smith & Richards, 1967; Millman, 1968.
26) Hardy, 1957.
27) Linton & Grahan, 1959; Smith, 1967; Hovland, Janis & Kelley, 1953; Abelson & Lesser, 1964; Back & Daivis, 1965.
28) Rosner, 1957; Back & Davis, 1965; Smith, 1967.
29) Hochbaum, 1954; Di Vesta, 1959; Rosenberg, 1963.
30) Allen & Levine, 1968.
31) Steiner, 1960, p. 233.
32) Hollander, 1967, p. 558.
33) Goldberg & Rorer, 1966.
34) Bramel, 1972, p. 220.

제2장 동조를 향한 압력

1) Sherif, 1969, p. 71.
2) Kelly & Thibaut, 1968, p. 743.
3) Sherif, 1969, p. 70.
4) Cohen, 1964, p. 106.
5) Deutsch & Gerard, 1955; Jackson & Saltzenstein, 1958.
6) Cohen, 1964, p. 113.
7) Asch, 1952; Festinger, 1950.
8) Secord & Backman, 1964, p. 331.

9) Milgram, 1965.

10) Sperling, 1946.

11) Asch, 1952, p. 484.

12) Crutchfield, 1955.

13) Kelly & Shapiro, 1954.

14) Kuhn, 1962.

15) Moscovici & Faucheux, 1972.

16) Kiesler, 1969, p. 3.

17) Kiesler, 1969 p. 2.

18) McGinnies, 1970, p. 104.

19) Nord, 1969, p. 183.

20) Jones, 1965.

21) Hollander, 1958.

22) Kelley & Shapiro, 1954.

23) Ziller & Behringer, 1960.

24) Harvey & Consalvi, 1960.

25) McGinnis, 1970, p. 173.

제3장 이론 논리와 사실 논리 간의 대결

1) Jones, 1964, p. 299.

2) Jones, 1961, p. 306.

3) Archer, 1968, p. 178.

4) Kelley & Lamb, 1957.

5) Jackson & Saltzenstein, 1958.

6) Freedman & Doob, 1968.

7) Homans, 1961.

8) Hollander, 1964, p. 195.

9) Secord & Backman, 1964, p. 345.

10) Jones & Gerard, 1967, p. 416.

11) Wahrman & Pugh, 1972.

12) Hollander,1960, pp. 365-639에서 옮김.

13) Wahrman & Pugh, 1972, p. 380.

14) Jones & Gerard, 1967, p. 442.

15) Jones & Gerard, 1967. p. 189.

16) Moscovici *et al.*, 1969.

17) Allen, 1974.

18) Mausner, 1954.

19) Crutchfield, 1955.

20) De Monchaux & Shimmin, 1955.

21) Asch, 1955; Allen & Levine, 1971; Gerard & Greenbaum, 1962.

22) Kiesler, 1969.

23) Raven, 1959.

24) Graham, 1962; Mouton, Blake & Olmstead, 1956.

25) French & Raven, 1959.

26) Moscovici & Faucheux, 1972.

제2부 갈등, 혁신, 그리고 사회적 인정

제4장 소수와 다수, 사회적 규범

1) Schank, 1932.

2) Schachter, 1951.

3) Milgram, 1974.

4) Hirschman, 1970, pp. 106-9.

5) McGinnies, 1970.

6) Nemeth & Endicott, 1974.

7) Nemeth & Endicott, p. 19.

8) Paicheler, 1974.

9) Nemeth & Wachtler, 1973.

10) Nemeth & Wachtler, 1973, p. 77.

11) Nemeth & Wachtler, 1973, pp. 77-8.

12) Biener, 1971.

13) Biener, 1971, p. 44.

14) Paicheler, 1974.

15) Sherif & Hovland, 1961.

16) Mugny, 1974.

17) Paicheler, 1974.

제5장 변화의 핵심, 갈등

1) Coch & French, 1948.

2) Lewin, 1948.

3) C. E. Smith, 1936.

4) Burdick & Burnes, 1958.

5) Steiner, 1966.

6) Asch, 1952.

7) Steiner, 1966, p. 223.

8) Samelson, 1957, p. 182.

9) Crutchfield, 1955.

10) Gerard & Greenbaum, 1962.

11) Brodbeck, 1956.

12) Moscovici & Nève, 1971.

13) Schachter, 1951.

14) Smith, 1936.

15) Steiner, 1966.

16) Gordon, 1966.

17) Allen, 1974.

18) Churchman, 1961, p. 293.

제6장 행동양식

1) Hewgill & Miller, 1965.

2) 예컨대, Festinger, 1957; Brehm & Cohen, 1962; Zimbardo, 1960.

3) 예컨대, Bandura & Walters, 1963.

4) Hain *et al.*, 1956.

5) Hain *et al.*, 1956, p. 389.

6) De Monchaux & Shimmin, 1955.

7) De Monchaux & Shimmin, 1955, p. 59.

8) Myers & Goldberg, 1970.

9) Nemeth & Wachtler, 1973.

10) Nemeth & Wachtler, 1973, p. 20.

11) Nemeth & Wachtler, 1973, p. 21.

12) Walster *et al.*, 1966.

13) Powell & Miller, 1967.

14) Mills & Jellison, 1967.

15) Taylor, 1969, p. 122.

16) Mulder, 1960.

17) Brehm & Lipsher, 1959.

18) Eisinger & Mills, 1968.

19) Eisinger & Mills, 1968, p. 231.

20) Eisinger & Mills, 1968, p. 231.

21) Heider, 1958.

22) Kelley, 1967.

23) Moscovici & Faucheux, 1972.

24) Nunnally & Hussek, 1958.

25) Kelley & Shapiro, 1954.

26) Hollander, 1960.

27) Ricateau, 1971.

28) Nemeth *et al.*, 1974.

29) Nemeth *et al.*, 1974, p. 15.

30) Kiesler & Pallak, 1975.

31) Paicheler & Bouchet, 1973.

32) Mugny, 1974a.

33) Mugny, 1974b.

34) Mugny, Humbert, & Zubel, 1973.

35) Mugny, 1973.

36) Mugny, 1973.

37) Hovland *et al.*, 1949.

38) *Science for the People*, July, 1973, p. 13.

제7장 사회적 규범과 사회적 영향

1) Allen & Levine, 1971.

2) Allen & Levine, 1971, p. 124.

3) Lemaine, 1966.

제8장 동조, 평균화, 혁신

1) French, 1956.

2) Mausner, 1954.

3) Kelly & Thibaut, 1968, p. 749.

4) Riecken, 1952, p. 252.

5) Hollander, 1964.

6) Gurnee, 1937.

7) Shaw, 1963.

8) Torrance, 1959.

9) Torrance, 1959, p. 255.

10) Cicourel, 1973. pp. 13-4.

11) Rosenthal & Cofer, 1948.

12) Schachter, 1951.

13) Emerson, 1954.

14) Emerson, 1954, p. 693.

15) Faucheux & Moscovici, 1967.

16) Nemeth & Wachtler, 1973.

17) Biener *et al.*, 1974.

18) Moscovici *et al.*, 1969.

19) Moscovici & Nève, 1971.

20) Mugny, 1974.

21) Moscovici *et al.*, 1971.

제9장 이탈적 소수에 대한 다수의 반응

1) Walster & Abrahams, 1972, p. 223.

2) Allen, 1974.

3) Schachter, 1951.

4) Moscovici *et al.*, 1969.

5) Nemeth *et al.*, 1973.

6) Nemeth & Wachtler, 1973.

7) Nemeth & Wachtler, 1973a.

8) Heider, 1958, p. 236.

9) Aronson, 1972, p. 15.

10) Bass, 1961.

11) Fouriezos & Hutt & Gruetzkow, 1950.

12) Veroff, 1957.

13) Strickland, 1965.

14) Levinger, 1959.

15) Lindskold & Tedeschi, 1970.

16) Gore & Rotter, 1963.

17) Lippit & Polansky & Redl & Rosen, 1952.

18) Byrne & Close, 1967.

19) Shrauger & Jones, 1968.

20) Singer & Schokley, 1965.

21) Hare & Bales, 1965.

22) Strodtbeck & Hook, 1961에서 재인용.

23) Sigall, 1970.

24) Tajfal, 1972, p. 298.

25) Jones *et al.*, 1971.

26) Aronson & Linder, 1965.

27) Heider, 1958, p. 237.

참고문헌

Abelson, R. P. and Lesser, G. S. (1964). *In* Cohen, A. R. (ed.) *Attitudes Change and Social Influence*. Basic Books, New York.

Allen, V. L. (1974). *Social Support for Non-conformity*, (Mimeo) Madison.

Allen, V. L. and Levine, J. M. (1968). Social support, dissent and conformity, *Sociometry*, 31, 138-149.

Allen, V. L. and Levine, J. M. (1971). Social pressure and personal preference, *Journal of Experimental Social Psychology*, 7, 122-124.

Archer, J. (1968). *The Unpopular Ones*, Crowell-Collier Press, New York.

Aronson, E. (1972). *The Social Animal*. Freeman and Co, San Francisco.

Aronson, E. and Linder, D. (1965). Gain and loss of esteem as determinants of interpersonal attractiveness, *Journal of Experimental Social Psychology*, 1, 156-171.

Asch, S. E. (1952). *Social Psychology*, Prentice-Hall, New York.

Asch, S. E. (1955). Opinions and social pressure. *Scientific American*, 193, 31-35.

Asch, S. E. (1956). Studies on independence and conformity: a minority of one against a unanimous majority, *Psychological Monographs*, 70 (416).

Asch, S. E. (1959). A perspective on social psychology. *In* S. Koch (ed.); *Psychology: A study of a science*, Vol. 3., pp 363-384. McGraw-Hill, New York.

Back, K. W. and Davis, K. E. (1965). Some personal and situational factors, relevant to the consistency and prediction of conforming behaviors. *Sociometry*, 28, 227-240.

Bandura, A. and Walters, R. H. (1963). *Social Learning and Personality Development*. Holt, Rinehart and Winston, New York.

Bass, B. M. (1961). Some observations about a general theory of leadership and interpersonal behavior. *In* Petrullo, L. and Bass, B. M. (eds), *Leadership and Interpersonal Behavior*. Holt, Rinehart and Winston, New York.

Biener, L. (1971). The effect of message repetition on attitudes change: a model of informational social influence, Ph.D. Thesis, Columbia University.

Biener, L., Stewens, L. Barrett, D. and Gleason, J. (1974). *The Effect of Minority Status on the Power to Influence.* (Mimeo) Los Angeles.

Bramel, D. (1972). Attrait et hostilité interpersonnels. *In* Moscovici, S. (ed.), *Introduction à la psychologie sociale.* I, pp 193-236. Larousse, Paris.

Brehm, J. W. and Cohen, A. R. (1962). *Explorations in Cognitive Dissonance.* Wiley, New York.

Brehm, J. and Lipsher, D. (1959). Communicator-communicatee discrepancy and perceived communicator trustworthiness, *Journal of Personality*, 27, 352-361.

Brodbeck, M. (1956). The role of small groups in mediating the effects of propaganda, *Journal of Abnormal and Social Psychology*, 52, 166-170.

Burdick, H. A. and Burnes, A. Y. (1958). A test of "strain toward symmetry" theories, *Journal of Abnormal and Social Psychology*, 57, 367-370.

Byrne, D. and Close, G. L. (1967). Effective arousal and attraction, *Journal of Perand Social Psychology*, 6, No. 638.

Churchman, C. W. (1961). *Predictions and Optimal Decisions.* Englewood Cliffs, Prentice-Hall, New York.

Cicourel, A. V. (1973). *Cognitive Sociology: Language and Meanings in Social Interaction*, Penguin Education, London.

Coch, L. and French, J. R. P. Jr. (1948). Overcoming resistance to change. *Human Relations*, 1, 512-532.

Cohen, A. R. (1964). *Attitude Change and Social Influence.* Basic Books, New York.

Crutchfield, R. S. (1955). Conformity and character, *American Psychologist*, 10, 195-198.

De Monchaux, C. and Shimmin, S. (1955). Some problems of method in experimental group psychology, *Human Relations*, 8, 58-60.

Deutsch, M. and Gerard, H. B. (1955). A study of normative and informational social influence upon individual judgment, *Journal of Abnormal and Social Psychology*, 51, 629-636.

Dittes, J. E. (1959). Effect of changes in self-esteem upon impulsiveness and deliberation in making judgments, *Journal of Abnormal and Social Psychology*, 58, 348-356.

Di Vesta, F. J. Effect of confidence and motivation on susceptibility to informational social influence. *Journal of Abnormal and Social Psychology*, 59, 204-209.

Di Vesta, F. J. and Cox, L. (1960). Some dispositional correlates of conformity behavior,

Journal of Social Psychology, 52, 259-268.

Eisinger, R. and Mills, J. (1968). Perception of the sincerity and competence of a communicator as a function of the extremity of his position, *Journal of Experimental Social Psychology*, 4, 224-232.

Emerson, R. (1954). Deviation and rejection: an experimental replication, *American Sociological Review*, 19, 688-693.

Faucheux, C. and Moscovici, S. (1967). Le style de comportement d'une minorité et son influence sur les réponses d'une majorité, *Bulletin du C.E.R.P.*, 16, 337-360.

Festinger, L. (1950). Informal social communication, *Psychological Review*, 57, 217-282.

Festinger, L. (1954). A theory of social comparison processes, *Human Relations*, 7, 117-140.

Festinger, L. (1957). *Theory of Cognitive Dissonance*. Evanston, Row, Peterson.

Festinger, L., Gerard, H. B., Hymovitch, B., Kelley, H. H., and Raven, B. H. (1952). The influence process in the presence of extreme deviates, *Human Relations*, 5, 327-346.

Fouriezos, N. T., Hutt, M. L. and Guetzkow, H. (1950). Measurement of self-oriented needs in discussion groups, *Journal of Abnormal and Social Psychology*, 45, 682-690.

Freedman, J. L., and Doob, A. N. (1968). *Deviancy: the Psychology of Being Different*, Academic Press, New York and London.

French, J. R. P. (1956). A formal theory of social power, *Psychological Review*, 63, 181-194.

French, J. R. P. and Raven, B. H. (1959). The bases of social power. *In* Cartwright, D. (ed.), *Studies in Social Power*, pp. 118-149. University of Michigan Press, Ann Arbor.

Gerard, H. B. and Greenbaum, C. W. (1962). Attitudes toward an agent of uncertainty reduction, *Journal of Personality*, 30, 485-495.

Goldberg, L. R. and Rorer, L. G. (1966). Use of two different response modes and repeated testings to predict social conformity, *Journal of Abnormal and Social Psychology*, 3, 28-37.

Gordon, B. F. (1966). Influence and social comparison as motives for affiliation, *Journal of Experimental Social Psychology*, 1, 55-65.

Gore, P. M. and Rotter, J. B. (1963). A personality correlate of social action, *Journal of Personality*, 31, 58-64.

Graham, D. (1962). Experimental studies of social influence in simple judgment situations, *Journal of Social Psychology*, 56, 245-269.

Gurnee, E. (1937). A comparison of collective and individual judgment of fact, Journal of Experimental Psychology, 21, 106-112.

Hain, J. D., Graham, R. N. Jr., Mouton, J. S. and Blake, R. R. (1956). Stimulus and background factors in petition signing, *Southwest Social Science Quarterly*, 36, 385-390.

Hardy, K. R. (1957). Determinants of conformity and attitude change, *Journal of Abnormal and Social Psychology*, 54, 287-294.

Hare, A. P. (1965). *Handbook of Small Group Research*. Free Press of Glencoe, New York.

Hare, A. P. and Bales, R. F. (1965). Seating position and small group interaction, *Sociometry*, 28, 480-486.

Harvey, O. J. and Consalvi, C. (1960). Status and conformity to pressure in informal groups, *Journal of Abnormal and Social Psychology*, 60, 182-187.

Heider, F. (1958). *The Psychology of Interpersonal Relations*. John Wiley, New York.

Hewgill, M. A. and Miller, G. R. (1965). Source credibility and response to fear-arousing communication, *Speech Monographs*, 32, 95-101.

Hirschman, A. O. (1970). *Exit Voice and Loyalty*. Harvard University Press, Cambridge.

Hochbaum, G. H. (1954). The relation between the group member's self-confidence and their reaction to group pressure to uniformity. *American Sociological Review*, 19, 678-687.

Hollander, E. P. (1960). Competence and conformity in the acceptance of influence. *Journal of Abnormal and Social Psychology*, 61, 360-365.

Hollander, E. P. (1958). Conformity, status and idiosyncrasy credit, *Psychological Review*, 65, 117, 127.

Hollander, E. P. (1964). *Leaders, Groups, and Influence*. Oxford University Press, New York.

Hollander, E. P. (1967). *Principles and Methods of Social Psychology*. Oxford University Press, New York.

Homans, G. G. (1961). *Social Behavior, its Elementary Forms*. Harcourt, Brace, and World, New York.

Hovland, C. I., Janis, I. L. and Kelley, H. H. (1953). *Communication and Persuasion*. Yale University Press, New Haven.

Hovland, C, Lumsdaine, A. A. and Sheffield, F. D. (1949). *Experiments on Mass Communication*. Princeton University Press, Princeton.

Jackson, J. M. and Saltzenstein, M. D. (1958). The effect of person-group relationship on conformity processes, *Journal of Abnormal and Social Psychology*, 57, 17-24.

Jones, E. (1961). *The Life and Work of Sigmund Freud*. Basic Books, New York.

Jones, E. E. (1965). Conformity as a tactic of ingratiation, Science, **149**, 144-150.

Jones, E. E., Bell, L. and Aronson, E. (1971). The reciprocation of attraction from similar and dissimilar others: a study in person perception and evaluation. *In* McClinthock, C. G. (ed.), *Experimental Social Psychology*, pp 142-183. Holt, Rinehart and Winston, New York.

Jones, E. E. and Gerard, H. B. (1967). *Foundations of Social Psychology*. John Wiley, New York.

Kelley, H. H. (1967). Attribution theory in social psychology. *In* Levine, L. (ed.), *Nebraska Symposium Motivation*. University of Nebraska Press, Lincoln.

Kelley, H. H. and Lamb, T. W. (1957). Certainty of judgment and resistance to social influence, *Journal of Abnormal and Social Psychology*, **55**, 137-139.

Kelley, H. H. and Shapiro, M. M. (1954). An experiment on conformity to group norms where conformity is detrimental to group achievement, *American Sociological Review*, **19**, 667-677.

Kelley, H. H. and Thibaut, J. W. (1968). Group problem-solving. *In* Lindzey, G. and Aronson, E. (eds), *Handbook of Social Psychology*, Addison-Wesley, Reading, Mass.

Kiesler, G. A. (1969). Group pressure and conformity. *In* Mills, J. (ed.), *Experimental Social Psychology*, pp. 235-306. Macmillan, New York.

Kiesler, C. A. and Kiesler, S. B. (1969). *Conformity*, Addison-Wesley, Reading, Mass.

Kiesler, C. A. and Pallak, M. S. (1975). Minority influence: the effect of majority reactionaries and defectors, and minority and majority compromisers, upon majority opinion and attraction. *European Journal of Social Psychology*, **5**(2), 237-256.

Kuhn, T. (1962). *The Structure of Scientific Revolutions*. University of Chicago, Chicago.

Lage, E. (1973). *Innovation et influence minoritaire*. Thèse de 3ème cycle, Université de Paris VII (Miméo).

Lemaine, G. (1966). Inégalité, comparaison, incomparabilité: esquisse d'une théorie de l'originalité sociale. *Bulletin de Psychologie*, **20**, 24-32.

Lemaine, G. (1974). Social differentiation and social originality. *European Journal of Social Psychology*, **4**(1), 17-52.

Levinger, G. (1959). The development of perceptions and behavior in newly formed social power relationships. *In* Carthwright, D. (ed.), *Studies in Social Power*, pp. 83-98. University of Michigan, Ann Arbor.

Lewin, K. (1948). *Resolving Social Conflicts*. Harper, New York.

Lindskold, S. and Tedeschi, J. T. (1970). Threatening and conciliatory influence attempts as a function of source's perception of own competence in conflict situation. Mimeographed manuscript, State University of New York at Albany.

Linton, H. and Graham, E. (1959). Personality correlates of persuasibility. *In* Hovland, E. and Janis, I., (eds), *Personality and Persuasibility*. Yale University Press, New Haven.

Lippit, R., Polansky, N., Redl, F. and Rosen, S. (1952). The dynamics of power, *Human Relations*, **5**, 37-64.

McGinnies, E. (1970). *Social Behavior, Functional Analysis*. Houghton-Mifflin, New York.

Mann, R. D. (1959). A review of the relationships between personality and performance in small groups, *Psychological Bulletin*, **56**, 241-270.

Mausner, B. (1954). The effect of prior reinforcement on the interaction of observer pairs, *Journal of Abnormal and Social Psychology*, **49**, 65-68.

Meunier, G. and Rule, B. G. (1967). Anxiety, confidence and conformity. *Journal of Personality*, **35**, 498-504.

Milgram, S. (1956). Group pressure and action against a person, *Journal of Abnormal and Social Psychology*, **25**, 115-129.

Milgram, S. (1965). Liberation effects of group pressure, *Journal of Personality and Social Psychology*, **1**, 127-134.

Milgram, S. (1974). *Obedience to Authority*. Harper and Row, New York.

Millman, S. (1968). Anxiety, comprehension and susceptibility to social influence. *Journal of Personality and Social Psychology*, **9**, 251-256.

Mills, J., and Jellison, J. M. (1967). Effect of opinion change of how desirable the communication is to the audience the communicator addressed. *Journal of Personality and Social Psychology*, 6, 98-101.

Moeller, G. and Applezweig, M. M. (1957). A motivational factor in conformity, *Journal of Abnormal and Social Psychology*, 55, 114-120.

Moscovici, S. (1968). *Essai sur l'histoire humaine de la nature*. Flammarion, Paris.

Moscovici, S. and Faucheux, C. (1972). Social influence, conformity bias, and the study of active minorities. *In* Berkowitz, L. (ed.), *Advances in Experimental Social Psychology*, Vol. 6, pp. 149-202. Academic Press, New York and London.

Moscovici, S. and Lage, E. (1975). Comparaison de l'influence majoritaire et de l'influence minoritaire dans un groupe. *European Journal of Social Psychology* (in press).

Moscovici, S., Lage, E. and Naffrechoux, M. (1969). Influence of a consistent minority on the responses of a majority in a color perception task, *Sociometry*, 32, 365-379.

Moscovici, S. and Lage, E. (1975). L'influence minoritaire dans un contexte d'origi-nalité des jugements (in press).

Moscovici, S. and Nemeth, C. (1974). Social influence II: Minority influence. *In* Nemeth C. (ed.), *Social Psychology: classic and contemporary integrations*, pp 217-250. Rand McNally College Publishing Company, Chicago.

Moscovici, S. and Nève, P. (1971). Studies in social influence: I. Those absent are in the right: convergence and polarization of answers in the course of a social interaction. *European Journal of Social Psychology*, 1(2), 201-213.

Mouton, J. S., Blake, R. R. and Olmstead, J. A. (1956). The relationship between frequency of yielding and the disclosure of personal identity, *Journal of Personality*, 24(3), 339-347.

Mugny, G. (1973). *Négotiation et influence minoritaire*. (Miméo) E.P.S.E. Université de Genève.

Mugny, G. (1974a). Importance de la consistance dans l'influence de communications minoritaires "congruentes" et "incongruentés" sur des jugements opinions. Genève (Miméo).

Mugny, G. (1974b). Notes sur le style de comportement rigide. (Miméo) Genève.

Mugny, G. (1974c). Majorité et minorité: le niveau de leur influence. (Miméo) Genève.

Mugny, G., Humbert, B. and Zubel, R. (1973). Le style d'interaction comme facteur de l'influence sociale, *Bulletin de Psychologie*, 26, 789-793.

Mulder, M. (1960). The power variable in communication experiments, *Human Relations*, 13, 241-257.

Myers, M. T. and Goldberg, A. A. (1970). Group credibility and opinion change. *Journal of Communication*, 20, 174-179.

Nemeth, C. and Endicott, J. (1974). The midpoint as, an anchor: another look at discrepancy of position and attitude change (Miméo).

Nemeth, C. and Swedlund, M. and Kanki, B. (1974). Patterning of the minority's responses and their influence on the majority. *European Journal of Social Psychology*, (4-1), 53-64.

Nemeth, C. and Wachtler, J. (1973). Consistency and modification of judgment. *Journal of Experimental Social Psychology*, 9, 65-79.

Nemeth, C. and Wachtler, J. (1973a). Five angry men: the deviate as a source of influence in a simulated jury trial (Miméo).

Newcomb, T. M., Turner, R. H. and Converse, P. E. (1964). *Social Psychology*. Holt, Rinehert and Winston, New York.

Nord, W. R. (1969). Social exchange theory: an integrative approach to social conformity, *Psychological Bulletin*, 71, 174-208.

Nunnally, J. and Hussek, T. R. (1958). The phony language examination: an approach to the measurement of response bias. *Educational and Psychological Measurement*, 18, 275-282.

Paicheler, G. *Normes et changement d'attitudes: de la modification des attitudes envers les femmes* (Miméo). Thèse de 3ème cycle, Université de Paris VII, 1974.

Paicheler, G. and Bouchet, Y. (1973). Attitude polarisation, familiarisation, and group process. *European Journal of Social Psychology*, 3(1), 83-90.

Powell, F. A. and Miller, G. R. (1967). Social approval and disapproval cues in anxiety–arousing communications, *Speech Monographs*, 34, 152-159.

Raven, B. H. (1959). Social influence on opinions and the communication of related content, *Journal of Abnormal and Social Psychology*, 58, 119-128.

Ricateau, P. (1971). Processus de catégorisation d'autrui et les mécanismes d'influence. *Bulletin de Psychologie*, 24, 909-919.

Riecken, H. W. (1952). Some problems of consensus and development. *Rural Sociology*, 17, 245-252.

Rommetweit, R. (1954). *Social Norms and Roles.* Oslo University Press, Oslo.

Rosenberg, L. A. (1963). Conformity as a function of confidence in self and confidence in partner. *Human Relations*, 16, 131-141.

Rosenthal, D. and Cofer, C. N. (1948). The effect on group performance of an indifferent and neglectful attitude shown by one group member, *Journal of Experiment Psychology*, 38, 568-577.

Rosner, S. (1957). Consistency in response to group pressures. *Journal of Abnormal and Social Psychology*, 55, 145-146.

Samelson, F. (1957). Conforming behavior under two conditions of conflict in the cognitive field, *Journal of Abnormal and Social Psychology*, 55, 181-187.

Schachter, S. (1951). Deviation, rejection, and communication, *Journal of Abnormal and Social Psychology*, 46, 190-207.

Schank, R. L. (1932). A study of a community and its groups and institutions concieved of as behaviors of individuals, *Psychological Monographs*, 43(2).

Science for the People, 1973, July.

Secord, P. F. and Backman, C. W. (1964). *Social Psychology.* McGraw-Hill, New York.

Shaw, M. E. (1963). Some effects of varying amounts of information exclusively possessed by a group member upon his behavior to the group, *Journal of Genetic Psychology*, 68, 71-79.

Sherif, M. and Hovland, C I. (1961). *Social Judgment.* Yale University Press, New Haven.

Sherif, M. and Sherif, C. (1969). *Social Psychology*, Harper and Row, New York.

Shrauger, J. S. and Jones, S. C. (1968). Social validation and interpersonal evaluation, *Journal of Experimental Social Psychology*, 4, 315-323.

Sigall, H, (1970). The effect of competition and consensual validation on a communicator's liking for the audience. *Journal of Personality and Social Psychology*, 16, 251-258.

Singer, J. E. and Schokley, V. C. (1965). Ability and affiliation, *Journal of Personality and Social Psychology*, 1, 95-100.

Smith, C. E. (1936). A study of the automatic excitation resulting from the interaction of individual opinions and group opinion, *Journal of Abnormal and Social Psychology*, 30, 138-164.

Smith, K. H. and Richards, B. (1967). Effects of a rational appeal and of anxiety on conformity behavior. *Journal of Personality and Social Psychology*, 5, 122-126.

Smith, R. J. (1967). Exploration in non-conformity. *Journal of Social Psychology*, 71, 133-150.

Sperling, H. G. (1952). *In* Asch, S. E. *Social Psychology*. Prentice Hall, New York.

Steiner, I. D. (1966). Personality and the resolution of inter-personal disagreements. *In* Maher, B. A. (ed.), *Progress in Experimental Personality Research*, Vol. 3, Academic Press, New York and London.

Strickland, B. R. (1965). The prediction of social action from a dimension of internal-external control. *Journal of Social Psychology*, 66, 353-358.

Strickland, B. R., and Crowne, D. P. (1962). Conformity under conditions of simulated group pressure as a function of the need for social approval, *Journal of Social Psychology*, 58, 171-181.

Strodtbeck, F. L. and Hook, L. H. (1961). The social dimensions of a twelve-man jury table. *Sociometry*, 24, 397-415.

Tajfel, H. (1972). "La catégorisation sociale", *In* Moscovici, S. (ed.), *Introduction à la psychologie sociale*, Vol. 1, pp 272-303. Larousse, Paris.

Taylor, H. F. (1969). *Balance in Small Groups*. Van Nostrand-Reinhold Company, New York.

Thibaut, J. and Strickland, L. M. (1956). Psychological set and social conformity, *Journal of Personality*, 25, 115-129.

Torrance, E. P. (1959). The influence of experienced members of small groups on the behavior of the inexperienced, *Journal of Social Psychology*, 49, 249-257.

Veroff, J. (1957). Development and validation of a projective measure of power motivation, *Journal of Abnormal and Social Psychology*, 54, 1-8.

Wahrman, R. and Pugh, M. D. (1972). Competence and conformity: Another Look at Hollander's Study. *Sociometry*, 35, 376-386.

Walster, E. and Abrahams, D. (1972). Interpersonal attraction and social influence. *In* Tedeschi, J. T. (ed.), *The Social Influence Processes*, pp 197-238. Aldine Atherton, Chicago.

Walster, E., Aronson, E., and Abrahams, D. (1966). On increasing the persuasiveness of a low prestige communicator, *Journal of Experimental Social Psychology*, 2, 325-342.

Ziller, R. C. and Behringer, R. D. (1960). Assimilation of the knowledge newcomer under conditions of group success and failure. *Journal of Abnormal and Social Psychology*, 60, 288-291.

Zimbardo, P. G. (1960). Involvement and communication discrepancy as determinant of opinion conformity, *Journal of Abnormal and Social Psychology*, 60, 86-94.

인명 찾아보기

【 ㅎ 】

주제 찾아보기

【 ㅁ 】

【 ㅂ 】

【 ㅅ 】

다수를 바꾸는 소수의 심리학

2010년 1월 25일 찍음
2010년 2월 5일 펴냄

지은이 세르주 모스코비치
옮긴이 문성원

펴낸이 정종주
편집 이재만 이영호 김원영
마케팅 김창덕

펴낸곳 도서출판 뿌리와이파리
등록번호 제10-2201호(2001년 8월 21일)
주소 서울시 마포구 서교동 451-48 2층
전화 02)324-2142~3
전송 02)324-2150
전자우편 puripari@hanmail.net

디자인 가필드
출력 경운프린테크
종이 화인페이퍼
인쇄 및 제본 영신사
라미네이팅 금성산업

값 18,000원
ISBN 978-89-90024-99-2 (93180)

이 도서의 국립중앙도서관 출판시도서목록(CIP)는 e-CIP 홈페이지(http://www.nl.go.kr/ecip)에서
이용하실 수 있습니다.(CIP 제어번호: CIP2010000204)